U0006866

問鼎天下

弘雲◎著

問鼎天下 目錄

〔推薦序一〕

值得一讀的「畢業論文」

筆者研習斗數五十餘年，先後提出父母個別差異影響、生年太歲宮位作用、太歲入宮法、斗數變盤取卦之卦理應用……等有別於古傳命理之創見與實用技法。但仍感斗數學問浩瀚如海無窮無盡，有待繼續探討之問題尚多，所以年過八旬，仍孜孜不倦探索思考紫微在人生的運用及斗數之學理。

「名山大川，固雖天造地設，莫不因人而傳而重者也」。筆者之創見，或能嘉惠來者，而其學理亦是因人而傳而重也。著述立言授課也是為傳承紫微學問。《問鼎天下》作者弘雲從學於筆者二十年從未間斷，學習斗數明辨、慎思，並非人云亦云者。他於今年五月拿《問鼎天下》草稿給筆者過目，說是「畢業論文」。其書上卷符合紫微學習次第，先談星曜南北斗賦性差異、十二事項宮位，次及格局。下卷論命則輔以個別差異的輸入，並重官祿主所在宮位化曜影響。全書邏輯清晰，次第分明。除鼓勵其出版外，並依據論命經驗，就書中一些觀點予以眉批，以惠讀者。

弘雲年未及耳順，仍需鞭策精進，在筆者提出創見上，更進一步提出所得，豐富紫微學術。故為之序，以勵後學。

紫雲

戊戌年壬戌月

2018年10月

〔推薦序二〕

按圖索驥 舉一反三

中國從古至今，上至君王，下至販夫走卒，都深植命卜星占的基因。原因無他：人類面臨未知總是徬徨無助，或求鬼神之幫助，或尋星占之解答。雖自古以來對星占的態度，總是矛盾二元，一方面認為荒誕不經；一方面認為多有徵驗。如司馬遷雖認為「星氣之書，多雜禨祥，不經」；但也不否認「未有不先形見而應隨之者也」。

但傳統看待命理占卜的價值僅止於徵驗嗎？其實不然，古代占卜為皇室士大夫貴族之禁臠，而占卜重點在於趨吉避凶，其關鍵就在於止惡揚善。如《左傳》：「南蒯之將叛也……南蒯枚筮之，遇坤之比，曰：『黃裳元吉。』以為大吉也，示子服惠伯，曰：『即欲有事，何如？』惠伯曰：『吾嘗學此矣，忠信之事則可，不然，必敗……且夫《易》，不可以占險。』」在這裡，吉卦反而成凶，關鍵在所為非忠信之事，故凶。

但「易為君子謀，不為小人謀」這種傳統觀點，在占卜學從皇室士大夫階層走向民間後就逐漸瓦解；明儒王夫之就批評火珠林：「有吉凶，無善惡，小人資之謀利」。點出市民社會下，江湖術士求餬口，不論黑白，不辨善惡，即便盜匪求問，都可為之鐵口直斷吉凶。命理普羅化的大勢下，鐵口直斷遂成為論斷命理價值之準則。在追求鐵口直斷的過程中，江湖術士由經驗匯集許多口訣，但僅流傳於師徒之間，在經歷時代動盪，許多口訣或缺或湮滅，甚或錯謬。能完整保存的反而是無私付梓的命理書籍。

歷經時代動盪，當今留存的普羅命學中，以八字和紫微堪稱雙璧。斗數之學據稱為天官帝王之術，託言：「希夷仰觀天上星，作為斗數推人命。」。但斗數付梓記錄最早為明代萬曆年《續道藏》，單書則為清代同治九年明經閣《十八飛星策天紫微斗數全集》。又清初《醒世姻緣傳》第六十一回也記載飛星的命例。雖此命例和現今周知之紫微斗數仍有相當大差異，但普遍認可飛星和斗數兩者間存在著相當的淵源關係。相較於八字，七正四餘等傳統命理，紫微斗數是一門相當年輕，仍待發掘論命技法的命理術數。

自一九四九年後，港台市面上紫微書籍汗牛充棟，其中紫雲先生為翹楚之一，他不僅突破同盤同命的侷限，並發展出許多古書未有的論命技法，為相對年輕的紫微斗數注入許多活力，蔚為一家之言。本書作者即為紫雲先生之高徒。與作者相識近二十年，深知其為學非僅閉門造車，而是有淵源傳承。浸淫斗數二十餘年，公餘之暇除陪侍紫雲先生為客論命外，並從學於已故王雲峰先生。除傳承淵源外，又能以現代科學角度看待斗數，重視邏輯思辨與經驗驗證，而非僅止於口訣密傳，故能於傳統中別開新頁。猶如其師紫雲先生師從於何老師，於所學又能別開蹊徑；作者師從於紫雲先生，但其見地卻不囿於所學。其論命理路認為十二宮非僅體現人事事項，依照命身宮、太歲宮位、地支特質宮位，而分別為命主表裡人格之顯現。重視人格對吉凶的影響，上承傳統士人的命理觀；但又不僅於此，發揚個別差異理論，依照邏輯詳細解析個別差異與命造命盤之互動，如觀掌中庵摩羅果，這又符合大眾理解未知的期望。此書又無傳統術士藏私之弊，作者無私公布諸多論命技巧，雖限於篇幅，無法細述其中淵由，或待他日可補此遺憾！

作者於上卷從現代角度解釋古賦中之宮位、格局意義；下卷則以三位政治人物，實盤解析如何以十二宮格局解釋命主之人生目標價值及行事風格；並深入探討個別差異對事業、子女、婚姻、大運、用人之影響。

對於紫雲著作愛好者，此書必可增益對紫雲作品的了解深度。紫微新手可藉由本書了解紫微的關鍵基礎和論命次序及手法，不至僅知依書按圖索驥，臨盤涕泣，不知所云。對於紫微老手，上卷可釐清諸多觀念誤區；下卷閱之，對其論命技法必有擊掌稱快之感。如能舉一反三，論命時當有海闊天空，鳶飛魚躍之感！無論新手老手，當能各見所見，各取所需。

有心者更能將之當成人生規劃的輔助，誠如本書所言，格局星性組成性格能力，性格能力決定結果。如易經：「言行，君子之樞機，樞機之發，榮辱之主也。」不囿於命身二宮，全盤觀察自身的長處與弱點，揚長避短，在未知的人世中，就能達到易經：「是以自天祐之，吉無不利。」的結果。

「問渠那得清如許，為有源頭活水來。」紫微此門學問發展時間尚短，其未來正需學者在傳統與傳承之上，進行邏輯思辨實證，無私的分享所得經驗。作者雖自謙此書為野人獻曝，但細嘗則知此為源頭活水，讀者閱後當知此言之不謬。愚者為作者之後輩，原無資格為之序，但先生交代，敢不從乎？是為之序！

鄭際元

〔自序〕

野人獻曝　弘揚恩師之紫微斗數理念

筆者自幼讀書學習的過程，屬於「困而知之」類型。學習紫微斗數的因緣亦復如是，於三十而立之年，因感人生困惑，欲從哲學或命理尋求解答，正巧服務的公司電腦內建有 DOS 版本的紫微斗數排盤軟體（當時尚未有 Windows 之作業視窗介面，在二十餘年前屬相當詳盡的應用程式），就此便引起興趣，一頭栽進紫微斗數的領域裡。

起初自學三年，看遍坊間書局的紫微斗數書籍，發覺大都相互抄襲，且言之無物，不符邏輯，坊間各大媒體知名命理師的說法更是胡謅瞎扯，毫無論述可言，不值一顧；為滿足學習的渴望，後至國家圖書館尋找閱覽相關資料和書籍，包含《四庫全書》及《正統道藏》中有關星學之部分，每至國家圖書館一坐就是六小時，遍讀古今群書，最後鎖定一位作者——紫雲先生，才知自己所知的不足。

經主動尋找就學於紫雲老師，一路學習，眨眼已過二十餘個年頭，期間並得天獨厚幸運地獲紫雲老師之恩准，得以有機會隨侍老師身邊，觀其為客人論命，除獲得將理論落實到實際命盤之寶貴經驗外，更學習到紫雲老師論命的嚴謹態度；在此之前，筆者於初學期間，每週至少一次晚間至紫雲老師的工作室，參加由王雲峰老師指導的斗數研討班加強訓練，持續至王老師往生止凡十年；王老師自年輕時即已追隨紫雲老師，是筆者見過唯一能將紫雲老師所思所想之內容理論體系化，並深入淺出地表達解說之天才型學者，每思及王雲峰老師課堂上推演論述之才華洋溢風采，都有「天忌英才」之感慨。

筆者追隨紫雲老師學習紫微斗數之時間，如以我國的學制來比較，小學讀六年、國中三年、高中三年、大學四年、研究所二年，不過十八年，二十年已足以唸到博士班了。因筆者魯鈍，自知在紫微斗數學術的領域仍在學習，惟為不負紫雲老師教導之恩，勉力完成本書，權充是畢業之論文，也算是給自己這二十多年來學習的一個交代，並藉以弘揚 紫雲與王雲峰老師之紫微斗數理念。

本書動筆之初在二〇一五年，係受筆者同窗好友吳威憲君之鼓勵與催促，吳君是少數能在股海當「富爸爸」的殷實大戶之人生勝利組，在此特別向好友表達感謝之意。好友原意是要筆者在二〇一六年的總統大選前完稿並針對選舉結果提出預測，因筆者向不喜鐵口直斷，且二〇一六年的總統大選之選情在選前態勢即很明顯，實無預測的必要，加上筆者懶散成性，本書前後整整磨了三年始完稿，期間因感下卷之《問鼎天下》內容，各項臨盤技巧對於初學者可能過於繁重艱深，雖然筆者已儘量以通俗易懂的方式表達，但總覺似乎不太適合初學者閱讀，反而給專業命理師參考會有很大幫助，故嗣後才起意回頭寫較為基礎的上卷。

筆者研習紫微斗數純粹是興趣，沒有摻雜其他目的，因一直有足以糊口的穩定工作，故也不需以此為業。但感於命理界明師難尋，紫雲老師年事已高不再授課，對廣大眾多之紫微斗數愛好者而言，或抽不出時間或找不到好老師學習的缺憾，筆者深能體會，因此願不藏私的將學習心得與大家分享，就當是野人獻曝，希望對紫微斗數之愛好者能有所幫助。

戊戌年（二〇一八）丙辰月

弘雲

前言

剛開始學習命理拿到一張命盤時，一般來講，都會看著命、身宮，好奇的想著：「這個人究竟是什麼樣的人？他心理在想什麼？品性如何？」如果是有密切互動的人，例如：交往中的男女朋友，更會想知道對方是否為恐怖情人？情緒的控制能力如何？有無暴力傾向？是否言行一致？或說一套，做一套？

事實上大部分的命盤光從命、身宮是看不出來他心裡在想什麼？品性如何？或他葫蘆裡賣的是什麼膏藥？因為命、身宮通常只是一個人表現於外的「表」象，而心裡在想什麼？性格特質為何？則屬於內在「裡」的層面，除非長時間密切相處，外人很難得知。如果僅從命、身宮或事項宮位的角度去思考判斷，常會是隔靴搔癢，抓不到癢處。

如果要用斗數命盤來了解一個人，探討其真正的心思想法。就必須要打破傳統命理在論命斷事時都只是就事項宮位一個宮位一個宮位的個別論斷的僵化習慣，而採區分「表」、「裡」不同層面理解的方式，先將命盤的整體結構分層次（命、身宮、事項宮位、太歲宮位、地支特質宮位……）整理出來，一層層去分析理解後再綜合判斷，這是斗數泰斗紫雲大師所提出的創見，就筆者的學習體悟而言，此方式也確實較能由裡到外的分析出一個人內在想法與行事風格。現代心理學不論那種理論也都肯定一個人的意識有好幾個層次，因此真要看一個人的心思想法，就必須將命盤整體結構的「表」、「裡」層次（命、身宮、事項宮位、太歲宮位、地支特質宮位……）有系統、有次序的逐一去分析解讀。本書上卷對此有概略的介紹。

任何一張命盤或多或少都會出現忌煞交沖的格局，一般不見得會造成重大傷害，讀者看盤時不用過於擔心。但瑕疵如一旦位於內在「裡」的層面，又是凶格的話，往往就會造成性格上的「盲點」，心思想法都會有點偏激極端，這才較令人擔心。

命、身宮只是表現於外的形式，內在真正的心思想法，是屬於「裡」的層面，就要看位於「裡」之層次的「太歲宮位」、「地支特質宮位」……了。但這只是個大原則，不可食古不化，否則當太歲是「空宮」時，豈不是什麼都不會想？人云亦云，毫無想法主見了？或當命、身宮與太歲宮位同宮時，便一定表裡如一？當然不會如此，當你深入學習後，就有很多方法可以解決這些疑問。

然而採取這種論命方式對坊間大部分的命理師而言並不實用，也不經濟，因為必須花費較多的時間及精力去分析考慮各種可能的參數，而客人來論命僅收取區區數百元到數千元不等，在短短一、二小時的論命時間內，卻要分析思考各種參數在命盤上可能導致的變化，為求慎重精確還必須請客人提供詳盡資訊，如此一來，更將會遭客人白眼，質疑你到底是懂還不懂啊？可是不採取這種方式論命而想要深入透析一張命盤，根本是天方夜譚，故可以大膽假設坊間大部分的命理師都具有「神通」或「通靈」的本事，但那不在本文的討論範圍。本書闡述傳授的是不須披上神祕色彩的面紗，只經由嚴謹的邏輯推論，便能讓任何平常人都能習得的理論與技巧。

導讀

本書分上、下二卷，原意是僅有寫下卷《問鼎天下》之內容，故下筆之初也只針對下卷加以思考，惟待完稿後，發覺下卷內容雖筆者認為只是基礎工夫的起手式，但因為是對實際命例的細目探討，內容過於豐富，許多技巧及觀念對研究紫微斗數多年的愛好者或專業命理師而言，恐都必須花些時間消化才能體會箇中妙用，初學者怕難體會其中之深意，為此，筆者才回頭提筆寫更為基礎的上卷。

上卷「觀念導正及事項宮位與斗數格局分析」內容計有「觀念篇」、「事項宮位篇」、「基礎篇」、「星曜格局類型篇」、「人格特質篇」、「鳥瞰運用篇」等六篇幅。除「觀念篇」多屬哲學概念的闡述與觀念的導引（內容對時下命理現象多所批評，不喜者可直接跳過不看），較不涉紫微斗數技巧的分析外，其餘五個篇幅的基本精神，前後一貫始終如一的期望能建立讀者於觀盤時有整體的視野——「整張命盤都代表一個人」，不要把重點只侷限在命身宮及事項宮位上打轉。這看似容易，卻是連研習紫微斗數多年的高手們都常不自覺忽略掉。因此，筆者於本書中不厭煩的反覆強調「打破十二事項宮位框架」對命盤做全盤觀察，讀者一旦建立起這種觀察後，對共盤的現象就較能清楚掌握，不至於陷於「見樹不見林」的偏差。在此之後，進一步還要建立「整張命盤也不足以代表一個人」的觀念，這前後看似矛盾的二個觀念，其實是並不相衝突的二個層面，後者是在強調共盤之不足，如未加入父母親個別差異的資料，就共盤資料的整張命盤，仍是無法完整詮釋命造獨一無二的特性，否則同一時辰生的人豈不命運皆相同？只要同一時辰出生的人其天賦資質與人生遭遇走向，應該大致相同？事實上自古至今「同時不同命」的問題卻始終存在，並一直是以出生「年、月、日、時」為基調的命理術數難解之題，對此，本書在「父母親個別差異資料的影響」乙節中有詳細說明。

「事項宮位篇」除了於每一事項之開頭概略的將坊間各種說法羅列供參外，並提出本書的看法，此部分主要是以筆者早期上紫雲老師「星曜賦性」課程時所紀錄之筆記為架構。特別值得一提的是本篇章有紫雲老師指正提示之文字意見。緣本書完稿之初，有列印紙本送紫雲老師以謝師恩，老師雖年事已高，健康微恙，除鼓勵筆者出版，也對「事項宮位篇」開始之各章節有眉批意見，乃將其整理附加於本書中以饗讀者。

「基礎篇」係介紹最為基本的星曜南、北斗之共通基本賦性，因為太過簡易，一聽就懂，人人知悉，反常被忽略而不知其重要性。但當以紫微斗數來推論人、事、物的吉、凶、禍、福時，一定會進一步想要知道它是何時發生作用？是早？是晚？是突然的快速發生？一次性的鯨吞或是慢慢逐步蠶食？是先吉後凶？或先凶後吉？而這吉、凶發作時間之快、慢、早、晚、先、後，要如何分辨？在紫微斗數上有非常簡便的方法，就是以星曜的南、北斗之基本賦性來加以區別判斷。所以雖是很基礎的觀念卻相當重要，只是常被忽視不知其有作用，因此筆者特別將其標出作為一個篇幅以彰顯其重要性。

「星曜格局類型篇」係為了使初學者對星曜格局類型有初步的認識，以利面對命盤時能做綜合全面性的觀察及全盤的理解，因此概略介紹雙星殺破狼格局（必搭配府相格局）、紫府廉武相格局（必搭配單星殺破狼格局）、機月同梁格局等三大類型之星曜格局群組的結構組合。實則此三大類型已包含紫微斗數所有星系組合的變化。

另外，特別介紹「星曜所主、所司」的賦性，每顆甲級「星曜」大都有其星曜「所司或所主」的賦性，在其「所司或所主」的事項方面，都會有特別的強調或加強的作用，使吉者更吉、凶者更凶；「所司或所主」的星曜在其「所司或所主」的事項上與「事項宮位」二者相互間，可謂互為「表、裡」。「事項宮位」一眼就看得到，為「表」，較明顯；「所司或所主」的「星曜」在其「所司或所主」的事項上，為「裡」，較為隱性，不明顯，但其作用力道及影響力卻不能忽略，稱之為「隱性的事項宮位」也不為過。

因本文並非屬介紹個別星曜賦性的專書，故不對個別之星曜的賦性加以介紹，僅就形成特殊組合的格局及「雙星同宮」之格局加以約略介紹。

「人格特質篇」介紹主導人一生走向的「人格特質」，不同的「人格特質」，散發出不同的「性格」及「觀念想法」，而「觀念想法」決定「行為模式」走向，不同的「觀念想法」，就會有不同的「行為模式」走向，最後再因不同的「行為」而導致不同的「結果」。因此「人格特質」往往才是真正決定一個人一輩子所謂的吉凶禍福，用這種角度思考，才能透過斗數命盤了解自己，並在了解自己「人格特質」的優、缺點後，選擇較適合自己發展的方向，少走冤枉路。

「人格特質」在傳統的紫微斗數上稱之為「命格」特質，每人皆有其獨有的「命格」特質以左右想法與支配行為，造就出不同的外在表現與結果。依傳統看法命、身宮是「命格」特質相當重要的宮位，但如認為命、身宮就足以代表「命格」特質，便會常常踢鐵板，其實「整張命盤的結構」，才是完整的「命格」特質，更是命、身宮的能量來源。命、身宮並不能代表或涵蓋命造全部的「命格」特質，一張命盤十二個地支宮位，每個宮位都是命造先天「命格」的特質，但作用輕重有別，難就難在找出作用強烈會起主導作用的「重點宮位」。

筆者因紫雲老師及王雲峰老師之教授，學習到簡便又有效率的方法，除了命、身宮外，從命造者之出生「年、月、日、時」的四個地支宮位下手。這四個地支宮位，在命盤的整體結構中所占的比重分量較其他一般的地支宮位為重，可說是具有指標性的作用，甚至可以簡化的說成出生「年、月、日、時」的四個地支宮位，是命、身宮能量來源的重要宮位。但對斗數初學者而言，一下子要觀察判斷出生「年、月、日、時」四個地支宮位，分量仍嫌太多，再加上命、身宮，等於整張命盤占了近半數宮位，達不到簡化抓重點的功能。因此初學者可再行簡化，只要觀察出生「年」的地支宮位，即所謂的「生年太歲」宮位即可，將其視為「重點宮位」加以觀察，如此便不致於滿盤星斗及宮位，既能達到簡化功能，一般也能抓到「重點」不致離譜。

「鳥瞰運用篇」筆者提出製作【盲測盤】的方式供讀者參考。所謂【盲測盤】係仿效各類型茶葉競賽或咖啡大賽時所採取「盲測」（Blind Test）的方式，將所有參賽者產品的相關資訊給通通遮蔽隱藏起來，就不會有先入為主的觀念，直接就沒有任何標示之參賽的品項進行杯測來決定優劣。

讀者臨盤時不妨先行將命盤上的十二事項宮位給遮蔽住，此時整張盤就僅剩由斗數星曜所組成的星曜格局分布於十二地支宮位上，再參照筆者於「基礎篇」、「星曜格局類型篇」、「人格特質篇」等三篇所述重點依序觀盤；首先從命盤最基本的南北斗星曜所分布的情形著手，對命盤做初步整體鳥瞰性的觀察；接著再進一步的從命盤上所分布的星曜格局著手，對命盤格局做初步整體性的理解；接下來找出命盤結構中屬於命造者之「重點特質」。

待「解盲」後再看命、身宮與「特質宮位」彼此間之聯繫與所占分量比重，如此才能較準確判斷出命、身宮及事項宮位的強弱表現。

下卷《問鼎天下》之內容，是以真實的命例介紹臨盤技巧之取用。筆者所舉的命例是大家耳熟能詳的政治領袖，觀其一生的興衰起伏，及如何一步步逐鹿天下，邁向權力的巔峰；之所以舉政治人物為例，並非筆者的偏好，相反的，筆者對政治屬冷感族群，是因為政治領袖動見觀瞻，其人生的重大事跡較為公開透明無法隱藏，甚至見於史料，事實較無爭議，適合以此證諸命盤當教材解說，如此罷了。

另所舉命例雖為政治領袖，但讀者不妨將其視為企業主，其實政府組織就宛如大企業一般，企業發展之成敗興衰，與企業主之領導決策息息相關，密不可分。因此公司企業的發展走向，從企業主的命盤也可清楚分辨。

下卷第一章與第二章所舉命例分別為蔣經國與李登輝，這二命例讀者如能用心體會研習，對提升斗數的技巧會有很大的幫助，因其二人並非毫無關聯個別平行發展的不相關案例，而是相互間有承先啟後的傳承接棒關係，故除了可經由二人各別的人生發展事跡與命盤上斗數變化找出相對應的軌跡以增進技巧外，尚可借此研究二張獨立命盤相互間之關聯影響，進而嘗試以其中一張命盤推論相互間有關係牽連卻苦無命盤資料的其他第三人梗概。

相關命例的蒐集取得是相當困難的，下卷的缺憾在於少掉了陳水扁的命盤，坊間陳水扁的命盤未經驗證，筆者不採，否則蔣經國、李登輝、陳水扁、馬英九，這連續接棒的政治領袖，在斗數的研究資料上就很完整。其運用可以很廣，除了可以預測競爭激烈的選舉，更可以預測企業的接棒人選或競爭對手，不侷限在狹隘的政治領域。

下卷之內容，幾乎每一章節都有實際詳細臨盤技巧的取用，這些技巧對專業命理師言可能都是祕而不宣的所謂「祕訣」，因筆者向來不重視「祕訣」，強調的是理論之邏輯推論過程，因此很願意將心得與大家分享，就是讀者們於研讀時可能要花些心思用心體會。畢竟筆者鑽研多年，習以為常的起手式，雖已儘量通俗簡化，但對一般愛好者而言可能剛開始都有些吃力，但只要稍微用心相信對提升斗數的應用技巧絕對有相當幫助。

下卷第一章蔣經國的命盤，因為有父母親資料，且父母親對其一生的影響頗為鉅大，筆者正好藉由此命盤詳論父母親資料對人格特質的影響，舉凡與父母間之情緣、「父母往生年限」、父母親二人的性格差異與婚姻關係之良窳……等等。

另在「事業之興衰起伏」章節以「緣起」的時間點來追蹤緣起事項的後續發展，這方法技巧可以運用的事項層面十分廣泛，包括：企業經營、事業發展、房地產投資……五花八門。筆者以蔣經國加入國民黨的緣起年份，當成緣起的時間點，用來追蹤他在國民黨的發展表現，並以此來分析說明其一生事業的興衰起伏。

在「誰來接班——太歲入卦之運用」章節以企業經營者角度分析判斷員工或部屬誰適合擔任領導幹部？甚或接班？介紹「太歲入卦」之基本概念及行限時的「動態」引動等觀念，最後並以李登輝與林洋港二位競爭接班人選之太歲宮位星曜格局的差異來分析，為何是李上林下？

下卷第二章李登輝的命盤，因為沒有父母親資料，故僅就共盤現象加以討論。綜觀其一生，獲得貴人的提攜冒出政壇，一路平步青雲，終登大位。筆者便藉由此命盤詳論「貴人的命理作用」以供讀者參考。白髮人送黑髮人是人生一大憾事，屬親情的孤剋，命盤上必然有其跡象，也一併說明。另利用擬人化的取卦法，對突發事件追蹤命造之處理基調，及利用個別差異入卦追蹤部屬忠誠度與獲得重用的命理因素，並說明僕役宮與破軍星之作用，進而分析與重要部屬分道揚鑣或被取而代之的命理因素……等等；最後「誰是接班人？」更試圖以命造的命盤分析推論接班之人。

下卷第三章馬英九的命盤，因出生日期涉及「日月合朔」問題，在紫微斗數上須調前一日，筆者便藉此實際演練命盤之驗證，將二個日期的命盤分別加以比對，用已經發生過的事實以紫微斗數的技巧來比較分辨何者為確？並加以說明；強調的是推論的過程，目的在提高增進讀者對紫微斗數論命邏輯推論的實力，而不是在玩鐵口直斷的猜謎遊戲。

馬英九的命盤（經月朔調整提前一天），是說明「身宮」起「調整」作用及「火貪橫發」的絕佳命例，也是弱陷的太歲宮位沒有主導作用，而由強旺的「日」「時」地支特質宮位取而代之起主導作用的例子。此命盤特殊之處在看似弱勢的限運，竟能爭勝天下，連戰皆捷最後榮登大位，反而是在看似強旺的的限運，連續遭逢「二〇一四年黑心油事件」、「太陽花學運」、「二〇一四年高雄氣爆事故」、「二〇一四年九合一地方選舉」之慘敗，導致宣布辭去國民黨黨主席一職，筆者在各個章節中都有詳加說明。

最後，也試著以領導人命盤推測誰是下一任接班人？延續下卷之一貫脈絡。

上卷

觀念導正及事項宮位與斗數格局分析

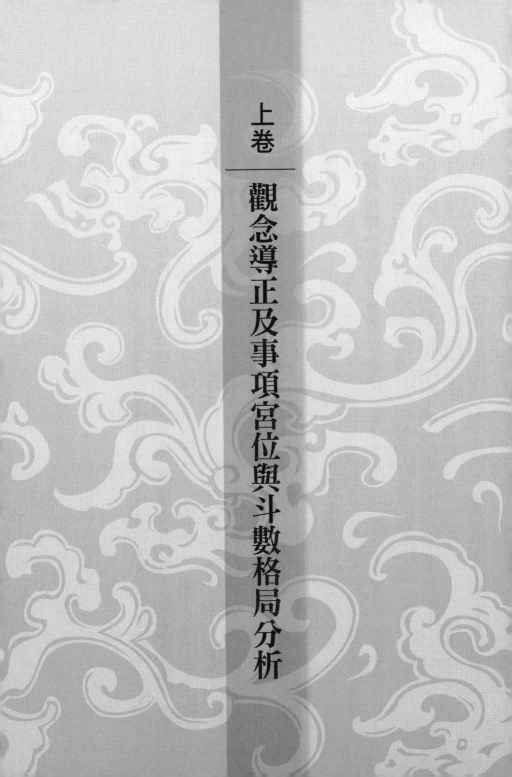

一、觀念篇

筆者雖不是專業命理師，但將紫微斗數當作是一門符合科學的學術學習已經超過二十年，既然把它當成是符合科學的學術理論，就表示它並非是一門可以包山包海、無所不能的解釋一切可能發生的事情之「宗教式」神祕學，而是可經由「假設↓否證↓修正↓假設」的知識進程逐步學習的理論。且在學習過程中所學到的理論是可以被修正或被新理論所取代，甚至在找不到更好的理論前，不得不利用某些明知有瑕疵的理論來解釋現象，而這些理論是任何人都可經由學習理解而學成，沒有任何所謂神祕色彩的神通力量摻雜其中。

回顧過去學習的歷程，發覺不少人學習的觀念與習性阻礙了斗數的進步。觀念、習性看似不甚重要，也無從具體說明，但實則影響既深且遠。僅將筆者觀察到會阻礙斗數學習之常見觀念與習性，舉其要者如下列（一）至（三），並於（四）提出能增進斗數學習之正確觀念。

（一）慣性思維「見同不見異」

紫微斗數是一門迷人的命理術數，它迷人之處在於簡單的基本規則與原理，很容易上手，任何人都可以了解。然而看似簡單之基本觀念內涵，真正了解的人卻是寥寥無幾何其稀少，因此「易學難精」可說是紫微斗數貼切的真實寫照。

現在紫微斗數的電腦程式排盤十分簡易快速，一般斗數習學者只要把出生的年、月、日、時的生辰八字資料輸入網路上免費的電腦程式，馬上即能排出一張完整的紫微斗數命盤。命盤上又標記者有能一目了然的十二事項宮位，簡單清楚的讓學習者能快速的對自身所面臨困惑想要尋求命理解答的「事項」問題，有下手依循的方向。所以紫微斗數一時蔚為流行，尤其是尚在就學的學生們之間，或多或少都會基於好奇利用免費的電腦排盤程式排出自己的命盤看個究竟，最後大都因看不出個所以然而不了了之。有興趣者，則進一步上網查看或買書學習。

對紫微斗數有興趣的一般讀者在上網查看或看書學習斗數命理的過程，首先一定是看自己命盤的命宮是什麼星曜組合？然後便將從網路查看到或書籍中讀到關於星曜賦性的一招半式，直接套在命盤上的命宮來加以詮釋。坊間不少命理術士，尤其在電視媒體上大放厥詞的所謂命理大師及名人更是推波助瀾，最普遍常見的說法就是紫微坐命的人性格會如何？天機的坐命的人性格會如何？某某星曜坐命時性格會如何？……等等。斗數網站及命理書籍十之八九也是如此說法。好處是簡單明瞭，容易學、上手快，很符合現在流行的速食文化，凡事講究速成，沒有時間與耐心深入研究。所以一招半式就可以走江湖，而社會大眾也習以為常，見怪不怪。

實則命理論斷除了先後天的命理因素外，尚應該考慮到現實層面的環境、條件及因素，不能單憑出生時辰排出的命盤上現象，就做純理論的分析判斷一個人一生的窮通禍福。何況命理研究的對象是「人」，人是複雜多變的有機體，怎可能如此僵化和一成不變？面對不同的場合情境，就自然會有不同多變的反應與情緒。況且生活中有許多難題，即使再固執不懂變通的人，在現實環境中也不得不隨著環境轉變而被迫低頭接受轉變，只有保持彈性和變化，才能適應各種環境的挑戰和需求。

「人」既然如此的複雜多變，又怎能期待命理是門簡單易懂的術數，學得一招半式便能放之四海皆準？這其中的謬誤不言自明。

之所以一招半式就可以走江湖，社會大眾也習以為常，不以為意，是因為這一招半式的下手處是在描述一個人的性格特質及「妻、財、子、祿」事項。

人的性格很奇妙，會有多樣不同的風貌，大多數人的性格都具有多樣性，很少人性格是一成不變的，但多數人對自己有多樣性格的一面卻並不清楚，總以為自己的性格是單一不變的，常是經旁人提醒說明後才恍然大悟。這也讓一招半式有揮灑生存的空間，因為對「人」多樣性格的描述，只要沾到其中一面，就會讓人覺得有準確性。因此不論是看書用星座、血型、八字等等命理方式來描述一個人性格時，都會讓人覺得「某部分好像有準喔」，心理上感到有所安慰，進而對不準確、不符合的相異部分也就有意無意地忽略不去探究。

至於「妻、財、子、祿」事項是「人」為求生存及繁衍下一代都會面臨的共同問題，因此，對每一個人而言，這事項是具有共通性。對精於人情世故及察言觀色的職業命理師而言，不用具備高深的術數技巧，只要以籠統含糊的方式來給答案，一般而言都能沾到邊，詢問者自己會在認同的部分尋求安慰。加上現象界的內容非常豐富，我們會「看到」什麼？常常是我們「希望看到」什麼的結果。在慣性的思維模式下，不自覺的會忽略掉「不希望看到」的「異狀」，只挑自己願意相信認同的部分。這其實是基於心理層面之安全感需求所造成，希望面對困難或問題時有「標準答案」能夠遵行，也不安於見到不屬於主流思想的思維，對於不普及、尚不為大眾所認同的新事物或想法均斥之為邪說異端，行為將其視為上「異類」而「黨同伐異」，思考上則刻意忽視迴避，造成習慣性養成「見同不見異」的僵化思維模式，選擇性的看事務，只看及留意在自己相信或認同的事物上，對於自己無法理解或不認同、不相信的事務便不會關注，甚至視而不見，當做無意義的不存在，因而喪失批判性思考的機會與能力。

這僵化的思維與聰明才智無關，也不侷限在命理界，常見受過高等教育在各行各業學有專精的人士，因慣性「見同不見異」的僵化思維模式，不但限制了自身在專業領域更進一步的突破，也常造成旁人的困擾甚或因位居要津握有權力而造成嚴重的後果。

（二）重視「祕訣、訣竅」

一般斗數學習者習慣性把由從書籍中學到關於星曜賦性的靜態知識，帶入命盤用來描述動態迅息萬變的真實人生。頂多再把斗數程式排出來的行運及流年再放上去，這對一般初學者而言已經感到很複雜吃力，因此總想要尋求一個能化繁為簡具備一目了然簡便性的「武功心法」或「祕訣」，以求能快速的成為武林高手。抱持著這種想法的人，除了武俠小說看多了之外，觀念上也認為「古今的人生問題大都逃不出幾個原理的範圍，適用於過往的，大抵也適用於今日。」因此只要掌握住適用於過往而歸納出來的「訣竅」，藉由對過去的分析了解，將人的行為尋求系統性、規律性的解釋，便可對未來做出可靠的預測，對各類人生問題便有「標準答案」或依循方向，實際臨盤時再簡單的套用，加以籠統的解釋，就能以不變應萬變而無往不利。

姑不論觀察過去，是否就可以推知未來，避免錯誤。命理術數研究的對象是「人」，而人是會思考、有靈魂的個體，除了理性行為外，常受到感性及靈性的支配而脫出理性軌道，無法像以理性為基礎之自然科學一般得以在實驗室裡做實證。因此涉及人之「主觀價值」的事物常是無法用「客觀數據」加以衡量，遑論評斷對錯。自然科學刻板的實證方法，是無法解析活生生有血有肉且感情豐富的「人」之行為。人既然是具有「主觀價值」判斷的個體，就有別於機器，也不同於「有形的物質」，人常是對自己都難以了解了，怎麼可能會有「機械化、模式化」的「標準行為」？人生問題又怎有「標準答案」？同樣的人生問題落實到活生生的不同「個人」身上，當然是「試題雖相同，答案卻有異」人人會有區別，即便是同一個人，在不同時間、地點，也會有不同的反應抉擇。

故以簡單「祕訣、訣竅」作為「複雜人生」的「標準答案」加以應用，是十分荒謬的事，但這類荒謬的現象在命理界卻時時刻刻在上演。前述慣性「見同不見異」的僵化思維模式應也是推波助瀾的因素，因為一般人自信心不夠，希望尋求認同感，因此絕大多數人是跟隨著主流意見及價值觀走，缺乏批判性的思考能力，容忍不下「見仁見智」看法各異的狀態，不自覺地會忽略掉「不希望看到」的「異狀」，急切的想找「標準答案」或「真理」以增加安全感，寧可自欺欺人，不願相信真實世界「人心各異」，即使對同一件事，也常是看法不同、各說各話、各有堅持，並無「標準答案」。所謂的「祕訣、訣竅」在實際臨盤時的參考實用價值並不大。

書本上或課堂黑板上老師所教授的「祕訣、訣竅」公式，充其量只可說是實際現象簡化的「原理原則」，用來解釋現象，使問題易於分析，且它必須有堅實的「理論」作為基礎。我們不太可能得到一個放諸四海皆準的「理論」，任何一個「理論」都隨時準備要被某一現象所否定、推翻，如此才能不斷進步，有新的「理論」出現。所以有理論基礎的「祕訣、訣竅」沒有對錯，只有「有用」或「無用」的區別，能解釋現象的「祕訣、訣竅」就是有用的，否則就是無用的「祕訣、訣竅」，但卻不能說它是錯的，沒有用的「祕訣、訣竅」或可加以修正變成有用，或被新的有用的「祕訣、訣竅」取代。

筆者並非謂經系統搜集整理之有理論基礎的「原理原則」不重要，畢竟書本上或老師課堂黑板上所教授「祕訣、訣竅」的原理原則，都只是非常簡化的口訣公式，是訓練推理能力及培養邏輯概念的工具，使問題易於分析，卻不能直接套用在個別不同的實際命盤中。因為「祕訣、訣竅」式的原理原則都只是一般性的「假設」，都是在「既定」的前提與條件下所為的推論。但現實環境以及人、事、物都會隨時間不斷在變化，因此「具體」究會如何？必須待實際臨盤時，了解當事人之時空背景與相關資料後才能去分析探究。

要將「訣竅」式的原理原則運用到實際命盤，即使具有扎實深厚的命理功力，以及正確的觀念與純熟的邏輯推理能力，如對所論述分析的領域不夠熟悉了解，也常會發生牛頭不對馬尾的「踢鐵板」狀況。但經由扎實的邏輯推論訓練過程與不斷在嘗試失敗當中改進、學習，卻是學習斗數的不二法門。

(三) 鐵口直斷

多數人會求神問卜或求助於命理，都是生活中碰到難關徬徨無助，面臨重大抉擇不知要如何選擇。而做選擇與下決定，對多數人而言都是十分困難的，因為這意味著必須承擔責任，必須負擔做錯選擇或決定以後的後果，這些都是很沉重的責任。不巧的是，人生的過程常是不停地面對選擇和決定的困難，而害怕負責任也是多數人的通病。所以，心理上常期待能把責任交給一個對它的信心大過自己的「祂」或「人」，希望把人生中不可避免的困難問題交給一個比我們強又能把我們的利益放在心上的人，或者期待有一套比自己能力強又不會犯錯的思想、信仰或術數來替我們做決定，告訴我們「未知其實是可知」的肯定，讓我們可以躲開行為的後果及對未知的害怕。

這也是為何命理界「鐵口直斷」的論命方式會大行其道，紫雲老師所提出「診斷式」望、聞、問、切的論命方式會乏人問津。因為來求助於命理之人，都期待命理師能告訴他「未知其實是可知」的肯定，斬釘截鐵地告訴他答案是什麼，讓他免於做選擇的困難。而「診斷式」望、聞、問、切的論命方式，須先花費時間釐清問題癥結，找出問題癥結所在後，最終還是命造自己必須下決定、做選擇，因此較不受青睞。

「鐵口直斷」類型的論命方式則給人一種知性上的神祕感，並滿足求助於命理之人的安全感需求，安全感是我們生存的強烈本能，因此會對求助於命理之人心理上造成強大的吸引力。而有市場需求就會有商品，也因此多數命理諮詢師更樂於迎合客人以「鐵口直斷」方式論命。

以科學的角度觀察，「鐵口直斷」方式給的答案一般而言都屬籠統含糊或語意不明的描述，這種籠統含糊的答案被證明為錯的可能性較小，對命理師更是方便，因為不需要深厚扎實的術數技巧做詳細分析論述。反而是內容愈詳細明確的論述，被證明為錯的可能性愈大，雖然這樣論命方式的論述才有真正的實用好處，也才符合科學性，卻不是命理界的主流。

◎按：關於語意籠統含糊的「鐵口直斷」，茲舉下面三則例子給讀者參考——

1.「父在母先亡」

究為父尚在人世，母先亡故？或為父在母之前先亡故？

這是大家耳熟能詳的一則調侃〈算命仙〉的算命笑話，見於梁實秋《雅舍小品・續集》p126頁〈算命〉。原文截錄如下：

「據說有一個擺攤賣卜的人能測知任何人的父母存亡，對任何人都能斷定其為『父在母先亡』，百無一失。因為父母存亡共有六種可能變化——

(1)父在，而母已先亡。(2)父在母之前而亡。

(3)椿萱並茂，則終有一天，父在而母將先亡。(4)椿萱並茂，則終有一天，父將在母之前而亡。

(5)父母雙亡，父在母之前而亡。(6)父母雙亡，父仍在之時母已先亡。

關鍵在未加標點，所以任何情況均可適用。這可能是捏造的笑話，不過占卜吉凶其事本來甚易，用不著搬弄三奇八門的奇門遁甲，用不著諸葛的馬前時課，非吉即凶，非凶即吉，顏之推所謂「凡射奇偶，自然半收」，猶之拋起一枚硬幣，非陰即陽，非陽即陰，百分之五十的準確早已在握。算而中，那便是賽神仙，算而不中，也就罷了，誰還去討回卦金不成？何況卜筮不靈猶有不少遁詞可說，命之外還有運？」

這段散文的後段對「鐵口直斷」的賭徒射倖心態，可說是一針見血。

2.「一指禪師」

這是周仲庚翻譯馬基所著「卡爾・巴柏」中「譯註」所舉的例子——

「三個士子進京趕考，途中遇一禪師，便詢以考試結果，禪師笑而不答，舉起一指。三月後，三人中了一人，大感嘆服，前往拜謝。禪師弟子不解，請教其師何以得先知，大師笑曰：『一人中，亦是一指；一人不中，亦是一指；三人一起中，亦是一指。』這便是可以解釋一切的例子。」

這個例子更是簡略到連籠統、含糊的語意都省略掉，卻保有模稜兩可的本質。之所以也能無往不利，主要是多數有疑惑想詢問解惑之人心中早有預期的答案，以慣性的思維模式選擇「希望看到」的答案。這種例子在現今多不勝舉，假借禪宗公案的形式充斥在各式各樣文章及圖畫中。

3.「連任」

這是紫雲老師於二〇〇三年某次課堂結束後，一時興起講給大家的笑話。

其時隔年二〇〇四年將選行總統大選，選前之前一年（二〇〇三年）朝野政黨即均已推出候選人進行造勢及準備，由在野的國民黨與親民黨合作共同推出連戰為總統候選人，挑戰執政的民進黨所推出的時任總統陳水扁。二〇〇三年時，社會一般的氣氛是以國親的候選人氣勢及民調較高，那時也尚未發生影響選情的「三一九槍擊事件」。

二〇〇四年最後選舉結果是由尋求連任的陳水扁以不到三萬票的微小差距，驚險獲勝當選。

當時（二〇〇三年）紫雲老師笑說這次選舉可以百分百準確預測是誰當選，且不論誰當選，都不會錯。同學們當然隨即接著問誰當選，紫雲老師笑而不答，只轉身在黑板上寫了「連任」二字，大夥會心地哄堂大笑隨即下課。

競選的二組候選人中，挑戰執政的國民黨與親民黨共同推出之總統候選人代表是姓「連」的連戰，如果他勝選，是姓「連」的擔任總統，所以是「連」任總統。執政的民進黨所推出的總統候選人代表是尋求「連任」的時任總統陳水扁，如果他勝選，當然是「連任」總統。

這當然是文字遊戲，無論誰當選，這個答案永遠是對的。

在此要特別強調說明，紫雲老師舉此例純粹只是當笑話調侃「鐵口直斷」類型的「算命仙」，其本人的論命方式向來採嚴謹望、聞、問、切的「診斷」。讀者可別斷章取義誤解。

很多算命、占卜、星座、甚至是心理測驗，常說一些語意籠統、模稜兩可、含糊能套用在每個人身上的答案。表面上看起來準確率百分百，但卻毫無實用價值，完全談不上科學內容。因為如果一套理論或說法，可以把任何可能的事態都適當地安插進去，以至別人提的每一項否證或質疑，它都可以藉由其語意不明確的概念解釋過去，那麼這理論或說法就沒有修正的可能，也沒有被確實印證的可能，也就是隨它怎麼說都可以，反正無從證明真假。

但這種無所不包的理論或說法，卻有強大的吸引力，尤其當表演者深黯人性、老於世故、精於察言觀色，用帶有豐富情感的說詞包裝，摻雜部分的事實及哲學思維，很可能就便成信仰中心進而集結力量。一旦信眾接受了這樣一個理論以後，就如同周仲庚翻譯、馬基所著《卡爾·巴柏》一書所提及「知性上的皈依或啟示，會打開你的眼睛，叫你看到還未發生的事背後的新真相。一旦你的眼睛這樣打開了，你就到處可印證。世界上充滿了實證，只要是發生了的事都可以變成證據。其中的真理是很明顯了，還不相信的人必然是閉上眼睛拒絕看這些明顯真理的人，都需要治療。」這種理論披掛著一層神祕或信仰的袈裟，享有永不被否證的權力，「你簡直想不出一件觀察是可以與他們的理論相抵觸的，他們可以解釋任何那一行裡發生的現象。這種能力說服並震撼了他們的支持者，但這種無所不能解釋的本質，除了獨斷外卻沒有任何科學內容，正是他們的致命傷。」

古今中外類似用這種說法的「大師」從來就不少見，且都能累積成千上萬的信仰者。近來台灣社會就有類似團體的信徒購買上千萬的高級跑車供養師父，因而上新聞版面頭條，社會大眾並因而一度有「感恩 sea food（師父）、讚嘆 sea food（師父）」的流行語。

「裝睡的人是叫不醒的」，對於這些團體的成員而言，為什麼他們樂於接受那麼多不可能、不合理的信仰來讓自己的信心增加，為什麼當別人告訴他事實並不如此時，他們會感到焦慮而情願不接受，寧可選擇繼續相信，因為選擇繼續相信會讓他們心理上有安全感，而安全感的需求是我們強烈的本能；加上慣性「見同不見異」的思維模式，他們會「預期」去看到「大師」說法的證據，而現象界的內容非常豐富，所以他們往往也可以看到證據，因此對於所謂「大師」鐵口直斷的說法便深信不疑。

以上（一）至（三）簡單所舉，是一般紫微斗數命理的學習者們，經常有的觀念、習性。也不能說有多大錯誤，但有此觀念、習性想要一窺紫微斗數殿堂的奧妙者幾希。

真實的人生是動態變化的，隨著時間、空間的人、事、時、地、物不同，而有多樣不同的變化。怎可能簡單的只用星曜的靜態賦性就能含括真實人生，即使再把斗數程式排出來的行運及流年放上去，也很概略模糊，不足以描繪情境現象。學習紫微斗數時，必須很務實地將個別差異因

＊紫雲對本文提示：「要加父母出生年，重要。」「同年、同月、同日、同時生，因父母生年不同，而有差別。」

時間、空間不同，所遭遇到的人、事、時、地、物等參數再加入行運及流年的盤中，並因應不同的情境而取不同的卦象以為對應，方能較稍微清楚的描繪所發生的現象。

若僅僅死守著賦文或書籍關於星曜賦性的描述，便直接要套在實際命盤上，便常常發生牛頭不對馬嘴，最後只好選擇性地斷章取義，只選吻合或自己覺得對的部分，忽略差異部分，來自圓其說，對不同部分就不花心思加以深究，江湖術士也借此模糊籠統空隙得以生存。這是紫微斗數命理數術一直無法進入學術殿堂的原因之一。

實際論命看盤時，其實是不能單獨只用它原來的星曜賦性來看，因為整張命盤在輸入個別差異等參數後會組合出新的特質風貌出來，超出原本星曜賦性的單一線性狀態，這也是紫微斗數變化多端又迷人也難學之處。

（四）命身宮的命理跡象無法涵蓋命造全部的人格特質

——「整張命盤都代表一個人」＊

讀者在實際臨盤學習紫微斗數的過程中必然會碰到實際情況與「命宮」所呈現的命理跡象不符合的狀況，此時反而是進步的契機，不用感到困惑、挫折，也不須刻意忽略差異部分以含糊籠統的方式來自圓其說，除了懷疑命盤的時辰是否有誤外，應該思考的是：

「命宮」所呈現的命理跡象無法涵蓋命造全部的人格特質，命盤上應該還有其他特質主導著命造。

別忘了，紫微斗數由出生的年、月、日、時所排出的命盤，有十二個地支宮位，十四顆甲級星曜及近百顆乙級、丙級……等星曜，論命時怎麼能就只以一個命宮代表一切？但這卻是初學者常易犯的錯誤觀念，論命時除了命宮外，就只看命宮的三方四正宮位（遷移宮、財帛宮、事業宮），而一般的斗數書籍也一直強調命宮的重要。造成初學者習以為常的以為命宮及其三方四正宮位，就代表命造全部的人格特質。導致論命方式如下：

「在實際論命時，談到事業事項，便以命宮為基礎，看命宮與事業宮的星曜組合如何搭配，再參考行限的運勢，據以論斷事業方面的吉凶。」

這種論斷方式已算中規中矩，不能說有什麼不對。但卻常會踢到鐵板，碰到推論出來的結果與現實發生的事實南轅北轍的狀況。因為如此的論斷方式是建立在「假設命宮及其三方四正宮位，就代表命造全部的人格特質。」的前提下，一旦主導命造事業事項的人格特質不是出現在命宮或事業宮，而是出現在父母宮、兄弟宮等六親宮位，甚或是疾厄宮、田宅宮時，就會因假設的前提錯誤，推論出來的結果當然就很難符合事實。

筆者不反對「命宮很重要，是一切事項宮位的基礎。」的說法。命宮，絕對是命造人格特質的一部分，這點筆者認同也不質疑。因為它是初看一張盤時很便捷的下手處，就如同與人交往時，你認識對方的第一眼印象，即從外表上的穿著打扮、言行舉止等感受所獲得的印象，甚或是在沒有利害關係、沒有競爭關係下長期交往所觀察到的印象。因此，命宮的確很重要。但真就猶如古籍所載：

「立命可知貴賤，安身便曉根基」

「命居生旺定富貴，各有其宜。身坐空亡論榮枯，專求其要。」

「大抵以身命為福德之本，加以根源，為窮通之資。」真能如此簡單明白？僅從命、身宮觀察便能大概知曉一個人的貴賤根基？在現實生活當中有過社會經驗的人都知道，與人交往僅從一個人外表上的穿著打扮、言行舉止便判斷認定一個人，是件很危險的事，不少人因此吃虧上當而有「知人知面不知心」及「人心難測」的感慨。人之所以優越於萬物，以萬物之靈自居，是因為人類的大腦具有很複雜且多元的思考、認知與情緒作用，因此每一個人其實都具有多樣的面貌，光看表面是無法了解一個人的內心的想法。所以「知人知面不知心」及「人心難測」其實是很正常並普遍存在的真實現象。

既然在現實人生當中，我們多數人都能理解所謂的「知人知面不知心」、「人心難測」的道理，無法光由一個人的外表就能看出這個人內心的想法。但為何在學習斗數命裡時卻執迷於光看命盤的命宮及其三方四正宮位，就能代表命造全部的人格特質，而不思其他的可能性，這中間存在的謬誤與迷思是顯而易見。

殊不知，「整張命盤代表一個人」。十二個地支宮位都有其作用，命盤上的每一個宮位格局都有它的作用，都會有其天賦的功能。意思是一張命盤裡面，如果有一些格局是比較凸顯的，則這些格局就會形成命造的特質，而這個特質可能就會是主導命造一輩子重大事項的基礎。

在命盤上，一個人的內心到底是在想什麼？或他有什麼潛能特質？不是單單從命身宮來看。一個人的潛能特質及內在心思，不能說命、身宮都不會出現，但它卻不一定是出現在命、身宮。方法上，我們可以從已經知道的事實來反推，可以先不用管命、身宮的問題，先去找出這張命盤上到底有那個格局比較凸出？而這個比較凸出的格局跟已經發生的人生事實又可以吻合，再回過頭來看命、身宮所呈現的現象，還是要將二者比對觀察，不能就此完全不管命、身宮。要綜合起來看，命、身宮還是不能放掉。

一個人的外表跟他內在的想法，其實常常會造成很大的衝突及落差，最好的情況是，他的外表跟他內心的想法是能夠一致的，這樣的人生較順暢幸福；但如果外表跟他內心的想法落差太大，結果常常是造成不是戲劇化，就是悲劇化的人生。例如：外表相貌堂堂一表人才，讓他比一般人更有機會或機緣往上攀升，但如命盤上沒有一個比較明顯強旺的格局能量來支撐，讓他在人生遭遇挫折時能夠突破困境，最後當然是攀得愈高，就摔得愈重。

因此，在學習紫微斗數的過程時必須將十二個地支宮位、事項宮位、南、北斗星群組合、星曜格局群組的結構……等等做全面性整體的觀察，不可偏廢只著重在命宮及其三方四正宮位，因為──「整張命盤都代表一個人」。

甚至，整張命盤也不足以代表一個人；否則同一時辰生人豈不命運相同？這部分留待後面「父母親個別差異資料的影響」章節時再加以說明。

◎按：紫雲對本文提示「要加父母出生年，重要。」
「同年、同月、同日、同時生，因父母生年不同，而有差別。」

二、事項宮位篇

紫微斗數命盤的十二個地支宮位，都有其所代表對應的事項，以命宮為中心基礎向外擴散出去，有所謂「命前為父母，命後乃兄弟，逆次而行之，造端在夫妻，子女兼財帛，疾厄有遷移，奴僕隨官祿，田宅福德基」環繞一圈，便成十二事項宮位（命宮、父母宮、兄弟宮、夫妻宮、子女宮、財帛宮、疾厄宮、遷移宮、奴僕宮、事業宮、福德宮、田宅宮）。

坊間多數的紫微斗數書籍都會對十二事項宮位加以說明，但大都過於簡略甚至有些在觀念方向上頗令人質疑。茲將各家說法舉其要者梗概羅列附上，以供讀者參考，並提出本書的看法：

（一）命（身）宮*

坊間之說法如下：「或謂命宮所主為人的容貌、性格、才能，以及對父母、子女、夫妻、兄弟、朋友間的關係。是一生成敗的關鍵，表徵物質享受、財富多寡、事業順逆……等比較實質的事項，用以推斷人的命格高低，命宮格局高，雖遇不佳的大限及流年，也不會變得太壞；反之，若命宮格局低，則雖遇良好的大限及流年，也不過一時順遂。命宮是推斷命造的主要關鍵，命宮的星曜組合，幾乎就可以判別一個人的一生運勢大概。或謂命宮為先天命運，身宮為後天運勢，以命宮為主，身宮為輔，若命宮差，身宮較好，則後天的努力可以輔助改善先天命運的不足。若命宮的先天運勢較好，後天身宮較弱，雖遇困難亦能努力克服。或謂命宮為命造的處世心態與個

＊紫雲眉批：四十歲前為命宮，四十歲後身宮為中年。人的性格，中年前與中年後不一定相同。

性，身宮則為行動心態與環境。或謂命宮為本體，可以看出一個人的氣質形態、氣勢強弱、個性屬性、性格特徵、做人處世方法、人生觀、價值觀。身宮是經後天所處的環境而修正所呈現的本體。或謂身宮所處宮位是內心深處最在意的宮位，也是影響命造一生最重要的宮位。命宮——顯示個人性格，格局高低，先天運勢強弱。身宮——後天努力方向，成敗艱難與否。」

以上是坊間流行的一般說法，僅供讀者參考比較。

筆者對命、身宮的看法如下：

1.「命宮」＊

＊紫雲眉批：命宮→先天，四十歲前

命宮不見得主一個人的容貌、性格及一生成敗關鍵。當然它也會反映出一個人與生俱來的部分聰明才智及性格等稟賦特質，但命宮的作用較屬「表層」，是在沒有利害關係，沒有競爭關係下與人交往時，外人一眼即能看到的特質，也是命造自身能意識到的部分。

命宮尚具有能與其他十一個事項宮位形成互動的重要角色，好比是總樞紐、總開關，能與其他宮位產生互動作用。很多的事項都是透過命宮這個總樞紐的星曜格局形式來表達、表現出來，因此命宮的「表」是相當重要。

命宮也同時是限運中的第一個大限的本宮，扮演著影響相當深遠的角色。第一個大限的重要性有別於之後的其他大限，因為幼年時期是生命過程中最脆弱時期，拜現代醫學進步之賜，人類在幼年時期的死亡率才大幅降低。但就人類之生理構造而言，人類在嬰幼年時期是無法獨立生存成長，必須仰賴親族的照顧才能存活。而幼年時期也是身體成長與人格發展最迅速之關鍵期。因此在此時期能否獲得充足的物質照顧，關係著身體健全的發育及日後之健康品質。親族的教育方式與關心程度也深深影響著人格發展之健全與否。現代心理學有主張一個人之性格特質在學齡前就已塑造定型，甚至有謂在五歲前就已大致定型，所以很強調此階段的親子教育。就命理角度言，不論是學齡前或五歲前，都是在命盤上的第一個大限。因此第一大限也同時占據十二事項宮位中命宮的位置。它的影響層面已不限定在所謂的「表」及大限層次，而是整張命盤。

2.「身宮」*

*紫雲眉批：身宮→四十歲後。有命身同宮，則看該宮星曜如何。剛星主早（例如：紫微）；柔星主慢（例如：天府）。
*筆者補充說明：剛星見忌煞，中年前較辛苦。
柔星見忌煞，中年後較辛苦。

身宮並沒有單獨在十二事項宮位中占據獨立的宮位，必附屬與命宮、夫妻宮、財帛宮、遷移宮、事業宮、福德宮等六個事項宮位中的其中一個事項宮位同宮。

因此身宮的作用其實就等同於同宮的事項宮位的作用？當然我們可以說被身宮所坐入的事項宮位，會增強加重這事項宮位在命盤上所占的作用及比重。但除此之外，身宮有無其他的獨立作用？有獨立創設身宮的必要性嗎？

紫微斗數的排盤法，命宮與身宮都是由出生之月份和出生之時辰起出，從寅宮起正月順時鐘方向算到生月，再從生月宮位起子時，逆時鐘方向數至生時的宮位就定為命宮，順時鐘方向數至生時的宮位就定為身宮。命、身宮的這一逆一順，不知與一陰一陽是否有關？或僅是單純的排盤遊戲規則，不得而知。

證諸古傳典籍中也都偏重在命宮，對身宮的描述並不多，偶有隻字片語也大都與命宮並列同

＊紫雲眉批：四十歲前後，前→命宮；後→身宮。

時談論，鮮少單獨就身宮論述。是否因此代表身宮如果有作用，似乎與命宮脫離不了關係？

近代坊間有所謂**命宮為「先天」命運，身宮為「後天」運勢的說法**＊，但什麼是「先天」？什麼是「後天」？眾說紛紜，致有將「先天」解釋成上輩子、前世，反而更加混淆不清。

待紫雲先生提出命宮與身宮都會反映一個人與生俱來的稟賦——聰明才智和性格狀況，身宮宮位的旺弱或吉凶，往往會對運程的興衰起伏，產生重大影響作用，也對命理運程產生一種「調整作用」的功能，隨年齡愈大，調整作用的功能也會愈大，並以「中年前後」來簡單的區別命宮與身宮作用的強弱後，身宮的意義及作用才有較具體明確的方向。

至於中年之前後，究竟為幾歲？因人而有差異，只能為大概的區分，大抵以年過四十歲以後才開始的第一個限運為界線。一般大概在第五個限運的事業宮（大限順行）或財帛宮（大限逆行）。但不少人因此斷章取義，誤認為身宮只有在中年之後才有作用。實則命宮與身宮是一體兩面，不能分割，應同時觀察。其作用一在「前」，一在「後」，始終存在。

有的人做事情，剛開始時不怎樣，不帶勁，但愈做後勁愈強，漸入佳境愈來愈好。這情況通常是命宮不佳，但身宮好。

有的人做事情，剛開始時很帶勁，很有興趣一頭熱，但持續不久便虎頭蛇尾，不了了之，這通常是命宮比身宮好且身宮不佳的情況。

有的人少年得志，有的人則老運不錯。一般而言，身宮不錯的人，大概老運都不錯。如果身宮煞星一堆，或連續限運忌星來沖擊身宮，大概都是「老歹命」。如身宮雖然煞星一堆，但連續限運祿星來吉化身宮，則辛苦努力會有成果。

> ＊紫雲眉批：先天為柔，後天為剛。

> ＊紫雲眉批：命、身宮，見左右為柔和為佳。

星曜有剛星與柔星之別。剛星組合的人，較有主張見地，意志非常堅定。但如太剛，就流於剛愎自用，缺乏彈性不好溝通與相處。柔星組合的人，較有彈性，好溝通也易於與人相處。但如太柔，就變成毫無主張的濫好人。因此，**命宮與身宮的組合，最好是一剛一柔**＊。

另外，命宮與身宮同時觀察，如二個宮位的星曜可合併組成獨立的格局時，也會有該格局之作用。

命、身宮雖然反應出一個人與生俱來的部分聰明才智及性格等稟賦特質，但光從命、身這二個宮位觀察卻常是無法看出一個人完整的稟賦特質。有些人的命、身宮格局很大很剛強，外表看起來給人很有架勢的感覺，實則個性卻很柔弱，沒什麼作為；相反的，有些人的命、身宮格局很柔弱，實際個性卻一點也不柔，做起事來更是強勢堅持。此等命例所在多有。因坊間的書籍只強調**命、身宮的重要**＊，一旦碰到此等命例時，常讓初學者感到困惑。幸有紫雲先生提出除命、身宮外，**生年的太歲宮位也主導著一個人的性格特質**＊。

> ◎按：＊紫雲對本文提示「生年太歲宮位很重要，要補寫。（吉為佳，凶為凶）」

命、身宮較屬「表層」的作用↓

在沒有利害關係、沒有競爭關係下與人交往時，外人一眼即能看到的特質。命造自身也較能意識到此部分特質。

相對於命、身宮的「表層」，太歲宮位則屬「裡層」的作用↓

平常較隱而不顯，僅在重大事件或重要事項上才會冒出來，亦即當在有利害關係或有競爭關係下時，主導命造心思及想法的可能就是太歲宮位，而非命身宮了。

當然也不是所有的人之太歲宮位都有作用，如太歲宮位空宮或弱陷，就不太會出現主導作用。但並非完全沒作用，有可能以其他形式展現作用。

＊紫雲眉批：父宮在命宮之左，母在命宮之右。
＊筆者：請參閱本文兄弟宮內容，對此有詳加說明。

（二）父母宮＊

坊間之說法如下：「或謂為推斷其人的出身，以及父母對自己的影響，受父母庇蔭的程度，有無益蔭，抑或反而有損，父母與自己間的感情如何？緣分強弱？有沒有父蔭、遺產＊等，以至父母方面的親友對自己的影響。或謂可推論年幼時，能否得到父母的照顧，以及父母的各種狀況。或謂父母宮為相貌宮，可推論命造之外貌長相。或謂父母宮除命造與父母的關係外，尚可觀察命造與上司之間的關係，究為關係良好且受提拔，或不和而受箝制。」

＊紫雲眉批：父蔭→父母蔭，有些母親較有遺產。遺產，或父或母。

以上是坊間流行的一般說法，僅供讀者參考比較。

傳統上甚至有父母宮還可以往上追溯祖宗八代梗概的說法：以父母宮看父母，父母宮之父母宮即福德宮看曾祖，以此類推田宅宮看高祖……等。

筆者對父母宮的看法如下：

父母宮是命造對父母親情方面的意識形態與基本心態模式，亦即是命造對父母親情方面的主觀感受與表達方式的心態。因此，當父母宮忌煞交沖時，代表命造個性在與父母親情方面的對應上是有存在盲點的，較無法心平氣和地與父母和諧相處，其問題的癥結往往可能是出在命造主觀的感受與心態所造成的心理障礙。

父母宮並無法涵蓋所有與父母有關的事項。生活中有關命造與父母間的實際互動狀況，諸如：命造對待父母的態度？父母對命造是否照顧？甚至父母親之個別健康？父母親之事業狀況？父親與母親二人間之感情狀況？……等等，都不是能單憑一個父母宮即可完整推論實際情況。都還是必須針對各別不同的情況，配合取用不同的星曜及宮位，整體搭配運用。其中最關鍵的因素，則為父母親個別差異的生年太歲宮位。

父母宮雖不好，若父母親個別差異所坐落的太歲宮位不錯，則會減輕或消除父母宮的凶象。但若父母親個別差異所坐落的太歲宮位也不好，這時父母宮的凶象就會呈現。

相反的父母宮雖好，若父母親個別差異所坐落的太歲宮位不好，也會降低父母宮的吉象。亦即父母親個別差異的太歲宮位，會對命盤上的父母宮產生修正或調整之影響作用。

通常**父母宮太凶時，在親子關係方面多少還是會出現凶象***，也許關係不和或疏離，也許親子間感情不錯但相隔異地，也許父母有人早逝。實際上會出現在那一方面，就非單憑父母宮即可完整推論，必須將父母的個別差異資料輸入後再加以分辨。

父母的個別差異資料對命盤所產生的影響至鉅，甚至是改變命盤吉凶結構的關鍵，直接影響到命造的行為模式及價值取向。

至於所謂相貌宮或與上司之間的關係等說法，均無參考價值。

＊紫雲眉批：父母早年生離或死別。

＊紫雲對本文兄弟宮眉批：「與宮位個別差異有關」、「雙胞胎，先生為命宮；後生為兄弟宮。星曜不同，個性有別。」

（三）兄弟宮＊

坊間之說法如下：「或謂兄弟宮所主為兄弟姐妹與自己的關係，和睦與否？有無助力？或甚至對自己有無害？感情厚薄親疏如何？以至兄弟方面的朋友對自己的影響，亦可推算親密朋友或事業伙伴關係。或謂兄弟宮可了解兄弟姐妹的發展如何？是否相互接近和幫忙，或有所刑剋等。或謂以兄弟宮，來推斷與自己同一出身的人（同門及同年），跟自己的關係。以至兄弟方面的朋友對自己的影響。兄弟宮吉，有兄長可依靠（或主受同事提拔，或主同出一身的同事升遷比自己快），或兄長富裕寬厚。兄弟宮見忌煞諸曜，再見天巫，主不和爭產，或主同事爭權利。原則上見忌煞多，主兄弟姐妹（或同門與同一階層的同事）不和、不同心，有紛爭，同事或同門則主有妒忌鬥爭。」以上是坊間流行的一般說法，僅供讀者參考比較。

傳統上甚至有兄弟宮可以看出你有幾個兄弟？你兄弟的發展如何？並以兄弟宮是老大、夫妻宮是老二、子女宮是老三……等說法。

筆者對兄弟宮的看法如下：

兄弟宮看似無足輕重的不起眼宮位，在現實人生中兄弟姐妹的手足之情卻有著不足為外人道的影響力。因為在一般情況下，人自幼年時期到青少年時期，都是在原生家庭與家人共同生活，因此無法避免的必須與手足朝夕相處，相互間可以是血融於水的相互依存，彼此扶持提攜關係，也可以是分割掠奪父母對自己資源與關愛的競爭者關係，故同樣是手足，關係卻可天差地別。

至於命造與手足相互間情緣，究為競爭關係或為血融於水的關係，在命盤上是無法單單憑藉著兄弟宮就可分辨論斷得出來。

兄弟宮應該只是命造對手足親情方面的意識形態與基本應對模式，亦即是命造對手足親情方面的厚薄親疏之主觀感受與表達方式的心態。因此，當兄弟宮忌煞交沖時，代表命造的個性在與手足親情方面的應對相處上是有盲點，在這方面的主觀感受與心態也存在著心理障礙，致使較無法心平氣和地與手足和諧相處。但也不能單就兄弟宮就做如此論斷，最起碼還須參酌天機星這顆所謂「兄弟主」的星曜，再綜合觀察。

兄弟宮雖不好，若天機星所坐落的宮位不錯，則會減輕或消除兄弟宮的凶象。但若天機星所坐落的宮位也不好，這時兄弟宮的凶象就會呈現；相反的，兄弟宮雖好，若天機星所坐落的宮位不好，也會降低兄弟宮的吉象；亦即天機星所坐落的宮位，會對命盤上的兄弟宮產生修正或調整之影響作用。但如**兄弟宮太凶的話，往往在手足方面多少還是會出現凶象***，也許手足不和，也許雖無不和但較疏離，也許手足中有人早夭等等。

＊紫雲眉批：要看生年。

◎按：所謂「要看生年」即要輸入手足的生年個別差異資料。

生活中**有關命造與個別手足間的實際互動狀況***，諸如：命造與個別手足的情緣厚薄親疏？個別手足的事業狀況？與個別手足間有否事業及金錢糾結……等，都還是必須針對各別不同的情況，配合取用不同的星曜，搭配天機星及宮位，整體運用；其中最關鍵的因素，則為手足個別差異的生年太歲宮位。亦即深入的看法，還要輸入手足的個別差異資料。

＊紫雲眉批：要看生年。

＊紫雲眉批：不一定，中年後會改變。

至於以兄弟宮來推斷與自己同一出身的人（同門、同年、同事），跟自己的關係云云，則無參考價值。這些人與命造的關係仍然要輸入個別差異的生年太歲資料及彼此的互動角色加以判斷，並非是看兄弟宮。

兄弟宮的功能，應該不只限定在和「手足」間有關的情緣厚薄和人數多寡之事項上。就心理學的角度而言，一個人的人格特質之形成，有很大一部分是**受到自幼成長的家庭環境因素影響**＊。因為人在長大獨立自主前，與父母及手足是朝夕相處，長時間生活在同一屋簷下，彼此間的言行舉止及生活教養都會相互影響。就紫微斗數的排盤上，命宮是受到父母宮及兄弟宮的左右鄰宮所夾輔，這左右鄰宮宮位星曜的氣勢強弱，自然會對所夾輔的命宮造成吉凶強弱的影響作用。

命宮強但左右鄰宮弱，這樣的命宮會很辛苦，單打獨鬥較得不到周遭的扶持。命宮弱但左右鄰宮強，至少旁邊還有強大的支柱可依靠，不致傾倒。因此父母宮及兄弟宮這二個宮位對命盤上命宮之氣勢強弱，自然也有一定程度的影響。

另外，恩師紫雲先生早年就學於何茂松老師十餘年後，曾提出質疑認為關於父母親的宮位，怎會是父親與母親都在同一個宮位的父母宮？應該父親有父親的宮位，母親有母親的宮位。以命宮為中心，順行為陽，逆行為陰；父為陽，母為陰，陰陽交合才能生出命宮來。因此認為父母宮表徵的是父親的作用，兄弟宮表徵的是母親的作用。據聞當時何茂松老師也同意紫雲先生的說法，認為就其實際論命的經驗觀察，兄弟宮確有此作用。

坊間尚有種借宮說法，如果以父母宮做為父親的宮位，那麼以父母宮借為父親的命宮，那兄弟宮便為父親宮位的夫妻宮，也變成為母親的宮位。但這種借宮的說法，所產生的矛盾現象很多，例如：命造是父親的私生子，則父親的配偶並非命造的母親，而父親宮位的夫妻宮，一樣是定在兄弟宮，那命造的母親宮位是否仍為兄弟宮？即使命造是父母親的婚生子女，母親的宮位又怎麼會與表徵手足的兄弟宮在同一個宮位？

對此，當時紫雲先生也曾就母親的宮位又怎麼會與表徵手足的兄弟宮在同一個宮位的矛盾現象，心存質疑。直到後來紫雲先生突破太歲入宮法的瓶頸後，便直接採用個別差異的太歲資料加以區別。但當你不知道個別差異的太歲資料時，就共盤言，兄弟宮似乎是有表徵母親作用的現象，不過這還要搭配其他星曜及宮位整體判斷運用，而非直接將兄弟宮當做母親的宮位。

◎紫雲對本文兄弟宮眉批：「與宮位個別差異有關」、「雙胞胎，先生為命宮；後生為兄弟宮。星曜不同，個性有別。」

（四）夫妻宮

坊間之說法如下：「或謂推算感情或夫妻關係，何時結婚、早婚或晚婚、或不婚，妻或夫之外貌，有否幫夫（妻）運，夫妻生活如何，配偶發展如何，有否刑剋等。或謂婚姻是否美滿，舉凡婚姻關係及夫妻感情的變化，諸如是否和諧恩愛，性格或志趣是否相投，或聚少離多，或貌合神離，或有外遇，或配偶隱疾，以及能否白首偕老，有無生離死別的情況等等。或謂夫妻宮是看伴侶個性和職業的位置。」以上是坊間流行的一般說法，僅供讀者參考比較。

筆者對夫妻宮的看法如下：

夫妻宮僅是命造對男女感情方面的意識形態，但這意識形態對實際人生也具有相當程度的影響。例如：有人看了你的夫妻宮後，說你日後的配偶外表是長何種類型，其實這並不離譜，因為現代人自由戀愛都會找自己意識形態喜歡的類型當對象。夫妻宮的星曜格局廟旺見桃花星的命造，選擇對象時比較會以貌取人，男命會找貌美的老婆，女命會找英俊的先生。

夫妻宮的星曜格局大致能看出未來配偶的長相外貌（可愛型、端莊型、豔麗型）或性格取向（活潑外向或內向文靜），甚至有些人是著重在事業發展及金錢能否有所助益方面。

當夫妻宮忌煞交沖時，我們不能說命造會去找一位奇醜無比或殘疾的對象當配偶，這不僅與人性不符，用這種角度學斗數就是太食古不化不知變通了。

夫妻宮既然是命造對男女感情方面的意識形態，因此也代表命造在婚前對男女感情方面的一種處理方式或心態，婚後面對婚姻感情方面的處理態度。**如：夫妻宮忌煞交沖太凶的話，命造往往在男女感情或婚姻方面處理的方式或心態會有所偏差，不會處理感情方面問題，比較容易出狀況，導致結果不好。**＊

命造對男女感情或婚姻方面的心態，除了看夫妻宮外也要與命宮相配合。

例如：武曲與火星分別居於命宮與夫妻宮這二宮並有忌煞沖形成「寡宿」凶格，則與配偶的相處恐就很難相濡以沫、白首偕老。或貪狼與文昌分別居於命宮與夫妻宮這二宮並有忌煞沖形成「離正位顛倒的粉身碎骨」格，很可能感情會另有發展。或太陰與火星或擎羊分別居於命宮與夫妻宮這二宮並有忌煞沖形成「十惡」或「人離財散」凶格……等等凶格，這都代表命造對男女感

＊紫雲眉批：補上出生年。
＊筆者補充：會因輸入個別差異資料後而有所修正調整。

*紫雲眉批：會否生育及生離（中年死別）與配偶生肖有關

*紫雲眉批：合婚，古時要對象全部八字，本派只要對方出生年。

情或婚姻方面的想法及處理態度是有偏差的。

但夫妻宮不好，單就夫妻宮及其三方宮位，很難判定問題究竟出現在那方面？只能概略知道在感情或婚姻事項方面可能會有問題。且以上就星曜格局組合的舉例，也僅是純就理論原則上推論，不代表一定如此，讀者如恰巧有此類似組合也別自己嚇自己，因為實際影響到婚姻的因素很多並非單一。舉凡**夫妻婚姻關係感情的變化，是否和諧白首、聚少離多、貌合神離、外遇、配偶隱疾，以及生離死別等情況，均非單單憑夫妻宮及其三方宮位便可以推斷看出。***

實則實際影響到婚姻的因素，除了夫妻宮外，配偶的太歲宮位也占有舉足輕重的比重。

夫妻宮好，一般言只是比較容易找到好的對象、配偶，但實際的婚姻不見得就能鶼鰈情深，白首偕老。

如夫妻宮不好，但配偶的太歲宮位很好，倒也不見得一定會出問題。

夫妻宮雖好，但配偶的太歲宮位不好，則婚姻品質也不會好到哪裡。

實際上婚姻出狀況的命例，配偶大概都坐入一個大有問題的太歲宮位。

夫妻宮好，配偶的太歲宮位也好，一輩子夫妻間的感情大致和諧美滿。

沒有夫妻間不吵架的，除非有一方裝聾作啞讓步，否則長時間相處豈沒有意見不合之時，但重要的是能否「床頭吵床尾和」，雙方各退一步。配偶的太歲宮位好，就不會走到「絕」裂的地步，也有退讓的可能。就算客觀因素無法配合，也較能好聚好散。

所謂「孤陰不生、孤陽不長」，結婚對象才是影響婚姻品質的關鍵因素，即婚配對象之生年太歲所坐守的宮位與星曜吉凶，常是影響婚姻好壞的重要因素，因此**「合婚」***是很有道理的，可惜現在真正懂的人不多了。

還有，要看婚姻的好壞，起碼要看到六十幾歲以後。因為人性的通病，在物質經濟條件不好時的苦哈哈階段，較沒有餘力作怪；等到物質經濟條件好的時候，便溫飽思淫慾，花樣就多了。所以一般在三十幾歲還是努力奮鬥的苦哈哈階段，不會敢怎麼樣，此時家花一定比野花香；到四、五十歲後物質經濟條件較好，口袋滿滿，這時野花就比家花香了；到了六十歲以後，並不是婚姻感情就不會有問題，而是畢竟年紀大了，考慮的因素就多，較不那麼衝動，相對出問題的機率較少。

以上是較傳統的說法，其實現今社會環境誘惑多，性觀念較開放，經濟條件已非佔絕對因素，婚姻感情會出軌者，不限於男性，二性均有，尤其女性自主意識抬頭，到了六十歲以後提出離婚者，泰半女性居多。

(五)子女宮*

坊間之說法如下：「或謂子女宮主要表示生殖力的強弱，推算子女多少，成就高低，成長中的過程如何。以及和子女關係如何，子女與自己的緣分厚薄。或謂子女宮可以探討是否容易懷孕?生產過程是否順利?生育能力有沒有問題?或謂子女的發展如何?子女的多寡?是否孝順?皆可由子女宮內星曜吉凶得知。或謂子女宮又稱作歡樂宮，子女宮的星曜可以觀察一個人性生活的傾向、性方面的慾望。性能力除了看子女宮外，還得看疾厄宮。子女宮決定慾望的強弱與達到目的的方式，至於有沒有體力配合，性機能的強弱，疾厄宮的星曜才是衝動的源頭。」以上是坊間流行的一般說法，僅供讀者參考比較。

筆者對子女宮的看法如下：

傳統上子女宮多半談的是兒子，即「宗祠」、「香火」等在子孫延綿方面的榮枯問題。在古代農業社會，人丁眾多就代表家道興旺，家道衰敗時，人丁自然就單薄。所謂的「多子、多孫、多福氣」就是這個道理。合婚時，如女方被批「不宜男」，就算家世再好也會被退婚。

因此，傳統上子女宮就是看你子嗣旺不旺？會不會有兒子？兒子有幾人？兒子會不會光宗耀祖？並有以子女宮是長子、財帛宮是次子、疾厄宮是三子、遷移宮是四子……，或子女宮是兒子、財帛宮是孫子、疾厄宮是曾孫、遷移宮是玄孫……的說法。

現代工商社會強調男女平權，是否為男丁已不是那麼重要，子嗣也已不是非男丁不可，故子女宮主要表示生殖力的強弱，以及子女與自己的緣分厚薄。即由子女宮的三方四正，可以觀察出子女人數多寡之外，還可以推斷子女是否有成就或子女品格。甚至還可以推斷出子女對父母的感情，親子關係和不和，或能否享子女福？兒女肖或不肖？子女可否克紹箕裘？是否後繼無人？是否有子送終？子女好不好養？是否夭折或多病多災或絕嗣？……等。

以上是較為傳統的看法。

子女宮代表是命造對子女教養及親子關係方面的意識形態，依據現代心理學的說法，一個人的人格發展，與父母親間自幼的親子關係很重要，這裡的親子關係指的是父母對子女的教養態度及與子女間互動溝通的情況。即父母親如何對待子女與子女間相處的關係。

＊紫雲眉批：早年生離死別。

不見得家世環境很好的家庭，其子女將來就一定發展得很好。也不見得家世環境不好的家庭，其子女將來就一定沒很好的發展。家世環境的好壞與親子關係沒有絕對關係，並不是家世環境好，親子關係就正面發展。有不少企業家因事業忙碌而疏忽親子關係，便給予充裕的金錢物質作為補償，反造成子女因缺乏關愛而以物質發洩心中苦悶，養成奢侈浪費的習性。其實所謂事業忙碌、無暇照顧等說詞，都只是失職父母找台階下的理由，事業再怎麼忙碌，真要關心子女的教養，還是有辦法的。關鍵還是在重不重視親子關係。

子女宮好，代表命造重視子女教養及親子關係。

如父母親對子女的態度漠不關心，也不重視子女教養，則子女在成長的過程中自然容易出問題或偏差。因此，以子女宮推斷子女品質的良窳，是否健康成長？會否作奸犯科？有否成就？子女對父母的感情？親子關係和不和？並非毫無道理。

親子關係和不和？父母如何對待子女？除了一方面看子女宮外也要與命宮相配合。例如：武曲與火星分別居於命宮與子女宮，並有忌煞沖形成「寡宿」凶格，或貪狼與文昌分別居於命宮與子女宮，並有忌煞沖形成「昌貪」離正位顛倒的粉身碎骨凶格，或太陰與火星或擎羊分別居於命宮與子女宮，並有忌煞沖形成「十惡」或「人離財散」凶格，或天機與擎羊分別居於命宮與子女宮，並有忌煞沖形成「機梁擎羊會」凶格……等等凶格，這都代表命造對子女教養及親子關係方面的想法態度是有偏差的，或較可能發生所謂**孤剋作用而導致有生離死別現象**＊。這些都僅是就星曜格局組合純理論原則上的舉例推論，不代表一定如此，讀者如恰巧有類似組合也別驚慌，因為子女宮不好，單就子女宮及其三方宮位，只能知道在子女事項方面會有問題。卻很難判斷出究竟出現在那方面？甚至也有可能僅是個啞巴的未爆彈，永遠不會爆炸。因為這當中配偶的個別差異資料扮演著關鍵性因素。

子女宮看起來很不好，但配偶的個別差異資料正好來化解子女宮凶象，就有可能將子女宮的凶象變成是啞巴的未爆彈，就算不能完全化解凶象，至少能減輕其負面作用。

有關子女的健康問題？好不好養？子女的品性？聰明才智？性向？才藝？適合往哪發面發展？這些都與配偶的個別差異資料有關。所謂「孤陰不生、孤陽不長」，結婚對象不僅牽涉到本身婚姻問題，也涉及到下一代問題，豈能不慎乎！

結婚對象會影響到子女的品質，甚至能否生育及順產與否，但在這之前尚須先看命造本身有無生育能力？而這純粹由子女宮是無從判斷精確的，因為這牽涉到遺傳基因的問題，必須要輸入父母親個別差異資料才能論的完整。亦即父母資料才是影響命造有無生育能力的關鍵因素。

純就共盤現象而言，不考慮父母與配偶的個別差異，以傳統角度看子女榮枯的說法，筆者以為還不至於離譜，仍有其參考價值。子女榮枯方面的事項，子女宮還是很重要。

子女宮好的命造，代表會生且品質不錯，大概還不致於生出一個殘缺的小孩。

子女宮凶的命造，有可能生育能力有問題，或生產過程不順利，可能有流產、難產的情況發生，最讓人頭痛的是品質問題，子女的身體、智能或品性是否健全。老實說，一個家庭中如有子女殘障或智障，對整個家庭的衝擊及影響是相當大的，即使身體健全但日後作奸犯科、為非作歹成為社會的問題份子，或較輕微的體弱多病犯有宿疾，或長大後性別錯亂等，對父母而言也是傷透腦筋。單就子女宮觀察頂多只能知道大概會有問題，很難判定究竟會出現在那方面，但子女宮如太凶的話，在這方面大概無法完全避免，或多或少都會有缺憾。

◎紫雲對本文子女宮眉批提示：「能否生育，與父母八字有關。」、「生產過程是否順利，與小孩出生年份有關。」、「子女的多寡，與時代觀念有別。」

◎筆者補充：命造有否生育能力？與命造本身遺傳的體質有關，故與父母的資料（生肖或八字）有關。有生育能力，但會不會生？生的孩子健康品質如何？則與對象配偶的資料（生肖或八字）有關。

（六）財帛宮

坊間之說法如下：「或謂財帛宮主財富多寡，財源性質和穩定與否，易得抑或難得，節約或浪費，善於理財還是不善於理財，喜正道求財，抑或喜發橫財等對財富的態度。或謂一個人的財運如何*，適合以何種事業進財。或謂財帛宮是理財的宮位，為理財之能力及物慾的類型。財帛宮的旺弱來決定一個人錢財的流動量及行業的選擇。或謂財帛宮主宰個人一生中所擁有的資源多寡，以及如何獲得與支配，如金錢、流動資產、有價證券等，屬於正財的性質，需先付出才能收穫。或謂財帛宮為『交易宮』是為交易的窗口，是收入及付出的地方，當中的星曜可以推論職場上的能力及營生求財之方式，也可以推論用錢的態度及方式。」以上是坊間流行的一般說法，僅

*紫雲眉批：與福德宮有關。

供讀者參考比較。

筆者對財帛宮的看法如下：

古人以貝為貨幣，故將一切珍貴之物或有價值的東西總稱為「財」。「帛」為絲織品的總稱，也有錢幣的含義。因此「財」和「帛」，泛指錢財。

傳統上認為一個人一輩子**有錢或沒錢**＊，都是看財帛宮。

財帛宮主「**生財之道**＊」。

筆者以為財帛宮的「財」，以現今社會而言當然指的是金錢，是關於金錢來源及其所衍生的相關現象。但這個「錢」並非來自於你的祖蔭所繼承而來，也不是你因投資理財所獲利而來，而是你付出心力經由你的職業工作所獲取而來的報酬。即你職業收入所獲取的錢，才是財帛宮的「財」。

凡是職業工作上的收入及與職業工作上有關係的財，都是屬財帛宮的財。

做生意因貨款收不到被倒帳所受損失的錢，是看財帛宮。企業主為了事業要能轉動或擴大，去募資進來的錢，對企業主而言，也是財帛宮。

即經營事業能否募得資金或所募進來的資金，在紫微斗數上的主導作用是財帛宮。凡所有事業上收入的錢都是財帛宮，甚至員工的資遣費屬工作上收入，也是跟財帛宮有關。

假定有命造來問，財帛宮吉凶混雜，既是忌煞交沖又會吉星，要如何分辨財帛宮究為吉？或為凶？這時要先問清楚，命造是自行創業的老闆或領薪水的上班族？

＊紫雲眉批：有錢或沒錢→福德宮；財帛宮為求財慾望。
＊紫雲眉批：生財慾望。

做生意當老闆，這時就要談到商品雖賣出去，但錢能不能收進來的問題，即貨款是否有可能會變成呆帳或壞帳的問題；此時還要進一步分辨命造從事的生意性質，如屬零售業的現金買賣性質，就較沒有被倒帳的問題，僅是辛苦勞累；如屬較大宗的批發業性質，需要開票的就有被倒帳的可能。

如為領薪水的上班族，這時就沒有所謂被倒帳的問題。上班族，如財帛宮三方煞星太多，是辛苦的勞務所得，賺的是辛苦錢，大不了就是領的這份薪水，工作並不輕鬆，賺得很辛苦。

財帛宮我們也可以用意識形態來解釋，即財帛宮也主一個人求財的心態。想怎麼樣去賺錢？賺什麼性質的錢？賺錢的手段如何？都與你求財的觀念、想法有關。有些人太辛苦的錢不賺，認為與其這麼辛苦的工作付出，情願不賺還樂得輕鬆些。有些人則只要待遇高，就算工作再辛苦，也願意去做。

每一個人賺錢的心態不一樣，這往往是財帛宮的作用，就是一個人想不想去賺這個錢的意識形態。有些人不會去做冒險投機的生意，有一些人則有「富貴險中求」的想法，比較會敢於去做冒險投機的生意，這跟財帛宮的求財心態很有關係。

財帛宮煞星太多又形成凶格的人，往往就比較敢投機，或者是敢於用走在法律邊緣的行為去獲取錢財。譬如想用賭錢的方式賺錢，或**貪污**＊「A錢」。

＊紫雲眉批：貪污→與福德宮凶有關。

財帛宮還有個有趣的現象，命理上很難解釋，但的確有此現象：

財帛宮很弱很糟糕↓

則你的收入（Income）大概會很少。上班族的待遇是操之在老闆，不是你想要多少，就有多少待遇。財帛宮很糟糕時，老闆給你的待遇就是那麼一點錢，讓你餓不死，只能糊口，待遇微薄，沒辦法過得更好。

財帛宮很好的話↓

則你的**收入（Income）大概也會比較優厚**＊。

＊紫雲眉批：與福德宮有關。

財帛宮有吉也有煞↓

有吉，可能這個報酬不錯。有煞，可能會比較辛苦。

這時你願不願意做，除了看財帛宮外，可能跟你的命宮也有一點關係。看命宮及財帛宮的星曜組合，在求財方面是否有強旺企求傾向而定。

另外，一個人很會賺錢，不代表他就很有錢。因為這還涉及他能不能守得住他所賺取的錢，譬如：會不會奢侈浪費？賺的還沒有花的凶，或胡亂投資理財，虧損的比賺得還多。而能不能守得住他所賺取的錢，就不是財帛宮的作用了。

能不能守得住他所賺取的錢，及經由投資理財而獲取來的錢，跟財帛宮的基本作用較沒直接關係，而是偏向於福德宮的作用＊。雖然二個宮位就在對照的位置，相互會有影響作用，但基本的主導作用還是有所區別。

＊紫雲眉批：正確。

至於將財帛宮稱為交易宮或買賣宮或其他名稱，筆者表示尊重，也沒什麼好評論，由讀者們自行判斷。

◎按：紫雲對本文提示「財帛宮↓求財慾望」；「天府主財帛」；「節約或浪費，與福德宮有關。」「有錢或沒錢↓福德宮。」

（七）疾厄宮

坊間之說法如下：「或謂疾厄宮表徵健康情形與體質強弱。一個人的身體？如何是否健康？身體上那一部份器官較弱，需要注意？可由本宮之星曜來了解。或謂疾厄指疾病與災厄，是推算一生中有沒有重大疾病、凶險意外等。是顯示五臟六腑各種器官運轉之功能及病變情形，或意外事故導致功能喪失。或謂乃推論命造的身體狀況、疾病的來源、凶險意外或生死等；也可用來觀察命造情緒表達方式，並透露出命造性生活能力與愛好。但論疾厄宮時，應參看父母宮之吉凶，因命造的先天體質，是得自父母遺傳的關係。或謂斗數命理根本不能用來探討有關疾病的問題，視疾厄宮為聾子的耳朵。」以上是坊間流行的一般說法，僅供讀者參考比較。

筆者對疾厄宮的看法如下：

傳統上，認為一個人會不會體弱多病？會生什麼病？大概都是看疾厄宮。

傷風感冒或偶爾拉拉肚子，大部份人都會，而傳統上疾厄宮指的是比較麻煩比較嚴重的毛病。現代醫學發達也普及方便，有病當然是看醫生就醫診療，大概也沒人會去問命理，否則緣木求魚，最後還是要就醫，反而耽誤病情。會去問命理或求神問卜的情形，大多是醫生也診治不出是什麼原因，或要進行重大手術，危險性極高，在吉凶未卜下求個心安。

其實從命理上單就疾厄宮就要來推論一個人是否健康？會不會有重大疾病？或疾病的來源……等等，是不可行的。但斗數命理也並非完全不能用來探討疾病的問題，疾厄宮也非僅為聾子的耳朵毫無作用聊備一格的虛懸宮位。

斗數命理要來探討疾病問題，必須具備下列三項條件或觀念——

1.首先必須具備有中醫理論的相關基礎病理常識（註）：

依據中醫理論的相關基礎病理常識，運用在紫微斗數星曜相互間之五行及陰陽屬性的變化來分辨所受剋害的情況，並據此來研判推論可能發生的病症。因此有關星曜在五行及陰陽方面的屬性及理論也必須熟悉，否則單憑宮位星曜的吉凶狀況也很難分辨判斷疾病方面的跡象。

2.接著必須建立「打破十二事項宮位框架」對命盤做全盤觀察的觀念：

星曜格局之五行受剋害造成疾病，一般都認為只會出現在命、身、大限及其三方宮位，或先後天疾厄宮。事實上只要命盤上的任何一個宮位出現強烈的剋害，都有可能發生病變；也就是要對命盤十二個宮位的整體結構做全盤觀察，重大疾病的凶象與徵兆有可能發生在命盤上的任何一個宮位。再根據出現凶象宮位的星曜格局及五行陰陽屬性，來分辨是哪方面的疾病？

3.輸入父母親個別差異資料：

疾病的發生除了外在的原因（例如：各種環境污染、氣候變化、傳染病……等）及個人行為（例如：暴飲暴食、酗酒、吸毒、過勞、跌打損傷、外傷……等）所導致外，很多情形是肇因於自身特有的體質。同樣是長期抽菸，有些人會因此導致呼吸器官方面疾病，有些人卻完全不受影響，這是因為自身的體質不同。而一個人的體質是來自於父母親的基因遺傳，每一個人遺傳自父母親的DNA基因都是獨特的個人化資訊，造成每一個人的先天體質、健康狀況、特徵都不相同。因此，先天體質所導致的疾病及遺傳性疾病，在醫學上是要追蹤家族病史以為參酌。

在紫微斗數命理上則必須輸入父母親個別差異資料加以分辨，而非如坊間一些似非而是的說法論疾厄宮時，應參看父母宮之吉兇。此種說法看似加入了父母遺傳的因素，但實際完全沒有改變同一時辰共盤的本質。所有同一時辰生的人，其疾厄宮與父母宮的星曜組合也都完全相同，難道再參看父母宮後就會有不一樣的父母親了嗎？此說邏輯上的謬誤顯而易見。當然筆者並不是說父母宮不須看，筆者已於前項強調要對命盤十二個宮位的整體結構做全盤觀察，疾厄宮與父母宮都是十二個宮位之一，並未排除在外，自應整體全盤觀察。本項強調的是除了就命盤的整體結構做全盤觀察外，尚應加入父母親個別差異資料的修正調整，這張命盤才具有獨特性，也才能分辨的出先天體質所導致的疾病。

以上的第2.、3.兩項尤其重要，不限定在論疾厄時才需要，是整個紫微斗數論命的核心基礎觀念，讀者們務必要用心體會，本書也會一再強調此觀念。第1.項則最為艱澀，記得筆者初學紫微斗數時對第1.項部分總是先跳過，直到看過幾本淺顯易懂的中醫初階書籍對中醫有粗略概念後，始較有興趣與耐心涉獵，慢慢深入發覺結合第2.、3.項後對整體紫微斗數的實力大為提升。

另外，疾厄宮既為十二事項宮位之一，所以也不會是聊備一格毫無作用的虛懸宮位。除了第2.項所說重大疾病的凶象與徵兆有可能發生在命盤上的任何一個宮位，疾厄宮是十二個宮位之一，自然也可能出現之外。單獨就疾厄宮而言也有其命理功能，但它的作用不在於論斷一個人會不會生病？生什麼方面的疾病？這些都跟疾厄宮沒有直接關係。

疾厄宮的命理作用在於跟一個人對疾病的抵抗能力有關，即代表一個人在健康上對疾病的抵抗能力如何，或是對疾病免疫力的強弱程度如何。若疾厄宮太凶，就意味著對疾病的抵抗力很差，因此在推論重大疾病時，除了找出命盤上致病的凶象宮位外，還同時要參考疾厄宮的強弱程度，才能對致病的凶象宮位究竟嚴重到如何程度做完整的判斷。同樣是患同類型的流行性感冒，有些人必須跑醫院吊點滴住院觀察，有些人則多休息一、二天睡眠充足多喝開水就好了，這是一個人對疾病的抵抗力強弱所造成的差別。

關於對疾病抵抗力的強弱也不可單憑疾厄宮就加以論斷，仍必須參考命宮及大限本宮的強弱來衡量。命宮及大限本宮強旺，對疾病的抵抗力自然較為增強；反之，這二個宮位及疾厄宮皆弱，抵抗力弱自然就較易生病。

但一個人對疾病的抵抗力弱，不代表他就會患有重大疾病，疾厄宮也不代表一定是生某種重大疾病的重點宮位；有可能疾厄宮很好，但命盤上某個宮位陰錯陽差的形成凶格，則反而是形成凶格宮位才是冒出重大疾病的重點宮位。

其實術業有專攻，身體不適就應該看醫生，而不是看命盤。紫微斗數在疾病問題方面，充其量也僅能提供事先保養及預防的大概方向。身體有任何毛病和不適，均應及早就醫檢查。

◎紫雲對本文疾厄眉批提示：「人體，左為陽；右為陰。」、「要分別陰陽屬性。」、「肝經，與乳部、子宮有關。」、「大腸→廉貞。大腸癌→有大腸疾病的人都與廉貞有關。」

註：

中國的五行學說，是以木、火、土、金、水五種物資的特性來歸類自然界的各種事物和現象。《內經》將五行學說用於醫學，將五行與人體各臟腑能量線路的「經脈」對應起來，其對應關係為：木、火、土、金、水，分別對應肝經、心經、脾經、肺經、腎經。

內經所說的「經」有貫串的意思，即「一連串」，故「經」也指「經脈」，是各臟腑的能量線路，分布於人體，也是內臟與體表聯絡的通道，病因通過經脈傳入內臟，內臟的病變又透過經脈反應到體表。當臟腑和經脈發生病變時，將導致經氣不暢，氣血運行受阻，於體表一定部位引起經脈的形態改變。

一、「木」——屬「肝經」系統，指的是一連串和肝經經脈（不是只侷限在肝臟）循行部位相關的功能。

《靈樞．經脈》足厥陰肝經：肝足厥陰之脈，起於大指從毛之際，上循足跗上廉，去內踝一寸，上踝八寸，交出太陰之後，上膕內廉，循股陰，入毛中，環陰器，抵小腹，夾胃，屬肝，絡膽，上貫膈，布脅肋，循喉嚨之後，上入頏顙，連目系，上出額，與目系下頰裡，環唇內。其支者，復從肝別貫膈，上注肺。

肝經經脈主治肝病、婦科*、前陰病及經脈循行部位的其他病症。

在中醫人體臟腑能量線路的經脈上，足厥陰肝經又與足少陽膽經相表裡。

《靈樞．經脈》足少陽膽經：膽足少陽之脈，起於目銳眥，上抵頭角，下耳後，循頸，行手少陽之前，至肩上，卻交出手少陽之後，入缺盆。其支者，從耳後入耳中，出走耳前至目銳眥後。其支者，別銳眥，下大迎，合於手少陽，抵於䪼下，加頰車，下頸，合缺盆，以下胸中，貫膈，絡肝，屬膽，循脅裡，出氣街，繞毛際，橫入髀厭中。其直者，從缺盆下腋，循胸，過季脅，下合髀厭中。以下循髀陽，出膝外廉，下外輔骨之前，直下抵絕骨之端，下出外踝之前，循足跗上，入小指次指之間。其支者，別跗上，入大指之間，循大指歧骨內，出其端，還貫爪甲，出三毛。

足少陽膽經主治側頭、目、耳、咽喉病、神志病、熱病及經脈循行部位的其他病症。

以上是中醫經脈理論的簡要說法。

*紫雲眉批：肝經，與乳部、子宮有關。

肝經與膽經經脈循行部位的相關病症，在紫微斗數上都與屬五行屬「木」的貪狼與天機有關。舉凡頭、筋、神經、眼睛、甲狀腺、乳房、卵巢、子宮、生殖系統、膝蓋……等，都與屬「木」的貪狼與天機等星曜有關。

眼與肝經連接，因此眼與肝有著密切關係，高度近視、青光眼……等較麻煩嚴重的眼疾，可能會與木受剋有關。

肝經有繞過生殖系統一圈，因此肝不好也會影響到生殖系統，生殖系統、婦科病、乳腺疾病。肝經太旺的人平時容易生氣，因肝經主怒。肝經經過乳房，女性較易得乳腺增生相關疾病。肝經有異常也同時會影響到脾經，因木克土，也可能會有消化系統方面的問題，比如腹瀉、腹脹或胃疼等病。

二、「火」——屬「心經」系統，指的是一連串和心經經脈（不是只侷限在心臟）循行部位相關的功能。

《靈樞．經脈》手少陰心經：心手少陰之脈，起於心中，出屬心系，下膈，絡小腸。其支者：從心系，上夾咽，系目系。其直者：復從心系，卻上肺，下出腋下，下循臑內後廉，行太陰、心主之後，下肘內，循臂內後廉，抵掌後銳骨之端，入掌內後廉，循小指之內，出其端。

心經主要治療心、胸、神志病症及循行部位的病變。

在中醫人體臟腑能量線路的經脈上，手少陰心經又與手太陽小腸經相表裡。

《靈樞．經脈》手太陽小腸經：小腸手太陽之脈，起於小指之端，循手外側上腕，出踝中，直上循臂骨下廉，出肘內側兩骨之間，上循臑外後廉出肩解，繞肩胛，交肩上，入缺盆，絡心，循咽下膈，抵胃，屬小腸。其支者：從缺盆循頸，上頰，至目銳眥，卻入耳中。其支者：別頰上抵鼻，至目內眥（斜絡於顴）。

小腸經主治腹部小腸與胸、心、咽喉病症，某些熱性病症，神經方面病症和頭、面、頸、眼、耳病症，以及所經過部位之病症。主要病症在頭部兩側及耳部，有癲癇、痙攣、喉間痛、下頰腫、肩臑痛、耳聾、目黃……等。

以上是中醫經脈理論的簡要說法。

心經與小腸經經脈循行部位的相關病症，在紫微斗數上都與五行屬「火」的廉貞與太陽有關。舉凡癲癇、失眠、神經、心臟、血壓、血栓、心血管、心律不整、心肌梗塞、小腸、十二指腸潰瘍……等方面毛病，大概屬「火」之廉貞與太陽等星曜都有受到剋害。

三、「土」——屬「脾經與胃經」系統，指的是一連串和脾經與胃經經脈（不是只侷限在胃臟器官）循行部位相關的功能。

中醫總把「脾」和「胃」聯繫在一起，因為足陽明胃經與足太陰脾經相表裡。脾胃主管五味，消化和吸收都歸它管，可說是人體內的糧食局長，《內經》「脾胃者，倉廩之官，五味出焉」。在中醫理論中，脾胃屬土，有脾土、胃土之稱，它們就是人體內的土地，是人的後天之本。

《靈樞．經脈》足太陰脾經：脾足太陰之脈，起於大指之端，循指內側白肉際，過核骨後，上內踝前廉，上踹內，循脛骨後，交出厥陰之前，上膝股內前廉，入腹，屬脾，絡胃，上膈，夾

＊紫雲眉批：要分別陰陽屬性。

咽，連舌本散舌下。其支者，復從胃，別上膈，注心中（脾之大絡，名日大包，出淵腋下三寸，布胸脅）

脾經主治胃脘痛、腹脹、嘔吐噯氣、便溏、黃疸。身體沉重無力、舌根強痛、膝股部內側腫脹、厥冷等病證。

《靈樞．經脈》**足陽明胃經**：胃足陽明之脈，起於鼻，交頞中，旁約太陽之脈，下循鼻外，入上齒中，還出挾口，環唇，下交承漿，卻循頤後下廉，出大迎，循頰車，上耳前，過客主人，循髮際，至額顱。其支者：從大迎前，下人迎，循喉嚨，入缺盆，下膈，屬胃，絡脾。其直者：從缺盆下乳內廉，下夾臍，入氣街中。其支者：起於胃口，下循腹裡，下至氣街中而合。以下髀關，抵伏兔，下膝髕中，下循脛外廉，下足跗，入中趾內間。其支者，下膝三寸而別，下入中趾外間。其支者：別跗上，入大趾間，出其端。

胃經主治胃腸病、神志病和頭、面、眼、鼻、口、齒疾患，以及經脈循行部位的病變。主要反應在下列症候：胃痛、偏癱、時常打哈欠、聽大聲易驚嚇、心跳動快速、發狂、腹脹鳴叫、溫邪犯肺、感冒、發熱寒、流清鼻涕、流鼻血、口歪、唇生瘡、頸腫喉痛、易餓、胃中寒脹滿……等。

以上是中醫經脈理論的簡要說法。

脾經與胃經經脈循行部位的相關病症，在紫微斗數上都與五行屬「土」的紫微、天府、天梁星有關。＊

舉凡胃痛、胃潰瘍、胃癌、胃脹不消化、食慾不振、慢性胃炎……等消化功能方面毛病，大概五行屬「土」的紫微、天府、天梁等星曜都有受到剋害或煞沖。

＊紫雲眉批：大腸→廉貞。

四、「金」——屬「肺經與大腸經」系統，指的是一連串和肺經與大腸經經脈（不是只侷限在肺臟與大腸）循行部位相關的功能。＊

《靈樞．經脈》手太陰肺經，其循行如下：肺手太陰之脈，起於中焦，下絡大腸，還循胃口，上膈屬肺。從肺系，橫出腋下，下循臑內，行少陰、心主之前，下肘中，循臂內上骨下廉，入寸口，上魚，循魚際，出大指之端。其支者，從腕後直出次指內廉，出其端。

肺經主要表現為呼吸系統的疾患、五官疾患及經脈所過部位的疾患。如：胸部脹滿、咳嗽、氣喘、呼吸短促、咽喉腫痛、心煩、發熱、汗出、肩背部痛，經脈所過處疼痛、痲木、厥冷。

大腸經和肺經是關係非常密切的經脈。在中醫人體臟腑能量線路的經脈上，手陽明大腸經與手太陰肺經相表裡。

《靈樞．經脈》手陽明大腸經：大腸手陽明之脈，起於大指次之端，循指上廉，出合谷兩骨之間，上入兩筋之中，循臂上廉，入肘外廉，上臑外前廉，上肩，出?骨之前廉，上出於柱骨之會上，下入缺盆，絡肺，下膈，屬大腸。其支者，從缺盆上頸，貫頰，入下齒中；還出夾口，交人中，左之右，右之左，上夾鼻孔。

大腸經主治頭面五官疾患、熱病、皮膚病、腸胃病、神志病等及經脈循行部位的其他病症。大腸經發生異常時，主要症狀有牙痛、咽喉腫痛、鼻衄、鼻流清涕、口乾、頸腫痛、上肢伸側前緣及肩部疼痛或運動障礙……等。

以上是中醫經脈理論的簡要說法。

肺經和大腸經經脈循行部位的相關病症，在紫微斗數上都與五行屬「金」的武曲、七殺、文昌等星曜有關。

舉凡咳嗽、氣喘、喉嚨、扁桃腺發炎、鼻竇炎、鼻子過敏、鼻咽癌、肺癌、氣管炎、肺氣腫、肺結核、腸胃病、**大腸癌**＊、皮膚過敏……呼吸及大腸器道等功能方面毛病，大概五行屬「金」的武曲、七殺、文昌等星曜都有受到剋害。

＊紫雲眉批：有大腸疾病的人都與廉貞有關。

五、「水」——屬「腎經與膀胱經」系統，指的是一連串和腎經與膀胱經經脈（不是只侷限在腎臟與膀胱）循行部位相關的功能。

腎「經」指的是一連串和腎（不單是腎臟的腎）相關的功能，所以中醫師若說你的腎有問題時，是包括了大腦皮質、邊緣系統、海馬體、杏仁體、腎臟、腎上腺、骨頭、耳、頭髮……等等一連串功能中的某些功能出了問題，《靈樞．經脈》足少陰腎經：腎足少陰之脈，起於小指之下，邪走足心，出於然谷之下，循內踝之後，別入跟中，以上踹內，出膕內廉，上股內後廉，貫脊屬腎，絡膀胱。其直者，從腎上貫肝，膈，入肺中，循喉嚨，夾舌本。其支者，從肺出，絡心，注胸中。

腎經主要治療婦科、前陰、腎、肺、咽喉病症。如：月經不調、陰挺、遺精、小便不利、水腫、便秘、泄瀉，以及經脈循行部位的病變。

在中醫人體臟腑能量線路的經脈上，足太陽膀胱經，與足少陰腎經相表裡。

《靈樞．經脈》足太陽膀胱經：膀胱足太陽之脈，起於目內眥，上額，交巔。其支者：從巔

＊紫雲眉批：忌煞交加。

至耳上角。其直者：從巔入絡腦，還出別下項，循肩髆內，夾脊抵腰中，入循膂，絡腎，屬膀胱。其支者：從腰中，下夾脊，貫臀，入膕中。其支者：從髆內左右別下貫胛，夾脊內，過髀樞，循髀外後廉下合膕中，以下貫踹內，出外踝之後，循京骨至小指外側。

足太陽膀胱經主要治療心、項、目、背、腰、下肢部的病變。

腎是先天之本，一個人體魄健康的本錢，大多來自父母的遺傳，是先天上的「祖產」。如果沒有先天豐厚的本錢，就需要後天的培補鍛鍊；否則，人過中年健康每況愈下，衰老之態勢不可擋。腎經，是關乎一生幸福的經絡，若想提高生活品質，就必須把身體鍛鍊強壯。身體需要運動及保養，經絡具有修復身體器官損傷的無形功能。人體的器官就像天天運轉的機器，很容易磨損，但是只要經常保養它，時時除垢潤滑，就能改變先天遺傳給我們身體發展的慣性軌道，甚至脫胎換骨老而彌堅。

以上是中醫經脈理論的簡要說法。

腎經和膀胱經經脈循行部位的相關病症，在紫微斗數上都與五行屬「水」的破軍、天相、天同、太陰、巨門、文曲等星曜有關。

舉凡頭痛、腦癌、耳鳴、重聽、脊椎歪斜、骨刺、骨質疏鬆症、骨骼關節炎、風濕性關節炎、痛風、腎臟、腎上腺、下焦虛寒、糖尿病、頻尿、水腫、攝護腺肥大……腎和膀胱等功能方面毛病，大概**五行屬「水」的破軍、天相、天同、太陰、巨門、文曲等星曜都有受到剋害**＊。

（八）遷移宮

坊間之說法如下：「或謂活動能力的強弱，出外的遭遇，與外國人*或外埠人的關係。或謂指對外的行動力和遠方之間的關係*。或謂可了解有關遠行、旅遊、搬家，及是否離鄉背井等事項。或謂指人際關係之處理心態與外在環境之因應心態。或謂主對環境改變的適應能力、出外的狀況與際遇、在外的交通狀況、人際關係；亦可推斷旅行中的遭遇、移民狀況，是否適合對外投資？或者從事與貿易有關的事業；也是人際互動的窗口，可推論命造的人際關係。或謂遷移宮表示環境變化對運勢的影響，可反應外出搭乘的交通工具是否安全、在外地外鄉活動的吉兇、交際能力、職業和職務的變遷、住所變化、社會地位等有關的事項。或謂遷移宮是夫妻宮的財帛位*，可以了解夫妻間的相處模式，還可以看出伴侶的工作和財務情況。」以上是坊間流行的一般說法，僅供讀者參考比較。

*紫雲眉批：古代無外國人問題，只有現代才有。
*紫雲眉批：主變。

*紫雲眉批：在三方的關係。

筆者對遷移宮的看法如下：

1. 遷移宮「是你這一輩子的縮影」：

此說法筆者沒在坊間其他的斗數書藉看過，僅聽過紫雲老師在上星曜賦性課程時提及，傳統上遷移宮有「你這一輩子的縮影」的作用。紫雲老師於解釋「遷移星主人出行之吉凶，亦主其人一生之遭遇與否泰」時約略提及，先天遷移宮也是你「一輩子過程的縮影」，大限遷移宮是你

「這十年過程的縮影」。所以遷移宮好，很重要，這種人一輩子無災無難。有些人一輩子災難很多，這種人遷移宮大概都不是很好……等云云。另紫雲老師在其會員進階課程時，也偶會提及「遷移宮是你這一輩子的縮影」這句話。問題是「這一輩子的縮影」當落實到實際命盤時，要如何看？

同門師兄中有人認為遷移是「際遇」，除非你一輩子在家自閉，否則定有與外界的際遇，遷移宮就代表一生際遇的縮影。

對此論點，有師兄提出不同看法，認如照這樣的說法，則財帛宮就是一生工作所得之縮影。因此如依此論點要談一輩子的縮影，遷移宮只是命宮三方四正之一，則命官或身宮會比遷移宮來得更有資格。有師兄則將其解釋成「模式」。但此說法也有所侷限，總不能說遷移宮紫府同宮者，其一輩子的模式就是交往有鴻儒，往來無白丁；而遷移宮空宮者，就是隨波逐流，見人說人話，見鬼說鬼話。

實則所謂「縮影」，字面意義指「比喻可以代表同一類型特徵，並反映廣闊社會生活具體而微的人或事物」，是以宏觀角度來詮釋命理現象。據紫雲老師在課堂上大致的說法是，「你這一輩子的縮影」，是大方向的看你人生過程走向的梗概。一輩子的過程是崎嶇不平，經歷起起伏伏、忽起忽落的起伏不定之波浪型過程，或是慢慢緩緩地逐步發展之平穩過程。

對遷移宮是人一生縮影的說法，就筆者臨盤的經驗認為是信而有徵，確有其可信度。人生路上是崎嶇不平的起伏不定或平穩……等，確實與遷移宮有關。

2.「遷移星主人出行之吉凶」，因此遷移宮也有一種「對外或向外」的作用：

古代農業社會交通不便，一般人難得離家方圓百里，故傳統習俗有「安土重遷」的觀念，安於家鄉生活，不願輕易遷移。將離鄉背井視為畏途，沒有不怕的。

近代交通發達商業往返迅速，天涯若比鄰，遷移宮相對變得相當重要。

例如：年輕人離開家鄉，要到外地或國外唸書，一般都是看其事業宮好不好？以及大限宮位好不好？當然事業宮及大限宮位很重要，但此時遷移宮也有相當關鍵的影響力。

因為遷移宮牽涉到一個人「對陌生環境的適應能力」，對新環境的適應力強，才能靜下來專心唸書，書也才讀得好。對陌生環境沒有辦法適應好的話，書也不可能唸得好。出國留學，遷移宮好，則二、三年就順利拿到學位；遷移宮不好，可能七、八年論文還在拖延。

既然遷移宮談的是一個人對陌生環境的適應能力，則不只是到外地唸書求學能否順利，要參考遷移宮。凡是涉及到「對外」事項的吉凶，都與遷移宮或多或少有關。

做生意的商業活動，事業宮固然是重點宮位，但只要涉及「對外」的，例如：到國外去做生意或投資，甚至不一定是國外，雖在國內但屬「遠方」的生意，都還要參酌遷移宮。

遷移宮好，做涉外或「遠方」的生意才能做得順利。

遷移宮不好，如公司派你到海外負責業務，能選擇的話，最好不要去。

因此，當有人來請教事業上的吉凶時，要先問清楚他所從事行業的類別，有無「遠方」或「對外」性質。譬如：店面零售生意是人家跑到你的店裡來買，較無「遠方」或「對外」性質。而批發生意是你去找客戶，一般是賣到遠方去，遷移宮就要好，國際貿易亦同。只要是要各種方

＊紫雲眉批：或貿易。

式（FAX、E-mail、網路……）去找遠方客人，**或是主動去找客人者，甚至取得國外產品的代理權**＊，要做此產品的總經銷，也是屬批發生意，都與遷移宮有關係。

上班族的工作如涉及「對外」的性質，例如：外交人員、公司駐外地的代表、外勤人員等，都必須具備對陌生環境良好的適應能力，因此遷移宮就不能太差，工作表現才會順利。

還有工作項目或內容是負責將公司之產品或服務銷售給客戶的業務人員，即專門做銷售、行銷的工作者，也都屬具有「對外」性質。

或問如大限遷移宮不好，則留在本地工作，是否其凶象就不會出現？答案是至少凶象比較不會那麼厲害，但在這十年裡的過程還是比較辛苦。因為整個凶象還是在遷移宮，假定你去呼應它，就會更加強烈。

3.人際關係

遷移宮除了上述的作用外，就現代時空環境下尚有表徵人際關係的功能。

工商社會分工複雜，人無法離群索居獨自生活，除了家人外，勢必與外界接觸、與人群互動，而有互動就會產生關係，不同的對外互動關係，就會導致不同的結果，因此人際關係益發重要。

如果以命宮代表我，對宮的遷移宮代表「外」，代表對外之人、我間的互動關係。則此之人、我間互動關係，在現代社會又可衍生出各式各樣不同層面的人際關係。舉其較為重要的有下列：

(1)上司主從關係

從小的刻板教育及書本中都告訴我們，只要在工作上努力、勤奮、認真，必然會獲得上司或老闆的賞識及重用。但相信多數在職場實際工作的上班族對所謂教育及書本中的「道理」與現實情況間是有相當大的落差，都能有深刻的體會。現實職場中並不是能全憑學歷高、能力強、敬業佳，就可以保證步步高陞或平順工作到退休。上班族在職場上能否得意？除了自身條件要優秀外，還與所跟的老闆或頂頭上司是否得人有重大關係。

自身條件優秀的上班族，如碰到一位賞罰公平又體恤下屬的上司或老闆，身為員工或部屬的上班族自是工作勤奮，樂於認真工作，因為辛苦付出會有相對的肯定與回報，也看得到未來的發展。

可是現實的情況卻常常未能盡如人意，上班族私下咒罵諷刺的「豬頭」上司或老闆所在多有，有不少上班族最後離職另謀出路，並非是本身職能無法勝任工作，也不是不夠勤奮認真，而是任用親信、聽信讒言、賞罰不公、爭功諉過，或是碰到一個怕你表現比他好，擔心被你取而代之的上司，而備受打壓。在做好是應該，稍微出錯就責罰，毫無前景，看不到未來的情況下，不得不掛冠求去另謀發展，即使迫於現實無法離職，也工作鬱結委屈，導致身心俱疲。

就斗數命理而言，上班族與老闆或頂頭上司相處情形的重點宮位，除了上司或老闆所坐入的生年太歲宮位外，就是遷移宮。先後天遷移宮旺宮會吉，命身宮格局也旺的命造，通常在職場上碰到能相處融洽的好老闆或頂頭上司的機會比較大。如上司或老闆所坐入的生年太歲宮位又吉的話，更是有被拔擢高陞委以重任的機會，主從間的共事關係也能和諧愉快。相反的，因碰到賞罰不公、忌才爭功諉過的「豬頭」上司，導致無法相處而離職的命造，除了對方的生年太歲宮位坐入不好的宮位外，其限運的遷移宮大概也有一定程度的凶象。亦即上班族能否與老闆或頂頭上司相處和諧，進而受到拔擢重用，甚至不限於上班族，自行創業者能否有所謂貴人提攜相助提供機會，除了命身格局的基礎條件外，先後天遷移宮也是個具有一定程度的影響宮位。

(2)合夥關係

受薪階層的上班族工作時會碰到賞罰不公的「豬頭」上司或老闆，因此不少有企圖心的人會興起自行創業的念頭，礙於自有的資金不足，只能暫時屈就。一旦有志同道合的親朋好友在募資創立公司時，便會想入股成為股東或合夥人參與共同經營創業。能否找到彼此信任、理念一致的合夥對象（對方為公司負責人）而入股成為合夥人並參與經營，就斗數命理之跡象而言，除了合夥對象所坐守的生年太歲宮位外，遷移宮也具有一定程度的影響力。

先後天遷移宮吉，一般言比較容易找到好的事業合夥對象，亦即找到的合夥對象坐入好的太歲宮位之機率比較大。但也僅是機率較大而已，有時只是很容易找到合夥對象，待合夥入股後才發現彼此意見不和，或出現先吉後凶的情形。

遷移宮吉，不代表實際合夥的情況就能合作無間，仍須視合夥對象所坐守的生年太歲宮位吉凶而定，否則若未全盤考量兼顧，僅看遷移宮，論斷上常會出現偏差。若二個宮位只有一個宮位佳，還是會對合夥事業造成困擾。實際上能夠找到彼此信任，並合作無間的事業合夥人，除了先後天遷移宮佳外，合夥對象所坐守的生年太歲宮位也必定呈現吉象。

當然在事業上能否找到有力的合夥對象共同經營，除了先後天遷移宮及合夥對象所坐守的生年太歲宮位是影響彼此合作關係是否和諧的重要指標外，命、身宮的格局仍是基礎。

命、身在旺宮又會六吉星的命造，一生較易得到貴人相助，因此在事業上也比較有助力，就合夥事業言，也比較容易找到能長期信任、和諧共事之有力合夥對象。命、身宮格局弱或不會六吉星的命造，即使一時因限運遷移宮吉化，也難長期保有和諧共事之有力合夥對象，往往在時運將過未過之時即發生變化。

(3)合作關係與競爭關係

凡是有利害關係之合作關係或競爭關係的事項，都與遷移宮有關；當然還要參酌輸入太歲宮位的吉凶引動，不是單憑遷移宮一個宮位就加以論斷。

命理術數重視「主」、「客」關係，但區分主、客之方式各有不同。就紫微斗數而言，是以本宮及遷移宮來區分主客關係。即以本宮、遷移宮分別代表自己與對手。因此，遷移宮也可以用來觀察「競爭對手」的大致狀況。

4.外出意外之表徵

除了人際關係外，遷移宮因為主「對外或向外」的作用，故外出是否會發生意外？遷移宮也可以作為參考因素。外出之交通意外或突發事件，例如：交通事故、摔倒跌傷、游泳溺斃、釣魚遭海浪捲走、無端遭槍殺……等，因為都屬於外出時所發生之事項，故遷移宮多少可以做為參考觀察的因素之一。但此類外出所發生的意外，須要考慮參酌的層面十分廣泛，尚須針對不同的事故而有不同的取捨宮位，不能單憑遷移宮就遽然加以判斷。

遷移宮不好，不見得就一定會發生外出之意外，常常只是不會爆炸的啞彈一顆，一輩子不會

＊紫雲眉批：？
＊紫雲眉批：不對。朋友，非僕役。

＊紫雲眉批：僕役，主要協助工作的人。

＊紫雲眉批：不對。朋友，非僕役。

有作用，所以讀者不用一見遷移宮不好就自己嚇自己，心生芥蒂不敢外出。如真有芥蒂就買保險以求安心，自己駕駛交通工具時小心留意外，並儘量搭乘大眾運輸之交通工具即可。

（九）僕役宮

坊間之說法如下：「或謂主自己與部屬之間的關係，服眾抑或不服眾。或謂僕役宮稱之為『朋友宮』，是主宰一生中人際關係的好壞，分析周遭朋友關係。或謂僕役宮稱之為『交友宮』，乃推論朋友、同事、部屬、客戶之關係。包括與部屬之間的關係及領導統御能力，傭人之多寡與好壞，交友狀況及平輩間的對待狀況，與朋友合夥創業之好壞。或謂僕役宮是子女宮的財帛宮（接待宮位），可以看出桃花發生的狀況，因僕役宮也是朋友宮，更能觀察會不會能和朋友發展出桃花關係。或謂僕役宮是夫妻宮之疾厄，看配偶之身體狀況。*」

以上是坊間流行的一般說法，僅供讀者參考比較。

筆者對僕役宮的看法如下：

在古代「僕役」代表著受主人僱用，供家庭在生活上使喚、差遣、服勞役從事煩瑣事務的人。傳統上**僕役宮***著重在推斷僕役是否得力？是否眾多？會不會背主、欺主，或對主人有所扶持。但很可惜的，因為有人把僕役宮稱為「奴僕宮」，認現代已無主奴關係，因此無須從奴僕來窺測家族的命運。而人際關係的好壞，對於現代人來說非常之重要，便自以為聰明的將「奴僕宮」賦予新的涵義，改變為人際關係的性質，稱之為「**朋友宮**」或「**交友宮***」。很遺憾如此一來反而不對，也讓初學者混淆不清。

有關人際關係的重點宮位，已如前文所述是遷移宮。當然人際關係的重點，除了遷移宮外，命宮的合方宮位，包括事業宮與財帛宮都會有影響，因為這是你（命宮）對外（遷移宮、事業宮、財帛宮）的人際。

所謂「朋友」是跟你平起平坐、平等對待、互相尊重，彼此間並無上下隸屬關係之志同道合的人，相互間不一定會有利害關係。但是如果這個朋友一旦與你有利害關係，彼此間的關係就會產生變化。例如：年輕人想要創業，宥於資金不足，往往會招來親朋好友出資合夥創業參與經營，彼此就自身專業部分分工合作，共同成立公司創業打拼。這種由少數人合夥投資並一起參與經營的組織型態，在近代商業活動中為數不少。照說，參與經營的合夥人都是親朋好友或同學、同事，彼此熟悉又目標一致，對事業的經營應該有加乘的效果。但現實的情況往往並非如此，這類型的合夥公司，常因合夥人彼此間對經營理念的看法分歧，無法同心協力克服虧損的困境，最後拆夥收場的例子屢見不鮮。

為何原本甚至可能是從小穿開襠褲一起長大的玩伴，感情沒有問題，成為事業的合夥人後，最後鬧得不歡而散，形同陌路，連朋友也做不成？究其因，就在於彼此間的「關係」不一樣了。純粹是「朋友」關係時，相互間身分對等，平起平坐、互相尊重，沒有直接利害關係。一旦彼此間身分關係有所改變，產生利害關係後，隨著不同的利害關係，就會有不同的變化。

如合夥人是公司的負責人，或合夥人僅是純投資不參與經營，不管公司事務也沒到公司任職，則就命造而言，彼此間關係的重點在遷移宮。

*紫雲眉批：僕役宮，無投資，只工作。合夥人，又上班。

如合夥人不是公司的負責人，公司的負責人為命造。但合夥人不僅出資，還參與經營，管公司事務也到公司任職，彼此間就會有上下隸屬的主從關係了，因為公司負責人只有一個，即使是出資合夥人到公司任職，體制形式上也必須聽從公司負責人的命造，此時就命造而言，彼此間關係的重點就在僕役宮*。當然除了僕役宮外，還要視其所任職務的性質再進一步分析。

現在的命理界愈來愈不重視僕役宮，事實上在現今工商社會分工極為繁複的情況下，僕役宮所扮演的功能更形重要。除非工作是屬單打獨鬥性質，或自己身兼數職的「校長兼打鐘」，或是專門做研究工作，關在實驗室裡頭，與外界沒互動。否則只要需要與人互動或支援配合的工作，不論是自己當老闆或上班族的主管，勢必都需要很多人的幫忙協助，不可能什麼事情都是事必躬親，自己在做。若凡事都親力親為，無人協助，很難創造出較大規模的事業，也難負起重責大任。

事業的推展經營，一般而言，都會需要有人來協助，特別是位居高位的領導人。例如：軍人負責部隊指揮作戰發號司令之指揮官，行政職的部會首長也一定有很多下屬單位負責執行及幕僚單位提供意見及支援，自行創業當老闆更是需要努力認真的員工為其打拼。如果都沒有人幫忙，什麼事都要自己做，成果規模能有多大？甚至還不用談到位居領導人的司令官、部長、大老闆才會有員工部屬的問題，即使是上班族的小主管、小店舖的老闆也都會面臨員工部屬的問題。坊間生意稍好的小吃店，於用餐時段都必須聘用計時的員工幫忙，方才支應得過來。因此，僕役宮所能探討的層面其實十分廣泛。

僕役宮在現代意義來講，就是命造者對具有上下隸屬的主從關係之員工或部屬的一種意識形態。亦即當命造居於「主」或「上」的位置時，對關係相對位於「從」或「下」受僱於命造，供命造使喚、差遣，為命造服務的員工，或體制上受命造指揮、命令、督導的部屬，命造對渠等所持對待的心態。一個人怎樣帶領員工或部屬？對待員工、部屬的心態如何？都會影響員工或部屬的向心力及工作表現。有些人對待員工或部屬的心態很苛刻，僅將員工視為「賺錢的工具」，與員工的應對上總是以一種上壓下的態度讓對方產生不受尊重感，人為五斗米折腰，在人屋簷下不得不低頭，平時表面唯命是從，背地裡也會充滿怨言，在可以不聽你的情況下，態度馬上不一樣。有能力的人自是毫不戀棧尋找跳槽機會離職。

僕役宮就是偏向命造對具有上下隸屬主從關係之員工或部屬的意識形態或互動關係，而不是與命造平起平坐、平等對待的「朋友」間之人際互動關係。

命理上有個有意思的現象，就是僕役宮好的命造，如果有員工或部屬，則他們的表現大都不錯，能力大致都很強，也認真負責，可以為命造分憂解勞，執行所交辦的工作。這大概也是因為命造對待員工或部屬的心態十分尊重及照顧，所以相對的部屬們也願意賣力工作以為回報，彼此相互間形成良性循環有關。

先天或大限僕役宮不好的命造，如果須要任用員工或部屬時，說來奇怪，不知何原因，或是老是用不到得力的助手，找不到好的人才*，或是員工或部屬流動性很高，或是因員工或部屬的疏忽而造成損失。

*紫雲眉批：幫手。

配合太歲入宮法運用

僕役宮不好，就比較容易用到不得力的部屬。但如你的員工或部屬眾多，總不至於每一個部屬都不好，這當中可以用簡單的「太歲入宮法」加以區別。即**輸入員工或部屬的個別差異資料**＊，凡是坐入的生年太歲宮位比較好的部屬，大概就較沒有問題。先天及大限僕役宮不好的雇主或主管，如員工或部屬的太歲又坐入不好的宮位，那麼這位部屬的表現，可能是不僅不能令人滿意，嚴重的話甚至可能造成損害。

＊紫雲眉批：生年。

紫雲老師提出的太歲入宮法，看似簡易，但當中的運用卻千變萬化，並非一成不變。譬如：部屬的太歲坐入命盤中不好的宮位，但他的祿、權、科卻吉化命造的命宮，應如何判斷這位部屬究竟得不得力？此時就要談到部屬忠誠度的問題，可能是對命造的忠誠度很好，但能力表現的並不一定好。

有些員工或部屬能力表現得非常好，但對上司或老闆卻沒忠誠度。有些部屬能力表現得很好，對公司的忠誠度也沒問題，但因個性率直，較不聽上司的話，令上司感到困擾或威脅。這在大公司或機構中是經常發生的，並不是一個人能力強的人就懂得如何當主管？如何帶領部屬？對部屬能夠掌控到如何程度？會不會被取而代之？職場上競爭的爾虞我詐，即使是上司與部屬具有上下隸屬之主從關係，也都可能因情勢利害的轉變而產生變化。這其中的感受必須當過主管或老闆的人才能真切體會。所以命理師也必須有命理以外的豐富工作歷練，否則純就斗數理論依樣畫葫蘆，很難抓到重點。

「太歲入宮法」的運用還不只如此，譬如**在較大規模的公司或機構，董事長只負責政策，整個公司的營運及操作是總經理在掌舵，這當中如員工有成百上千個員工**＊，這時不必所有的員工都用太歲入宮法輸入，否則怎麼輸入得完？就總經理而言，總是有幾個比較重要的部門經理，此時只要

＊紫雲眉批：重要的員工，才列入僕役宮。

輸入重要部門負責人之個別差異的生年太歲資料即可，然後再分辨他所負責部門的業務性質。

譬如：當有企業老闆向你諮詢請教員工人事問題，有數個人選，想由其中選任一位晉升為部門經理時，你應如何提供意見？

提供意見時不能完全看僕役宮，還要從基礎的職務利害關係來分辨這個問題。應先詢問清楚這部門經理職缺所負責的業務性質，除了運用太歲入宮法，將各別人選的生年太歲資料輸入命造命盤，看其對僕役宮的吉凶引動外，尚**應針對所負責的業務性質加以區別***，不同的業務性質，就有不同的重點參考宮位。

如職缺所負責的業務是行銷或業務拓展，因業務性質是屬於對外發展，此時不僅要看這個別差異對企業老闆事業宮的吉凶，還要看他對企業老闆遷移宮的吉凶，以對遷移宮造成吉象強的較為適當。如：負責業務發展的人選，傷到企業老闆的遷移宮或事業宮，則這個人選可能就有問題。

如職缺所負責的業務是**負責生產製造的廠長***，參考的重點宮位就比較偏向於事業宮。負責生產製造的人選，傷到企業老闆的事業宮，則這個人選可能就有問題。

如：職缺**所負責的業務是財務。就要參考人選對企業老闆財帛宮與福德宮***的吉凶，負責財務的人選，傷到企業老闆的財帛宮與福德宮，則這個人選就不適合負責財務方面的業務。

綜上可知，僕役宮的重要性與影響層面十分廣泛，其臨盤實際上的運用，也非單調的一成不變，需要視各行各業不同性質與不同情況而參考取用不同的重點宮位。而這些都還僅是在事項宮位方面上的考量因素，尚未考量星曜賦性之因素。由此觀之，可見紫微斗數的易學難精。

至於以所謂借宮法將僕役宮認為是子女宮的財帛宮、看桃花發生的狀況，或認為是僕役宮是

＊紫雲眉批：如當財務，要有相關學識，要懂得會計作業。主要「僕役」人員以知道老闆所經營事業性質。了解與否。

＊紫雲眉批：要有專業技能。

＊紫雲眉批：要懂得會計作業，與老闆福德宮無關。

夫妻宮之疾厄，看配偶之身體狀況……等云云。筆者表示尊重，也沒什麼好值得評論，由讀者們自行判斷。

◎按：紫雲老師針對本文特別面告筆者「僕役宮，是重要部門的幹部」。

（十）事業宮

坊間說法如下：「或謂宜從事何種職業，是否適合創業，皆可由事業宮星曜了解。或謂指從事的工作性質及本身特長。或謂指工作態度及工作環境。或謂事業宮星曜主職業運勢，事業發展傾向，以及和上司及事業夥伴間的關係。或謂官祿宮的星曜可以得知該從事何種行業，職業是否符合興趣或就業上的問題。或謂推論命造的工作、職業、事業吉凶狀況。主事業貴賤，就業情形和職位高低，企圖心如何，工作能力及技術專長，從事的行業性質，事業發展傾向，以及變動狀況等。或謂主人行動力，是反映一個人的行事方法與處事特性，進而影響人生的際遇及事業發展。或謂官祿宮的本質在談論權力之高低、有無、得失，是爭權的宮位。事業成敗，不用代表權力鬥爭的官祿宮，而是取用代表生理體能的疾厄宮。論斷職業，以疾厄宮和身宮合看。或謂官祿宮是是信心的源頭，是能否勝任工作的判讀宮位，如果氣勢不足，或過度強勢，都可能是更換工作、工作不保或升遷的前兆。」以上是坊間流行的一般說法，僅供讀者參考比較。

筆者對事業宮的看法如下：

傳統上一個人從事什麼行業，是上班族或自己當老闆？甚至事業發展的未來趨勢，都是看事業宮的星曜組合及金、木、水、火、土之五行屬性。

現在的行業千奇百怪，各行各業起碼有成千上萬的類別，隨著科技的發展，每過幾年就會有前所未聞的新興行業。想要從命盤上知道一個人是經營何種事業或從事何種職業，是毫無道理的事，只會淪於猜謎遊戲，偶一猜中職業的大類別就沾沾自喜，對命造並無實際上的幫助，也無法提升論斷的技巧與功力，毫無意義。但坊間為人解惑的命理師有不少卻樂於此猜謎遊戲，這或許是基於客人的市場需求吧?!總以為能以星曜的五行來區分行業類別，說個大致方向好讓客人信服，大致方向說對了，便自鳴得意，讓人覺得自己很神準，說錯了也沒關係，客人也不在意。因此喜歡猜謎之鐵口直斷的命理師樂此不疲。

星曜的五行真能用來區分行業的大致方向類別嗎？對此，筆者是持存疑的看法。其實命理是「診斷」，而非鐵口直斷的猜謎遊戲。直接問客人是從事何種職業？絲毫不會減損命理師的專業形象，這也是專業命理師必須詢問命造的事項，且問得愈清楚愈好，命理師受限於自身條件，不可能對各行各業的性質、環境及潛規則都清楚了解。在對命造職業的性質、環境及潛規則都陌生之情況下，怎麼能期待命理師能做出正確的建議？更何況命理在推論事業發展軌跡時，會因為命造的職務、身分而有差別，是自行創業當老闆或是受薪的上班族，在推論時要考慮的重點就不會一樣。因此在論斷事業方面，命造必須清楚詳細地將其從事職業的性質、環境、背景及相關潛規則讓命理師明瞭。

就以經營房地產建築投資事業的營建業為例，其興建房屋銷售的程序大致為營建公司先取得土地（自地自建或與人合建），找來建築師等參與設計、申請建築執照後，再發包給承攬建築工程的營造廠（如：營造公司或土木包工業……以從事土木建築工程為主要業務），完工後則由房屋代銷業者（如：建設公司……以受委託銷售房屋為業。）代為銷售或自行銷售。整個程序流程起碼就包含了營建營造、仲介銷售等，二者之經營型態與所扮演的角色功能都不一樣，必須要先分辨清楚。

一般建築投資的建商公司很少有營造資格（法令對營造廠的規定較為嚴格，必定要配置有相關之專業技術人員），營造部分大都外包給營造廠幫他蓋，建設公司再自行銷售或交給仲介公司銷售。對一般建設公司而言，事業宮與財帛宮都很重要。如還要負責仲介銷售*，因為要對外宣傳，所以遷移宮也是必須參考的重點。如是獨資的建設公司，還要參考老闆的福德宮，如福德宮不好，可能手頭上缺少現金可周轉。

*紫雲眉批：仲介，貪狼會有作用。

命造的職業、身分及擔任的角色功能不一樣，就會有不同的參考取用重點。因此，在觀盤前一定要詢問清楚。

事業宮是命造對事業工作方面的意識形態與基本應對模式。一個人的行為，完全是他心理狀態的一種延伸，有這麼一個想法才有這麼一個做法。否則大環境對每一個人都一樣，但每一個人在職業工作上表現的熱忱及積極度卻高低有別。就命理角度而言，就是因每一個人的性格特質及對事業工作方面的意識形態不同所致。

大體來講，在不考慮其他因素（例如：特質中屬於官祿主的星曜）的情況下：

事業宮強旺或照會吉星，大概在事業上比較積極，想有所作為。

事業宮很弱的人，在事業工作方面比較沒什麼作為，好像有氣無力、欲振乏力。

還有事業宮旺宮又見煞星比較多的人，比較偏向「武職」。例如：軍、警、法、技術類、生產製造類……等。命理上所謂的「文職」或「武職」，是以職務的性質做大概的分類。「文職」比較偏向一般文書管理作業、行政業務管理……等。

在看事業宮時，還必須與命宮併論。假定命宮是貪狼化忌，而事業宮正巧有顆文昌星，再有羊、陀、火、鈴等煞來沖，就形成「昌貪」離正位顛倒的粉身碎骨凶格。變成抓不到重點，癢處不抓，不癢處抓到流血，把要緊的事擺在一邊亂搞，反而把事情搞砸。

在事業上有所成就或一事無成的人，關鍵都在於命身格局及性格特質的根本條件，並非單獨的以事業宮來看。這其中又以性格特質中屬於「官祿主」的星曜最為關鍵，它可能位於命盤上毫不起眼的宮位上，讓人疏忽它的作用，但它卻是能讓事業宮空宮或很弱的人，在事業工作方面的表現令人刮目相看；或讓事業宮強旺或照會吉星的人，在事業工作方面毫無作為。因此，即使事業宮弱陷，也可能是表現優異的專業人士或成功之企業人士，故判斷事業方面的表現不能只侷限在事業宮及其三四正宮位。

傳統論命的觀念在談論事業時，一般都會把重點放在所謂的事業宮，然後問：「有沒有事業？應該做什麼行業？事業的規模大小？」……等等。其實就整個人生來思考，所謂的「事業」本身，並不是簡單鐵口直斷地說：「你當老闆好？或當員工好？或從事那一個行業好？」這些其實是「算命仙仔」的賣點。但你如果把命理提升到一個人之本質的心理層面來看，則傳統論命的這些說法都會覺得有些空洞模糊。

所謂人之本質層面的觀點，是以命盤中主導一個人性格的「人格特質」為基礎，再加上事項宮位來運用。例如：談事業時，命造對「事業」的一個看法、觀念、企圖心、行動力、毅力……等「人格特質」，通通會影響命造在事業方面的興衰起伏或整個事業的規模與表現。因此，一個人的事業，能不能開展出來？除了「外在的機緣」外，最重要的還是本身的「能力」，這能力包含他的「判斷力、企圖心、行動力、創造力、毅力」……等「人格特質」，必須以這些「特質」能力為基礎，再配合事項宮位的「事業宮」來綜合判斷。所以，談論一個人的事業時不能僅以「事業宮」來判斷，如僅以一個人事業宮來看，除常看走眼而無實用性外，也無法深入探討到它的根源。

人要有企圖心才會追求更高更好的品質或位階；要從貧窮的困境走出來，除了老天爺幫不幫忙外，還要看自己付出與努力的程度；碰到困難時，還是要靠自己怎麼去應變？能否堅持？所以整個根源來講，還是你的企圖心強不強？判斷力好不好？有無行動力？韌性與毅力夠不夠？……等「人格特質」的「能力」在主導事業的表現。更根本的一點，是你能否意識了解到本身的能力及優點、缺點在哪裡？自己擅長的是什麼？對自己優點、缺點的了解並發揮長處，往往是決定一個人能否趨吉避凶的關鍵。因外在的機緣環境無法強求，個人沒有辦法左右，但是在同樣的外在環境裡面你能否意識到自己的長處？這是很重要的，因為在了解自己的優點、缺點後，才更能選擇較適合自己發展的方向，將自身長處整合發揮出來去爭取機會，在工作事業上才能有較好的表現，這也才是判斷一個人一輩子事業吉凶禍福的基礎。

當然，用這種角度跟觀念談的已經不止是事業了，包括你的婚姻……，人生很多的事項，都同樣是這種模式。

◎紫雲對本文事業宮註記：「要補充這些觀點──命宮，代表四十歲前；身宮，代表四十歲後。故身宮吉者，中年後較有成就。」

（十一）田宅宮

坊間之說法如下：「或謂田宅可推算家宅運，看祖產與自己的緣分如何？甚至可推算居住環境。或謂田宅宮主不動產狀況、多少、變動、好壞，家宅運，是否有祖業及其風水、庇蔭與否？購屋能力，甚至可推算住家環境、房屋的坐向方位、辦公室之變動等。或謂田宅也可當財庫推算。除了家庭環境、生活狀況外，也代表家族或家鄉。乃推論命造的不動產及家庭狀況。或謂田宅宮表示置業的能力。是用來看此人的不動產運勢，可觀察行運流年，何時可以置產？或謂對家裡的東西是否會整理乾淨？是命宮與田宅宮的關係。」以上是坊間流行的一般說法，僅供讀者參考比較。

筆者對田宅宮的看法如下：

田宅宮依古傳用法有下列作用──

1. 因為田宅宮是住「家人」的地方，是你居家的地方。所以你的家人是否人丁旺盛？家人相處是否和諧？家居生活是否美好？都與田宅宮很有關係。田宅宮不好的話，你的居家品質會不安寧，家人也不和諧。

2. 田宅宮談到「祖蔭」、「祖產」。即你這個人能不能有來自祖蔭所得到之祖產。有些人生活很富裕很有錢，但他的錢財並非來自職業工作的收入，或投資理財所得，而是繼承了上一代豐厚的祖產。不過這當中仍有個別差異的情況存在，有的人田宅宮很好，上一代卻沒什麼祖產可供繼承。有的人田宅宮不是很好，繼承的祖產財富卻不少。這都與每一個人現實之家境條件不同有關，出生在富裕家庭的命造，其上一代父母親自然較留有產業及財產可供下一代子女繼承，出生在貧窮或小康家庭的命造，自然較無上一代產業及財產可供繼承。甚至上一代雖留有產業及財產可供繼承，下一代子女在法律上的繼承權都一樣，實際上繼承的財產卻有多寡不均，一無所獲的也所在多有。這些現實條件的差異，在紫微斗數上就是以輸入父母親的個別差異資料來加以區別。這是紫雲老師的創見，正可彌補傳統斗數不足的部分。

3. 傳統上還有個說法，認為田宅宮忌煞交沖的命造，除了沒有祖蔭不能獲得祖產外，也會離鄉背井。這種思維大概是基於古代農業社會父業子承，所謂「祖蔭」、「祖產」，指的是賴以為生的祖傳行業及農田土地，既然沒有祖產可賴以為生，為謀生路，想當然只好離鄉背井遠走異鄉。實則古代交通不便，資訊又不發達，要到外地發展並非易事。田宅宮忌煞交沖，並不構成離鄉背井的必要條件，沒有祖業可賴以為生，或在家待不住，尚可至別家幫忙務農或做長工，並非必然離鄉背井。時至今日交通、資訊發達，離鄉背井至遠方發展，要參考的重點宮位也非田宅宮，而是遷移宮。

4. 古傳除了將田宅宮視為「祖蔭」宮位外，也把田宅宮視為「藏財之庫」，田宅宮吉，則庫旺財豐，必是擁有眾多農田土地的大戶人家，田宅宮凶，則庫虛財弱。「庫」要旺，財才能殷實，此乃因在農業社會裡，農地就代表生產力，就代表財富的來源。現今工商社會，農地雖不再與財富劃上等號，但如在都會區擁有眾多的房屋或土地等不動產，也是殷實富裕的象徵。

古今形成財富的原因雖不同，但同樣是以田宅宮作為觀察的重點宮位。證諸現實命例中能成為鉅富的大企業家，或經由不動產投資而能累積龐大財富者，也都有吉旺的田宅宮。因此是否具有富豪的命格，田宅宮是關鍵宮位。

古代因為投資的管道很少，沒有所謂的股票、期貨等證券交易。一個人有錢了以後，對多餘的錢想要置產保值，除了所謂「有土斯有財」的觀念去買賣土地、農田、房舍等不動產外，尚可買賣字、畫、珠寶、古玩等屬於動產的範疇。以現在而言，不論是動產或不動產的投資管道都很多元豐富。當一個人有了錢以後，究竟會偏向於選擇不動產的投資管道，或傾向於動產的投資管道，這就牽涉到每一個人對於動產或不動產的意識形態了。就紫微斗數而言，田宅宮也代表一個人在不動產方面的意識型態及對居家環境的訴求。

台灣因工商業發達，人口大量集聚於都市工作，造成都會區地狹人稠、一屋難求，房價高漲使許多受薪階級的上班族買不起房子而租屋生活。但一樣是受薪階級的上班族，有的人卻情願選擇負擔沉重的房屋貸款也要購屋以擁有自己的「家」，即使必須工作存錢數十年，或夫妻共同工作積蓄十數年，才能還清貸款。這其間的差別就在每一個人對不動產的心態與重視程度。

在不考慮其他因素的情況下，一般而言：

田宅宮強旺的命造，會有較強烈的企圖心想要擁有自己的不動產以成「家」。

田宅宮弱陷的命造，就較缺乏這方面的企圖心，在擁有自己不動產的觀念想法上，往往較消極被動、因循苟且、得過且過。

有的人在經濟條件比較寬裕的時候，會想要換一間比較大的房子，或將舊有的房子重新裝潢改建，以享受居家環境品質。有的人即使有能力購置較新較大的房子，就是不買，認為房子雖舊雖小，只要能夠住就好。這些都是屬於每一個命造對居家環境的訴求，對不動產方面與居家品質的意識型態，在這方面的觀念、想法會影響到他的做法及行為。

通常喜歡住比較好的房子或豪華房宅或會花大錢裝潢房子的命造，其田宅宮大概都有桃花星。

田宅宮好的命造，會重視居家品質，會重視擁有自己的不動產，甚至在投資理財方面也較偏向於選擇不動產方面的投資途徑。

田宅宮不好的命造，在不動產就較不重視，如要置產也較為艱辛與不順遂。

中國歷來有「男主外，女主內」的傳統。男重「耕、讀」，讀書求取功名或務農耕種以養家。女重「中饋、女紅」。

「中饋」二字，指的是婦女在家中職司飲食的勞務，古代的女性負責在內烹煮三餐飲食，操持家務以理家。南北朝顏之推《顏氏家訓．治家》云：「婦主中饋，唯事酒食衣服之禮耳。」強調了女性為家人烹飪的勞動是婦女在家庭內應擔起的職責。在歷代男性眼裡，甚至把家中女性之

「中饋」能力與家庭興旺聯繫到一起，家中主婦認真對待中饋，家才能呈現出祥和吉利的景象。反之則原本興旺的家也會因為主婦的缺失顯得冷清敗落。因此傳統命理上對女命，除看其「宜不宜男」外，尚重視會不會「主中饋」理家。這「主中饋」在傳統的看法就是女命的田宅宮。

現代社會裡二性平權，男不見得「主外」，女也不再只「主內」，在都市工作的雙薪家庭，一般家中也很少開伙烹煮三餐，大都以外食為主，家務分擔不分男女，是夫妻共同協力的事。而家務是否理得好，與每一個人對居家品質的心態與重視程度有關，田宅宮自然是個判別的重點宮位。

田宅宮好的命造，比較會把家裡整理得井然有序。

田宅宮忌煞交沖或有凶格的命造，對整理家務這件事就比較會懶散或不重視，住處常凌亂不堪。

但筆者認為不能單依據田宅宮就能做此論斷，除田宅宮外，還要參酌「家務主」的天機星，以及「田宅主」的太陰星，再綜合判斷。

另外，擁有不動產的命造，其不動產的來源，可能是經由繼承上一代的祖產而來，但也有的命造是經由自己努力所得而自行購置。這當中在命理的跡象是有所差異的，這差異並非單以田宅宮就可以分辨論斷。尚要視命身格局及性格特質的根本條件，並參考不同賦性「主田宅」的星曜，綜合判斷以為分辨。

坊間有人主張家中小孩聰不聰明？升學時能否考取好學校？與田宅宮有關，甚至上班族能否升官？生意人能否發財？外出會不會發生意外？都與田宅宮沾上關係；對此，筆者不以為然，姑不論田宅宮不等於實際住家的環境品質。就常理言，住家環境品質的良窳，長期而言，雖會影響健康狀況，因為居住的環境安靜不吵雜，人住其中較能心平氣和而使身心安寧獲得休養，休養充足自然神清氣爽，身體也較健康，家人也較能和樂；身體健康、家庭和樂、樂觀進取的人自然較無後顧之憂，較能把時間精力放在課業或事業上打拚；但不代表課業及事業一定順利，家人和健康一定安康或外出不會發生意外，這其中並無直接必然的因果關係。

書唸得好不好，除了努力用功外，跟本身稟賦的聰明才智有關；事業順不順利及外出是否有意外？除了本身條件與努力外，尚與外在之景氣環境，甚至不可測的突發因素有關；健康疾病更是與生活習慣及遺傳體質有關，均非命造主觀意願及良好的住家環境品質所能影響，更與田宅宮無關。否則居住於環境品質優渥之豪宅家庭，其子女必然聰明會讀書，家人相處也必能和樂，事業也一定順利無波折，更不會有意外事故發生，而永世其昌了。但證諸社會新聞顯然並不必然如此，居住於豪宅之富商鉅賈，家人不睦、子女不肖、罹患惡疾、橫生意外、公司倒閉……等情事也時有所聞。

至於實際不動產的環境品質，則必須實地至不動產所在地，以羅盤測量出方位，再以此方位輸入命盤，視此方位在命盤上的吉凶引動而定。大抵方位所在的宮位強，三方也會吉，則此方位所產生的磁場較能與命造人體的磁場相契合，不致有干擾的負面作用；反之，方位所在的宮位弱，三方形成忌煞交沖，則此方位所產生的磁場對命造而言，就有干擾的負面作用。

另外，在運用不動產的方位判斷吉凶時，還需考量此不動產的實際用途與功能，針對不同用途會有不同的吉凶取捨，不可一概而論。

◎*紫雲對本文田宅宮註記：「房屋，作為商店及住屋『對象』不同。商店→天相；住屋→天府。」

（十二）福德宮

坊間之說法如下：「或謂表示一個人生活享受的品味以及物質生活的優劣。或謂福德乃推論命造的精神生活及價值觀。或謂福德乃推論命造的嗜好、興趣、品性高低、精神狀態（悲觀或樂觀）等。或謂福德宮顯示是否在意精神方面的享受，對於事物的滿足程度，以及對物質享受的看法。或謂有些人一生辛勞，也有人雖從事較費神的工作，卻有優渥的享受，多少與福德宮的星曜有關。或謂福德宮是用來看壽命的長短以及福分厚薄，是否勞心勞力，有無快樂的人生等等。或謂福德宮乃推論財源如何？祖德是否庇蔭？或謂福德宮是財帛宮的對宮，代表外在的財源開創、間接的財運，財源的多寡，偏財運，外在財運的好壞。」以上是坊間流行的一般說法，僅供讀者參考比較。

筆者對福德宮的看法如下：

傳統說法認為福德宮意味著「福分」或「福澤」，所謂「命薄者福不厚，命好的，福澤綿綿」。而這「福分」或「福澤」的說法，在現代人聽起來卻模糊籠統，但似乎也沒其他更好的形容詞。比較具體而讓人容易理解的譬喻，可以拿做事情過程的「事半功倍」或「事倍功不半」來認知「福分」或「福澤」的厚薄差異。「福分」或「福澤」厚的命造，比較容易「事半功倍」，沒花多大氣力，成果卻不錯。有些人則一輩子勞碌得要命，卻常常是「事倍功不半」，最後又沒什麼成果，只能說他的「福分」或「福澤」較薄。

現代人的社交活動有很多抽獎摸彩的機會，舉凡年終尾牙、春酒、慶生、周年慶等各式各樣的慶典活動，就是有人老是摸到大獎，有些人連小獎都摸不到。其實摸彩中獎的機率對每一個人都一樣，但就是有人常會中獎，有人從未中過獎，這沒什麼道理可說。就命理而言，則跟福德宮的「福澤」厚薄有關。

福德宮好，意味著命造在財產金錢上之獲得過程，可能比較不是那麼辛苦勞碌。

福德宮與財帛宮互相對照，坊間有主張福德宮代表精神生活，財帛宮代表物質生活，精神與物質二者互相影響而有關連。筆者對此說法不以為然，此二宮位互為對照宮位，相互間的影響作用很直接，怎可能分別為南轅北轍性質完全不同的精神與物質？坊間更有自以為聰明的說法，綜合各家優點，把福德宮說成是一生物質生活和精神享受的福分宮位，即兼具精神與物質的層面。如依此說法，則福德宮好的命造，不但物質生活好，在精神層面的享受也會不錯。福德宮不好的命造，非但物質生活貧乏，在精神層面也不會懂得的享受。但事實情況卻非如此，社會上不乏物質條件很好的富人，常自尋煩惱，精神層面更是頗為貧乏的例子。而處於社會底層的普羅大眾，也有不少如顏回一般「一簞食，一瓢飲，在陋巷，人不堪其憂，回也不改其樂。」精神層面十分富足。

以上不論將「精神與物質」二個不同概念之領域層面，放置於對照宮位或同一宮位的說法，在邏輯上都無法自圓其說。實則「江上之清風，與山間之明月，耳得之而為聲，目遇之而成色。

取之無禁，用之不竭。是造物者之無盡藏。」精神層面的享受，不會因販夫走卒或富商鉅賈的身分而有不同，與物質條件的優劣沒有絕對必然的關連。

筆者以為福德宮與財帛宮，此二宮位都屬現實生活的物質層面，雖互為對照宮位，但基本的主導作用有別。

財帛宮主一個人求財的心態，是關於金錢來源及其所衍生的相關現象。但這個「錢」並非來自於祖蔭，也不是因投資理財獲利而來，而是付出心力經由職業工作所獲取而來的報酬收入。

一個人會賺錢，不代表他手頭寬裕有盈餘，年底時不會需要借錢過年。一個人有無盈餘的金錢，有時跟收入的多少無關，如果奢侈浪費或胡亂投資，賺得再多，也不會有盈餘。而一個人會不會有盈餘的金錢，就與福德宮的吉凶作用有關了。

福德宮主一個人對金錢的價值及使用之看法與心態，即對錢之用途與花費的價值觀，也是花錢的方式與心態。

福德宮不同於財帛宮，福德宮的錢，指的是「既有的錢財」，即手邊可資動用的現有錢財。因為是「既有的錢財」，在扣除必要的支出花費後還有剩餘，便會衍生下列問題：

1. 是否拿去投資理財，以錢滾錢的方式賺取利潤？＊

＊紫雲眉批：福德宮「凶」，無法以金錢純投資賺錢；要以勞碌生財。

即採取不經勞力工作而是提供資金，透過投資管道，把資金匯聚到社會重要產業環節中（例如：股票、基金、公債、房地產、定期存款、入股合夥創業公司……等等）以創造財富。這種以錢滾錢的方式投資理財賺取利潤，其實是屬商業行為，故除收益外同時要分擔風險，命造雖期望能收取到利潤，但必須先提供付出既有的資金，也必須承擔商業損失風險，並非穩賺不賠。

＊紫雲眉批：與借錢的人「太歲」有關。

2.借出錢財給他人，賺取利息；有時也非想要賺取利息，而是親友因有急需，向你借用。

以上情形，拿出去投資的資金及借出去的錢財，能否獲得利潤，甚至本金能否收回，會不會最後變成「肉包打狗，有去無回」血本無歸的情況？**在命理上就與福德宮的作用大有關係**＊。即福德宮可以作為觀察命造能不能守得住他「既有的錢財」之重點宮位。

凡是先後天福德宮「忌煞交沖」或有「凶格」的命造，在既有錢財的運用上，最好採取保守謹慎的方式為宜。儘量避免以下行為——(1)高報酬、高風險的商業投資理財行為；(2)也避免將錢借出以圖收取優厚利息；(3)為人「擔保」及「背書」等行為。

為人「擔保」及「背書」，雖大都為親朋好友，還要視個別差異資料的引動而定，但福德宮不好的命造，做「保人」成為「呆人」的機率較高。因為福德宮破損，會造成既有錢財的虧損，即使投資初期有獲利，最終本金能否收回？都大有問題。此時如仍採取實際行動將錢借出或投資，其結果當然會應驗命理現象而造成虧損。

如命造並無實際行動從事高風險的商業投資理財，或為人「擔保」及「背書」等行為，因為不去呼應它，就不會造成虧損。此時的命理現象就如地雷信管沒被踩踏引爆，自然不會有作用。其先後天福德宮的忌煞交沖的命理現象，充其量也僅是反映在命造會較有一些不可控制的額外支出及花費等事項。命理跡象還是必須要有相符合之客觀環境條件及命造實際的行動去呼應，才會產生作用。讀者在學習命理的過程，切不可單憑命盤上所呈現的命理跡象，不先問清楚命造所處環境及條件等因素，便遽然地鐵口直斷。論不準事小，卻失去了經由詳細了解客觀環境與命理跡象間之關連並逐一診斷分析，而提供較適合命造的選擇方向之建議。

命理的功能在於尋找命理跡象與現實客觀環境發展趨勢間二者相呼應之機，以提供命造有效的建議，期能對未來的發展預做準備及選擇較佳的方向。而這必須建構在論者除精於術數技巧外，更必須對命造所處之環境背景及所詢事項之來龍去脈與遊戲規則有所認識的前提之下，才有可能辦到。鐵口直斷的論命方式，除了滿足論者偶然猜中的虛榮心外，對前來問命的命造實際上並無絲毫助益，因為斷的都是已經發生過的事實，也不能提升論者的技巧。但卻因鐵口直斷能加強增進問命者對論者的信心，而大受歡迎。

回歸正題。

財帛宮有忌煞的命造↓進財有阻礙，賺錢比較辛苦。

福德宮有忌煞的命造↓並不主賺錢辛苦，而是財庫有漏洞，存不住錢。

基本上，財帛宮與福德宮有忌煞，對錢財皆不利。

但二者比較，情願忌煞在財帛宮而非福德宮。因為——

財帛宮有忌煞↓

上班族僅是賺錢比較辛苦有阻礙；創業則屬應收帳款能不能收到，會不會被倒帳等問題，但也會想辦法、想花樣去賺錢，並不表示賺不到錢。

福德宮有忌煞↓

則是屬手邊可資動用「既有錢財」的損失，故不見得有本事賺錢，但花錢倒是很有本事。因此福德宮最好要穩，才能守得住錢財而有盈餘。

＊紫雲眉批：還有借人錢財而被倒帳。

另外，因為是手邊**「既有錢財」的損失，因此掉東西、遺失錢財，或被偷遭竊，都與福德宮有關聯**＊。

福德宮除可作為觀察命造能不能守得住「既有錢財」的宮位外，也表徵命造對物資上的訴求，或可說是對物資享受的一種訴求。

一般言，會花錢享受的命造，其福德宮大概都有桃花星。

福德宮廟旺，見桃花星↓

命造對物資上的訴求，就很講究，也懂得享受，對喜歡的東西等物質，會很捨得花錢去擁有或享受，但有節制，會量入為出，不致會亂花錢。

福德宮弱陷，見桃花星↓

一樣會講究物資上的享受，但不懂得節制，會亂花錢，奢侈浪費，寅吃卯糧。

福德宮弱陷，不見桃花星↓

則對物資上的訴求，就不太講究。但較為辛苦勞碌，花費支出頗大，手邊較無盈餘。

傳統上對女命較重視其福德宮。這大概是基於農業社會「男主外，女主內」，男命在外工作賺錢養家，而社會環境不允許女命在外拋頭露面工作，除了視其能不能在內操持家務外，男人賺錢拿回家交給女主人，扣掉生活必要開銷及家用後，如有剩下盈餘，是會愈來愈多？還是會成寅吃卯糧？端看女主人如何處理運用。因此女主人會不會奢侈浪費？好不好物質享受？能不能守住錢財？都攸關家族的興旺與否之故。更傳統通俗的說法，是看有沒有福分嫁到好人家，即有無福澤當少奶奶的命，並進而看是否具備有**幫夫***運。

現在社會講究「二性平權」，且女性經濟獨立，不靠男人賺錢養家，反而不少男人是仰賴女人。既然福德宮是觀察命造能不能守得住「既有錢財」之重點宮位，其實對男女都很重要。一般而言，福德宮煞星多的命造，一生較為勞碌，無法控制的開支花費較多。最好勿從事動產方面的投資理財或借錢給人，否則要預做停損點，以及有去無回的心理準備。因為無法靠投資理財方式累積財富，所以較適合賺勞碌財，但這並不代表沒有成就，社會上各行各業成功的人物，哪個不辛苦！在工商社會中，沒有一個領高薪的能夠很輕鬆，幾乎都要拚命；相反的，如福德宮太穩，易使人好逸惡勞，沉於安逸，反而不會想有所作為導致不易有成就。

＊紫雲眉批：紫雲眉批：或可用「旺夫」。

小結

以上十二事項宮位所提到之宮位不好或逞凶，不外乎宮位陷弱並忌煞交沖或形成凶格，至於它所呈現出的凶象態樣及強弱程度，尚必須考量與星曜五行間的生剋因素，與甲級星曜的賦性，及煞星與忌星所處位置的引動，再綜合來分辨究竟會呈現出何種破壞作用？並非宮位不好或逞凶，就什麼破壞作用都會冒出來。

在談命盤時不論談那個事項宮位，都要**以命宮為主***，不能拋開命宮不論。讀者要記住，所有的事項宮位都會與命宮產生互動作用。

＊紫雲眉批：以命宮為基礎。

命宮強，就會更好，就如同身體強壯，吃什麼都營養；命宮強，事項宮位很好，則相得益彰。命宮太弱，事項宮位好，雖不見得會是虛有其表，但吉象會有所侷限或打折扣，就像是身體虛弱，吃再好的補品、補藥也較虛不受補，無法吸收。任何事項宮位都要與命宮做對照。

十二事項宮位既簡單又清楚地將家庭關係與社會關係的「事項」明白標示出來，讓一般讀者能簡便地對自身或他人於面臨人生疑惑或困擾等問題而茫無頭緒時，經由命理諮詢，能有個依循的方向——想要知道事業方面的發展事項，就看事業宮；想要知道婚姻方面的發展事項，就看夫妻宮；想要知道能否有房子、土地等不動產方面事項，就看田宅宮；想要知道求財方面是否順利，就看財帛宮；想要知道對外發展方面能否順利，就看遷移宮……等等。

這十二事項的「事項標題」文字描述，簡單、直接又快速易懂，很符合現代社會流行的習性，加上現代電腦排盤程式將紫微斗數原本起例複雜的星曜排盤直接代勞，讀者只需輸入出生的年、月、日、時資料，命盤便一目了然地顯示在讀者眼前，因此紫微斗數才會在現代社會大行其道；也因為如此，初學紫微斗數的論命層次，便很自然的比較著重在事項宮位，甚至傳統命理師的論命方式似乎都無法擺脫這種觀念。

三、基礎篇

（一）星曜之南北斗

本書一再強調讀者在學習紫微斗數時，應建立「整張命盤都代表一個人」的觀念，對命盤格局與星曜做綜合全面性的觀察及全盤的理解，不可只重視命、身宮或其三方四正及單一事項宮位，而忽略其他宮位。

要對命盤格局與星曜做綜合全面性觀察的前提，則必須是對基本的星曜賦性要有扎實的認識。關於個別星曜之賦性，坊間多有介紹，尚非本書討論之重點。本篇僅概略性大方向的對星曜南、北斗之共通基本賦性及星曜格局類型做一簡要的區分說明，以期讀者在臨盤時，能對命盤結構有整體通盤的認識。

「星曜」是命盤及宮位格局組成的元素，因此讀者務必要對「星曜之賦性」掌握熟悉，筆者發現不少紫微斗數之愛好者對「個別星曜之賦性」均能朗朗上口並自有一套解說，卻對比「個別星曜賦性」更基礎的星曜南、北斗賦性之作用卻知而不詳，甚至不知其亦有作用，或雖知其作用但卻認為太簡單而忽略。

筆者雖認為紫微斗數易學難精，那是指對事項深入分析的程度，如只是要大方向粗略簡易的知道些梗概，紫微斗數是有一些簡單易學的方法，星曜之南、北斗便是其中重要一項，可惜就是因為太過簡易，一聽就懂，人人知悉，反而常被忽略。

南、北斗是對星曜的一種分類。分別是以天府為首的南斗星群，及以紫微為首的北斗星群。

南斗星群為：天府、天機、天相、天梁、天同、七殺。

北斗星群為：紫微、貪狼、武曲、巨門、廉貞、破軍。

中天星為：太陽與太陰。

中天星除本身獨有的特性外，太陽星，其作用偏向於北斗。太陰星，其作用偏向於南斗。

當以紫微斗數的宮位格局來推論某件事件（包含：人、事、物），一般除了想知道它是吉或凶之外，也會進一步想要知道它是何時發生作用？是早？是晚？是突然地快速發生？一次性的鯨吞或是慢慢逐步蠶食？是先吉後凶？或先凶後吉？亦即任何一件事件的吉、凶發作時間之快、慢、早、晚、先、後，要如何分辨？在紫微斗數上可以用一個非常簡便的方法，就是以星曜的南、北斗之基本賦性來加以區別判斷。

本書只談論甲級星曜，六吉星與六煞曜及其餘丙、戊級星曜均不加談論。因為六吉星與六煞曜及其餘丙、戊級星曜之作用原則上皆以甲級星曜為馬首是瞻，依附在甲級星曜之下增吉或逞凶，本身並不單獨起主導作用，故略而不談，對學習者而言既簡易也不致混淆。

（二）南斗星群之共通基本賦性——慢、柔、晚、陽

以天府為首的南斗星群（天府、天機、天相、天梁、天同、七殺）原則上是在已經開創好的基礎條件下守成，因此是屬於較穩定、保守的狀態；也因為較穩定所以能理性思考風險，想的比

較多、思考的比較長遠；又因為要綜合所有的狀況才能做出決定，所以比較慢，對於必須立即要做出決定的狀況，或必須當下立即要做出決斷的情境場面並不擅長，因此並不適合無中生有的開創性質。

南斗星群扮演的角色是如何維護既有的資源並加上善用，因此循規蹈矩而保守，也就較固步自封不主張改變，即使不得不改變，也是忍辱負重採取慢慢逐步的進行。

因為要用腦筋思考，所以基本上南斗星最怕煞星來干擾破壞，打斷南斗星的思緒。南斗星見吉多就較客觀理性，能站在客觀的層面看待事情。

◎按：在此要特別提出說明的是「七殺」星及「殺破狼」格局。

七殺雖是南斗星，但也是所謂的「殺破狼」格局之一曜，七殺、破軍、貪狼這三顆星曜不論命盤上的結構組合是何種形態，其一定分布在三合方，形成「殺破狼」格局。

「殺破狼」格局的特質較勇敢、積極，喜自由不受拘束，勇於挑戰傳統之倫理、道德、規範，樂於嘗試新的事物並易於接受新的觀念與體驗陌生的生活方式，可以說是較不安分守己，定不下心來，具有行動力的「動態」格局。

有行動力、不安分、勇於嘗試新領域，常是社會進步的動力，故坊間一般的星曜賦性書籍咸認為殺破狼格局主「開創」，但這麼一來就易導致誤解，因為在現實上殺破狼格局沒開創力道的命盤**更***是常見。

＊紫雲眉批：
更→也。

實則殺破狼格局要能「開創」的基本前提是，必須見煞星，且「煞星有制」，當然還需有其他因素與條件的配合；如果純粹是見吉不見煞的殺破狼組合，則雖不見得一定穩定保守毫無開創性可言，但勇於嘗試冒險及挑戰的行動力明顯不足。

要談「殺破狼」的開創力道，尚可細分為「單星殺破狼」與「雙星殺破狼」二種組合。

「單星殺破狼」即七殺、破軍、貪狼這三顆星曜各坐守之宮位，沒有其他的甲級星曜同宮。

「雙星殺破狼」則為七殺、破軍、貪狼這三顆星曜所坐守的宮位，各自尚有其他的甲級星曜同宮。此時雙主星彼此間就會產生「生、剋、制、化」等多重變化，已非單主星純粹原有之賦性。

「單星殺破狼」即使見煞有制，也不見得會在事業方面展現開創性，因為七殺、破軍、貪狼這三顆星曜的賦性均非屬偏重事業方面的「官祿主」星曜；如因坐守在先、後天事業宮，並加上其他因素及條件的配合而在事業方面有開創性，其開創性之力道也遠不及「雙星殺破狼」組合來得強勁，因為「雙星殺破狼」同宮的另一顆主星全為北斗剛星，且還是為北斗星群中與事業有關之具有「官祿主」性質的紫微、廉貞、武曲等星曜，殺破狼受其影響才會特別傾向在事業方面有開創性，「單星殺破狼」則並不具有這樣的賦性。

「七殺」在斗數上是「將星」，行動執行力較強，同時也是南斗星曜，也具有南斗星群之共通基本賦性，除非見煞多，呈現負面作用外，一般也會理性思考風險，不是暴虎馮河之輩。故坊間星曜賦性書籍也有把七殺在「殺破狼」之行動小組中，認為是居於領導發號司令的說法。其實七殺、破軍、貪狼這三顆星曜各有各的特性，因在三合方，也相互影響，但各自獨立，無所謂主從之別。讀者只要能充分掌握其各別的星曜賦性，自能加以區別。

1.南斗主「慢」

以事情節奏的快慢而言，格局如為南斗星時，通常事情進行的較慢。

南斗星並不是屬直覺性的反應模式，它的反應是經過思考後所下的決定，所以反應會比較慢但比較穩定，不會燥進，這個穩定通常能讓事情維持在常態的平衡並達到一定的水準。

南斗星對時間性而言，通常都需要比較寬裕，要有充分的時間去準備、去思考，慢條斯理、細火慢燉的慢工出細活，故犯錯失誤的機率就較低，品質自然較精巧細緻。即南斗星要有比較充分的時間才能發揮出「吉」的一面，因此它的好，都不會是快速的發揮，而是在穩定中逐步發展。

南斗的「慢」，如呈現正面時↓

篤定、從容、不浮躁、有條不紊，按部就班的配合時效。

南斗的「慢」，如呈現負面時↓

就會有拖延、懶散、怠惰的現象，惰性十足、拖拖拉拉，無法掌握時效。

一般而言，煞星對南斗星的殺傷力較大，如：忌煞多呈現負面時，明知不好也會拖延，不會當機立斷明快處理掉，也不懂得設定停損點，而是擺著讓它爛。

2.南斗主「柔」

以性質的剛柔屈直而言，格局如為南斗星時，通常展現出較柔和的一面。

南斗星的賦性溫和、有韌性、可屈可直、能安撫包容，較傾向「人和」層面，故易與人相處。

南斗星，因為比較溫和有耐性，且冷靜、理性，故學習能力很強，能將複雜深奧之理論條理分明的吸收理解並表達運用，學東西的技術層次也高。

南斗的「柔」，呈現正面時↓

質和堅韌，柔軟而堅固；在人際關係方面雖表面溫暖柔和，看似毫無個性，可以安撫，很好說話，卻能堅守原則與底線，不會讓人予取予求，且能柔聲以諫，柔而能剛，立事致勝。

在性情方面和順、客氣、穩定、冷靜、講道理、韌性大、可屈可直、不暴燥、較有耐心。做事方面的表達及分析能力強，有條理、按部就班，較不受情緒影響，不會使性子、亂發脾氣，對重複性高又枯燥乏味或例行事務性的工作亦能甘之如飴不加抱怨。

南斗的「柔」，如呈現負面時↓

柔弱而不成型，或軟爛而帶刺；在人際關係方面是毫無個性的「爛好人」，沒有原則與底線，讓人予取予求。性情軟弱畏事，做表面粉飾太平，無法深入也不能下決定；當忌煞過多而形成扭曲時，就會往負面的極端發展，沒有耐心、沉不住氣，容易情緒化，心境比較浮動，無法冷靜，患得患失，脾氣也不會太好，反而在「人和」方面有孤僻現象。

南斗星如形成凶格，雖不致有殺人、放火等凶狠殘暴一面，卻也可能會有偷雞摸狗等小奸小惡之行徑。

3.南斗主「晚」

以事情發生時期的早晚而言，格局如為南斗星時，通常事情發生在較「晚期」，或較

「遲」。因為南斗星不主開創而主守成，扮演的角色是處於在已經開創好基礎的穩定狀態下守成發展，而此狀態都不會是在剛開始百廢待興的草創階段，而是在已經建立好根基制度的承平階段。「晚」含有隱逸之義，日將隱沒之暮時為晚，因此它的產生或發生吉凶作用的時期，一般會落在事件後半段的中、後期，或較「遲」發生。

「時間」對南斗星而言，是一種醞釀的藝術，就如釀酒工藝，重點不在於多久遠，或愈久愈好，而是恰到好處或「及時」。

南斗的「晚」，如呈現正面時↓

人際就如老酒之釀造愈久愈醇，質樸甘醇，陳年傳香，耐人回味；或不見得多久遠，但恰到好處。故與人交往，真誠透明，忠厚耐久，令人回憶和念念不忘。

事情起初可能平淡無奇或不甚如意，但愈到後面就愈漸入佳境，成果往往要到最後才展現出來；或雖「遲」但在事情未「絕」前能「及時」獲得解決。

南斗的「晚」，如呈現負面時↓

人際就如過了保質期的紅酒，放著只會愈放愈糟，最後果香盡失淡而無味，不但不會愈陳愈香，反會變色變味，甚至變質成醋或壞掉。故與人交往，初善終惡甚至反目成仇；或「還君明珠雙淚垂，恨不相逢未嫁時」之相見恨晚，對的人選未能「及時」出現。

事情初始階段可能平順穩定進行，讓人失去警覺，但到後期可能就變調，愈來愈複雜，牽涉愈來愈廣，當問題發生時已病入膏肓，沉疴難起，加上不得要領，找不出頭緒，治絲益棼，以致越理越亂，事情反而愈做愈糟或當系統規模愈來愈大，加入的套件愈來愈多，漸漸深陷泥沼而不自覺，在相互牽涉依賴度高的系統中，其中一小部分的變更或問題，可能很快會摧毀癱瘓整個系統，成為惡夢；或「遲延」至事情已「絕」後，未能「及時」之遲來的正義。

> ◎*紫雲對本段眉批：「南斗星，見煞星多，後期不佳；
> 南斗星，見吉星多，後期會愈來愈佳。」

4.南斗主「陽」

「陽」：《玉篇．阜部》「陽，山南水北也。」

指山的南面或水的北面。例如：衡陽（在衡山之南）、洛陽（在洛河之北）。

「陽」有開展明朗之義；表徵日光、溫暖、表面、外面、鮮明、明顯、凸出、外露、舉起、雄性、奇數、復甦、生長、乾旱、物體的正面或前面、關於「活」的人世間……等特性和具有這些特性的事物和現象。

一般而言「陽」代表顯性與開放，所以想什麼，會表現出來，故會讓人感受得到，容易察覺及溝通；是在表面之處或外在很明顯可一眼看得到的地方。

南斗的「陽」，如呈現正面時↓

表面光滑平順；公告周知的規則、制度合理並易於為人接受遵行；言語表達順暢無礙，平和理性；傑出表現，鶴立雞群；物件凸出，但不會令人感到突兀。

南斗的「陽」，如呈現負面時↓

表面崎嶇不平，布滿荊棘；公告周知的規則、制度複雜難懂並窒礙難行；尖銳批判性表達，言辭挑剔、苛刻、責罵；重大醜聞，吸引焦點；物件凸出，令人突兀；陽溝裡失風（喻在安全場合出事）；佯裝、偽裝、詐偽，表面上順從配合，實則「陽奉陰違」。

南斗星較會把意見或問題表達出來，因此，南斗星的格局不論好、壞都較明顯。

◎按：在此要特別提出問題的是「天機星」。南斗除了天機星屬「陰」外其餘均屬「陽」，這有何意涵？對天機星而言又代表什麼意義？學而不思則怠，這問題就留給讀者動動腦筋思考。

一般而言，南斗星格局好，會吉會得多的人，**中年後會愈來愈好，屬於比較晚發型***。例如：蔣經國、李登輝。

*紫雲眉批：中年四十歲後。

（三）北斗星群之共通基本賦性——快、剛、早、陰

以紫微為首的北斗星群（紫微、貪狼、武曲、巨門、廉貞、破軍）一般表徵的是「從無到有」的狀態與過程；剛開始處於一無所有的原始狀態，憑著勇氣與實力赤手空拳闖天下；因為在較原始與競爭之弱肉強食環境中生存，為求生存所以本能的「直覺性」反應能力很強，能快速反應並下決定；因為四周強敵環伺，虎視眈眈，稍顯軟弱就遭吞食，必須虛張聲勢的展現出剛強不可侵犯的一面；因為競爭，自然講求「狼性」，懂得蟄伏隱匿等待時機，嗅覺敏銳，善於捕捉機會，貪婪、執著、富有攻擊性，為爭取生存不顧一切，有如狩獵的野狼。

故北斗星群比較積極、主動有行動力，反應快速，較有開創力及侵略性，也具有對無知境界的挑戰冒險性格；是「從無到有」的無中生有，所以沒有風險觀念，不會瞻前顧後，說做就做，劍及履及；對事物不喜歡做理論方面的探討，較憑感覺印象，來決定好惡；不斷的創新、冒險，不斷的革新、求變，不想要停留在現狀，因為安於現況就沒有機會，為尋求機會想盡辦法把現有的規範全部破壞重新洗牌，以尋找新的契機。

1.北斗主「快」

以事情節奏的快慢而言，格局如為北斗星時，通常事情進行得較快。時間性對北斗星而言，通常都比較急迫、短暫、速效，因為獵物稍縱即逝，一擊不中就得餓肚子，稍一遲疑便錯失機會，沒有充分的時間能去準備、思考，因此，不講求精巧細緻，先求大方向及架構的整體把握而不做細枝末節的思考。

北斗星是本能「直覺性」的反應，不假思索直接立即做出決定，所以都比較快速。它的快並不是因為聰明，而是想的比較少的本質上特性。

北斗星在處理事情時，會決定得很快、很果斷，這是屬北斗剛星的特質。果斷的人不見得能把事情處理得很好，動作慢也不見得會把事情處理不好，基本上仍是要視事件的性質而定。

北斗的「快」，如呈現正面時↓

由無到有，發展或成長快速，短時間就能看到成效或成果。具時效性事情或處關鍵時刻，沒時間思考，能掌握時效，乾脆爽快、敏捷迅速地做出決策。事情雖不急迫，但辦事果斷，能抓住關鍵點，迅速解決複雜的難題，提高辦事效率。感覺靈敏，反應迅速，對突發事件或突如其來的情況在極短的時間內，做出直覺敏銳之判斷，且不受理性思路的束縛，發掘出更創新的辦法，提供出傳統行事方式所產生不出的新方案來解決問題。

北斗的「快」，如呈現負面時↓

事出突然，一發即不可收拾，短時間就傾家蕩產，回到一切歸無的狀態。引刀逞一時之快，行動大膽而衝動，鋒利氣盛的橫衝直撞，造成鉅大傷害。追求快意滿足的喜樂，憑直覺主觀好惡的印象，選擇符合自己喜好之滿意方案，犧牲理性決策後的最優方案，而得不償失。情緒不穩定，感覺靈敏度不高，偏愛憑感覺盲目衝動下決定，導致快犢破車的做出越軌後悔莫及之事。

一般來說反應快、不經思考，就較容易犯錯，所以，北斗星的好、壞、吉、凶很極端，也很快速。

2. 北斗主「剛」

以性質的剛柔屈直而言，格局如為北斗星時，通常展現出較堅硬*、正直、不屈，富有力量的一面。北斗星的本質剛硬而不易變形，較無伸縮餘地、正直無私、剛正不曲，勇於直言，故較傾向「事」的層面，而不擅長於與人長期相處之「人和」層面。

北斗星，目的性很強，目標也很明確，它的剛是強勢、積極、主動，有行動力並具侵略性，絕不退讓，因為在強敵環伺的生存競爭中，稍一退讓便死路一條，而非海闊天空，必須以強悍堅硬的實力拚個你死我活，爭取戰果才能存活；或披荊斬棘開出一條道路。一旦選定目標後，便貫

＊紫雲眉批：堅硬→堅強。

徹執行，凝聚所有資源與力量，一定要達到目的，甚至不擇手段，有所犧牲再所不惜。

北斗星的「剛」，呈現正面時↓

性情剛直果敢，意志堅強而正直，做事時很有主張、主見，凝聚專注，碰到困難阻礙，能堅持、不妥協，並克服險阻，排除萬難，達成目標。人際方面正直無私、剛正不阿，「不和稀泥、不打馬虎」，勇於直言，雖有稜角，但不至嚴峻咄咄逼人。

北斗星的「剛」，呈現負面時↓

性情頑強不屈，剛愎乖戾，個性強悍，具排他及攻擊性。剛愎自用，固執己見，當下屬時不聽從領導或指揮；能自行做主時一意孤行，以自己的心意作為行事標準，聽不進其他聲音及意見，完全不肯接受他人勸導或建議，毫無伸縮轉圜餘地。

北斗星個性強悍，專注凝聚於建立功業，行動力強，不會考慮太多，利於「事」；如會吉會得好，在人際上的包容力頗大，但出發點是為了成就其霸業的目的，與南斗星之純粹與人為善不同。

3.北斗主「早」

以事情發生時期的早晚而言，格局如為北斗星時，通常事情發生在較「早期」，或較「初始」階段。日升於「甲」上的時間為清晨，「甲」是草木出生破土而出或破核而始生，所以清晨為早。因此它的產生或發生吉凶作用的時期，一般會落在事件的前半段或「初時」。

因為北斗星是從「零」開始，表徵「由無到有」的過程，是處於在剛開始百廢待興、一無所有的草創階段；扮演的角色是披荊斬棘、衝鋒陷陣、開疆闢土、建立功業之開創者，而不是打下天下後安享望治的承平階段。

北斗的「早」，如呈現正面時↓

較原時間提前或未到預定時間即已達成目標。或在適當、正常或規定的時間以前即已見到成效或獲得成果。在問題產生前即提前知道，做好準備或預先解決。

北斗的「早」，如呈現負面時↓

還未到原定之適當時間即已發生或喪失功能。例如：早夭、早產、早婚、早衰、早洩；事情初始階段即滿布荊棘，遭遇阻礙，困難重重，無法達成目標。在事情還沒定案或完成前，就預先說出宣揚或橫生枝節，導致產生變化未如預期。

一般而言，北斗星之好、壞、吉、凶產生效果或發生影響的時間，都較「早」。

北斗星格局如見煞一堆，早年一定歷經艱辛。例如：蔣經國。

北斗星格局如會吉會得好，這種人比較早發。例如：馬英九。

4.北斗主「陰」

「陰」：《說文解字．阜部》「陰，水南山北也。」

指山的北面或水的南面。例如：淮陰（在淮河之南）、華陰（在華山之北）。

「陰」本義為「闇」；闇者、閉門也，閉門則為幽暗，故以為高明之反；有晦暗之意，表徵月亮、昏暗、遮蔽、陰險、狡猾、寒冷、雌的、女性、柔性、偶數、隱藏、暗地、偷偷的、祕密的、不光明的、看不出的、人的生殖器官、物體的背面、凹進去的東西、光線照不到的地方、隱蔽不露在外面、不容易察覺的、有關死人或鬼魂的……等特性和具有這些特性的事物和現象。

一般來說，「陰」代表內斂、封閉、陰沉、不明顯，不易表現出來，容易將事情放在心中不直接表白，或是位於較裡層之處，外在看不得到的地方。

◎按：中醫說法，人是背面朝上向陽，所以，人體的「背」面是「陽」；人體的「前」面是「陰」；手心是陰；手背是陽。

北斗的「陰」，如呈現正面時↓

性情冷靜沉穩，喜怒不形於色，難以揣測，話到嘴邊保留三分，內心的想法不會和盤托出，讓人有內斂的感覺。背陰而涼爽，令人感到柔和舒暢，沒有壓迫感。不為人所知的善行。身懷絕技而深藏不露。私下滿足內心的欲望，但並不過度也不影響他人。雖暗藏窟窿，但並不會因此形成陷阱造成傷害。

北斗的「陰」，如呈現負面時↓

性情冷漠陰鬱，言談舉止乖僻古怪，陰沉無言，悶悶不樂，或說話、態度不真誠，讓人估摸不透。行事手段陰險毒辣，殘忍刻薄又詭詐，使人感到恐怖、顫慄。社會、道德、生活的消極陰暗面，缺乏光亮，籠罩失望的陰影；或地方、氣氛、臉色，陰沉而昏暗，令人害怕。當面一套，背後另一套，要兩面手法；表面和善，暗地不懷好意，背後算計人或暗中策劃做壞事或另有隱祕不為人知的惡行；過度滿足內心的私慾，影響並傷害他人。暗藏窟窿，且會形成陷阱，讓人陷入絕境，造成嚴重傷害。

北斗星的格局不論好壞表面上都較不明顯，故最怕形成凶格，爛在看不見之處，一旦爆發都已不可收拾，殺傷力強大。因為北斗星一般較不會把意見或問題公開直接表達出來，會私下暗地裡直接去做，悶著頭幹，先做了再說。因此，北斗星的格局如形成凶格時，外表不易察覺也看不到，通常都要等踏入那情境或環境引爆後才會察覺，但為時已晚，故傷害較大。相反的，北斗星的格局如制煞為用並會吉會得好的話，可能雖看起來不顯眼或不看好，但實際進入情境或環境後卻表現得出人意表的好。

◎按：在此要特別提出問題的是「貪狼星」。北斗除了貪狼星屬「陽」外其餘均屬「陰」，這有何意涵？對貪狼星而言又代表什麼意義？學而不思則罔，思而不學則怠，這問題也留給讀者動動腦筋思考。

以上南斗星的主「慢」、主「晚」、主「柔」、主「陽」、主「守成」，以及北斗星的主「快」、主「早」、主「剛」、主「陰」、主「開創」，這些都是本質上的現象，本身並沒有吉、凶、好、壞之分。

論命時，可先大方向的將命盤的整體結構區分出南、北斗組合，看是否有形成失衡極端之處？例如：吉凶特別集中在南斗或北斗，如有失衡，性格上就較有「極端」或「盲點」，再去進一步關注此「極端」或「盲點」，想辦法去描述或類化它所呈現的形式。

一般而言，南斗代表「想法、表達」，北斗代表「行動、執行」；但並不代表北斗星沒有想法，不會表達，北斗星也主「剛」，一旦表達時都是屬勇於表達類型，不過在想法上，它不會是沒有目的性的，它的目的性很強，內在一定是含有某些想要達到的想法與目的存在；也不表示南斗就只會出張嘴的表達想法，而沒有行動與執行力，只是在行動前都會先思考好計畫與步驟，並採取較為溫和的方式去執行。

如以「人」和「事」來區分：南斗星是會比較偏向於「人」，對「人」的問題會比較關心；北斗星則偏向於「事」，對「事」的問題會比較關心。

※南斗星好，比較晚發，中年後*的下半輩子會愈來愈好。

※北斗星會吉會得好，比較早發，英雄出少年。

*紫雲眉批：四十歲後。

四、星曜格局類型篇

為了使初學者能對命盤格局與星曜做綜合全面性的觀察及全盤的理解，有必要先對星曜格局類型做粗略介紹，讓讀者在觀盤時能有簡易正確的依循方向。

本書在介紹星曜格局時所引用的古賦文，如未註明出處，即係引自陳岳琦一九八三年由集文書局出版的《正統飛星紫微斗數》乙書之「論斗數星曜」所載錄「賦文」。紫雲老師在星曜賦性課程時，將「賦文」部分採為課堂上講義之用。關於此，紫雲老師於其著作「斗數論事業」中有清楚說明，其於一九六〇年代及一九七〇年代即先後握有與該書內容幾乎雷同的鋼版油印講義及打字油印講義等兩個版本。顯見「賦文」內容為更早之前輩先賢所著，惟筆者對陳岳琦前輩出版之功，仍表感佩。

本書謹概略介紹下列三大類型之星曜格局群組的結構組合——

（一）雙星殺破狼格局（含府相格）組合。

（二）紫府廉武相格局（含單星殺破狼格）組合。

（三）機月同梁格局組合。

（一）「雙星殺破狼」格局——命盤上必搭配「府相」格局

雙星殺破狼格局組合的星曜，除了南斗唯一剛星的七殺外，全都是北斗星曜，因此偏向北斗星群「主快、主剛、主早、主陰」的作用。

「殺破狼」格局的特質，勇敢、積極，好自由，不愛受拘束，喜嘗試新的事物及體驗新的觀念與生活方式，勇於挑戰傳統之倫理、道德、規範，具有冒險、侵略及賭徒性格，敢衝敢闖；可以說是屬較不安分，定不下來，具有行動力的「動態」格局。

「雙星」殺破狼格局，是「單星」殺破狼格局組合分別與紫微、廉貞、武曲等三顆星曜同宮所形成，因此，也具備「殺破狼」格局的特質，甚至被加強或管控；其三方四正中組成的星曜最多，所以格局最大，能量最集中，氣勢及爆發力最強悍；又都為剛星，因此主觀性強，遇事有主見，不會人云亦云，喜歡能自我掌控與主導；性格不耐靜，不畏冒險及挑戰，有博奕特質，樂於從事活潑、動態並新奇、刺激有挑戰性的事物。

大凡事業的開創，都須具備相當的積極性與冒險精神；單星殺破狼格局的特質雖具有積極冒險精神與行動力，卻不見得與事業有關，而紫微、廉貞、武曲等三顆星曜，賦性上都具有「官祿主」性質，都與事業有關，因此會影響同宮具有積極性與冒險衝勁的單星殺破狼組合，讓單星殺破狼的積極性與冒險衝勁朝向事業領域發展，因此雙星殺破狼格局會較與事業事項有關，且較適合動態性有變化性質的領域。

這裡要特別強調的是，雙星殺破狼格局雖主開創並與事業較有關係，但並非雙星殺破狼格局的人就一定會自己創業當老闆，絕非如此；學命理萬不可一廂情願的斷章取義，事實上大部分雙星殺破狼格局的人都是上班族，而非企業主或自行創業的老闆；筆者只是強調雙星殺破狼格局的特質在工作上較主動積極，較富挑戰性，不喜歡一成不變的工作，而現代社會各行各業的公司行

相	梁	殺廉	
巨			
貪紫			同
陰機	府	陽	破武

破武	陽	府	陰機
同			貪紫
			巨
	殺廉	梁	相

殺紫			
梁機			破廉
相			
巨陽	貪武	陰同	府

府	陰同	貪武	巨陽
			相
破廉			梁機
			殺紫

	機	破紫	
陽			府
殺武			陰
梁同	相	巨	貪廉

貪廉	巨	相	梁同
陰			殺武
府			陽
	破紫	機	

號或企業都十分需要這種特質的員工及人才；只要有舞台，雙星殺破狼格局特質的人，即使是上班族，也能表現得十分優異。

因此具有雙星殺破狼格局特質的人，不一定非要自己創業當老闆，只是如為上班族，從事有變化或動態的工作，或富挑戰性質的開拓業務工作，或技術性工作等較為適合及能發揮所長；如為一成不變坐在辦公處所處理單調又重覆的行政業務，容易待不住或會產生鬱悶感，如此而已。

雙星殺破狼格局的組合在命盤排列的結構上，都位於在地支宮位的陰宮（亥、丑、卯、巳、未、酉），陽宮（子、寅、辰、午、申、戌）則並不會形成雙星殺破狼格局。

在不考慮吉星與煞星分布的情況下，筆者再將雙星殺破狼格局分為下列三種組合類型：1.紫殺、廉貪、武破組合；2. 紫破、廉殺、武貪組合；3. 紫貪、廉破、武殺組合。茲分別簡介如下

---

1. 紫殺、廉貪、武破組合

此類型的雙星殺破狼組合較為凸顯四處奔波、活動力大、不耐靜、閒不下、不會一成不變、吉凶作用快速、開創力道強勁……等特性。

殺破狼本就主「動」，又坐入十二地支宮位中較為「動」態的「四馬之地」的巳、亥二宮，吉凶作用都會更為波動快速；加上寅、申、巳、亥等四馬之地，不是坐會地空、地劫，就是被地空、地劫所夾制，波動更激烈，也較閒不下來，會四處奔波，不會安靜一成不變的固定於一處。

◎按：寅、申、巳、亥等四個地支宮位為天馬所坐入的宮位，故稱「四馬之地」。

天馬的排盤法則，係依生年的地支來排列：

申、子、辰年生人，天馬在寅宮；寅、午、戌年生人，天馬在申宮；

亥、卯、未年生人，天馬在巳宮；巳、酉、丑年生人，天馬在亥宮；

地支宮位為陽年（申、子、辰、寅、午、戌）生人，天馬都在寅、申二宮。

地支宮位為陰年（亥、卯、未、巳、酉、丑）生人，天馬都在巳、亥二宮。

「天馬陽火，在數主奔馳。天馬之性格，好動不甯，逢善則善，遇凶則凶，易變而好勞動。」

天馬的本質主「動」，這個「動」含有比較「快速的作用」，不是緩慢的，因此它的吉凶也都比較快，如是凶的負面作用，會快速的讓你有措手不及之慼；因天馬畢竟為丙級星曜，本身作用不大，必須視其搭配的甲級星曜來論。所有的甲級星曜進入四馬之地，都有「動」的性質，好動、活躍，會閒不住也耐不住靜，喜歡往外跑，吉凶作用會比較快速發揮出來。

紫殺、廉貪、武破之雙星殺破狼組合因星曜的「五行」屬性彼此「相生」，較不會產生自我矛盾與自尋煩惱拉扯的現象，所以衝勁力道更大，勇往直前不會瞻前顧後；又為剛星，不安於現況，敢衝、敢闖、敢冒險，想要改變，因此多具有開創力道，性格強勢不肯服輸，甚至困難愈大，它的開創力道就愈大，不畏困難白手興家，想打出一番天下；加上擎羊不會坐入四馬地，直接明顯的干擾阻力較少；又有祿存坐入的機會，故雖為剛星卻不是暴虎馮河之輩，不會莽撞衝動，有警覺性，懂得分寸，能恰到好處；巳、亥二宮尚有祿存與天馬同宮或在對宮交會之機會，可形成「祿馬交馳」格，能讓事情進行的較順暢，即使碰到阻礙也能逢凶化吉。

＊紫雲眉批：紫雲眉批：木生火、火生土、土生金、金生水、水生木。

＊紫雲眉批：不對。

◎按：中國傳統的命理數術向來重視陰陽「五行」間之關係，紫微斗數也有類似說法。

「何以謂之『生』＊？即木生火，火生土之類，以陽來生陰，或陰來生陽為上吉，陽生陽，陰生陰＊，雖吉，但較次之。何以謂之『剋』？即金剋木，木剋土之類，但必陽剋陽，或陰剋陰方是，主凶。何以謂之『制』？即是金制木，火制金之類，但必陽來剋陰，或陰來剋陽方可，如父之教子，嚴而有情，主先否後泰，亦吉。何以謂之『化』？如火本剋金，而得土，成火生土，土生金，引通之局，乃最上之局，如武曲陰金，居午乃被剋，得天府之陽土同宮，則午火去生天府之土矣，天府去生武曲之金矣，自然引通，無往不利也。」

紫微斗數是否就如賦文所說星曜間「相生」主吉或「相剋」主凶？

實則尚須視六吉星、六煞星、四化星及其他雜曜的整體結構觀察而定，因為紫微斗數的十四顆主星分布排列在十二個地支宮位的結構是固定不變的，主星格局結構僅代表特質類型，並無吉、凶、好、壞之分；就如個性內向或外向之人都有表現傑出者或失敗者，不能以內向或外向來分好壞。

紫微斗數雖不排斥星曜間五行有「生、剋、制、化」的說法，畢竟紫微斗數的星曜也有五行的基本屬性，但卻不似傳統命理數術那麼強調，因為紫微斗數有其獨特的四化星（科、權、祿、忌）用法，而四化星會對星曜間會產生類似五行之生、剋、制、化的作用；原本相剋的星曜，可能因為有化祿星來而呈現吉象；原本相生的星曜，可能因為有化忌星來而呈現凶象；但這都僅只是大原則，因為即使星曜化忌又相剋，如煞星見得少，也未必一定逞凶；星曜化祿卻不見煞星，可能過於安逸而無所作為；也有些事項反而需要忌煞交沖才能成事。故不能一概而論，都必須就個別具體事件，全面整體觀察判斷。

(1)紫殺

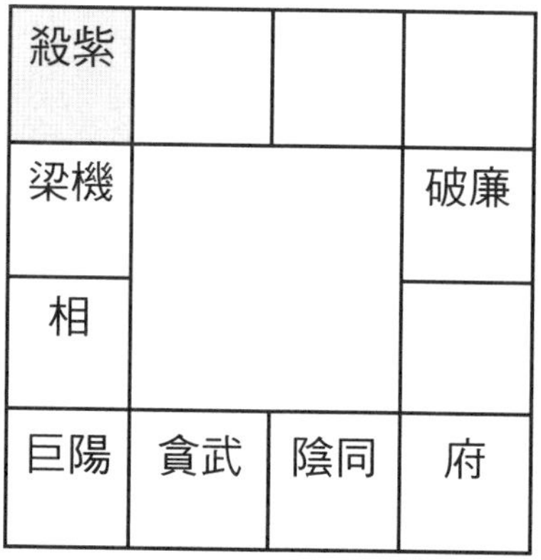

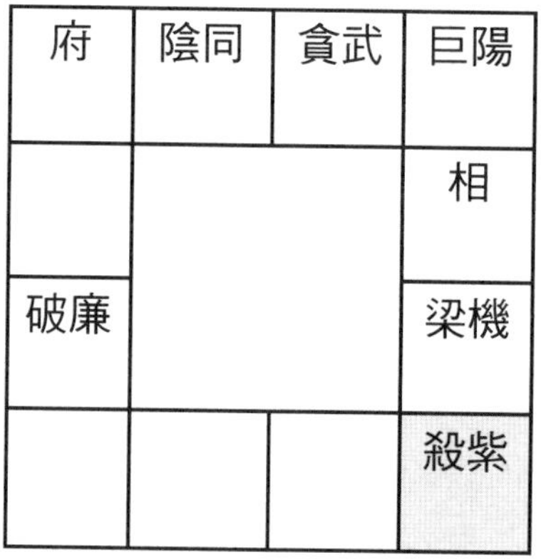

紫微與七殺同度於巳、亥二宮，對宮為天府，合方宮位為武曲、貪狼及廉貞、破軍。

紫微（屬陰土）、七殺（屬陽金）形成「土生金」，且為「陰」、「陽」相生的陰土生陽金，「相生」的力道更強，故一般對紫微與七殺的組合評價還頗為正面。

賦文記載：「紫微七殺化權，反作禎祥。七殺乃孤剋之宿，僅有巳亥二宮，與紫微同宮，紫微十二宮中無失陷，僅有旺弱之分，以土去生七殺之金，且紫微能解七殺之凶而成威權，故反作吉論，以巳宮較亥宮更佳，因火以生土，土以生金之故也。」

「紫微乃至尊之宿，又名帝座，專司官貴，即事業之星」

所謂「帝王星」，代表著是一種無形的氣勢與能量，它具有主導及控制的作用；紫微斗數藉由「皇帝」、「帝座」的概念來描述影射這種無法形容卻無形中有股氣勢想居於主導及掌控的現象；並非指具有紫微星特質的人就一定是「皇帝」或領導人物；而是指它的特質是自我意識強烈，凡事以自我為中心，並有種自視甚高的傲氣，「望之儼然」不好親近，有種無形的距離感；喜歡聽中聽或奉承的話，也喜歡人捧；重視社會地位及名望，好面子、自尊心強；很在乎別人的看法及評價，也因為在意別人的看法，所以想得太多，容易猶豫不決，不夠果斷，造成矛盾而進退失據，因為太在乎，所以寸步難行；又很有主張，自以為是；但屬「陰」，內心想什麼不會講出來，悶不吭聲，不代表沒意見，所以不好溝通；當然如格局好會吉的話，雄才大略有容人之量，也會是個統御能力很強的領導者。

七殺，屬殺破狼格局組合，在命理格局裡主「動」，在斗數上是「將星」，是能衝鋒陷陣的大殺將；如見煞多，會橫衝直撞，做了再說，對命令的執行十分貫徹，勇往直前，百折不撓；不講人情「寧為玉碎，不為瓦全」，因此比較不利六親，在人際方面也比較差。

戰場上的將官是受司令官的指揮，所以當七殺與紫微在一起時，就受到紫微星的制衡，會較有謀略思考，雖然仍有其強悍的一面，但它的凶性已沒有單獨一顆時那麼強悍。

「紫微、七殺化威權」，這威權可以說是「權柄」，在團體中是一種「領導或主導」，或是強烈的「企圖心與承擔力」；紫微、七殺這二顆星曜只要組合在一起時，不論有無化權星，就會有此作用，甚至不用同宮，在三方四正會到也有作用；這種組合的性格都不會柔弱，相當強勢有主見；對事情的承擔力與抗壓性也夠，會有自己的看法，且想居於主導及控制的氣勢很強烈。

紫微與七殺這二顆星曜都不會化忌與化祿＊，但不代表就沒什麼好壞十分穩定。戊年生人或壬年生人，祿存在巳、亥二宮，會使紫殺格局穩定，懂得分寸、恰到好處，不會衝動蠻幹；但是否會有大成果？能否發揮其「權威壓眾」的開創力道？行運固然重要外，還是要視其會吉與會煞的多寡而定，尤其六吉星中的左輔與右弼；紫微需要左、右的扶持才能成其大，因為左輔與右弼具有重覆、延伸、擴展的性質，能使「帝王星」有足夠揮舞其雄圖大略的空間，並重視人才而有包容性，否則單打獨鬥，成不了氣候；而主「動」態的七殺「將星」，也需要左、右來讓它穩定。

如不見左輔與右弼，並不代表就一定沒有成果，只是發展到一定程度或階段，就略遜一籌或上不去了。

＊紫雲眉批：紫微會化權。

(2) 廉貪

廉貞、貪狼二星僅在巳、亥二宮同宮，對宮空宮無主星，合方會武曲、七殺及紫微、破軍。

貪廉	巨	相	梁同
陰			殺武
府			陽
	破紫	機	

	機	破紫	
陽			府
殺武			陰
梁同	相	巨	貪廉

廉貞（屬陰火）、貪狼（屬陽木）形成「木生火」，且為「陰」、「陽」相生的陽木生陰火，「相生」的力道更強。

「廉貞陰火，北斗第三星，司品秩與權令，化氣曰囚。與貪狼同於巳宮弱地，主人好說而無主見，亥為絕處逢生之格，加吉可顯貴」。「再如廉囚在亥及巳宮，當有貪狼同度，巳陷弱，亥庙旺，但不喜有昌曲同度，立命逢之，主橫死夭亡，行限遇之，亦有凶險，粉身碎屍之象」。

廉貪在亥庙旺，因為亥宮之五行屬性屬「水」，水能生木（貪狼屬木），貪狼屬木又能生火（廉貞屬火）；且亥宮又為「十二長生」中，火長生（寅）之絕地，火之絕地得到木來生，又得到水來生，故形成「絕處逢生」之格。但此格局不能有貪狼化忌或廉貞化忌，否則即以弱陷論。

廉貪在巳陷弱，因為巳宮之五行屬性屬「火」，廉貞屬火，貪狼屬木又來生火，火太旺之故。

◎按：子宮、丑宮、寅宮、卯宮、辰宮、巳宮、午宮、未宮、申宮、酉宮、戌宮、亥宮等十二個地支宮位，如以金、木、水、火、土等五行屬性來區分，亥宮、子宮同屬「水」；寅宮、卯宮同屬「木」；巳宮、午宮同屬「火」；申宮、酉宮同屬「金」；辰宮、戌宮、丑宮、未宮同屬「土」。

◎按：寅、申、巳、亥等四個地支宮位除了為「四馬之地」外，也為所謂的「四生之地」。蓋紫微斗數有所謂的「十二長生」等神煞，因筆者記憶力不好，對這些神煞能不記就不記，因此向來捨棄不用；但因坊間大部分紫微斗數書籍都有介紹，且紫微斗數的部分格局也有類似說法。例如：廉貪在亥的「絕處逢生格」與巨機在酉的「水死木敗格」，故在此還是稍加說明。

「十二長生」等神煞，是基於五行的金、木、水、火、土等五種元素在十二地支宮位中的變化而來，從初發幼苗的生長期，逐步至強旺期，再盛極而衰至死墓期的過程，有如春天的草木萌芽，夏天開花，秋天結果，冬天衰死而果實埋藏，到春天後又再發芽的一個循環，其五行的變化以十二個階段來形容：

長生、沐浴、冠帶、臨官、帝旺、衰、病、死、墓、絕、胎、養＊

＊紫雲眉批：涉及星曜本質有關。

其排法係根據命宮的「五行局」，分別是金四局、或是木三局、或是水二局、或是火六局、或是土五局而有不同：

水二局（土五局）的長生在申　火六局的長生在寅

金四局的長生在巳
木三局的長生在亥

尋得長生宮位後，再依序次遞排列，但**「男、女」的的排法有不同說法**＊，有採不分男、女，一律順行依序排列；有採男順行依序排列，女逆行依序排列；有採陽男陰女順行依次排列，陰男陽女逆行依次排列。因筆者對十二長生向來捨棄不用，故何者為確？就由讀者自行斟酌。

＊紫雲眉批：我主張男順女逆。

坊間之紫微斗數著作咸認為「十二長生」中以「長生、沐浴及墓庫」三者較具意義。筆者認為這最主要是因「長生」宮位與「天馬」所坐入之「四馬之地」重疊；「沐浴」宮位與「咸池」所坐入之「桃花之地」重疊；「墓庫」宮位正好是十二地支宮位中屬「土」的宮位，如此才具意義。否則寅、申、巳、亥所謂的「四長生之地」，也同時是「四絕之地」、「四病之地」、「四臨官之地」；子、午、卯、酉所謂的「四沐浴之地」，也同時是「四帝旺之地」、「四死之地」、「四胎之地」；辰、戌、丑、未所謂的「四墓之地」，也同時是「四冠帶之地」、「四衰之地」、「四養之地」，均不具特別意義或作用。

因此，筆者向來不記十二長生等神煞，只記寅、申、巳、亥為「天馬」所坐入之「四馬地」，子、午、卯、酉為「咸池」所坐入之「桃花地」，辰、戌、丑、未為十二地支宮位中五行屬「土」的宮位。

廉貪在巳，即使陷弱，也不會是柔弱毫無主見之人。因為它畢竟為雙星殺破狼的組合，自我意識都非常強烈，自我意識強烈的人，都很有主見。如再因為忌煞交沖而朝負面發展，表現出來的是，過分地自信到目中無人，認為自己什麼都是對的，自以為很了不起，好高騖遠，好說大話，太過膨脹自己，往自己臉上貼金，不太理會實際環境狀況；所以變成有點信口開河，頭頭是道地講了一大堆道理，卻是空口說白話，不中肯實際，沒一樣可行；眼見行不通了，又很會見風轉舵，改弦易轍；說好聽是很會應變，講難聽是滑頭、狡猾。之所以如此，還是因為心中沒有堅定的中心思想與主張，只是虛張聲勢。

文昌、文曲乃「文桂、文華」均主聰明才智，屬六吉星。但如與廉貞、貪狼同宮，則分別形成「昌貪、曲貪離正位而顛倒之粉身碎骨格」與「昌廉、曲廉之喪命夭折格」。「粉身碎骨」、「喪命夭折」聽起來都很嚇人，其實沒有那麼嚴重，初學者在看斗數賦文時，千萬別被一些凶格的形容詞給嚇住。「凶格」代表星曜格局會朝負面展現，但不見得就一定會發生，還是必須命造者去呼應凶格的情境，才會引動凶格的作用。

要形成「粉身碎骨」、「喪命夭折」的凶格，並非文昌、文曲與廉貞、貪狼同宮就形成，前提都還是要再有羊、陀、火、鈴等四煞星及化忌星來引動，才會朝負面發展。

此等格局的聰明才智都很不錯，就是太過聰明而不甘寂寞，想要有所表現，因為文昌屬金、文曲屬水，與廉貞火形成「火金相剋」、「水火相剋」；文昌與貪狼也形成「金木相剋」；文曲與貪狼雖「水木相生」，但一但貪狼化忌或文曲化忌來，便形成「邪水生邪木」，更是不耐靜。貪狼本主謀略，昌、曲讓其更加聰明，花樣、主意更多。當然前提都是再見其他忌煞，讓整個星曜格局弱陷才會往負面發展。

而廉貪在巳，文昌同宮的組合，一旦再見忌煞多，讓格局弱陷往負面發展，就真的傷害力很大，因為「四馬地」的雙星殺破狼格局的衝勁力道本就很強，文昌正好使原本相生的廉貞、貪狼，變成「火金相剋」、「水火相剋」加重了這組合的躁進不安分。除了好說大話，自我膨脹外，也真的會衝動地去闖；加上文昌在巳宮時，必然為地空、地劫所夾制，使雙星殺破狼格局更加波動不穩定，導致結果常不是事先所能預期或防範，如造成虧損或傷害，都讓人會有事發突然的意外之感。

◎按：文昌之排法，從戌宮起子時，逆推至生時。

因此文昌在巳宮，必為巳時生人。

地空之排法，從亥宮起子時，逆推至生時。因此巳時生人，地空在午。

地劫之排法，從亥宮起子時，順推至生時。因此巳時生人，地劫在辰。

故文昌在巳宮，必為地空、地劫所夾制。

(3)武破

武曲與破軍僅在巳、亥二宮同度，對宮為天相，合方宮位為紫微、貪狼及廉貞、七殺。

破武	陽	府	陰機
同			貪紫
			巨
	殺廉	梁	相

相	梁	殺廉	
巨			
貪紫			同
陰機	府	陽	破武

*紫雲眉批：忌煞。

武曲（屬陰金）、破軍（屬陰水）形成「金生水」。

「武曲破軍，破祖，破家又勞碌。破軍又名耗星，財逢之不利，此二星 旺仍有富貴，若陷弱在亥，或分處二地之身命，無吉加煞，破祖業，飄泊勞碌。」

「破軍化氣曰耗，乃不利六親之宿，與武曲同度，則主成敗不一，孤剋飄泊。」

武曲、破軍二星僅在巳、亥二宮同宮。在巳宮廟旺，在亥宮弱陷。

在巳宮雖廟旺，但如見煞*不見吉，則仍以弱陷論。

在亥宮雖弱陷，但如見吉多，則不能就以弱陷論。

所謂「破祖，破家又勞碌」主要是因為破軍的賦性之故。

破軍有不依祖業，「除舊創新」的特質，不照傳統的做法，自己搞一套全新的做法，這在農業社會是視為大逆不道的判逆。因此古賦文對破軍的評價一般都較為負面；但在現今工商社會競爭激烈，擁有創新能力的人反而更有競爭能力。

所謂「成敗不一」，其實強調的是武破同宮的成敗起伏變化較大。

因為武曲為將星，很有雄心壯志，能衝鋒陷陣很勇猛。有雄心敢去做，才會有成果；但還是要會吉會得好，其正面作用才能發揮得出來；如無吉而有煞，則蠻幹，不會考慮後果，轟轟烈烈地大幹一場，故一輩子較易起伏不定，行限好時就好，行限不好時就垮下來。

所謂「孤剋飄泊」聽起來就很嚇人，其實巳、亥二宮為四馬之地，本就較為「動」態；武曲、破軍同宮屬雙星殺破狼的組合，不會安於現狀；又進入四馬之地，「動」的利害，比較不會一輩子一直待在同一個地方，命理上往往較會離鄉背井。

「飄泊」的形容好像不很得志，較為負面，其實只是「外出」之意。在古代交通不便，離鄉背井外出大都因為不得志或不得以所致；現今社會交通便利，「外出」開疆闢土闖蕩事業已不能視為負面；至於「外出」之好壞，就看其會吉或會煞之多寡而定；不會吉而會煞，就算離鄉背井也不見得會得志；會吉則「外出」發展就不錯。

「孤剋」是指對親情而言。

武曲、破軍這二顆星都是剛星，也都不利六親；但前提都還是要再見羊、陀、火、鈴等四煞星才會有不利親情的作用；其中擎羊不會坐入四馬地，僅會由三方會入；較忌諱的是與火、鈴星同宮，因為火、鈴星與破軍形成水火相剋，與武曲同宮更是火金相剋，形成不利親情人際的「寡宿」格；如會吉無煞，就不會不利六親。

武破同宮的賦性，大概都不耐靜；比較喜歡有挑戰性的工作，不適合做千篇一律的相同工作；不一定非去創業當老闆，當上班族則適合有變化性的工作，太單調的靜態工作性質，則耐不住靜，會想變換工作。

◎紫雲對本段註記：武破在命宮和在事業宮或財帛宮作用不同。

2.紫破、廉殺、武貪組合

此組合的雙星殺破狼類型相較在「四馬之地」的紫殺、廉貪、武破組合而言，其工作活動性質較長久固定，較不屬至外地發展之四處奔波類型，變動較少，但卻更為辛苦勞碌。

主「動」的殺破狼，坐入地支宮位五行屬「土」的丑、未二宮，因此較為穩定或作用較緩慢，沒那麼快速；或活動範圍較為固定，較不會四處奔波；或變動頻率較少。但因星曜組合的五行屬性彼此「相剋」，較會產生衝突、砥礪、挑剔、矛盾，不滿足於現狀，也不願妥協，碰到的阻礙困難自然會較多；祿存又不會坐入丑、未二宮，反而擎羊與陀羅都可能坐入，故較為辛苦勞累，如呈現負面作用，其殺傷力道也都較為嚴重。試想，不安於現況，想要有所改變、突破，摒棄既有（祖業）的狀態，依自己的想法去開創新局，不論古今中外，其過程都是要歷經千辛萬苦，且「不成功，便成仁」毫無退路可言。故一般賦文對此類格局的評價，好壞差異十分極端。

⑴紫破

紫微與破軍僅於丑、未二宮同度，對宮必為天相，合方宮位為廉貞、貪狼及武曲、七殺的組合。

貪廉	巨	相	梁同
陰			殺武
府			陽
	破紫	機	

	機	破紫	
陽			府
殺武			陰
梁同	相	巨	貪廉

＊紫雲眉批：水土相剋。

紫微（屬陰土）、破軍（屬陰水）形成「土剋水*」，且為「陰」、「陰」相剋的陰土剋陰水，「相剋」的力道更強。此組合並不是很理想，故一般對紫微與破軍的組合評價並不高。

「破軍與帝座同，主有威權而淫慾」；「紫破武曲會羊陀，欺公禍亂」；「紫微破軍，無左右，無吉曜，凶惡胥吏之徒」；「紫破辰戌，君臣不義」。

殺破狼組合一定在三合方，因此這地方（紫破丑未）不止是紫破的作用，也會受紫殺（帶威權）及紫貪（慾望強烈）作用的影響。紫微與破軍雖不會化忌，但五行屬性「水土相剋」，自己來剋害自己，心思不定；如再有忌煞沖擊就心神不寧，自己與自己打架而產生衝突矛盾。

破軍屬殺破狼的組合，較不安分；破軍尤其有種「除舊創新」的特質，不願墨守成規，有衝勁想要有所改變，不會蕭規曹隨，有自己一套新的做法。

紫微是帝座，有領導人物之特質，都帶有權威性格。

紫微與破軍的組合見煞不會吉的話，其主觀自我意識就十分強烈，霸道不講道理又很隨性，「只要我喜歡，有什麼不可以」率性而為；看起來很凶，好像什麼都講不通？但只要能投其所好，就會循私偏袒；做事時以自我為中心，會優先考慮到自己，較不會考慮到別人的感受；在人際關係上，當有利益衝突時，優先考慮到自己，顧及自己的利益而不考慮別人，如此關係怎能維持長久？最終怎不會步上絕裂之途？也難怪會有「君臣不義」的說法。

以上較負面的描述，都是指紫破格局見煞不見吉的情況下而言。讀者可別因此看到紫破格局便認定如洪水猛獸一定不好，實非如此。如雖見煞，格局組合的好，也見吉曜，當然能制煞為用，開創出一番成果，尤其利於新技術或新領域的開創與開發，找出新的發展方向，或做比較尖端的東西。可別忘了「君臣慶會」也是斗數中的上格，雖然辛苦難免。

之所以會提到「淫慾」問題，是因為會到甲級桃花星的貪狼與廉貞。

紫破格局在丑宮，則其夫妻宮在亥為空宮，以廉貪在巳宮照入為用；

紫破格局在未宮，則其夫妻宮在巳為空宮，以廉貪在亥宮照入為用。

所謂「淫慾」指在男女關係方面很亂，尚未結婚就有男女之情、夫妻之實。但未婚有夫妻之實在現今之社會環境是普遍存在的現象，並沒有那麼負面的評價；且有桃花星並不代表男女關係就會亂，也可以只是很有異性緣罷了。

(2)廉殺

廉貞與七殺僅於丑、未二宮同度，對宮為天府，合方會紫微、貪狼及武曲、破軍。

破武	陽	府	陰機
同			貪紫
			巨
	殺廉	梁	相

相	梁	殺廉	
巨			
貪紫			同
陰機	府	陽	破武

廉貞（屬陰火）、七殺（屬陽金）形成「火剋金」，因為是「陰」來剋「陽」的有情剋，故是火「制」金，而非剋，主「先否後泰」。

「七殺、廉貞同位，路旁埋屍。吉多有富貴，但若無吉，有煞多來沖，火金不能相制，反主外出而遭凶災，死於道旁之命。」

「七殺、廉貞居廟旺，反為積富之人。二星同度，僅丑未宮，丑為陷弱，加吉可富，煞多不利，未為廟旺，無煞富貴，皆就火金相制之理。」「積富者，必先貧後富，逐步上升。」

七殺、廉貞同宮，其格局的好壞落差很大，可以是「路上埋屍」，也可以是「積富之人」。

廉貞「陰火，化氣曰囚」，因為屬「陰」有事情會悶在心中不說，心思卻一直掛心在某個點上反覆思索，所以曰「囚」；五行屬「火」一旦產生作用，都十分快速、激烈。

七殺「乃火化之金」，勇往直前的「將星」。

二顆星曜的五行屬性彼此「相剋」，因此會有疑惑、衝突、砥礪、挑剔、矛盾、不滿等現象；此時端視廉貞的「囚」星能否走出內在困惑。

如呈現吉象時便能「困而後知之」更上一層，展現出不同以往嶄新的風貌，因為廉貞「火」作用快速、激烈，且是屬質變的「化學變化」，所以會讓人耳目一新，有變化十分劇烈之感受。

如走不出內在困惑，呈現凶象時，反應更加極端、激烈、快速，因為被金屬包覆「囚」在內部的「火」，一旦引爆就像炸彈開花，金屬脆片散開四射，殺傷力強大。

廉殺在丑、未二宮，雖一陷一旺，但不代表在未旺宮，就沒問題，就是「積富之人」；在丑陷宮就有問題，就是「路上埋屍」，絕非如此。還是要看它會吉與會煞的整體組合而定，如廉貞化忌沖火鈴又不見吉星，就是火金「相剋」而非制了，即使是在未的旺宮，傷害還是很大。

此等大格局的剛星見煞都較有衝勁，開創力強，不會墨守成規，也不甘於依附祖業之下守成，會想要闖出一番事業，最終即使有成，也必然歷盡艱辛。因為格局大，改變大，因此是集中所有資源，孤注一擲的放手一搏，所以一旦失敗，其結果也很悽慘，所造成的殺傷力與破壞力是相當嚴重，所以才以「路上埋屍」來形容它的凶險與傷害。

所謂「**必先貧後富，逐步上升***。」並非指一定先經歷貧窮階段，而是指衝刺事業的過程漫長並艱難。即使因格局好旺宮見吉星，對煞星能制而為用，也是無祖業可依，須靠自己努力打拼，備嘗艱難辛苦，逐漸累積，方能有成果，而成為「積富之人」。即使為上班族，在工作上的發展也是如此，工作的性質比較適合偏向專業技術，或富有挑戰性及變化的業務，如從事一成不變的行政工作，也不會是安逸無事的閒差性質，都會異常忙碌，最後靠自己努力表現，逐步升遷。

*紫雲眉批：中年四十歲以後。

(3)武貪

武曲與貪狼僅於丑、未二宮同度，對宮空宮無主星，合方會廉貞、破軍及紫微、七殺。

武曲（屬陰金）、貪狼（屬陽木）形成「金剋木」，因為是「陰」來剋「陽」的有情剋，依傳統的說法是金「制」木，而非剋，如父之教子，嚴而有情，主先否後泰。

故有「武貪不發少年。二星廟旺於身命，金木相制為用，先貧後富，三十歲*之後，逐步見佳，晚景大富。」

「武曲、貪狼財宅位，橫發資財。二星同處僅丑未二宮方可，且皆旺地，主吉，又主晚發，

*紫雲眉批：四十歲以後。

多不依祖業，故有橫之意。」的說法。

此類格局不是屬「英雄出少年」的「早發」類型，結構好的，亦必早年先經艱辛，經過一番努力後逐步累積出成果。

之所以早年亦必先經艱辛，是因為武貪在丑、未的格局，屬地支宮位五行屬「土」的「墓庫」，須要適當的「煞星」來刺激，否則會太穩，失去行動開創力，變成無所作為，而丑、未二宮，擎羊與陀羅都可能入坐入，正可激發其行動力；「煞星」對雙星殺破狼而言，雖會讓它有所作為衝出所謂的「墓庫」，但只要是「煞星」都會有某種程度的干擾破壞作用，因此阻礙及辛苦勞累難免，都必須先經過一番淬鍊方能有所成。

煞星中以火星與鈴星對武貪在丑、未的格局吉凶影響最大，有所謂「貪狼四墓遇火鈴，富豪家資侯伯貴」，因為貪狼（木）遇火鈴，木火相生，本來火星與鈴星是煞星，經貪狼（木）來生後就不以煞星論，形成火貪、鈴貪「橫發」格，讓武貪在丑未的格局不會太穩而有所作為。貪狼（木）遇火鈴的「橫發」，是因為腦筋非常好，反應非常快速且有急智，當機會出現時會毫不猶豫地把握住機會；沒機會時也會想辦法創造機會，十分靈活而不呆板；但火星、鈴星與武曲也火金相剋隱藏「寡宿」凶格，因丑未的地支宮位五行屬土，因此整個組合形成木生火、火生土、土生金的平衡狀態，此時千萬不能遇忌星，一旦忌星來，整體就破壞掉了，尤其不要貪狼化忌，因為貪狼化忌時擎羊也會坐入增凶，就變成火來剋金，金來剋木，也木土相剋，「橫發」也會「橫敗」，甚至連發都沒發就破敗。

「武貪不發少年，先貧後富」不一定是出身貧窮家庭或先貧後富，並非如此解釋，而是指白手成家之意。或許出身富裕家境，但其成就或事業上之成果，不是經由守成或繼承祖業而來的；如有繼承祖業也會改變經營，會有自己的做法或主張，有所開創不是蕭規曹隨，且必須經過一段奮發期，一步步慢慢開創累積出來，先苦而後甘，所以「不發少年」或「主晚發」；所謂「晚發」或「晚景大富」，是指事情的中、後段時期，如以一輩子而言，則到「中年」以後才有所成就，一般是要到第四大限與第五大限的前後交接階段。

能否「晚景大富」？除了「煞星」的刺激外，還是要會吉才可能，因為格局大，要旺宮會吉星，能量才夠，才能開創有成，且也需行限好，才能先苦後甜晚景有成。因武貪金木相剋，不會墨守成規，自己有自己的一套做法，但過程都是很辛苦的，初期是必經辛苦勞累的歷程，別人沒看到他的辛苦過程以為是「橫發」，其實任何白手成家事業有成者，那個不辛苦？重點是辛苦要有成果，否則白忙一場。

如只見煞不見吉，雖想創新，卻無法如願，起起伏伏，忙忙碌碌，最後毫無所成，嚴重的甚至把原有的事業敗得一空。所以，此格局不見煞星也不見得不好，充其量就是過於安逸而無所作為，但至少不會導致大失敗。

另武貪的組合因為左右鄰宮的星曜都為雙主星（巨日與同陰），並形成太陽、太陰的「日月輔」，加上丑、未二宮又有左輔及右弼來夾輔的機率，故很易受周遭或環境資源影響；如格局組合得好，配合行運連續吉化，很易因時代環境的需求或周遭環境的推波助瀾而獲得資源興起，或很懂得觀察及利用環境的需求趁勢而起；如限運來讓它形成雙祿夾祿，則是一整串的吉象，會有一連串的好，不會只是單一項目；相對的如組合不好，行運連續忌夾，自然會受到周遭環境的制肘、牽累而辛苦卻無成果，其不好也是一連串的一波未平一波又起。

3.紫貪、廉破、武殺組合

此種組合的雙星殺破狼類型因為坐入桃花星「咸池」會進入的卯、酉二宮，故較具有藝術或表演天分，感性浪漫，「色彩」豐富，性格「龜毛」，追求完美，做事細膩，並有人際手腕。筆者在此用「色彩」來形容桃花星，是希望用較為中性的用語，以避免陷入主觀的價值判斷。

依傳統一般的說法認「咸池」為「桃花煞」，在感情方面較為氾濫，且多偏向負面作用，故賦文提到：「咸池陰水，又名為桃花煞，在數主邪淫。咸池之性格，為浮蕩而虛花，好色而淫慾，帶孤剋，多疾病，為人號酒及賭博。加煞有特殊之嗜好，忌逢貪狼等星，則更凶。」

此段賦文的描述頗為負面，是星曜呈現極端負面時才有的作用；並非「咸池」的全貌，「咸池」為桃花星，因此同樣具有桃花星的藝術天分、審美品味、娛樂表現、感性浪漫、體貼細膩、追求完美……等正面作用，讀者在理解上不能忽略此部分。

再者「咸池」畢竟僅為丙級星，並無如甲級星曜般的主導作用，除非甲級星曜本身就具有桃花性質（例如：貪狼或廉貞，或五行屬「水」的甲級星曜多少帶有些許桃花性質），否則並不會因咸池就有所謂「桃花煞」好色淫慾的野桃花作用。

實則在男女關係之桃花作用上，具有桃花性質的甲級星曜（例如：貪狼、廉貞、太陽、太陰……等），是扮演「原料」的角色，這「原料」尚需要有「酵母菌」等觸媒催化劑來，才會起男女感情之桃花作用；而丙級桃花星的天姚、咸池、紅鸞、天喜，即扮演這「酵母菌」之觸媒催化劑角色；單有「原料」而無「酵母菌」，或單有「酵母菌」而無「原料」，都不會發酵起男女情慾的桃花作用；更何況男女感情之間的情慾本就是很健康正常的現象，不一定就會亂；要亂，都還是要有忌煞交沖呈現負面作用才可能，因此讀者不可一見到桃花星就認定有情慾淫亂的野桃花作用。

如甲級星曜旺宮，丙級桃花星（天姚、咸池、紅鸞、天喜）會受影響朝向正面發揮，其桃花作用展現在做事方面，會偏向於對事情的追求完美及細膩，而追求完美及細膩這項特質，在職場上都是各行各業所重視的人才；桃花星甚至具有藝術及美感方面的天賦，在現今工商社會有許多職業是需要具備這方面的天賦才能勝任。

桃花星在待人方面，有和諧的作用，會讓人覺得有如沐春風之感。因此紫貪、廉破、武殺等組合見桃花星，在待人方面能將其原本欲達到的目的隱藏修飾得很好，變成很有手腕，並讓人覺得親切舒適。

另卯、酉二宮擎羊會坐入，因此性剛果決，積極性與決斷力十足，當然如呈負面作用時，因雙星殺破狼格局大衝力足，它所造成的殺傷力與破壞力也很強烈；當祿存坐入卯、酉二宮時，雖是剛星但警覺性就高，也較懂得拿捏分寸，恰到好處。

(1)紫貪

紫微與貪狼僅於卯、酉二宮同度，對宮空宮無主星，合方會廉貞、七殺及武曲、破軍。

相	梁	廉殺	
巨			
紫貪			同
機陰	府	陽	武破

武破	陽	府	機陰
同			紫貪
			巨
	廉殺	梁	相

紫微（屬陰土）、貪狼（屬陽木）形成「木土相剋」，但為「陽」、「陰」相剋的陽木來剋陰土的有情剋，因為喜歡或有興趣才會要求或挑剔。依賦文所載：

「桃花犯主為至淫，男女邪淫。主即帝座之謂，桃花即指貪狼也。……紫貪之命主，必有淫行，必身宮及三合見桃花之星多，來會合者方是，但仍有富貴貧賤之差異。」

「極居卯酉，劫空四煞多為脫俗之僧。極指紫微而言，如在卯或酉宮立命，帝星在東方，西方乃失位，且必有貪狼，喜學神仙之術之宿同宮，若再有劫空同於身命，逢煞星沖破，反是空門之僧道也。此局如有火星，或鈴星同宮，不做此論，反有富貴，但為人怪異。」

由賦文的描述可知，紫微與貪狼二星同宮的組合，其性質差異頗為極端，一下子為「桃花犯主為至淫，男女邪淫」，一下子為「喜學神仙之術之脫俗之僧」，可以說是南轅北轍截然不同，之所以如此，關鍵在貪狼星。紫微與貪狼二星，紫微不會化忌與化祿，貪狼則既會化忌也會化祿，而紫微較為極端的性質，會影響貪狼吉凶表現也趨於極端。

「貪狼化氣曰桃花，為桃花之宿」，因此，貪狼本身即帶有強烈的桃花性質，如再有丙級桃花星來催化，自然就較會傾向有男女感情方面的桃花作用。加上紫微與貪狼畢竟「木土相剋」，也是心思不定，較易心猿意馬的組合，故有「桃花犯主為至淫，男女邪淫。」的說法。

其實是否有男女感情的負面桃花作用，除有丙級桃花星來催化外，前提還須形成凶格或化忌見煞多；剛星見煞不見吉才會有「只要我喜歡，干卿底事？」肆無忌憚的恣意妄為，不在乎外界感受的做法與行為。更何況即使見煞多，尚因個別差異而有不同，不是具備此格局的人感情方面就一定亂，此讀者不可不辨。

如雖有丙級桃花星來，但不見煞星，則可能是長相不錯或很有異性緣，不見得會亂。反而此類格局的特質通常在藝術及美感方面極具天賦，很適合從事須要具有美感或審美能力的行業。

如沒有丙級桃花星來催化，貪狼星本有「喜學神仙之術」的賦性，如再見空劫，則對「形而上」之哲學、心理學、宗教、丹道仙家之學等會有濃厚興趣，倒不見得會如賦文所說反是空門之僧道，賦文僅是在強調其極端的性質爾。

貪狼星的慾望本就很強，遇帝王星的紫微，如見煞多不見吉星現負面作用時，因格局剛強，就會相當主觀、相當自私，做事情只考慮到自己，不考慮別人，為自己利益即使傷害到別人也不管，自我意識的心態很強烈。這種人當然不可能會有成果，別人也不會理他，故賦文有「貪狼若犯帝座，而無制化，便為無益之人。」、「無制則有竊盜之邪行。」之說法。當慾望強烈，又自私自利，不考慮別人時，自然會有投機心態，為達目標不擇手段的恣意妄為。

北斗剛星的組合因目的性很強，很會經營在事業或有利害關係上的人際關係，尤以貪狼為甚，故極具職場上人際魅力並有手腕。如果會吉會得好，能制煞為用，會是一個強悍的領導人物；如煞星中有火鈴，則更是形成所謂「橫發」的「火貪」、「鈴貪」格，故有「貪狼卯酉宮有帝座同，加吉，均可富貴。」、「如有火星，或鈴星同宮，反有富貴。」之描述。

⑵廉破

廉貞與破軍僅於卯、酉二宮同宮，對宮為天相，合方宮位為紫微、七殺及武曲、貪狼。

府	陰同	貪武	巨陽
			相
破廉			梁機
			殺紫

殺紫			
梁機			破廉
相			
巨陽	貪武	陰同	府

廉貞（屬陰火）、破軍（屬陰水）形成「水火相剋」，且為「陰」、「陰」相剋的陰水剋陰火，「相剋」的力道更強。加上以甲級星曜在地支宮位之旺弱而言，廉破的組合並不是很理想，在卯為平宮，在酉為弱陷，而星曜在弱陷的情況下，其出現的凶象會比較大。故一般對廉貞與破軍的組合評價並不高，依賦文記載：

「破軍與廉囚火鈴同度，主有官禍。」「廉貞逢破軍及火鈴，陰險狠毒，有白虎同，則牢獄之災不免，若在陷地見火星，主自尋短見。」

「廉貞破火居陷地，自縊投河。因耗并火星三宿，同位於卯酉二宮，無吉救，主自殺而亡，即或有吉星祿馬來救，亦有自殺而後獲救之象。」

這是因星曜間五行的相剋中以「水火相剋」及「火金相剋」，較為激烈，為害較劇之故；而廉貞與破軍又都是剛星與傳統上所謂的「惡星」，所以作用更為強烈。但倒不見得會自殺，所謂「自尋短見」或「自縊投河」只表示是行為較偏激「極端」，因為廉貞「囚」星呈現凶象時，比較會鑽牛角尖，想法打結走不出內在困惑，加上與「性凶暴狡詐，而奸滑不仁」的破耗，彼此「水火相剋」，反應自是十分極端、激烈。這裡必須特別強調並不是所有廉破的組合都會走「極端」，前提必須是形成凶格或忌煞交沖呈現負面時才有此可能。

破軍不會化忌，但廉貞會化忌，擎羊也能坐入卯、酉二宮，再有火鈴進來，原本因雙星殺破狼格局強旺，能制擎羊、火星為用，但當廉貞化忌時就整個格局破壞掉而失控，就易脾氣不穩定而暴躁、極端、偏激、鑽牛角尖；尤其廉貞為「次桃花」，卯、酉二宮又為咸池所在的桃花地，男女感情事項最不講理性也最讓人想不開，而易走極端；即使不是感情事項，也因剛星見煞多的「水火相剋」作用強烈而導致行為偏激大膽，手段凶暴狠毒，敢遊走於法律邊緣而陷入是非官訟，故乃有「主有官禍」「牢獄之災」等負面描述。

當然，如廉貞化祿時，即成「水火即濟」而呈現正面作用，故有「貞破卯酉加吉，則公卿，加煞，則公胥吏輩。」的說法。即當水火即濟見吉多時，在職場的表現就不錯，可能升遷至高階領導階層；水火即濟見煞多時，也是第一線負責執行面的基層幹部。至少不是那麼負面，可見廉貞與破軍的組合也並不是都很差。

(3)武殺

武曲與七殺僅於卯、酉二宮同宮，對宮必為天府。合方宮位為紫微、破軍及廉貞、貪狼的組合。

	機	破紫	
陽			府
殺武			陰
梁同	相	巨	貪廉

貪廉	巨	相	梁同
陰			殺武
府			陽
	破紫	機	

「武曲若與七殺火星同度，有因財被劫之凶，煞多橫夭」；

「武曲七殺會擎羊，因財持刀」；「七殺守照，歲限擎羊，庚生人，安命卯酉主凶亡」。

武曲（屬陰金）、七殺（屬陽金），因五行屬性都屬「金」，故無所謂的相剋問題。

「金」之屬性內聚、堅硬、剛強，有凝聚力與向心力，因此命坐金星的人，個性都比較剛強與果斷；武曲、七殺又都是所謂的「將星」，在戰場上衝鋒陷陣打前鋒者，屬於行動派，不會只說不做，這種人膽量相當大，比較敢做敢為；二顆將星碰在一起就更勇猛，衝勁更強。尤其卯、酉二宮，擎羊都有機會坐入，而「將星」能制煞為用，有煞星行動力更強，更會有所作為；因此好壞、吉凶、成敗差異很大，這裡制煞為用的煞星是指擎羊、火星、鈴星等煞星而言。

若不見煞星，即使武殺二顆將星碰在一起，它的行動力還是不足，也就不會是那麼積極的行動派；這也未必不是好事，因為沒有行動力，就不會真的去冒險嘗試，也就不會有所謂「橫夭」、「主凶亡」的機會；當然沒有行動同樣也意味安逸無所作為，放棄成就的機會。

「將星」的制煞為用，雖有利事業的開創打拼，仍是相當辛苦，尤其對人際及親情相當不利。蓋七殺與武曲的「金」星屬性堅硬、剛強，沒有迴旋空間，一旦鎖定目標後，都有不顧成敗勇往直前，為達目的不計一切代價的特質；做事時為達成目標，不講情面、六親不認，即使犧牲人和與親情亦在所不惜；因此對人際關係及親情的殺傷力極大，在親情方面較為淡薄，也較基於現實考量；當然，如有吉星來吉化就不會那麼負面。

武曲「司財帛之主，又名將星」，是斗數上的財帛主，反應在錢財方面會特別強烈，即會特別好或特別不好；對「金錢與利益」的概念很謹慎、敏感，警覺性很高，對任何事情都可以無所謂，惟獨有關「金錢與利益」的方面就不會無所謂地掉以輕心。

七殺「乃數中之上將，亦成敗之孤辰，主孤剋刑殺之宿」，所謂戰場的將星，只有執行，沒有懷疑，不會疑慮；有明確的目標後，便義無反顧朝目標前進，絕不回頭，貫徹執行，不達目的絕不罷手；有去無回，不成功便成仁，只知道做，不會邀功，自古英雄多寂寞，所以「孤」；故七殺具有固執、沒有理由，一定要這麼做，十分堅持、專注的特性。

因此當武曲、七殺同宮見忌煞不見吉時，給人的感覺就較尖銳剛硬，較不留餘地也現實，「金錢與利益」方面十分計較，且為達目的不擇手段；才會有所謂「武曲若與七殺火星同度，有因財被劫之凶，煞多橫夭」、「武曲七殺會擎羊，因財持刀」等負面描述。其實不見得一定會與金錢、財務、利益有牽扯，如為上班族，工作性質與金錢、帳務無關，也沒利益糾紛機會時，僅代表工作性質較為忙碌辛苦，較常碰到阻礙困擾；其職業性質較適合帶有技術性或需借助器械輔助完成或較為耗費體力的粗重工作；如為性格特質的宮位，則個性就較剛強固執，易走極端，「寧為玉碎，不為瓦全」。

另武曲與七殺本質上都不帶桃花性質，因此雖位於卯酉所謂的桃花地，見咸池等桃花星，基本上並不會有男女感情上的桃花作用；反因桃花星在「人和」方面的親切舒適而起調和作用，多少減輕「金星」在人際上給人冰冷、剛硬的孤傲之感；在工作方面桃花星也會增強武曲與七殺做事情上的追求完美心態，變得十分挑剔「龜毛」，在某些方面甚至到達「潔癖」的程度。

4.「府相」格局——兼論「隱性的事項宮位」

當命盤的組合有「雙星殺破狼」格局時，整張命盤其他星曜的分布，除了機陰、同梁、機梁與同陰等雙星同宮之「機月同梁」格外，就是「府相」格局；分別為天府或天相在丑、卯、巳、未、酉、亥等地支「陰宮」的單星獨坐，與七殺或破軍的「雙星殺破狼」組合遙遙相對（天府的對宮一定是七殺；天相的對宮一定是破軍）；因為本組合的天府或天相都是單星獨坐，不似雙主星同宮時會彼此相互影響而多少改變其本身的原來賦性，故較能彰顯天府、天相的原本賦性作用。

	機	破紫	
陽			府
殺武			陰
梁同	相	巨	貪廉

殺紫			
梁機			破廉
相			
巨陽	貪武	陰同	府

相	梁	殺廉	
巨			
貪紫			同
陰機	府	陽	破武

貪廉	巨	相	梁同
陰			殺武
府			陽
	破紫	機	

府	陰同	貪武	巨陽
			相
破廉			梁機
			殺紫

破武	陽	府	陰機
同			貪紫
			巨
	殺廉	梁	相

天府

「天府陽土，南斗主星，為財帛之主宰，號令星，又名祿庫。乃富貴之基，在數掌財宅及衣祿，為帝座之佐貳，能制羊陀為從，化火鈴為福，忌入空亡，則以孤論，主不吉。」

天相

「天相陽水，專司衣食，化氣曰印，為官祿之主宰。天相印星，在數司爵，為善福，有衣食享受之宿。」

「天府天相乃為衣祿之神，為仕為官，定生亨通之兆。祿庫與印星最喜會合，印星又主衣食之享受，為官生操正印，故富而且貴。」「府相朝桓，食祿千鍾。」

由上述之賦文可知天府、天相，一為「財帛之主宰」，一為「官祿之主宰」；一掌「財宅」，一司「衣食」；而財帛、官祿及食、衣、住均為人生現實面至為緊要的環節。

初學斗數者都知道財帛、官祿等事項的重要性，因此自然都把注意的焦點放在財帛宮、事業宮等事項宮位上。這也是人之常情，一個人一輩子能否有正當的工作及穩定的收入，以養家活口並安身立命，當然是人生中的大事，馬虎不得。也無怪乎十個向命理求教的命造，九個都會問「事業好不好？順不順利？」、「會不會賺錢？」之類的問題。

這類問題的答案，其實是在於命造者本身的學經歷條件及性格特質，求教於命理並不能改變什麼。命理師能提供的僅是就命造的性格特質大方向的去分析其適合的工作類型，或就命造已有既定的工作事業在面臨特定時空之挑戰或機會下，分析具體事件的發展走勢，以建議應積極爭取或被動保守等。

⑴「隱性的事項宮位」

回歸到命理的角度，以上這類問題的結果如何分析？參考的參數除了命造者本身先天的性格特質及財帛宮、事業宮等事項宮位，加上限運流年外，有一項參數是連專業的命理師也常忽略掉的。就是十四顆主星中，「星曜所主、所司」的賦性，這點至關緊要。因為「所主、所司」的星曜，在其「所主、所司」的事項上，具有吉凶加重的作用，甚至可以將「所主、所司」的星曜在其「所主、所司」的事項上，當做「隱性的事項宮位」也不為過。

就以天府、天相而言，一為「財帛之主宰」，一為「官祿之主宰」；而天府與天相一定在三方交會，天府的事業宮一定是天相坐守。在單星獨坐的天府、天相的格局分布（有雙星同宮的天府、天相則不在此論），如以天府為主，則天府的財帛宮必為空宮，天府為「財帛之主宰」的比重自然加重；如以天相為主，則天相的事業宮一定是空宮，天相為「官祿之主宰」的比重也自然加重。

因此，就事業的吉凶及是否能賺錢的事項上，就不能不考慮到「府相」的格局。當然在十四顆主星中的「財星」及「官祿主」的星曜，不限於天府及天相，這時就要視命造實際所從事的工作或事件類型而有所取用，而非通通加入斟酌，造成滿天星斗反而無從判斷。

再以同樣是「財星」及「官祿主」的星曜而言，天府及天相另具有獨特的賦性，是其他「財星」及「官祿主」的星曜所無，那就是「掌財宅」與「專司衣食」。

天府除了是「財帛之主宰」外也「掌財宅」，除了財帛事項外，還與「不動產」方面的土地、房屋等事項有關。因此能否安居樂業？能否有安身立足的住宅？或一輩子是無殼蝸牛族？買賣不動產的投資能否獲利？……等等，在在與天府脫不了關係。故天府星因為是財星又是主財宅，格局好的話，對金錢的管理很有概念，其置產或投資也會偏向以不動產方面的土地及房屋等標的為主。

天相除了是「官祿之主宰」外，也「專司衣食」，因此舉凡穿著與飲食等事項之品味與風格，例如：是否吃得飽？穿得暖？對穿著及飲食是否講究與重視？是錦衣玉食？或粗食布衣？……等等，都與天相有關。

另外，所有「所主、所司」的星曜，除了坐入命宮會有加強「所主、所司」事項方面的特質外，還有當其坐入「所主、所司」的相關事項宮位時，即為所謂的「得位」，會特別加強其在這事項方面的作用及影響力。例如：天府星「掌財宅」坐入財帛宮或田宅宮，天相星為「官祿之主宰」，坐入事業宮。

食、衣、住、行當中，天府與天相的影響力就占了食、衣、住等三項，其重要性不言可喻，但卻常被忽略，究其因，就是一般斗數學習者太過於重視命盤上看得到的事項宮位，而忽略了星曜「所主、所司」的這項「隱性事項宮位」的賦性在這事項所產生之影響力。

每顆「星曜」大都有其星曜「所司或所主」的賦性，在其「所司或所主」的事項方面，都會有特別的強調或加強的作用，使吉者更吉、凶者更凶；「所司或所主」的星曜在其「所司或所主」的事項上與「事項宮位」二者相互間，可謂互為「表、裡」。「事項宮位」一眼就看得到，為「表」，較明顯；「所司或所主」的「星曜」在其「所司或所主」的事項上，為「裡」，較為隱性，不明顯，但其作用力道及影響力卻不能忽略。

如在「表」的「事項宮位」格局組合不好，不代表這方面的事項就一定不好。此時，除了父母資料個別差異的修正影響外，在共盤上尚應考慮到這「事項」之「所司或所主」的星曜。

如這事項主「裡」之「所司或所主」的「星曜」格局也不好時，則在這個事項方面就會偏向較為負面的作用，甚至會加重其凶象。

但如這事項主「裡」之「所司或所主」的「星曜」格局並不差時，則即使「事項宮位」不好，在這個事項方面也不至於會跌入谷底。

如這事項主「裡」之「所司或所主」的「星曜」格局很好時，則主「表」的「事項宮位」格局雖不好，也都會起修正調整作用，變成先凶後吉或先難後易等，實際結果並不會真的那麼負面，甚至還不錯，只是辛苦些而已。

如在「表」的「事項宮位」格局組合看似很好，而事項主「裡」之「所司或所主」的「星曜」格局不好時，不代表這方面的事項就一定好，起碼會打相當大的折扣，可能僅是表面風光的先吉後凶或先易後難等，實際結果並不理想。

(2)府相格在事業事項之共通賦性

人之所以願意在工作事業上不辭勞累努力以赴，多數是為了賺錢養家活口，讓自己與家人能衣食無慮，有遮風避雨之所，進而追求豐衣足食、成家立業、安居立命，可以說事業工作是為了滿足人之「食、衣、住」的基本需求。而「府相」既「掌財宅」與「司衣食」，因此以事業事項而言，天府、天相也可以說是屬事業方面的「隱性事項宮位」星曜，且是屬南斗星群的「官祿主」星曜，因此具備有南斗星曜「慢、柔、晚、陽」作用的特質。

相對於北斗的「官祿主」星曜（紫微、廉貞、武曲），天府及天相的特質是比較擅長於在穩定、保守的狀態中慢慢醞釀發展，十分重視「既有資源」的保護與管理運用，所以留得住也守得住資源；既然能留得住也守得住，就能積少成多，當它一無所有時，它會慢慢累積；當它擁有多時，也不會把錢（或資源）不當錢看地去亂揮霍；對它而言，資源不分大小，只要能用得上的都是資源，所以非常善於管理並運用資源。

天府與天相在賦性的定位上，是「穩定」，因此不參與忌、科、權、祿等四化作用。格調步驟溫和穩定，有事明說，不急躁，不激昂，按部就班，循規蹈矩，照章辦事；對煞星也有一定程度的抵抗力，尤其是天府星，屬「土」穩如磐石，故有「能制羊陀為從，化火鈴為福」之描述。

相較於其他星曜，府相格較不畏煞星的干擾，煞星一般只是讓它較為忙碌辛苦而有行動力；但如不見吉，又見煞多時，單憑府相格仍是無法支撐應付得了；何況府相雖不會化忌，但有可能被雙忌夾制，也有可能與化忌的昌曲同宮，而形成忌煞交沖的凶象。因此讀者們千萬別食古不化地誤以為府相格真能「制羊陀為從，化火鈴為福」。

府相格如不見忌煞時，偏向文職方面的管理工作，適合在按部就班的工作環境，平穩中成長；性格穩重大方，溫和善良，遵循既定的規則，照章辦事，盡忠職守，負責任，是非常優秀的管理人才。

格局好時，因為穩重可靠又具包容性，所以在事業方面容易得到長官的信賴，委以重任，能循序漸進，逐步升遷至發號施令的管理階層，而不會只是聽令行事的基層執行業務人員。

府相格最忌憚的是與空劫同宮，因為「土空則陷」、「水空則氾」，空劫在賦性上具有起伏不定的不穩定性，正好是性質利於穩定發展之天府與天相的罩門；故賦文有「忌入空亡」，則以孤論，主不吉。」之負面說法，天府的表面飽滿厚重，因為坐入空劫，而形成府庫空虛，變成沒有「既有資源」可資運用的空心大佬。

另外，告訴各位一個技巧：

「雙星殺破狼」格的能量是否足夠？尚須看「府相」格局如何？因為這二個格局互為影響，一個「主攻」的北斗（雙星殺破狼），與一個「主守」的南斗（府相格），觀盤時可以視為一體，整體觀察。

「三軍未發，糧草先行」，要維持兵強馬壯能衝鋒陷陣的「雙星殺破狼」軍隊，負責後勤供應的「府相」格，當然也不能差。但「雙星殺破狼」軍隊進攻的模式，常是本身即一無所有或彈盡糧絕，發現資源就在眼前的城池中，大聲吶喊著「搶糧食、搶女人」以激發士氣，攻破城池，掠奪資源，便能生存並揚名立萬，因此，破釜沈舟，背水一戰，傾全力孤注一擲。如能成功便有立足之地，進攻下個城池，逐鹿中原；如失敗攻不下城池，或攻下的城池是空城一座，毫無資源，便死無葬身之地。

因此，如「主攻」的「雙星殺破狼」格局不錯，但「主守」的「府相」格暗藏凶象不穩時，即使事業一度開創得很好，看似很有規模，其實攻下的城池是毫無資源的空城，沒什麼實質獲利，或獲利不如預期，或要維持這座城池的運作必需耗費大量資源，最終仍難以為繼，沒有成果。

如「雙星殺破狼」格局不好，但「府相」格還不錯時，至少還不致於破敗到不可收拾的局面。甚至如「雙星殺破狼」格局僅是見煞多，組合上卻是剛好制煞為用時，它的行動力配合「府相」格的穩定資源，正是絕佳的搭配。

落實在實際人生中，許多創業者在開創事業的過程，常見以自己或父母或親友之房子及土地等不動產（天府主財宅，與不動產有關）向銀行抵押貸款，融資資金以供創業所需。當在事業上獲利賺錢後，也常以購置土地與房子等不動產，做為投資理財的管道與方式，並再向銀行抵押擔保貸款，融資更多的資金投入事業，形成良性循環。

（二）「紫府廉武相格局」格局──命盤上必搭配「單星殺破狼」格局

「紫府廉武相」格局的星曜組合，除了有北斗的紫微、廉貞、武曲，也有南斗的天府與天相，因此兼具有北斗星群「快、剛、早、陰」的作用，及南斗星群「慢、柔、晚、陽」的作用，可說是攻守俱備，兼容並蓄的組合。

此格局在命盤結構的地支宮位排列上，都位於地支宮位的陽宮（子、寅、辰、午、申、戌），與單星「殺破狼」組合遙遙相對；陰宮（亥、丑、卯、巳、未、酉）則並不會形成「紫府廉武相」格局。此時命盤上其他的組合則為單星「殺破狼」格及天機、太陰、天同、天梁其中三顆星曜所組成的「機月同梁」格。

不同於「天府」與「天相」單星獨坐的「府相」格，「紫府廉武相」格局中的「天府」與

「天相」，必與紫微、廉貞、武曲等星曜同宮，成為「雙主星」的組合（紫府、廉府、武府、紫相、廉相、武相）。

「紫府廉武相」格局因為三方四正的宮位都有主星，故組成的星曜多，並包含有南北斗主的紫微與天府，所以格局大，能量強；也因三方四正都沒有空宮，星曜分布均衡，平衡發展，所以表面上財官雙美，有「主攻」的北斗與「主守」的南斗，可以創新開發業務，也可以將既有的資源管理分配，持盈保泰；因為受到南斗星的天府及天相影響，當它開創時，是全方位考量，後勤補給也都到位，即使尚未到位，也有方向及策略；對陌生新領域的開創能力有別於「雙星殺破狼」格局之孤注一擲類型，較穩紮穩打，冒險博奕性格並沒有「雙星殺破狼」格局強烈，也擅長於對資源的管理、分配、運用等性質工作，因此可攻可守。

紫微、天府、廉貞、武曲、天相這五顆星曜，在單獨的賦性上都與事業有關，古賦文的記載上也都是屬與功名利祿有關之「官祿主」星曜，彼此相互加乘，故特別凸顯在事業方面上的吉凶。

此格局因凸顯在事業事項，偏向於對「事」的處理與決策，表面上雖然較不涉及人際問題，但不代表其不擅長處理人際問題，只是其關心的是在事業方面，所以即使在人際關係方面也是於基於事業考量下的刻意經營，偏向於講究利害關係或重要事項的人際互動及與事業相關的應酬交際層面。又因其格局較大，牽涉到的層面較廣，常與公眾事務領域有關，而對公眾事務的資源分配運用，就不免涉及利益分配問題，有人分配的多，有人分配的少，只要與利益分配有關，就會涉及個人和利益團體的利害衝突，就會產生與「人」相關之「政治行為」，就會有複雜「人際關係」問題；政治行為上爾虞我詐的互動關係都與利益分配的利害衝突脫不了關係。故紫府廉

梁	殺		廉
紫相			
巨機			破
貪	陰陽	武府	同

巨	廉相	梁	殺
貪			同
陰			武
紫府	機	破	陽

機	紫		破
殺			
梁陽			廉府
相武	巨同	貪	陰

陰	貪	巨同	相武
廉府			梁陽
			殺
破		紫	機

陽	破	機	紫府
武			陰
同			貪
殺	梁	廉相	巨

同	武府	陰陽	貪
破			巨機
			紫相
廉		殺	梁

武相格局在人際關係上都不會很單純，都具有一定目的性；因此，紫府廉武相格局好的人，在職場上「政治行為」的EQ都不錯，擅於經營有利害關係的人際，因而大都能位居領導管理階層。

紫府廉武相格局的組合類型：此格局三合方中必有二個宮位為「雙主星」（紫府、廉府、武府、紫相、廉相、武相）的組合。本文便概略介紹此「雙主星」格局如下——

(1)紫府

紫微與天府僅於寅申二同度，對宮為七殺，合方會廉貞天相及單星獨坐之武曲。

巨	廉相	梁	殺
貪			同
陰			武
紫府	機	破	陽

陽	破	機	紫府
武			陰
同			貪
殺	梁	廉相	巨

紫微（屬陰土）北斗之主星，自我意識強烈，凡事以自我為中心，又屬「陰」，內斂、陰沈，內心想什麼不會講出來，旁人也不知道其心裡在想什麼？又很有主張，自以為是，但你要他

表示意見，他不見得會講出來，你表示的意見他又不置可否，不是很好溝通。

天府（屬陽土）南斗之主星。屬「陽」，高不高興都會表現出來，較「阿莎力」很乾脆，有什麼講什麼，容易溝通。

紫微與天府屬性同為「土」，五行屬「土」的星曜，賦性一般較為平穩、包容；「土」除了受到外力的推擠外，自己不會動，所以很「穩」。因此紫府同宮比較偏向原本即有一固定的班底，在其管理下經營的類型。

「土」星坐命者，另一特質是氣質都很不錯，不會很輕挑或輕浮。如會吉，為人忠厚，包容性大。另外，所有的甲級星曜進入四馬之地，都有「動」的性質，會有比較「快速」的作用」，吉凶作用會快速發揮出來，也讓紫府的「土」星不會過於呆板被動。

紫微與天府坐命的人，個性沒有一個柔弱，十分自我、剛強。

南、北斗主，格局視野都大，主導性與控制慾也強；但較為宏觀，不會小鼻子、小眼睛的在細節上打轉；極需要六吉星來協助或幫忙抬轎以成就其大，否則不見吉星，形成「在野孤君」單打獨鬥，成不了大氣候，到達一定階段就會略遜一籌。如見吉星，尤其是左輔、右弼，便形成紫微斗數格局中的「君臣慶會」格，一生中較會有大貴人提拔。

坊間有謂南、北斗主之帝王星同宮，有所謂「一山不容二虎」現象，必有困擾。筆者對「一山不容二虎」的說法不以為然，蓋南、北斗一剛一柔，一主開創，一主守成，二星又為「陰」、「陽」相生，天府能調和紫微的陰晴難測。且「天府為帝座之佐貳」，誰為主誰為從，是很清楚的，不會發生雙頭馬車的困擾。

倒是紫微與天府在寅申二宮，地支宮位屬「極旺」。基於中國傳統講求中庸之道，中醫「致中和」的理論，過猶不及，均非好事。尤其紫微與天府都屬「官祿主」的星曜，心中在意重視的都是事業工作等有利害關係之事項，政治性格很強，會重視並經營與事業工作有關或對其有利害關係影響之人際關係。但對親情及一般人際就不是很關心在意，較為疏離。因此在親情及一般人際方面難免就會產生缺憾，故賦文有以下記載：

「紫府同宮於寅申二地，入命或落於父母、兄弟、夫妻、子女諸宮，俱以主孤論斷，除非另有其他吉星，不然，父母早亡，或本身單傳獨子，或夫妻生離死別，或無子嗣等情，因其太旺，則過猶不及也。」

所謂「俱以主孤論斷」的「孤」，指的是「親情」方面之緣分較差或較淡薄。

因為紫府同宮的宮位極旺，如入於命宮或六親宮位，且都不見吉星，尤其不見左輔、右弼，就會過於剛強，產生「孤剋」現象；亦即紫府入於命宮，相關的六親宮位再凶的話，「孤」的現象就會出現在凶的六親宮位上。或紫府入於六親宮位，而本命宮假定凶，則該六親宮也會出現「孤」的現象。例如：紫府同宮坐命於申宮，假設子女宮巳宮的太陽有空劫夾，如是甲年生人太陽化忌，此時的子女宮便有空劫夾忌的凶象，在子女方面易出現孤剋的現象。

如為戊年生人，子女宮方面沒有問題，但夫妻與兄弟方面就較易有問題，因為擎羊在夫妻宮，天機化忌在兄弟宮。

如為庚年生人，父母宮坐擎羊，沖天同忌，孤剋的現象就易出現父母宮方面。至於孤剋的程度如何，尚須視父母親個別差異的太歲宮位坐入何宮位？如坐入的宮位很好，可能就僅是彼此相處有層隔閡不太親，或沒什麼話好講，或雖合得來但彼此沒住在一起，不是屬能和樂融融相處融洽類型。如坐入的宮位太凶，就可能父母早逝。所謂父母早亡，一般指的是在三十歲之前，三十歲之後就不算「孤」。六十歲之後配偶亡故，也不算「孤」。

「親情」方面的「孤剋」現象，可粗分為——

「生離」：可能彼此間感情不錯，很合得來，也很有話聊，但客觀因素卻導致相互間分開，住得很遠。

「死別」：屬較為嚴重的孤剋，可能命宮紫府見煞星，產生孤剋現象的六親宮位也見煞星，並形成凶格或忌煞交沖。但尚須視個別差異的太歲宮位之吉凶而定，如凶，可能早逝死別；如吉，可能只是彼此間親情淡薄或生離。

「親情淡薄」：彼此間感情較為疏遠，也不往來互動。可能不見吉星而煞星不多或也不見煞星。一般而言，遇有「生離」或「死別」之情形，其個別差異的太歲入卦宮位，通常都不會是很好。

(2)廉相

廉貞與天相同宮於子午二宮，與破軍相對。合方宮位為紫微天府，及單星獨坐之武曲組合。

廉貞（屬陰火）、天相（屬陽水），二星同宮形成「水火相剋」，因為是「陰」「陽」相剋的有情剋，也有形成「水火即濟」之可能。因此子午二宮的廉相，其地支宮位的廟旺或陷弱，其會吉或會煞之吉凶差異頗大。例如：廉相在子的地支宮位原本是旺宮，但如為丙年生人，廉貞化忌與天相就形成「水火相剋」，又沖羊陀，自然弱陷。如為甲年生人，廉貞化祿與天相就變成

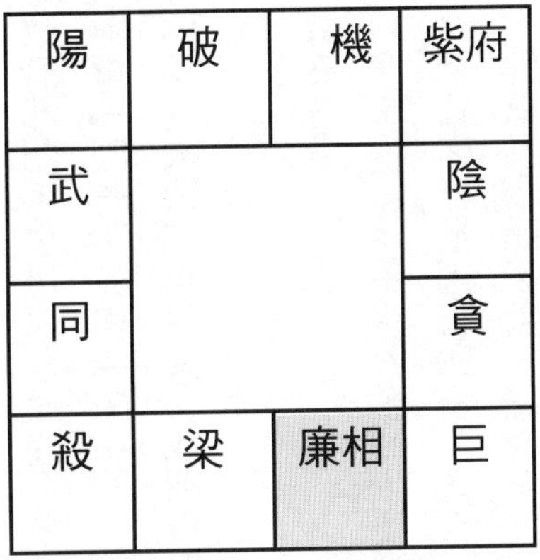

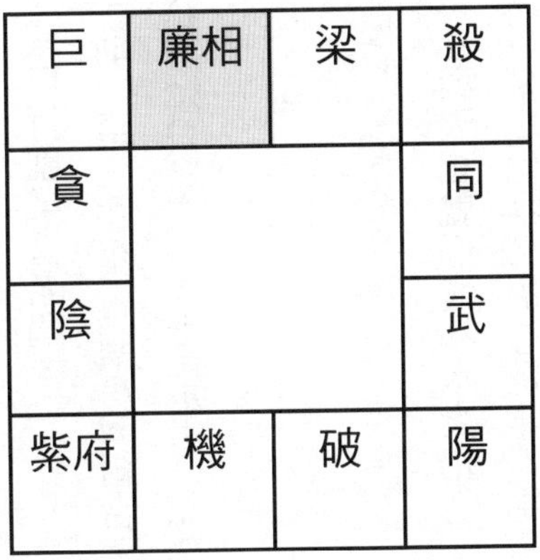

「水火即濟」，當然就廟旺起來。

其實二星同宮於子午，相當麻煩，吉凶很強烈，因為廉貞是很凶悍的星曜，與天相形成「水火即濟」時，就很好。與天相一旦「水火相剋」時，就很麻煩，因為可能形成較易招惹是非與刑事糾紛的「刑囚夾印」格。

①「刑囚夾印」格

「天相廉貞擎羊夾，多招刑仗難逃。此亦名『刑囚夾印』之局，如天相在子，當有廉囚同度，若逢擎羊同宮，相沖最凶，官災必不免也。或囚印同度，而羊陀相夾，或會合來沖，亦不利也。但較輕，如有吉星祿馬來扶，驚而不險，結果不妨。」

廉貞「司品秩與權令，化氣曰『囚』」

天相「陽水，化氣曰『印』，為官祿之主宰。」

擎羊「陽金，北斗之助星，在數主凶厄，化氣曰『刑』」

廉貞星因「司權令」掌權威與法令，所以性格較強悍與極端，具有權威性，自信心與企圖心都很強，敢做敢為，活在自以為是的世界裡，賦性上並會與法律規範沾上邊有所牽扯；又「司品秩」，除泛指官僚體系的官品、俸秩及等第、次序之尊卑之差外，與一個人的品性與行為秩序也有關；故如呈現正面作用時，會嫉惡如仇，遵循並捍衛法令，伸張正義；如見忌煞多呈現負面作用時，遊走法律邊緣，是非、糾紛很多，嚴重時甚至會作奸犯科、違法犯紀，牽扯到司法訴訟。

天相「印」星，所謂「印」，指的是事業方面的權柄及決定權。在古代官衙或在現代政府部門裡，有所職掌與權柄的官員，就要佩綬有官「印」，才有最終的決定權；但可別食古不化地認為天相就一定在政府部門任職，以現代意義來理解「印」星，代表的就是「權柄或決定權」，可以是政府部門，也可以是民間企業，甚或自行創業當老闆。

廉貞「囚」、天相「印」、擎羊「刑」這三顆星會同宮的組合，必定是廉貞與天相同宮於午宮，丙年生人或戊年生人；或廉貞與天相同宮於子宮，壬年生人。茲分述如下：

◎廉相在午宮

丙年生人→擎羊坐入午宮，廉貞忌也化入午宮。

是正格之「刑囚夾印」。廉貞一化忌與天相就形成「水火相剋」，精神與想法上常自我衝突矛盾，脾氣易暴躁衝動，怎會與人相處得來？也容易招惹是非；見擎羊更形成「火金相剋」加重

巨	廉相	梁	殺
貪			同
陰			武
紫府	機	破	陽

陽	破	機	紫府
武			陰
同			貪
殺	梁	廉相	巨

其暴戾之性。這種人性格相當強悍，會強詞奪理，一輩子是非、糾紛不斷；若再有其他煞星，也是「廉貞，四煞，遭刑戮」、「廉囚惡星，逢四煞聚會，主為人凶暴狡詐，多犯法而遭刑戮，或早年即夭橫。」的格局。

戊年生人↓擎羊坐入午宮

因為廉貞沒化忌，就不會引動「刑囚夾印」的凶象。但就如同一顆地雷埋在那裡，當走到「丙」之大限時就引爆。所以要留意有沒有走到「丙」之大限，再看它是哪個事項宮位？這宮位就較有是非問題。如走到「壬」之大限，武曲化忌來沖，仍會有是非、糾紛，但能夠化解。因為午宮此時就有大限的天梁祿與先天祿存所輔，讓午宮強旺起來，所以一般還是能夠化解。但如走到「壬」之大限，再碰到「丙」之流年，就比較麻煩。此時就要看午宮有無再見到火、鈴星，如果有，就比較嚴重；若無火、鈴星，就較沒關係。

◎廉相在子宮

壬年生人↓擎羊坐入子宮

命宮有擎羊的人都比較強悍積極，敢做敢為；但壬年生人，子宮的擎羊有雙祿（天梁祿與祿存）所輔，能制煞為用，擎羊化為行動的利劍，這種人除性格強悍外，做事能力很強，反有利於開創，但一輩子也較勞碌。

即使走到「丙」之大限，其凶象也比「廉相在午宮」走到「丙」之大限的凶象小，能夠化解。

◎廉相在午宮，丁年或己年生人↓祿存坐入午宮

廉相在子宮，癸年生人↓祿存坐入子宮

「囚印同度，而羊陀相夾」就一定有祿存同宮。

祿存所在宮位的甲級星曜如果廟旺，則左右鄰宮的擎羊與陀羅，就好像貼身保鑣或守衛一樣，保護著祿存所在宮位。因此一般而言，「囚印同宮」坐「祿存」的宮位算是不錯的宮位，此時的廉貞與天相是「水火即濟」，能發揮甲級星曜的正面作用。

不過要提醒的是，行限的過程（指大限而言）不要碰到廉貞化忌。即當走到「丙」之大限，此時的廉貞與天相就變成「水火相剋」，且其凶象不單單僅是如「羊陀夾忌」般的旁邊周遭有小人、流氓，虎視眈眈地覬覦，讓你受制、委屈。此時除了「羊陀夾忌」外，被夾制的宮位還帶有「刑囚夾印」的作用，所以其凶象就特別凶，就好像有個難關或瓶頸，沒辦法突破。

◎廉相在午宮，壬年生人↓擎羊由子宮沖入子宮

「會合來沖，亦不利也。」

「刑囚夾印」除了本宮以外，如三方會合廉貞「囚」、天相「印」、擎羊「刑」這三顆星曜也算是「刑囚夾印」的偏格組合，但前提也必須有廉貞化忌或武曲化忌。

廉相在午宮坐命，壬年生人，午宮也很麻煩，三方形成「刑囚夾印」。因為壬年生人，五虎遁起壬寅，遁到午宮正好是「丙午」廉貞化忌，而午宮是命宮，這就不僅僅是第一大限的問題，而是先天命格就具有「刑囚夾印」的特質，一輩子是非、糾紛、麻煩不斷。

②「掛羊頭賣狗肉」、「明修棧道，暗渡陳倉」

廉貞與天相一屬「陰」、一屬「陽」，五行屬性的本質又為迥然不同之「水火相剋」，因此同宮二星的另一特性，便是「表裡不同」或「表裡為二」。「表面上」像是「外顯」的天相「陽」水，穩穩當當，光明正大的從事某項本業（可能是人、事、物），但同時間有另一主業（可能是人、事、物）；這另一主業不見得是偷偷摸摸見不得光，也可能很正當，其性質視廉貞與天相二者的關係是「水火即濟」或「水火相剋」而定。因天相沒有四化，而廉貞星則可能化祿或化忌，因此除了會吉或會煞，會影響「水火即濟」或「水火相剋」外，廉貞星的祿、忌，也成為相當的關鍵，且吉、凶很極端。

當廉貞化忌見煞多時，廉貞與天相便形成「水火相剋」。天相的「表」與廉貞的「裡」就相互衝突而迥然不同，可能表面是滿口仁義道德的很熱心公益，很積極地幫忙協助調解糾紛，因為天相星有「性喜調停、多管、好奇」的賦性；但骨子裡卻別有居心，暗地裡從事其他另有目的見不得光之行為；或表面上是經營正正當當合法的行業，實際上只是裝飾，好掩蓋非法的主業，亦即有所謂的「掛羊頭賣狗肉」或「明修棧道，暗渡陳倉」的味道。

當廉貞化祿時，廉貞與天相形成「水火即濟」。此時便不是暗藏居心、別有目的了，而是二者相互關連並相互支援，後面的主業可能是經由前面的行業所衍生或提升而成立，且二者均是光明正大的合法行業。

如廉貞星沒化祿或化忌，要看會吉或會忌煞的多寡來決定究為「水火即濟」或「水火相剋」；如不會忌煞，也不會吉，可能不特別好，也不特別壞，二者各行其是也不相關聯。

◎按：此「掛羊頭賣狗肉」的說法，不見於古賦文及其他紫微斗數相關典籍中，係筆者於上王雲峰老師的斗數課程時，一位當時正就讀台大電機研究所之同學江怡霆因王老師之教導所提出，在此一併說明與致謝。

(3)紫相

紫微與天相同宮於辰戌二宮，對宮為破軍。合方宮位為武曲天府，及單星獨坐之廉貞。

紫微（屬陰土）、天相（屬陽水）。

紫微「乃至尊之宿，又名帝座」。

帝王星，代表著氣勢與能量，具有主導及控制的慾望，主觀意識強烈，凡事以自我為中心。

天相「化氣曰印，為官祿之主宰」。

所謂「印」，指的是事業方面的權柄及決定權。天相的格局如往正面發展，不見得自己當老闆，即使是上班族，在政府部門或在民間企業公司發展，都能位居高階具決定權的職位。

梁	殺		廉
紫相			
巨機			破
貪	陰陽	武府	同

同	武府	陰陽	貪
破			巨機
			紫相
廉		殺	梁

紫微與天相都是屬事業方面的「官祿主」星曜，因此會引起其興趣與關注的事項，必定與事業上之爭權奪利，或有利害關係的利益分配有關。天相具有「多管」、「性喜調停」的特性，與公眾事務或服務業領域相關，當天相與紫微同宮時受到紫微星的影響，而有強烈主導及控制的慾望，見煞多時會堅持自己的主張，不理別人的看法，要怎麼做就怎麼做。主觀意識強烈的性格，一旦掌握權力又具有決定權時，所做的決定如果又是涉及他人有關的事項，其造成的影響力就很鉅大，因此好壞很極端。

紫微與天相同宮於辰、戌，另有所謂「君臣不義」格局的說法。

「紫破辰戌，君臣不義。辰為天羅，戌是地網，不利紫微帝星，帝居辰則破軍必居戌，帝戌則破軍必居辰，凡人身命分居辰戌而遇紫破，主為臣不忠，先貴而終敗，若命得帝星而身不逢破軍，另當別論，但必可富而不能貴也。」

「天羅、地網」聽起來很聳動嚇人，這是「八字」的用語，就紫微斗數而言，其實沒那麼神祕，就只是它的五行屬「土」。十二個地支宮位，如以金、木、水、火、土等五行屬性來區分，辰宮、戌宮、丑宮、未宮同屬「土」。

紫微星的五行屬「土」，進入的地支宮位又屬「土」，「土」星進「土」位，太穩了，施展不開。帝座的紫微星，太穩之後變成固執，自我意識會非常強烈，不易撼動，聽不進其他意見。

「君、臣」並不是指封建制度下的皇帝與官吏。

所謂「君」指的是領導者，「臣」指的是協助者。現代人不論是從政或從商，一個人單打獨鬥是成不了氣候，想要成功，一定要有個團隊或組織。成功的領導者，必須要有能幹的協助者幫忙，集眾人之力，分工合作，發揮團隊精神，才能有較大成果；亦即一定要有人來協助，而不是孤軍奮鬥。

尤其雙星同宮的紫微星格局，規模、慾望都特別大，要想成其大，就必須有「部屬」從旁協助，以分憂解勞，也因此本格局才會特別強調「破軍」星。

「破軍陰水，北斗第七星，司夫妻子女奴僕之宿」，破軍在賦性上「主奴僕」，此之奴僕，不能照字面解釋，以現代意義而言，指的是領導者身邊直接所用之人，主要的助手，或直接所管、所指揮的部屬，亦即關係比較密切的人，不是普通無足輕重的員工；所以一旦彼此反目，殺傷力就很鉅大。

現實社會中，身為領導者的團隊領袖或公司老闆，帶領員工及團隊在草創初期，辛苦一些沒有對等的回報，協助者的部屬還無所謂，因為還有未來的果實可以期待；但在事業賺錢或團隊有成果後，領導者還只考慮到自身利益而對員工或協助者苛薄，沒有給予對等的回報與照顧，部屬員工當然只得自求多福，另謀打算。原本感恩圖報是人情義理，領導者有情有義，照顧並改善部屬的生活，協助者的部屬自然會盡心盡力以回報，彼此間形成個良好的循環回饋。如其中一方沒盡到其本分，整個循環回饋機制就會失衡破壞，產生或大或小的問題與傷害。

就紫微斗數而言，紫微與天相、破軍都不會化忌，但不代表就不會「相剋」。因為五行屬性，「水」與「土」本就有「相剋」的成分，當見煞星多時，就會產生剋害，心神不定。如再有忌星來沖，就會衝突心神不寧，自己與自己打架。

此格局會有所謂的「君臣不義」的情形，都是在星曜呈現負面的狀況下，故前提都是有見煞星。而剛星見煞多的人，都會有比較「現實」自利的現象。

紫破辰戌，見煞多之命格的人，自我意識很強烈，考慮事情都會比較現實，即以「現實」層面來思考，看相互間有無利用價值。

「君臣不義」不代表它的人際關係一定不好，會相互起衝突。只是代表這種人在人際關係的互動上比較偏重於現實利益層面的考量，用比較「現實」自利的眼光來處理人際關係，沒有施恩及感恩圖報的觀念。當彼此間有利害關係，不得不賣你帳時，對你非常好，打躬哈腰，稱兄道弟，也會儘量滿足你的需求，讓你感到貼心忠誠；當利害關係消失時，不但不會點頭打招呼，甚至視而不見，形同陌路。就如《莊子．山木》所言「夫以利合者，迫窮禍患害相棄也」。

現實、自私是人性的一部分，本沒什麼好苛求，但如果太現實、自私的人，凡事都以自己利益為考量，就難成大器，也無法長久持盈保泰。這種人不見得一定會破敗潦倒而身敗名裂，但一旦陷於困境或遭遇困難時，就很難獲得別人伸手相助，或情義相挺。可能在中年時還很好，到五、六十歲時卻晚節不保，不能保有原本的成果；或正處於巔峰狀態卻有人來逼宮而不得不交棒；或上班族做到高階主管，希望再做下去，但環境已容不得他待下去，被公司強迫退休……等等現象。

(4)武府

武曲與天府同宮於子午二宮，對宮為七殺。合方宮位為紫微與天相，及單星獨坐之廉貞。

梁	殺		廉
紫相			
巨機			破
貪	陰陽	武府	同

同	武府	陰陽	貪
破			巨機
			紫相
廉		殺	梁

天府（屬陽土）、武曲（屬陰金）形成「土生金」，且為「陰」「陽」相生的陽土生陰金，

「相生」的力道更強。故一般對天府與武曲的組合評價頗為正面。

> 「此星（武曲）入廟，與天府同度於子午宮，而無擎羊沖破，主有高壽，以財帛及田宅宮為廟樂之鄉。」

> 「天府武曲居財宅，更兼權祿富奢翁。二星同度，僅子午二宮，皆是廟旺之地，若人之財帛，或田宅逢之，更有武曲化權或化祿，其富必矣，忌煞沖破，則不利。」

同宮的星曜有二顆甲級星曜者，首先要留意彼此是「相生或相剋」的關係，再來視其是會吉或會煞。二顆甲級星曜五行屬性「相生」的，性格上就比較能夠平心靜氣，不易發怒，自然就較長壽；反之如彼此「相剋」，自己與自己打架，無法靜下心來，再有擎羊進來，就比較沒有辦法心平氣和，脾氣衝動，所以不容易長壽。

天府與武曲都「主財」都是「財星」，但讀者不要就此以為這種組合的人特別有錢，其實只是這種組合的人比較有金錢觀念或理財觀念。而有金錢觀念或理財觀念，並不代表就一定會有錢，二者不能劃上等號；如天府與武曲的組合不見吉星，煞星又一大堆，反而是特別會亂花錢。

武曲是北斗「將星」，所以它的主財，是一種開創或「動態」，如何去賺錢去爭取利益，以創造財富。

天府是南斗「令星」，發號司令，所以它的財，偏向於管理，能把所擁有的資源做充分管理利用以發揮最大效益。即將現有資源運用管理以獲利，所以天府星的人有了錢以後，不會將錢閒置，會善加運用管理從事理財，而其理財的管道又較偏向於不動產方面。

以「武曲」為主的「雙星」組合中，與天府同宮，對武曲而言是最穩定，負面作用最少的組合。因為武曲北斗剛星，對羊、陀、火、鈴等四煞星很敏感，會形成「寡宿」、「鈴昌陀武」、「財與囚仇」等凶格。而天府則是十四顆主星中最不畏羊、陀、火、鈴四煞星的甲級星曜，因為包容性大「能制羊陀為從，化火鈴為福。」故能降低減輕羊、陀、火、鈴四煞星對武曲的負面作用。當然前提還是要有見吉星，讓格局強旺才能制煞為用。否則不見吉星，即使是天府見羊、陀、火、鈴四煞星，都會往負面發展，談不上「為從、為福」的制煞為用。

天府最忌與空劫同宮「忌入空亡，則以孤論，主不吉。」，因為「土空則陷」，變成「空心大佬官」，表面看似很穩，很有架勢，但只是虛有其表或虛張聲勢，骨子裡面沒有內容，不扎實。但空劫則對武曲的傷害不大，見吉反有「金空則鳴」的作用。

因為天府與武曲對六煞星能有互為彌補彼此弱處的優點，使煞星不全然全朝負面發展，故二星同宮算是很好的組合。不過天府與武曲的組合如見煞多，不見吉，導致星曜弱陷，當然也會讓格局往負面發展；金錢觀念會較偏差，不見得賺得到錢，即使一時有錢，也有守不住之現象；但其負面作用相較於其他剛星見煞多的組合，就來的降低很多。

如格局好見吉多，則既能「攻」，又能「守」。有金錢觀念，會積極地去創造財富；賺了錢以後，也會善加管理運用，以累積更多的財富，重點是能守得住財富。除了稍「現實」勢利些之外，是相當好的搭配組合。

(5)廉府

廉貞與天府僅在辰、戌二宮同度，對宮必為七殺；合方會武曲、天相及單星獨坐之紫微。

天府（屬陽土）、廉貞（屬陰火）形成「火土相生」，且為「陰」、「陽」相生的陰火生陽土，「相生」的力道更強。

陰	貪	巨同	相武
廉府			梁陽
			殺
破		紫	機

機	紫		破
殺			
梁陽			廉府
相武	巨同	貪	陰

二星僅在辰、戌二宮同宮，辰、戌為所謂的「天羅、地網」，五行屬土的宮位，因為星曜與宮位的五行相生，因此穩定度增加。原本廉貞星為北斗剛星，五行又屬「火」，照說是十分活躍、積極、熱情、不安分；但因屬性為「陰」，所以較不外顯，如無適當的宣洩管道，就變成悶燒在內心裡頭，故「化氣為囚」形成壓力鍋，一旦爆炸，殺傷力就很強；但因與天府同宮在五行屬「土」的宮位，能適度的宣洩「火」的燥動不穩定，降低其走極端的負面作用。故賦文對天府與廉貞的組合評價也頗為正面：

「天府戌宮無煞湊，甲己生人富萬金。戌宮有廉貞同度，陽土陰火併入庙而相生，庙樂之鄉，甲年生人化祿入命，祿存并化科入事業，財逢帝座，己年生人祿存并化祿於財官二地來朝，均是富中取貴之格，且是富貴揚名。若丁生人魁鉞夾命，祿存入財，主富，亦佳，最忌乙丙戊年生人羊陀沖命，加煞夭折橫死，即有吉救，亦一生成敗起伏，是非眾多，尤以丙年生人，若再逢火鈴，因化忌入命，多遭刑戮。」

三方四正的組合構成一個人的命格，此段賦文雖是指廉府在戌宮而言，戌宮的三方有武曲財星與天相印星在事業宮，紫微帝星在財帛宮，本宮天府又主財宅，這種組合本就很有「務實」的金錢觀念，重視人世間的功名利祿。如再有化祿或祿存在三方吉化，祿星具有財利及順暢的作用，會使星曜朝正面發展，對想追求取功名利祿的人而言，其結果當然是財利很旺的「富貴揚名」啊！

同樣的廉府在辰宮，其三方四正也是相同的組合。

吉凶的重點在於是否見到化祿與祿存，如未見到化祿與祿存，更有羊陀火鈴併化忌來沖，星曜便會朝負面發展。尤其廉貞「囚星」對羊、陀、火、鈴四煞星相當敏感，有所謂「廉貞四煞，必遭刑戮。」的說法，因為廉貞星「司品秩與權令」，當忌煞來沖使星曜朝負面發展時，很容易有是非糾紛，嚴重時可能會涉及違法亂紀而有刑事官非。故一輩子非常勞碌辛苦，是非糾紛也較多。

廉貞與天府，一屬「陰」，一屬「陽」。屬「陰」的廉貞星會將事情悶在心中不明講，屬「陽」的天府較為開朗光明。二星同宮於五行屬「土」的宮位時，因五行的屬性本質是「火土相生」，而有穩定作用，故不會像廉貞與天相水火衝突相剋，而有「表裡不同」或「表裡為二」的「掛羊頭賣狗肉」或「明修棧道，暗渡陳倉」的現象。但天府開朗直接的有話明講，受到廉貞星的影響，仍會比較婉轉。

另外，天府，是南斗「令星」，發號司令；廉貞，「司品秩與權令」。因此二星的組合對資源的分配會很有原則，很重視對法令、體制的維持，對人「情」方面比較難溝通。但廉貞化忌如不再見火鈴煞星並會吉星時，反而會比較靈活有彈性，對於制度面比較不會咬的那麼死板，因為辰、戌二宮當廉貞化忌時一定沖羊陀，較敢於遊走法律邊緣，此時廉貞的星自有一套遊戲規則，只要符合其自訂的規範，便認為給人方便就是給自己方便。

(6)武相

武曲、天相僅在寅、申二宮同度，對宮必為破軍。合方會照廉貞與天府及單星獨坐之紫微。

機	紫		破
殺			
梁陽			廉府
相武	巨同	貪	陰

陰	貪	巨同	相武
廉府			梁陽
			殺
破		紫	機

武曲（屬陰金）、天相（屬陽水）形成「金生水」，且為「陰」、「陽」相生的陰金生陽水，「相生」的力道更強。故武曲與天相是頗佳的組合。

現實人生當中的錢財，不會從天而降或平白冒出，必須努力去爭取創造，才能獲得。武曲，是斗數上的財帛主，為北斗剛星，具有行動力與開創性，不會守株待兔坐等錢財上門。它之所以為財帛主，是因為對錢財很有概念，會盤算如何賺錢獲利並積極地採取行動以達到目的；且屬「金」，又屬「陰」；「金」有凝聚、內聚的作用，而屬「陰」就不會招搖愛現，故能守能累積財富。

天相「化氣曰印，為官祿之主宰」，有「印」，才有權柄及決定權。天相格局好的話，如為上班族，不論在政府部門或民間企業裡，最終大都能晉升到具有決定權的高階管理階層的職位。天相也「專司衣食」，而「衣、食」的滿足是人類生活最基本的需求。有些人是為了基本的生活需求而工作，甚至單靠自己的工作收入尚不足以維持家中生計，必須配偶也外出工作才能勉強維持家裡開銷；婚後為了生計而外出工作與不為生計而工作，二者的感受是不一樣的。

天相坐命，如是旺宮會吉，則一輩子生活無缺，不必為了基本的生活而奔波勞碌，也講究生活品質，其工作是為了更大的權力或財富。但如弱陷又忌煞一堆，則工作是為了維持基本生活的衣食所需，甚至都有問題。

天相與武曲同宮乃「財」「印」的組合，必在寅申二宮。其財帛宮為廉貞與天府，事業宮為單星獨坐之紫微。此種組合格局為紫微斗數上很大的「紫府相朝桓」格，依賦文所載「天相若與紫微左右昌曲嘉會，乃財官雙美之局」，此之「財官雙美」除了指財帛宮的天府星「為財帛之主宰」與事業宮的紫微星「專司官貴」外，也與武曲與天相的「財」、「印」有關。但真要能夠「財官雙美」，也要會吉星，尤其是左輔與右弼；因為「紫府相朝桓」格的大格局，需要左輔與右弼讓它穩定及延伸，事業須要穩定才能持續發展，才能成其大。否則「三年河西、三年河東」不穩定的起伏變化，不論在那種領域都不容易有很大的成果，即使一時因緣際會興起，也無法持續。昌曲主聰明才智，做事情能找出條理脈絡，也能接受新知識領域，跟得上潮流發展，也是輔佐大格局所不可或缺的吉星。

假定「紫府相朝桓」格沒有會到左右昌曲，但不見忌煞，雖也不錯，但發展到某個程度就上不去了，會有侷限與瓶頸。

（三）「機月同梁」格局——屬南斗星及中天星太陰的柔星組合

「機月同梁」格局是以天機、太陰、天同、天梁等四顆柔星在三方四正所組合而成。

要「機月同梁」等四顆星會齊，在星曜的組合上必是「機陰」、「同梁」、「機梁」與「同陰」等「雙星同宮」在地支的「陽宮」，命盤上其他的組合則為「雙星殺破狼」格與「府相」格。

如機、月、同、梁四顆星並無「雙星同宮」，則其三方四正中必定少掉其中一顆，無法同時湊齊機、月、同、梁四顆星，不過一般仍以「機月同梁」格視之，此時命盤上其他的組合則為「紫府廉武相」格及「單星殺破狼」格。

	機	破紫	
陽			府
殺武			陰
梁同	相	巨	貪廉

殺紫			
梁機			破廉
相			
巨陽	貪武	陰同	府

相	梁	殺廉	
巨			
貪紫			同
陰機	府	陽	破武

貪廉	巨	相	梁同
陰			殺武
府			陽
	破紫	機	

府	陰同	貪武	巨陽
			相
破廉			梁機
			殺紫

破武	陽	府	陰機
同			貪紫
			巨
	破廉	梁	相

《孟子·離婁章句下》孟子曰：「人之所以異於禽獸者，幾希。」

就生理需求及反應而言，人與動物的差別不大，但人類之所以有別於動物成為萬物之靈，主要在於人類能互助合作、相互幫忙，擅於語言文字表達與溝通及具有抽象思考能力，並重視親情與人際關係。就紫微斗數的星曜組合而言，這方面的特質就以「機月同梁」格局為代表。

「機月同梁」格，個性溫和有彈性，與人相處較有包容性，重視家人親情關係與一般人際，對「人」的關注力大於對「事」，注重人與人之間的相處關係，在人際之間比較會考慮到別人。當然所有的人都會考慮到自己，但機月同梁格較具有「同理心」，則除了考慮到自己外，也會考慮到別人，不會差別很大。對人際關係之經營，沒有目的性與利害關係之考量，純粹基於與人為善的人文關懷本質。

因其組成的星曜都是「柔」星與「善」星，較具理想性格與人文關懷之特質，不同於較具有目的性的「雙星殺破狼」格與「紫府廉武相」格；也有別於同樣是南斗星卻較「務實」注重資源層面的「府相」格；機月同梁格局較偏向精神及人文層面，也因為較不講究功利現實面，因此有所謂的「機月同梁忌煞也善三分」的說法。

雖說「機月同梁忌煞也善三分」，如形成凶格，則在親情及人際方面會有很多無奈的遺憾與困擾，尤其當形成「天機天梁擎羊會，早見刑剋晚見孤」或「人離財散」等凶格時，對親情及人際方面的傷害尤甚；其實只要形成凶格，不管在哪一宮位？一旦被行限忌煞引動，都會造成某種程度的傷害；如僅是弱陷或忌煞交沖，在人際關係上反而變成退縮、害怕、排斥、逃避；如又有桃花星，表現在男女感情方面則屬內向、害羞、悶燒，愛在心裡口難開類型；若有忌煞但廟旺見吉，在人際關係上則反較主動、積極、熱情。

另外，「機月同梁」格局也主一個人的思考、想法層面，因此格局好時，很擅思考、想像，對理論很會思辨、分析並有條理，學習能力很強。但「思考、規劃」的能力強，並不等同於「執行力與行動力」也強。

在做事情上「機月同梁」格傾向謹慎、保守，慢條斯理，按部就班，常將現在與過去做比較，習於依過往的經驗辨事。因此事情實際要如何去推動執行，機月同梁格並不擅長，尤其對新興的領域或突發事件的應變等事項，它本身的行動力及即時反應力是不足的，行動執行力仍是要看殺破狼的格局。

「機月同梁」格局的組合類型

計有「機梁」格、「同陰」格、「同梁」格、「機陰」格，等「雙星同宮」之組合。其中「機梁」與「同陰」此二格局必定在三方交會。「雙星同宮」之「機月同梁」格，其三方四正湊齊了天機、太陰、天同、天梁等四顆星，因此其「機月同梁」格局的賦性作用較為完整。此時命盤上其他的組合則為「雙星殺破狼」格及單星獨坐的「府相」格局。

另有三方四正無法完全湊齊天機、太陰、天同、天梁等四顆星的「機月同梁」格。此為單星獨坐的「機月同梁」，此時整張命盤其他星曜格局的分布，除了雙主星組合（紫府、廉府、武府、紫相、廉相、武相）的「紫府廉武相」格局外，就是「單星殺破狼」格。

因本文並非屬介紹個別星曜賦性的專書，就不對天機、太陰、天同、天梁等四顆個別星曜的賦性加以介紹，僅就「機梁」格、「同陰」格、「同梁」格、「機陰」格，等「雙星同宮」之「機月同梁」格，介紹如下：

1. 機梁

天機與天梁於辰、戌二宮同度，對宮及事業宮均空宮無主星，會雙星同宮之天同、太陰於財帛宮。

殺紫			
梁機			破廉
相			
巨陽	貪武	陰同	府

府	陰同	貪武	巨陽
			相
破廉			梁機
			殺紫

天機（屬陰木）、天梁（屬陽土）形成「木土相剋」，但為「陰」、「陽」相剋的陰木來剋陽土的有情剋，故是「制」，而非「剋」。其實所謂的「制」也只是多個名詞，不論是「制」或「剋」，觀念上不要把「剋」一律都想成是負面的「剋害」；有「剋」就會有「變化」，不會呆

板的一成不變，不見得不好；如格局組合的好，「相剋」所產生的正面力道會更強；只要天機不化忌，其「相剋」是主一種「變化」。

天機之五行屬性為「陰木」，五行的「木」就好比在野外的樹木，生長在土地上，向上生長再分支散葉，具有「延伸」性；樹木遇風就飄動，故具有「動」與「柔」的特性。樹木隨風飄動但除非遇到強烈颱風連根拔起外，並不會隨風飄走，它的根基或基礎還在，因此它的「變動」屬「萬變不離其宗」的「有跡可尋」，還是有個基礎。不同於「火」，「火」向上燃燒後就隨風而散，跟下面沒有關係了。

屬「木」的星曜都比較活潑好動，但天機屬「陰」，較內斂，所以它的「動」在「裡層」並不外顯，屬於內在、內心層面的「動」。故偏向於內心思考方面的動個不停，表面上沒有什麼動作，但腦筋裡已九彎十八枴想了許多。因此在思考方面都較周詳。

天梁之五行屬性為「陽土」，五行的「土」平穩、包容，「土」除了受到外力的推擠外，自己不會動，很穩定。因此五行屬「土」的星曜（例如:紫微、天府、天梁）都不會很輕挑、輕浮，會給人穩重的感覺。

天機、天梁二星僅在辰、戌二宮同宮，且均屬旺宮。

「機梁會合善談兵，居戌亦為美論。此二星同度，僅限於辰、戌二宮，以辰較戌為更佳，此格又名『善蔭朝綱』之格，為人多有技術，善辯論，加吉有富貴，煞多亦平常之命也。」

所謂「善談兵」，倒不是真的指談論作戰之兵旗演練或戰略方面的問題，而是指這種格局的人，口才大概都很好，口語表達能力很強，談起話來頭頭是道，條理分明，表達流暢清楚，內容又言之有物。

「善辯論」，機梁的人如前所述，口才大概都很好，但真要談到辯論、爭辯，一般而言還是要再見到「化權星」，有權星才有強烈的企圖心去征服或說服別人。乙年生人天梁化權或丙年生人天機化權，通常很有自信，辯才無礙，講起話來有分寸又很有道理，能滔滔不絕的雄辯。但乙年生人有擎羊沖入，形成不利親情的「機梁擎羊會」凶格，雖自坐有祿權，能幹歸能幹，口才也雄辯滔滔，可是一輩子在親情方面比較不利。

之所以「以辰較戌為更佳」，是因為機梁在辰宮，雖然遷移宮與事業宮為空宮無主星，但辰宮除了形成「善蔭朝綱」格外，起碼財帛宮天同、太陰在子宮是旺宮並形成「水澄桂萼」格；而機梁在戌宮，遷移宮與事業宮一樣為空宮無主星，但財帛宮天同、太陰在午宮卻是是弱陷之故。

紫殺			
機梁			廉破
相			
陽巨	武貪	同陰	府

2.「善蔭朝綱」格

天機化氣曰「善」，又名「善宿」。故這個「善」是指天機星而言。天機星如為未形成忌煞交沖，脾氣大概都不錯，不會亂發脾氣，心地慈善、待人客氣。

天梁星「乃父母之主宰化氣曰蔭」，故又名「蔭星」。「蔭」，庇蔭之意。傳統上指能得到上一代的庇蔭，或者除了家族的庇蔭外出社會後也能得到貴人的提攜。

「善蔭朝綱」即機梁命格，格局好的人，較能得到長輩的庇蔭提攜，或是得到條件比較高的人（上司或老闆）提拔。且不僅能夠得到別人的幫助提拔，一旦當他有條件有辦法時，只要他能力能夠辦得到，也很樂於去庇蔭或照顧別人。

此格局的人稟賦善良，樂於助人，會把別人的問題當做自己的事情，幫忙協助排解問題，在親情及人際上很熱心，對人好純屬與人為善，沒目的性也不求回報。

如見煞多，形成「機梁擎羊會」，星曜往負面發展時，雖仍是熱心積極幫人，結果卻常是「公親變事主」、「棚頂做到流汗，棚腳嫌到流涎。」，他人對其熱心幫忙的部分，不見得領情感激，對不如意的部分反而還會責怪，變成裡外不是人，徒惹一身腥。

格局好往正面發展時，這種人的心地都蠻善良，很會為人設想，有著「助人為快樂之本」的良善與天真。因為會考慮別人的立場並為人設想，往往就會犧牲或放棄自己的立場，以減少衝突，達成人際上的和諧。但無法堅持自己原本立場，當然就達不到原先設定的目標。所以在事業工作上不適合做純粹的買賣業，因為較沒成本觀念，在價格上心太軟，會讓步，狠不下心，不懂得喊價與殺價，也不會討價還價；較適合做有專業技術的服務業，因為專業技術的服務業有一定的市場行情，不需喊價，而其提供的專業服務常是物超所值。

天梁，有一種「意外」的作用。它的想像力如天馬行空，出人意表之外，常在未知的領域奔騰，但過於抽象。

天機，主機智，腦筋很靈活。它的想像力比較具體，在已知的範圍內反覆不斷的思考。

機梁同宮，有形成「木剋土」的關係，反而是件好事。傳統命理上有「相生」就「吉」就很好，「相剋」就「凶」就不好的觀念，實際上並不盡然如此。

原本天梁漫無邊際，沒有節制的想像力，會因為天機的控制得到制約而有具體的成果；天機的思考原本不會去想超過現況的範疇，此時天梁抽象超越現實的一面，就提供天機更寬廣的空間；彼此相得益彰，具有豐富的想像力，也能思辨出具體有用的想法。

二者組合反應在聰明才智方面，則思慮非常周詳，會想到別人想不到的事情。大部分的人習慣以同一角度來看問題，但天梁星的人卻可以從不同角度看問題，所以也就可以發現別人從未發現的問題。因此機梁的組合，聰明才智都很高，學習能力很強，多才多藝、多學多能，口才也比較好。只要有機會去學習，則學什麼會什麼。

也因為「相剋」有變化不會呆板，所以對有「技術性」的技藝、技能，很喜歡深入學習，因此在命格上比較會具有「專業技能」。

3.同陰

天同與太陰僅於子、午二宮同宮，對宮及財帛宮均空宮無主星，會雙星同宮之天機、天梁於事業宮。

殺紫			
梁機			破廉
相			
巨陽	貪武	陰同	府

府	陰同	貪武	巨陽
			相
破廉			梁機
			殺紫

天同（屬陽水）、太陰（屬陰水），五行同屬「水」。

屬「水」的星曜有流動、擴散、柔軟的特性，具備「動」與「靜」的不同面向。「靜」時可以是風平浪靜、水波不起般的心平氣和或心如止水狀態。「動」時也可以是驚濤駭浪、波濤洶湧般地激烈急躁。端視主星（斗數十四顆主星中五行屬水的星曜所佔比例最高，計有：天相、天同、太陰、巨門、破軍等五顆）的賦性，與會吉或會煞，而有不同的變化。

天同與太陰同宮於子午二宮，均有形成特殊的格局：

(1)「水澄桂萼」格

「天同與太陰同度在子，乃水澄桂萼之格，大吉。」

紫殺			
機梁			廉破
相			
陽巨	武貪	同陰	府

「太陰居子，水澄桂萼，丙丁之人夜生，富貴忠良。太陰居子，有天同福星同度，皆是入廟，夜生，則丙年之人，權祿加會（加文昌更吉），但因羊陀在午辰來沖，多主武職榮顯，且若加煞多，恐有橫死之象，丁生人科權祿三合，祿存來照，當富貴雙全，且為人忠良厚道，如癸生人有祿存同度乘旺，主大富。」

「水澄桂萼」是形容一個人心地善良且腦筋聰慧，屬於「寧靜中的生機」類型。看起來很平靜，但不是靜止不動，它動的形式如鴨子划水般表面上看似很緩慢，在緩慢寧靜的狀態中累積孕育；對事情很有耐心，事情的進展不是大起大落或大肆鋪陳的態樣，反而看起來是平淡無奇，不熱鬧，但裡面有豐富的內涵。它屬「機月同梁」格局組合，主星的賦性都是所謂的「善星」跟「柔星」，故心地善良會為人設想，不會是凶狠之徒或狡詐之輩；不像「殺破狼」格局在子宮與辰宮的主星也都廟旺，卻是「立即」的反應，「動」的很快，「起伏」很大。

五行中「水」也主「智」，因此聰明才智都不錯。其實命宮坐旺宮的人聰明才智都不差，再加上星曜本身就主聰明，當然就更加聰敏，如是夜生人，再加往上加乘（因為太陰星更加廟旺）。只要不是忌煞太多讓星曜朝負面發展，則其腦筋聰穎巧慧，思考及分析力很強，頭腦冷靜，只要它想學，再高難度的理論或技術都難不倒它。因此也多才多藝。

「多主武職榮顯」，指見煞星並能制煞為用的情況。例如：丙年生人，雖擎羊與陀羅由午宮及辰宮沖入，但自坐天同化祿並會辰宮的天機化權，故能制煞為用，反而對具有高難度的事情或技術，很有興趣去鑽研。

所謂「丙年之人，權祿加會（加文昌更吉）」，除了文昌可增加聰明才智外，更形成同、機、昌的祿、權、科「三奇嘉會」格局。「三奇嘉會」能使祿、權、科所在宮位的不同星曜，產生良好的結合與互動，發揮星曜整體格局的正面作用，並具有多元豐富的樣貌。但此格局的文昌星最好是位於辰宮或子宮，而不要位於午宮或申宮，因為乙級星曜的廟旺利陷，是視同宮的甲級星曜而定。同宮的甲級星曜旺，乙級星曜就旺；同宮的甲級星曜弱陷，乙級星曜就弱陷；而此格局辰宮的機梁與子宮的同陰都屬旺宮，午宮及申宮則為無甲級星曜的空宮。無甲級星曜的宮位，其宮位均以「弱陷」論。因此乙級星曜的文昌星在此格局最好是位於辰宮或子宮，最能發揮其正面作用。當然有文昌星會比沒有好，這不待言。

「武職」，並非僅侷限在軍警等職業，而係泛指技術性行業。所謂技術性行業，也不是只限於在製造業方面之生產工廠，或具有專門技術的上班族等性質工作。就以買賣業為例，有以成品為商品之買賣標的，如：成衣、西點麵包、手機、電腦……等，也有以半成品或原料類為商品的買賣標的，如：布料、原料、零件……等。因此所謂「武職」的技術性行業，也可以是包含半成品或原料、零件類的買賣業，或帶有技術性質的買賣業，或賣出之商品有提供技術服務的行業。亦即制煞為用的「武職」，除較適合從事生產商品的製造業外，也可以從事賣原料、零件類等半成品之買賣業；但最好不要自己不生產，而拿別人生產好的成品直接賣給消費者，否則煞星的作用就會出現在商品瑕疵等問題方面。再以從事進口買賣為例，如進口的是成品，見煞多的格局，成品多半會有問題；但如進口的是半成品或原料、零件類等，有煞星則較沒有關係，因為煞星的作用已經反應在商品的原料、零件態樣上，或尚需加工處理等。

「且若加煞多，恐有橫死之象」指見忌煞多，無法制煞為用，或形成凶格的情況。例如：戊年生人，本就有羊陀來沖，隱藏有「機梁擎羊會」及「人離財散」的凶格，如除了羊陀外再有火鈴等忌煞來沖，引爆凶格，其結果當然不好。這種人的脾氣大概都很剛烈暴躁，在人際關係方面也不會很好。不見得是所謂的「橫死」，但在健康、脾氣、品德這三方面，至少會有一項不太好。

(2)「馬頭帶劍」格

府	陰同	貪武	巨陽
			相
破廉			梁機
			殺紫

「天同擎羊居午位，丙戊生人鎮禦邊疆。福星居午，當有太陰同宮，本是陷地，主飄泊，故曰邊疆，而丙年生人化祿入命，事業機梁　地化權再合，及戊年生人擎羊入命，有化權，且有雙祿前後來夾，擎羊反為我用，主武職榮顯，此格又名『馬頭帶劍』若無吉多來扶，多不善終。『尤以丙午及戊午年生人為最吉』。」

太陰、太陽在賦性上都是主「動」的星曜。

太陽，屬「陽」，動在「外」。一眼就可看出其好動。

太陰，屬「陰」，動在「裡」。表面上若無其世平靜無波，實則鴨子划水，悄悄進行。

午宮的太陰星屬弱陷，又主「動」，故往負面發展，變成「飄泊」。

這裡所謂的「飄泊」「邊疆」，不須照字面上解釋成飄泊流落於偏遠地區。而是指這種格局的人，比較不會一輩子待在家鄉，較可能會離鄉背井到外地發展，且到外地才較有發展也較適合。

會以「馬頭帶劍」來形容，是因為傳統上以子宮、丑宮、寅宮、卯宮、辰宮、巳宮、午宮、未宮、申宮、酉宮、戌宮、亥宮等十二個地支宮位，分別配對鼠、牛、虎、兔、龍、蛇、馬、羊、猴、雞、狗、豬等十二生肖，二者均以子宮起算順行，午宮所配對的生肖正好屬「馬」；而所謂「劍」，指的是擎羊而言。凡丙、戊年次生人，不論主星是何星曜，擎羊一定是在午宮，因此也都較有主張，只要主星廟旺，都屬於廣義的「馬頭帶劍」格。但這不在本文討論的範圍內。

擎羊入命，一定要命宮強旺，擎羊這支「劍」，才能被制煞而為其所用，否則就會傷到自己。

「機月同梁」是主聰明才智的星曜，所以「馬頭帶劍」格局的人，文韜武略都很不錯。「鎮禦邊疆」不一定是軍人，如為商人，因帶「煞」成格，利於「武職」（製造生產業、技術服務業等類型）。其作為也很有謀略性，有計劃，有魄力，意志力堅定果斷。

◎同陰在午

「此格又名『馬頭帶劍』若無吉多來扶，多不善終。『尤以丙午及戊午年生人為最吉』。」

*丙午年生人

自坐天同祿會戌宮的天機化權。祿權來吉化，化權與擎羊形成一把利「劍」，有相當的創造力，不會墨守成規，會有自己的一套方式。

＊戊午年生人

雙祿夾權，巳宮的祿存與未宮的貪狼化祿，來輔午宮的太陰化權。此時的天機化忌在戌宮的事業宮，傷害並不大；因為命宮有雙祿輔權，事業宮本就較不畏忌煞，戌宮為屬「土」的「墓庫」很穩，忌星來反而有刺激作用，不沖不動。

這種人格局好是好，但是很勞碌。尤其「擎羊入命」，除非是在辰、戌、丑、未四墓庫，在其他宮位大概都有刑傷。會刑剋到自己，外傷之類，甚或有親情方面的刑剋。

這個格局要能發揮的好，還是要會吉會得多，也才能降低化解其刑剋作用。如為二月丑時生人，六吉不會，就較突顯負面作用了。

以上是二十年前，筆者上紫雲老師的「星曜賦性」課程時，紫雲老師講解天同星賦性，對「馬頭帶劍」格局的大致解說，筆者所記載下的筆記內容。

另附錄近來與同門師兄劉董事長針對「馬頭帶劍」格局的討論給讀者參考。

劉董事長是位行事低調、事業有成的殷實企業家，比筆者早好些年即從學於紫雲老師，甚至與紫雲老師的授業恩師何茂松老師都熟識，聆聽過何茂松老師的風采。劉師兄在紫微斗數方面的造詣比筆者深厚甚多，常出人意表之驚人之見。附錄如下：

劉師兄：……例如賦性「同陰在午」，戊年生人，賦性寫「馬頭帶劍」「鎮禦邊疆」，「鎮禦邊疆」個「Bird」。詢問紫雲老師「同陰」南斗柔星及善星，「鎮」個「Bird」。

老師想了想，也給了不同答案及解釋方向。所以有時激發一下，不管對或錯，總會有收獲的。時代背景與社會經歷，或許與前輩寫古賦文時有所不同。

筆者：「同陰在午」，戊生年的「馬頭帶劍」格，我不知道老師現在的看法。

老師在賦性課時的說法是，因為雙祿夾權，化權與擎羊形成一把劍，而有相當的創造力。但太陰弱陷，所以主飄泊，要到外地比較有發展，所以離鄉背井，威鎮邊疆。加上機梁主聰明才智，所以文韜武略皆強。但現在這種說法都已不能說服我了。

我的看法是，南斗柔星就是柔星，就像你說的威鎮個「Bird」啦，南斗柔星就算雙祿輔權也頂多是虛張聲勢而已，怎能帶兵打戰？何況弱陷的星曜，即使見祿權，也是「發也虛花」，表面風光，這是無庸置疑的，否則如何自圓其說？

真正關鍵在——戊生年人使這格局的整張命盤結構強旺起來。

表面上午宮的祿、權、擎羊是「虛張聲勢」，做做樣子。因為午宮畢竟還是弱陷。

但午宮的左右鄰宮（未、巳）十分堅實強大，把午宮給襯托起來。

「左擁」未、卯、亥兵強馬壯的「雙星殺破狼」軍隊。

「右握」巳、酉、丑「三軍未發，糧草先行」後勤供應的「府相朝桓」格坐祿存。

如此的陣勢，就像看似矮小的拿破崙，手邊握有的資源，可是足以橫掃歐洲的強大軍隊，誰能不服？它不能威鎮邊疆，誰能？

因此賦文所說同陰在午，南斗柔星形成的「馬頭帶劍」、「鎮禦邊疆」，還屬無誤。

這格局比廉貞獨坐的「雄宿朝元」格（好比張飛在當陽橋上一聲吼，吼斷了橋樑，水倒流，嚇退曹操的大軍？其實才真正是後繼無力的「虛張聲勢」。）好太多了。甚至也比用戊午「變盤」之「武府」（有關變盤另有一套完整理論，不在此討論）在午的格局來的扎實。

因此，我認為真正能稱「鎮禦邊疆」的「馬頭帶劍」格，只有「同陰在午」的戊生年人（丙生人次之）。並非所有擎羊在午，旺宮制煞為用的都可稱「馬頭帶劍」格。

格局是要整張命盤的整體結構來觀察，否則很難看出全貌。尤其古傳的賦文都是遮遮掩掩，很容易被誤導。不知老師現在的說法如何？

劉師兄：午宮同陰，戊年生人「馬頭帶劍」格局，老師說法如下——

左右鄰宮格局，視環境及時机取資源。「變盤」用法，另當別論。視當時狀況「取卦」變盤。

就同陰在午的「馬頭帶劍」格局，老師舉例：上馬打天下易，下馬治天下守成難。

例如：台灣第一代企業主辛苦打天下。第二代如何守成？穩固後，再求發展。

命理上，適才適用及適格，什麼料放什麼位置。

如軍隊，是第一線開疆辟土的人。「北斗」剛星的「馬頭帶劍」，辛苦搶下灘頭堡後，交給「南斗」、「馬頭帶劍」格，穩固局面，守穩陣地永續經營。

所以馬頭帶劍格的鎮禦迅疆北斗主（開創）、南斗重（守成）。位置放對，才不會適得其反。

現代企業界，如將同陰在午馬頭帶劍的人，放在跑業務或開創市場的位置就放錯了。

市場一旦打下來，交給他經營，先求穩固後，再圖擴充及發展。

以上述敘，有百分之八十是老師說法，有百分之二十是個人心得，參考、參考……仍在體悟中。

筆者：佩服你與老師的看法。我還是提出我的看法與質疑處——

「馬頭帶劍」的鎮禦邊疆格局，原本就是屬「守成」的格局，不主開創。先不說中國文字上的鎮禦邊疆本就是被動地以武力「囤兵」，威嚇阻止外族的入侵，並不是主動地開疆闢土。

就斗數格局言，「午宮」並不會形成「雙星殺破狼」主開創打天下的格局，剛星也只有廉相、武府……紫府廉武相等，較屬「守成」格局。頂多就是「單星殺破狼」，先還別說「單星殺破狼」的開創力道不夠，在「單星殺破狼」格局的命盤中，地支「官祿主」的格局也一定是屬「紫府廉武相」的守成格局。

因此，我不認為有所謂的「北斗」剛星的「馬頭帶劍」開創格局。或許理論上有「單星」的貪狼或破軍見擎羊，但力道夠嗎?且又不是「官祿主」。除非拿出實際命例來證明。否則所謂的「北斗」剛星的「馬頭帶劍」主開創打天下的說法，似是而非，會誤導初學者。

再依老師的「變盤」與「併盤」方法，不論怎麼「變」或「併」，午宮都只能是較穩紮穩打，主守成的「紫府廉武相」格局。甚至我可以大膽地說，馬頭帶劍，不主開創。

劉師兄：老師是強調同陰在午的馬頭帶劍是屬守成，下馬治天下格局。

(4)機陰

天機與太陰僅在寅、申二宮同度，左右鄰宮則為紫微、天府所夾輔，對宮空宮無主星，合方宮位為單星獨坐之天梁及天同。

天機（屬陰木）與太陰（屬水）形成「水木相生」，照說應該屬「旺宮」，但機陰在寅、申二宮卻以「平宮」論，主要是因為太陰星的關係。寅、申二宮，屬日夜交替之際，一個天快亮，一個天還沒黑，太陰「水」都不是很強，沒有足夠力道生「木」。

相	梁	殺廉	
巨			
貪紫			同
陰機	府	陽	破武

破武	陽	府	陰機
同			貪紫
			巨
	破廉	梁	相

在此對「平宮」加以說明：

「平宮」，有可能成為「旺宮」。

例如：機陰在寅宮，會左右昌曲魁鉞等吉星，則強起來便旺宮。

「平宮」，有可能成為「陷宮」。

例如：機陰在寅宮，乙年生人天機化祿，但太陰化忌與陀羅同宮形成祿忌沖的忌煞交沖，造成「水不能生木」以「弱」論。如為丙年生人或丁年生人就可能不錯，再會一些吉星進來就旺起來。

即星曜的地支宮位為「平宮」時，看它宮位會吉、會煞及四化星的引動等整體結構來判定旺弱；會吉多則「旺」，會煞多則「陷」。

「機陰同梁寅申位，一生吏業聰明。天機在寅或申宮必有太陰同度，三合必見天同天梁二星於財官二地來合，且有紫府前後相夾，乃探花格，居第三位，吉多亦富貴，無吉加煞，亦是平常之人也。」

「探花格」，探花，乃古代科舉制度中取得進士，經過皇帝殿試之第三名，與第一名狀元，第二名榜眼合稱「三鼎甲」，狀元、榜眼、探花，都是社會上習慣使用之名稱。在正式發放的金榜之上，只會稱進士一甲第一名，一甲第二名，一甲第三名。其實所謂「探花格」及「吏業」，讀者不要把它想成一定是「當官或國家考試」，它主要在表達這種人的聰明才智都很不錯。因為機月同梁的組合都是主聰明才智的星曜也都是柔星，個性都比較溫和，做事情較細膩、慢條斯理有計畫，知道什麼應該做，什麼不應該做，不會衝動蠻幹；而一個人聰明，做事有條理，不衝動蠻幹，也許不一定會有什麼很大的成就，但至少不會落魄或窮途潦倒。

機陰在寅、申二宮的「探花格」有個很重要的特殊處，就是左右鄰宮必為紫微與天府這二顆「南、北斗主」的大貴人星來夾輔。

紫微斗數真正最大的貴人星並非是左、右、昌、曲、魁、鉞等六吉星，因六吉星屬乙級星曜，僅有「增貴」的輔佐作用。真正最大的貴人星是南、北斗主的紫微與天府。紫微與天府的貴人，大概都高你一階，不是與你同輩，或是年紀比你大或是條件比你優越，或雖年紀與你差不多但家世背景好你很多者。有大貴人從旁來幫助你，當然你的機會與機緣自然比別人高，所以賦文有所謂的「紫府夾命為貴格」、「一生多貴助」的說法。

其實「機月同梁」組合的星曜，如見吉大致都很善良，個性溫和，對人彬彬有禮，做事情規規矩矩，不會為達目的不擇手段，也不會只考慮自己不顧別人的感受，在人際上很會為人著想，所以當然較會被人所願意提拔。但很重要的是，也要你自己本身成材才有用，起碼不能太差，若為扶不起的阿斗，再大的貴人也沒用。

因此寅、申二宮本身不能弱陷，否則你本身不行，別人怎麼幫你也無濟於事。所以還是要會左、右、昌、曲、魁、鉞等六吉星才真能得到貴人的提拔幫助。例如：3月或5月生人，見左、右、昌、曲；尤其是見左輔與右弼，凡是牽涉到與紫微與天府有關的，最好要見左、右；因為南、北斗主的格局大，必須要有能擴展延伸空間及具備穩定持續作用的左輔與右弼來輔佐，才能發揮其正面最大的功能。

「紫府夾」的格局一定在寅、申二宮，除了「機陰」在寅、申二宮外，另一被紫府夾的格局是空宮，對宮為「同梁」。雖說有總比沒有好，但被夾的宮位為空宮就是「弱」，因此本書就不加論述。

命理上所謂的「貴人」，是指當你有困難或有需要別人幫助時，願意伸出援手幫助你或提拔你的人。筆者在此再嘮叨二句，現實生活中，貴人其實就在自己身上，你平常的行為表現，別人都看在眼裡，為何沒有貴人提拔幫助你，究其因大多是自己的個性與行為所導致的結果，怨不了誰。讀者們應該要建立正確的觀念，當別人老是有貴人幫而獨你沒有時，就要靜下來虛心檢討自己平常的待人處世如何？是否好吃懶做或脾氣暴躁？或遇事推諉卸責？或明哲保身不夠積極？或雖認真負責，但說話率性得罪人而不自知？沒人提拔你，大都是因你自己的個性與行為讓別人在升遷考量時不會想到你。

「煞多反不吉」寅、申二宮若是弱陷又忌煞多，則不僅與富貴無緣，家裡尚會有總是不得安寧的現象，讓他一輩子都有所謂的「後顧之憂」。因為天機的賦性「主兄弟」，也「主家務」。太陰則為「田宅主」。當這二顆星弱陷又忌煞交沖時多，讓他最煩惱頭痛的就是家人與親人間的家務事，常鬧得雞犬不寧，甚且家宅也不安寧。一個人不論在各行各業想要有長久的成果，很重要的是不能有後顧之憂；當在外的工作已耗盡心神精力，如回到家裡還要再耗神在家務煩憂上，無法獲得充分的休息與睡眠，長此以往，又怎會有精力在事業工作上打拚?!例如：機陰在寅宮，戊年生人，天機化忌沖擎羊，如再加一個火星來，便形成太陰、火星的「十惡」及「機梁擎羊會」的「早見刑剋、晚見孤」等二個凶格，則人際關係就一蹋糊塗，整個都破壞掉，此時有再大的貴人星也沒用。

(5)同梁

天同及天梁二星僅在寅宮及申宮二宮同宮，對宮空宮無主星為紫微、天府所夾，合方會單星獨坐之天機及太陰。

「寅申最喜同梁會。太微賦云：蔭福聚，不怕凶危。同梁會於寅，或申宮之旺地，吉多富貴聲揚。」、「祕經有云：蔭福聚不怕凶危，二星僅寅申二宮同處，以寅較申為佳，加吉扶，多是富貴雙全之人。」

	機	破紫	
陽			府
殺武			陰
梁同	相	巨	貪廉

貪廉	巨	相	梁同
陰			殺武
府			陽
	破紫	機	

天同「可延壽，為福德之主，化氣曰『福』」，故一般稱天同為「福」星。天同星坐命，如沒有遇到煞星，一輩子可能不會碰到什麼凶險。

天梁星化氣曰「蔭」，會吉除了較能得到祖先的庇蔭，及出社會能得到長輩或長官的提攜外，天梁星也為「化危解厄之神」故具有遇難呈祥、化險為夷的賦性。同樣是發生重大車禍，天梁星的人就常是有驚無險，或僅是小傷。

因此「同梁」不見忌煞的人，比較沒有危機意識，因為碰到瓶頸時會自然解決，會有一條路或一個機會讓他可以過得去，而不是會碰到什麼危險、災難、困難，然後自己去想辦法化解掉。因為事情不會威脅到自己也沒危險性，也就懶得去思索自然沒有危機意識。

同梁在寅、申宮二宮都是屬旺宮，但最好不要卯時或酉時生人，坐會空、劫，一輩子奔波勞祿，得不到長輩貴人的幫助提攜；也不喜庚年生人，天同化忌形成羊陀夾忌，一輩子委屈。

同梁在寅、申宮二宮，其事業宮必為天機在子、午二宮，也均屬旺宮。但財帛宮太陰在辰、戌二宮就一陷一旺。同梁在寅，其財帛宮太陰在戌宮廟旺；同梁在申，其財帛宮太陰在辰宮弱陷。故「以寅較申為佳」，但如同梁在寅坐空、劫，則比不上同梁在申不坐會空、劫吉者。

「此格兼有高壽」主要是因天同及天梁都是南斗善星及柔星，個性柔順溫和有彈性，與人相處也比較心平氣和，不會亂發脾氣，所以自然長壽。

五、人格特質篇

（一）人格「特質」主導事項發展

各個事項宮位雖大都是命造在那事項方面的意識形態，但仍受主導一個人性格的基本「人格特質」所影響；就整個人生來思考，主導人一生走向的是「人格特質」，因為不同的「質」，散發出不同的「性格」及「觀念想法」，而「觀念想法」決定「行為模式」走向，不同的「觀念想法」，就會有不同的「行為模式」走向，最後再因不同的「行為」而導致不同的「結果」。因此「人格特質」往往才是真正決定一個人一輩子所謂的吉凶禍福。用這種角度思考，才能透過斗數命盤了解自己，並在了解自己「人格特質」的優、缺點後，選擇較適合自己發展的方向，少走冤枉路。所以，論命談事項時不能僅以事項宮位來討論，如僅以事項宮位來看，只能看到很表面的現象甚至可能是假象，無法深入探討到它的根源。

人隨著年齡及閱歷的成長多少都會慢慢地了解到自己，透過斗數命盤雖可縮短認識了解自己的時間，但還是會有極限，這極限在於所謂的「人生經歷」，即當那個情境還沒有出現，你還未曾親身經驗嘗試過時，你就沒有辦法體會到那個味道或感受。這在感情事項尤其如此，人總是要在嘗試過後才能體會，也才心甘情願。

沒有人可以給你絕對的保證或背書將來一定會怎麼樣？雖然可以指引你方向怎麼走，人生才會順，但最後都還是完全要靠自己去面對或選擇。

整個斗數命盤就如同是人生的一面鏡子，能夠梗概呈現「人格特質」的優、缺點，當你看到某方面是呈現一種負面狀態時，正面積極地做法應該是勇於去改善（變）那個負面狀態或性格，尋找新的契機或做法；但往往真實情況是刻意忽略它或不認為那是個問題，否則又怎會是個性上的「盲點」呢？但不論如何閃避、忽略，最後還是得由自己去面對承受，別人真的是一點都幫不上忙，人生的任何一事項都是如此。

再譬如「求財、事業」，你光是關心財庫好不好？財運好不好？事業運如何？這是空洞不切實際的。一個人的能力只要能夠被社會接受，有一個立足點，他就能夠創造財富。在自由經濟的市場裡講求的是「供、需關係」，沒有一樣東西不能商品化，你的能力也是一個商品，能力好就會有市場價值，有市場價值就能夠創造財富，這是很簡單的道理，不必要靠坑、矇、拐、騙，你只要具備一樣有價值的能力，能夠被市場接受，你就夠創造財富，所以創造財富的本身，已經不是所謂的福德宮、財帛宮、事業宮、命宮……了。而是你本身「人格特質」的能力具有市場價值，讓市場可以接受你，你就能創造財富，至少能安身立命不愁沒錢。

因此回歸到最基本，在斗數命盤上一個人是否具備有「市場價值」的「人格特質」？才是斗數命理所要探討與學習的重點。而這「人格特質」常常並不是僅在某一事項宮位的三方四正就可以探求看出，必須打破十二事項宮位的框架，跳出來對命盤做全面整體的觀察，才能不被事項宮位給侷限住。

「人格特質」在傳統的紫微斗數上稱之為「命格」特質，每人皆有其獨有的「命格」特質以左右想法與支配行為，造就出不同的外在表現與結果。因為「行為」是「待人處世」的外在表現，不同的「行為模式」，產生不同的結果。而「行為模式」是受到「思想觀念」所支配，「思想觀念」又是「人格特質」的內涵，因此「行為模式」深受「命格」所影響。

（二）「人格特質」的「重點宮位」——出生「年、月、日、時」之地支宮位

傳統上，命、身宮是「命格」特質相當重要的宮位，在命盤上具有樞紐的重要性，筆者也認同此點。但也因為它重要，所以初學者觀盤時不免就將注意力鎖定在它及其三方四正的宮位上而忽略整張盤的整體性。當看到強旺的命、身宮格局，便覺得應該是人中龍鳳；如命、身宮忌煞交沖，或空宮時，便是販夫走卒之命。卻常常因此而踢鐵板看走眼。

「整張命盤的結構」，才是完整的「命格」特質，更是是命、身宮的能量來源。命、身宮並不能代表或涵蓋命造全部的「命格」特質，頂多只是其中重要的部分。

如命、身宮格局大又強旺，但除了命、身宮外的其他宮位格局結構卻弱陷或忌煞交沖，甚或形成凶格，則命、身宮的好，就要打相當大的折扣了。

當然命、身宮格局大又強旺，意味著命造的遭遇、機會、氣勢等還是會比較好也多，但這不意味著命造就能夠把握住機會邁向成功，還是必須要命造內在的能量及熱情能夠集中並持續，才會專注在一件事情上持之以恆，也才能夠有成果。如果命造內在的能量不夠集中，則就沒有辦法長期專注在一件事情上，此時命、身宮就只能是一個表象，沒有辦法長期專注的投入並累積經驗獲取成果，稍一碰到挫折就退縮，自然處於不穩定的人生狀態。亦即當一個人的內在特質裡頭，

如果沒有一個可以讓它形成「專注」的格局，格局的類型可以不一樣，它可能是「機月同梁」或「陽梁昌祿」或「殺破狼」或「紫府廉武相」……等等，但那個格局必須確實形成一種「穩定」的狀態，讓它可以「專注」，否則不管行限有多好，不管機會怎麼樣？人生的走向大概都比較容易浮浮沉沉。

相反的，如命、身宮格局弱陷或忌煞交沖，但命、身宮以外的其他宮位格局結構卻十分強旺扎實，也會使命、身宮的凶象減輕或降低；亦即整張盤的整體結構是影響命、身宮表現正面或負面的樞紐；甚或當命、身宮為空宮，那它也不會起主導的作用，因為星曜格局不夠強，即使是命、身宮也不太會起主導作用，或它所主導的範圍比較窄。此時會起主導作用的「重點宮位」，就不會是命、身宮，而是命盤上其他格局結構強旺的宮位了。

其實一張命盤十二個地支宮位，每個宮位都是命造先天「命格」的特質，但作用輕重有別，難就難在找出作用強烈會起主導作用的「重點宮位」；要對命盤的整體結構，加以判斷分辨孰輕孰重，並找出屬於命造者的「重點」特質宮位，這不僅對初學者，甚至是斗數研究者而言，都是艱難的挑戰，常不知從何下手？因此命、身宮便成為簡單易懂的下手處，可惜常踢到鐵板而感茫然。

筆者因紫雲老師及王雲峰老師之教授，學習到簡便又有效率的方法，除了命、身宮外，從命造者之出生「年、月、日、時」的四個地支宮位下手。

剛剛筆者提到「命盤的整體結構是命、身宮的能量來源」。其中命造者之出生「年、月、日、時」的四個地支宮位，在命盤的整體結構中所占的比重分量較其他一般的地支宮位為重，可說是具有指標性的作用，甚至可以簡化的說成**出生「年、月、日、時」的四個地支宮位，是命、**

身宮能量來源的重要宮位。

在此要特別提出的是，出生的「年、月、日、時」四個地支裡面，「日」的地支是絕對不會重複的，即使六十年循環一次，「日」的地支也絕對不會重複，所以這四個地支（出生的年、月、日、時）的組合，它不會重覆，在此前提下，這四個地支組合裡面的格局，可能會形成一些特別、獨特的作用。而把出生的「年、月、日、時」四個地支宮位當內在能量的來源，只是個簡便的切入方法，實則整張命盤的結構性、完整性、均衡性，則是更高位階更重要的基礎，但這部分對初學者而言不易體會。

甚至對斗數初學者而言，一下子要觀察判斷出生「年、月、日、時」四個地支宮位，分量仍嫌太多，再加上命、身宮，等於整張命盤佔了近半數宮位，達不到簡化抓重點的功能。故初學者可再行簡化，**只要觀察出生「年」的地支宮位，即所謂的「生年太歲」宮位即可，將其視為「重點宮位」加以觀察**，如此便不致於滿盤星斗及宮位，既能達到簡化功能，一般也能抓到「重點」不致離譜。因為**出生「年、月、日、時」四個地支宮位中，以「年」的作用力道最強**，因此以下本書提到的出生「年、月、日、時」四個地支宮位，原則上初學者可將其簡化成「年」的「生年太歲」宮位，就不致過於繁複。

（三）「命、身宮」與出生「年、月、日、時」四個地支宮位之關係

對命、身宮及出生「年、月、日、時」的四個地支宮位彼此間，在命盤結構上所佔的份量與扮演的角色特質，簡單的分析如下：

1.命、身宮是在最上面，屬於上層（表）的特質。屬比較主「表面」的特質，「表層」的作用，而不是屬「內在」的潛能特質。是命造自身清楚能意識到自己性格的部分，也是在沒有利害關係，沒有競爭關係下與人交往時，外人一眼即能看到的特質。這命、身宮「表面」的特質「強」，對一個人來講是很重要的，因為有「華麗外表」的包裝，是比較討喜與容易獲得表現的機會。當表面的特質弱（命、身宮弱），內在的特質潛能雖強，這種人常常是比較吃虧的或較戲劇化的，因為人常是以貌取勝的，外表不討好的人，碰到以貌取人的場合就吃虧了。外表包裝「華麗」人模人樣，內在一肚子草包的人，人家還是先看到你啊，是先決定用了你以後，將來才後悔嘛！所以，一個人的命、身宮如果很強，則這命、身宮對他而言，就是很不錯的優點，讓他比別人更能獲得關注與機會；只不過如果他只有命、身宮強，而內在的特質不堪一擊的話，就是「繡花枕頭」、「草包」，如僅是如此，倒也還好，頂多就是外表看起來給人很有架勢的感覺，實則個性柔弱，沒什麼作為；就怕命、身宮格局大又強悍，內在特質潛能雖不至於不堪一擊，但能量卻不集中，無法支撐命、身宮如此大的格局，也沒形成「穩定」、「專注」的狀態，讓它可以持續專注，碰到瓶頸時能克服突破，這種人就常會闖出禍端，捅出大簍子，當然也有那個機會讓他去做，此時這種命、身宮（表）層的優點，就會給他帶來災難了。

2.「年、月、日、時」四個地支宮位（初學者僅須看「生年太歲」宮位即可），是屬於中間層的特質。這個特質的作用對命造的影響最直接也最深遠，雖然平常較隱而不顯，僅在重大事件或重要事項上才會冒出來，一般而言可以把它視為就是命造內在的「能量」或「才華」、「潛能」。通常命、身宮強，內在「年、月、日、時」四個地支特質宮位弱的人，雖有機會表現，卻常常最後一事無成，因為命、身宮強，讓他有機會去做，也喜歡去做，更愛表現自己，可是因「年、月、日、時」四個地支特質宮位弱，代表他沒有足以撐起「華麗外表」的「內在能量」或「才華潛能」，「內在能量」不足，就無法持久，路才走不遠便無以為繼，在事業上沒有辦法很有耐心的長久經營，當然就很難獲致成果；在學術或專業技能上也無法持續專注於鑽研深澳的理論或與技術。而命、身宮弱，內在的特質強的人，剛開始起步可能較吃虧或較委屈些，但路卻可以走的長久，因為只要時間一長或有較深入的接觸，別人就會發現到他內在的「才華」與「潛能」，是能堪重任的，所以也會受到重用或冒出頭來；或者看起來其貌不揚，卻很積極努力的把握及創造機會，做起事來如拼命三郎，成果驚人，碰到困難與阻礙也能持續耐心克服解決，令人刮目相看；或者是表面上看起來很好說話，很好欺負，所以也常碰到被欺壓的機會，但欺壓者馬上會發覺「踢到鐵板」……各式各樣，視命、身宮及「年、月、日、時」四個地支宮位整體結構的分布而有不同的展現類型；關於此「年、月、日、時」四個地支特質宮位的類型與呈現態樣，王雲峰老師在紫雲老師的指導下，以「灶中柴火」為例，說明命、身宮與出生「年、月、日、時」四個地支特質宮位彼此間之關係，將命、身宮比喻為「灶」，出生之「年、月、日、時」四個地支特質宮位比喻為「柴火」，簡單明白的就把二者間關係分析區別出來；當時此部分即耗費了近三年時間分層次與階段教授，有很完整理論之闡述說明，同學私下稱之為「降龍十八掌」，現哲人已逝，每念及王雲峰老師於課堂上將紫雲老師所思所想，深入淺出的表達解說並將之理論體系化的神采，總令人不勝唏噓並感懷，筆者在此再次感謝王雲峰老師教導之恩。

3.不是命、身宮及出生「年、月、日、時」四個地支宮位的特質，是屬於最深（裡）層的

特質。這最深（裡）層的特質，它不見得會有很強的作用，愈「裡層」的特質它愈不容易展現出來。但這只是大原則，不代表它就不會作用；可能僅是某些不為人知的才藝或興趣、嗜好，這必須要有與此特質相呼應的情境發生，它才會展現出作用；如果它無巧不巧陰錯陽差的形成特殊的格局或結構，也有可能在行限中的適當機會凸顯出來成為主導性的作用，甚或在行限流年當中一時興起或引爆，視其格局或結構的吉凶而定。

由上述的分析，讀者應不難發現，出生「年、月、日、時」四個地支宮位具有承先啟後的關鍵角色，不僅是命、身宮「能量」來源之重要部分，當命、身宮空宮時，它甚至可能直接取代命、身宮成為主導的作用宮位。

出生之「年、月、日、時」的四個地支宮位既然是屬於一個人內在較為深層的性格特質，也是命盤上重點核心的地方，故基本上最好不要有有重大瑕疵（形成凶格），如僅是忌煞交沖尚無大礙，有時甚至需要忌煞交沖之刺激，才有所謂的「不沖不動」或「有煞方為奇」的作用。

忌煞交沖之處代表阻礙、干擾、挫折、不順，但不見得代表結果一定不好。如忌煞交沖之處是屬「雙星殺破狼」或「紫府廉武相」等主事業類型的格局上，因格局強旺，如也見吉星則能「制煞為用」，此時僅代表工作上的辛苦忙碌，反而有利於事業的發展，不見得不好。如忌煞交沖之處是在「機月同梁」的格局上，則在思考、人際與親情方面就較會有負面影響。

一般來講，忌煞交沖所造成的傷害尚不到無解的地步，雖會有損失傷害，但並非屬不能承受的致命打擊。真正殺傷力強大，讓人無從招架，會造成無法彌補之傷害的是「凶格」。

因此，命盤結構上最好不要有形成重大「凶格」，不管在那一個宮位，一旦出現某個格局是形成「凶格」時，就要留意了，往往在那個地方，就會造成命造在人格發展當中，性格上的一個很大「盲點」。尤其是當這重大瑕疵的「凶格」出現在代表「內在能量」的出生之「年、月、日、時」的四個地支宮位時，性格思想上都會變成有一點偏激、不走正途，或在某些方面形成看不到的「盲點」，就像地雷埋藏在看不到的地方，在引爆前平靜正常，一旦情境出現便不覺往地雷區踩入，且「凶格」的殺傷力之所以強大，在於它的爆發都是讓人感到措手不及，無從事先防患未然，不像忌煞交沖的凶象是可以看得到的，可以事先畫出防火線預作停損點。因此，「凶格」所造成的傷害都很大，一般也無從化解。話雖說如此，但讀者也不需一看到凶格就緊張，惶惶不可終日，認定就一定會出事，實則並非如此；「凶格」也必須有限運之忌煞及相符合之情境來引爆，才會起作用，否則可能只是啞彈一枚，一輩子不會引爆，就如同與「癌細胞」和平共處到老都未發作一樣；更何況凡事都有正、反二面，凶格如受強烈吉化，其朝正面作用的爆發力道也很強勁；就怕原本就已十分凶惡，而吉化的力道不強，這時會讓命造誤以為看好而去呼應投入那情境，此時也是屬先吉後凶的引爆。

雖然出生之「年、月、日、時」的四個地支宮位是命盤上重點核心的地方，但筆者還是要特別強調「命盤上每顆星曜或每一個格局，都代表命造性格的某一特質」，任何宮位只要形成「特別的格局」，必然是這個人的性格特質。甚至這特質平常可能隱而不顯（尤其是格局不在命、身、大限三方或「年、月、日、時」的四個地支宮位時），沒什麼作用。即在符合這格局的事件（包含人、事、物）及情境還沒發生出現時，這格局的特質或作用就不會顯現。但一旦當符合這格局的事件（包含人、事、物）及情境發生出現時，命造就自然而然的會用那格局的特質去作回應，幾乎無選擇餘地；雖然客觀上可能有很多種選擇應對方式，但主觀上對命造而言，卻別無選擇而是自然直覺唯一的反應。就這角度而言，其實相當的宿命無奈。

命盤上每一個格局，都主宰影響著命造性格的某一部分，或人生事件的某一部分；且一旦當這格局的作用被凸顯出來，則命造所選擇的外在環境也會是屬於這格局的環境。因此，觀盤時除應將整張盤的整體結構做綜合的觀察，不侷限於命身宮、事項宮位及出生之「年、月、日、時」的四個地支宮位，也必須對命造所處的相關環境有所了解，才能對命盤格局有一全盤的掌握理解。

以上1、2、3三層次彼此間之關係與所扮演之角色及在整張命盤中所占分量比重，是掌握一張命盤相當重要的關鍵，讀者務必用心體會。

◎另外，出生之「年、月、日、時」的四個地支宮位坐落於那個事項宮位上，也會加重那個事項宮位的吉凶作用。

（四）「父母親個別差異資料的影響」——兼論「同時不同命」

影響一個人「人格特質」的因素，除了前述整體命盤結構的先天「命格」外，父母親個別差異之資料也具關鍵影響力。

筆者在本書中反覆強調「一張命盤就代表一個人」的觀念，主要是希望讀者們建立「打破十二事項宮位框架」對命盤做全盤觀察的觀念；一旦建立起這種觀察後，對共盤的現象就較能清楚掌握，而不至於陷於見樹不見林的偏差。但在建立好「一張命盤就代表一個人」的觀念後，隨即還要有「整張命盤也不足以代表一個人」的觀念，否則同一時辰生人豈不命運相同？

純就一個人的出生「年、月、日、時」資料所排出來的命盤結構，是不足以完全代表命造者本人並詮釋命盤現象。因為同一年、月、日、時出生的人，都共用這張命盤，但並未聽說有人的命運走向是完全一致的。關於這點疑問，歷代文人學者都提出過質疑。其中最為代表性的為南宋費袞，其著有《梁谿漫志》，其中卷九之〈譚命〉一文指出：

「近世士大夫多喜譚命，往往自能推步，有精絕者。予嘗見人言日者閱人命，蓋未始見年月日時同者，縱有一二必倡言於人以為異。嘗略計之，若生時無同者，則一時生一人，一日當生十二人，以歲計之，則有四千三百二十人，以一甲子計之，止有二十五萬九千二百人而已。今衹以一大郡計其戶口之數，尚不減數十萬，況舉天下之大，自王公大人以至小民，何啻億兆，雖明於數者有不能曆算，則生時同者必不為少矣。其間王公大人始生之時則必有庶民同時而生者，又何貴賤貧富之不同也？此說似有理，予不曉命術，姑記之以俟深於五行者折衷焉。」

用出生人口的統計分析方法來質疑「同時同命」顯然虛妄的論述。這段文字可以說是簡單明白一針見血地指出，傳統祿命術單憑藉著一個人出生的年、月、日、時來論斷命運走向，明顯有不足之處。

關於這「同時不同命」的質疑，千百年來研習祿命術者，竟無法提出有力的說法反駁，以致「每舉是說以詰談星命者，多不能答。」能提出的說法大都空泛，無非以宗教「因果業報」或「陰德」的積累等搪塞帶過。或以《了凡四訓》的說法，先肯定了人是有命運軌跡可尋，但卻可以靠自身的修持及努力而改變命運。間接地暗示「同時不同命」是因自身的修持及努力不同所致。

這些說詞其實空洞乏力，也無怪乎研習祿命術，被評價為九流術士，始終無法登大雅之堂。

既然九流術士不登大雅之堂。傳統的祿命術為何仍能在民間廣為流行，甚至延續至今，中外皆然？這也不能僅以民智未開一句帶過，因為研習祿命術者，除了所謂的江湖術士外，不乏身居廟堂之上的文人學士。就以費袞為例，他也僅是於文末提出「以俟深於五行者折衷焉。」或「深於數者必能知之。」的說法，並未遽然否定祿命術。甚至其本人也觀察到即使身為士大夫階層，周遭也有著一些無法解釋的巧合現象，此可以其《梁谿漫志》，卷九之〈事有專驗於一數〉可證：

「天下事固莫不有數，然士大夫或有終身專驗於一數者，殆不可曉。韓康公行第三，發解、過省、殿試皆第三，以元祐三年三月薨，皆三數，故蘇子容作挽詩雲：三登慶曆三人第，四入熙寧四輔尊。何清源第五，微時從人筮窮達，其人雲：公不第五？何曰：然。其人拊掌大笑，連稱奇絕，因曰：公凡遇五即有喜慶。何以熙寧五年鄉薦餘中榜，第五人及第，五十五歲隨龍，崇寧五年拜相，每遷官或生子非五年即五月或五日，其驗如此。二事不知何故，深於數者必能知之。」

從古至今，生活中就是充滿著許多不可解釋的巧合，這也是宗教或神祕學等在人類發展的歷史中始終不曾缺席的因素之一，讓即使是飽讀詩書的知識分子也感疑惑，不敢輕忽其存在的事實現象，僅就邏輯上指出傳統祿命術單憑著出生的「年、月、日、時」來論斷一個人命運走向，顯然有「同時不同命」之矛盾而無法自圓其說之謬。

「同時不同命」之質疑，時至今日，筆者也未見坊間有較好的論述回應。**幸賴恩師紫雲先生以現代醫學遺傳的角度，提出父母遺傳基因的不同，會導致同時辰生人有個別差異的不同，因此論命時必須輸入父母資料以做修正的說法，**算是有明確的回應並合理解釋為何會「同時不同命」？

蓋以現代醫學的常識，我們都能理解經由「遺傳基因」的傳遞，使後代獲得親代的特徵，不僅僅是影響著後代的外觀長相、性格特質、聰明才智、健康體質，甚至某些遺傳疾病還要追溯到祖父母、外祖父母的「家族病史」。除了遺傳之外，決定生物特徵的因素還有環境，以及環境與遺傳的交互作用。例如：雖然基因能夠在一定程度上決定一個人的體重，但人在孩童時期的所經歷的營養和健康狀況也對他的體重有重大影響。而孩童時期能否獲得足夠的營養與教育，則與家庭環境有關，而家庭環境又與其父母的教育程度、社經背景密切相關。

◎按：基因是具有意義（功能）的遺傳因子，攜帶有遺傳信息的DNA序列，其排列組合至關重要，基因通過指導蛋白質的合成來表現所攜帶的遺傳信息，從而控制生物個體的性狀（差異）表現。每一個人的DNA基因都是獨特的個人化資訊，造成每一個人的先天體質、健康狀況、特徵都不相同。一個基因在細胞有絲分裂時有兩個對列的位點，稱為「等位基因」，分別來自父與母。

筆者用網路流傳的一則有意思的笑話來舉例，以彰顯父母的教育程度與社經地位對下一代發展的影響——

「一個小朋友問一位富翁說：『叔叔，你為什麼這麼有錢？』富翁摸摸小朋友的頭道：『小時候，我爸給了我一個蘋果，我賣掉它，再想方法用低價買了兩個蘋果，後來我又這樣賺了四個蘋果。』小朋友若有所思地說：『哦……叔叔，我好像懂了。』富翁說：『你懂個屁啊?!後來我爸死了，我繼承了他全部的財產。』比爾蓋茲（Bill Gates）的書不會告訴你他母親是ＩＢＭ董事，是她給兒子促成了第一筆大生意；巴菲特（Warren Buffett）的書只會告訴你：他八歲就知道去參觀紐交所，但不會告訴你是他國會議員的父親帶他去的，而且是高層的董事接待的。這——才是很多事情的真相——！」

舉此笑話並不是表示後天努力不重要，而是在強調雖同一時辰出生，但在富商鉅賈、書香門第、販夫走卒之家，其命運發展自然不同，這是很顯而易見的道理。父母對親子的影響除了基因遺傳外，其對親子所能提供的資源更常是「同時不同命」之關鍵。

筆者不闇統計學，以現今世界人口七十三億多人來計算，相同年、月、日、時出生，而父母親二人之出生年、月、日、時又相同者，比率究為多高，筆者雖是未曾聽聞，但世界之大，無奇不有，未曾聽聞不代表無存在可能。然即或有之，相信已是鳳毛麟角，如再追溯到祖父母、外祖父母、曾祖父母、外曾祖父母，往上追溯上去，能找到相同之人，恐絕無僅有了。理論上每一張命盤如輸入父母親等親代之個別差異後，都是天地間獨一無二的命盤，殆無疑慮。

當然這僅是純理論性的探討，即「同時不同命」在加入親代資料的修正補充後，在理論上是可以說得通的。可惜理論要落實到現實，卻窒礙難行。實際上並不會有論命者如此做，除了主觀上不願外，現實上也力有未逮。

以醫學為例，患者主動向醫生詳述病情，醫生初步對患者做抽血、驗尿等一般檢驗，如對遺傳疾病，則尚須詳加追溯到父母、祖父母、外祖父母的「家族病史」以為參考。認有必要就須進一步對患者進行各類型先進儀器的精密檢測，諸如：X光特殊攝影、電腦斷層掃描、血管攝影、超音波影像、磁振造影……等等，並經由電腦程式的整理後才由醫生做最後判讀，且依醫療體系的運作，都還會經由醫療團隊的會診討論，最後才會下判斷，儘管如此嚴謹尚且還會發生誤診，不過這卻無損整體醫學界之科學性及進步。

醫生起碼要經過七年的大學養成教育，畢業後尚需經驗四年的住院醫生歷程，期間還要通過國家考試取得醫師證照，始能行醫執壺，並且專業分科，內科、外科、骨科、腎臟科、婦產科、小兒科、心臟科……等等，都需另行再取得專業醫師的證照，並不是只要具醫師資格就包天包海地對所有病症都有辦法醫治處理。

反觀現今的命理環境與生態，命造來求教時，先是三緘其口，惜字如金，一副先考驗你工夫行不行的態勢。對此現象，筆者記得恩師曾說過一則笑話，「恩師的一位醫生友人某日面對不發一語、一問三不知的病患，最後將那病患轉診至獸醫，理由是只有動物無法言語，才不能將自身的病癥表達出來，必須要全由醫生判斷。」恩師一再強調命理師論命起碼應如中醫師看診的嚴謹，望、聞、問、切，一個步驟也不能減少，否則寧可不看。

坊間之命理師能有如此嚴謹論命態度者，少之又少。而一般找命理師求教的芸芸眾生，心態上更是期望命理師是未卜先知的半仙，能知過去未來，如此他就可以不必恐懼害怕面對未來。即使理智上清楚這是「七年之病，求三年之艾」的虛妄，但情感上卻寧可信其有。因為事先知道未來會發生些什麼事，不只給人一種知性上的神祕感，更重要的是它會讓人感到一種活在世上的方向感與安全感。人們內心大都恐懼害怕面對未知的變數，渴望著有「未知其實可知」的肯定，以增強信心面對未來。何況論命請教命理師的花費並不高，存著就像買樂透彩券的僥倖心態，說不定真能碰到高人，那就賺到了。

一般命理師為討好命造的期待，順理成章包山包海地將命造一生鐵口直斷。買賣雙方彼此間隱然存在著心照不宣的默契，所謂「江湖術士」的命理諮詢師也有了存在價值，他主要提供的已不是數術本身的專業技巧，而是心理安慰劑。現象界的內容非常豐富，加上同樣的事物可以有不同的解讀角度，人們會「看到」什麼，常是人們「希望看到」什麼的結果，當你「預期」會看到某些證據或癥兆以支持你的期望時，往往你也能「看到」。因為慣性僵化的思考習慣下，你不自覺地忽略那些異狀現象，自動篩選你希望看到的現象。也難怪坊間鐵口直斷的「神仙高人」能蔚為流行，在媒體上大放厥詞，竟仍有其市場。而持嚴謹論命態度的老實命理諮詢師，也囿於缺乏資源，以個人工作室的工作形態，實也無力承擔對每一命盤耗長時間費盡心思做深入的研究分析。僅能就共盤現象提供人生類型的大致走向，不虛浮誇大的供命造參考，卻因不符一般人買彩券中樂透的僥倖心態，而曲高和寡。

交待了「同時不同命」理論上之疑問後，困難才開始。

實際論命時，究應如何將父母親等親代之個別差異輸入，以修正調整傳統祿命術單憑出生的「年、月、日、時」來論斷之不足？先不論現在年輕人能知道父母生辰八字的寥寥無幾，能有幾人？真事先準備好，拿出資料來，論者就要傷腦筋了，恐也無力消化。在短短數十分鐘到一、二小時的論命時間內，光分析判斷命造本身共盤的類型就占用不少時間，遑論還要再將父母的生辰八字輸入，等於要看三張命盤加上相互影響的作用，別說三個小時，就算要花上三天時間都不算多。以筆者而言，是絕對不會對外人做這種吃力不討好的事，僅有在對自己或親友命盤或做學術研究時才有可能。

面對如此困境，**紫雲老師提出了輸入父母親「出生年次」的資料**，以彌補傳統祿命術單憑命造出生的年、月、日、時來論斷的不足。即簡便地**先只輸入命造父母親農曆的生年太歲（生肖）資料（不必再深入到月、日、時）作為個別差異的區分**，算是折衷了理論與現實困境，開闢了一條可行的途徑。

現實上一般人對自己父母親是那年出生的？生肖為何？大都能知曉，即使一時或忘，仔細想想也都能知道。對命理師言，雖須多費心思加入額外參數，但為求精確，多加練習一般尚在能負荷範圍。就理論而言，相同的「年、月、日、時」出生，而父母親二人生肖之「出生年」又相同者，也已屈指可數。

生命過程中的許多重大決定，一念之間，常是失之毫釐，結果卻差之千里。父母親出生年次的個別差異，往往是對同一時辰出生的共盤，扮演關鍵的不同影響。此法雖僅是多輸入了父母親的出生年次資料，但就命理上要考慮的參數卻已足以能讓認真踏實的命理師絞盡腦汁。因為父母親出生「年」的資料，究應如何運用？用到何種深度？如何取捨？再再都是學問，非三言二語可交代說明清楚，不過筆者在此還是提供簡單的方向供讀者參考，先輸入**父母親出生「年」的「天干四化」及天魁、天鉞，進一步尚須輸入父母親出生「年」的五虎遁干**，即父母親生肖「年」的太歲「宮干」。加上這些資料後命盤上已是滿盤星斗，遑論如何分辨？此時只要**視其對命盤整體結構的影響，看看有無形成集中特別之處？**針對集中特別之處（特別吉或特別凶）加以留意即可，如無特別，則可先行跳過不加取用，俟吉凶難辨時再加取用，以免觀盤時過於繁複。

命理提供的僅是類型分析，就命造與生俱來的天賦特質，分析其行為反應模式，遭遇某種情境，較易會做何種選擇決定？當然不同選擇決定就會有不同的行為模式，也導致不同的結果。命理師須能判斷出命造所具備的天賦特質，較適合做何種選擇較會有成果或較能避開泥沼；然命理這門數術有一個很根本、很難快速學習之處，就是「人生經歷」。以紫微斗數來講，同樣一個基本的格局，會因為解盤者的人生經歷與看法不同，而給它不同的詮釋，通常能詮釋得深入又符合情境及貼近當事人心態感受的，往往是詮釋者本身也有類似的人生經歷，或至少對那個環境或領域不陌生。

坊間常見所謂的「職業命理師」沒有其他工作經驗及社會經歷，僅學了幾年的命理數術規則，在對命造所處領域陌生及不了解下，便自信滿滿大言不慚地鐵口直斷，做出空泛的建議。當然，常是隔靴搔癢，不切實際。實則大部分鐵口直斷的命理師，都帶有賭運氣心態，不小心壓中寶說對了，就大肆宣傳，而把十之八、九斷錯的部分隱而不揚。

命理師或學命理者如只停留在斗數命理數術的範疇，其實能看得到的東西很有限。因此所謂的「職業命理師」，如在從事命理前並未長期在某個職業領域工作過，至少可以合理的懷疑他在判斷「事業領域」方面的技巧就很貧乏了。如果工作的場合，公司規模很小，沒有其他同事，他又如何能精準地論斷工作上同事間複雜的人際關係。即使是學力飽滿、工作經歷豐富的命理師，也受限於自身所學，都還需命造配合，主動提供資料讓命理師能了解其背景及資訊，提供得愈詳盡，就愈能做出適合命造的建議。命理師不是「神仙高人」，也無從對命造的人生負責。

六、鳥瞰運用篇

（一）打破十二事項宮位框架——打破重視表面頭銜的認知觀念

在現實生活當中與人交往互動，我們常不可避免地以貌取人，藉由一個人的外在行頭與名片來了解對方，因此被騙、被詐欺的情況時有所聞；在看報章雜誌時為求方便快速，大多也僅看標題，對內容鮮少細看，除非標題吸引你，才會深入詳讀，詳讀細看後，又常有文不對題被騙之感。命理脫離不了現實人生，現實人生都已如此，在學習斗數命理的過程也會有此現象發生，常習以為常地被表面明顯的標籤、標題給吸引框住而看不到真實情況。

十二事項宮位就像框架把初學者與傳統論命者的觀念給框架住。就好比標籤、標題與名片般，把人的注意力給自然的吸引住，而看不到其他。初學者面對一張命盤，便自然習以為命宮及其三方四正宮位，就代表命造全部的人格特質。可是，這種推斷法卻容易陷於盲點與侷限，使人很難全面理解整張命盤格局的結構與真正特質所在。

因此讀者在學習紫微斗數時，認知上要打破十二個事項宮位框架，建立整張命盤就代表一個人的觀念，對命盤格局做綜合的觀察、全盤的理解，這說來容易，實際卻不易做到。因為當初學者拿起一張命盤實際臨盤時，茫茫然不知從何處下手之際，注意力就會不自覺的被十二事項宮位上的文字標題給吸引住，方向上就自然順著事項宮位的思維走，很難擺脫。但決定事項吉凶禍福的走向常是由「人格特質」所主導，而其「重點宮位」可能是出現在任何一個宮位，甚至可能跟命盤上原本標示的「事項宮位」毫不相干，表面上也看不出關聯。因此筆者認為應該對命盤做綜合觀察，才可以對命盤格局有一全盤的理解。

斗數命盤上的作用是整體性的，推論任何一個事項宮位的命理作用，都不能單憑某一個宮位中所坐星曜的賦性來做片面論斷。故在學習紫微斗數時，一定要練習跳脫出十二事項宮位的框架，建立整張命盤是一個整體，都代表著命造的觀念，對命盤格局做全面性的理解。

（二）製作「盲測盤」對星曜格局做全面整體的觀察

筆者在此提供一個小技巧供初學者參考。

當臨盤時不妨先「盲測」（Blind Test），仿效各類型茶葉競賽或咖啡大賽時所採取的方式，將所有參賽者產品的相關資訊給通通遮蔽隱藏起來，就不會有先入為主的觀念，直接就沒有任何標示之參賽的品項進行杯測來決定優劣。

即臨盤時讀者先行將命盤上的十二事項宮位給遮蔽住，此時整張盤就僅剩由斗數星曜所組成的星曜格局分布於十二地支宮位上。

接著，對命盤星曜所組成的格局做全面整體的觀察。

在對「盲測盤」做全面整體的觀察時，必須先對星曜賦性及星曜格局有清楚的認知了解，這是學習紫微斗數的基本工夫，因本書的重點並不在介紹星曜賦性，故這部分請讀者們務必自行加強。

因為「盲測盤」上沒有事項宮位的文字標示，初學者常會不知從何處下手？為避免初學者茫然，筆者在此提供看盤時的方向，讀者可以為參考。

看「盲測盤」時，依下列順序步驟對命盤作綜合性觀察：

＊第一步驟

先從命盤上最基本的南北斗星曜所分布的情形著手，對命盤做初步整體鳥瞰性的觀察。在此階段只需大方向地針對南、北斗星群組合會吉會煞的情形有所了解即可。

「北斗」，剛、開創、執行力、做法；北斗所代表的「剛」，不見得是硬，它可能是一意孤行地要「改變」，不斷地在「變」，不想停留在穩定的時刻。

「南斗」，柔、想法、思考，人本；南斗所代表的「柔」，不見得是軟，表徵的是一種穩定、不變，順著你啊！

剛跟柔，所強調的是一種「動態的平衡」，不能一直改變，也不能一直不改變。

一個人做事會不會成功？有沒有特色？跟北斗星曜的格局有關。北斗星主開創，天生就有一股衝勁，不能安於現狀。北斗星曜的格局很旺的話，代表它有「一段路」要走，它一定有個創造的「過程」，它不會滿足於現狀，它是處於「起點」的狀態，必須完成想要創造、開創的事情，心態上很自然的想要改變，想要去做很多事情，一定會有所行動去做某種開發、創造。

一個人是不是能過得很自在？那就絕對不是北斗星曜格局的作用，而是由南斗星曜格局主導，即能不能意識到人生當中除了功名財祿外的其他享受與樂趣？生活能否過得有品味？人生能否怡然自得？……等，都是南斗星曜格局的作用。當然消費性或帶有目的性的品味及享受則是北斗星曜的作用，南斗星曜的品味、享受，是沒有目的性的、是純粹的享受。

南斗星曜最起碼在當人生不如意時，想法上能提供調整與出口，懂得去釋放自己的壓力，或從另一方面找到自己的樂趣；即北斗星曜創造出來的錯誤或傷口，需要南斗星曜去彌補撫平；如果南斗星曜無法彌補的話，那個錯誤就會造成傷害。

南北斗星曜最好能平衡，二個特質能夠平衡，就能剛柔並濟，如這二個特質都出問題，不但在想法上會出問題，做法上也會有問題。

命盤上的南北斗星曜，還有更多的方法，才有辦法去判斷究為北斗星曜出問題？或南斗星曜出問題？所有的方法用上去後，觀察這二種特質（南、北斗星曜）能否相容平衡？檯面上能夠站得比較穩的人物，雖不能說其命盤的南、北斗星曜一定剛柔並濟，通常有一邊會特別突顯，但起碼另一邊也沒有被破壞。要從這角度、視野來看命盤，才能全盤觀察命盤大方向的變化。

簡單的大原則：北斗剛星很強，南斗星曜很差↓方向上容易出問題。

北斗剛星很亂，南斗星曜很好↓想法都很好，但在執行上的做法會很雷霆霹靂，稍有不慎即造成傷害。

＊第二步驟

進一步的從命盤上所分布的星曜格局著手，對命盤格局做初步整體性的理解。

星曜格局是事項的背景，我們可以用星曜格局來類化推測事項的背景，經由星曜格局的類型對事項背景的整體結構做初步的了解。

星曜進入任何一地支宮位，它原本的賦性只代表一種本質，並非一成不變，因為星曜並非單獨存在，它可能會與其他星曜或宮位產生互動，而對原本的賦性產生修正，並透過人、事、物以不同事項的形式展現。而星曜格局就是星曜的組合，不同的組合會形成不同的類型，且類似有生命的機轉，不是呆板不變的，會隨著不同條件或因素的加入而產生變化。同樣的一個星曜格局，不同的條件因素加入可能就會有不同的變化，也會因碰到的事項不同，格局的作用就不同。因此，必須要了解星曜格局結構性的類型及變化。

在此階段只需要大方向地用宏觀角度審視本書所介紹過的雙星殺破狼格局（含府相格）、紫府廉武相格局（含單星殺破狼格）、機月同梁格局等三大類型星曜格局群組的結構組合即可，概略的了解那種格局組合吉凶較為凸顯，讓心中有個譜，因為日後不論在判斷任何事項時，吉凶往往會朝符合那種類型的情境發展。

例如：「雙星殺破狼」格局，較為凸顯在開創、冒險、行動力等方面的表現，對新的或陌生的事物會不會有冒險嘗試的衝勁？膽量如何？行為手段狠不狠？

「紫府廉武相」格局，較凸顯在對資源的掌控、分配、控制，與在政治行為的欲望、企圖心……等方面的表現。

「機月同梁」格局，偏向思考、想法、人際、親情、同情心、同理心等人文素養，及與人分享或分工合作之特質。

＊第三步驟

接下來，找出命盤結構中屬於命造者之「重點特質」。

此時不妨從命造者出生之「年、月、日、時」的四個地支宮位下手，觀察這四個地支宮位如何分布、是否集中、屬於那類型的星曜格局？初學者僅需看「生年太歲」宮位即可，分析「年、月、日、時」四個地支宮位（或僅先看「生年太歲」宮位）的星曜賦性及格局，把它視為命造內在的能量及人格特質，這內在之能量及人格特質，會實質影響命造的行事作風與表現，因此必須把它當作觀察的「重點」。

待「解盲」後再看命、身宮與事項宮位，及依本書「人格特質篇」所述A、B、C三層次釐清「特質宮位」與命、身宮彼此間之聯繫與所占分量比重，才能較準確判斷出命、身宮及事項宮位的強弱表現。

以上三步驟只是個簡便的切入方法，實則整張命盤的結構性、完整性、均衡性，則是更高位階更重要的基礎，但這部分對初學者而言較不易體會。因此僅提供較為簡易的方法讓初學者易於學習。讀者在觀盤時，尤其一開始以「盲測盤」訓練自己時，應練習不受事項宮位及命、身宮之影響。先從大方向直接觀察南、北斗星群組合及命盤格局類型下手，找出其中有無形成吉凶集中凸顯處，以建立對命盤結構之整體認識，避免於深入判斷「事項」時產生「見樹不見林」之盲點。茲舉二個實際命盤以供讀者學習——

命例A：

一九〇九年（民國前二年）三月十八午時生人

*第一步驟

此命盤之南北斗星曜分布的情形，有些極端。

南斗星曜除了府相外，機月同梁見吉不見煞。

北斗星曜除了巨門外，可說是六煞全彰，吉星只有魁鉞。

南北斗星曜的吉凶分布有些失衡，北斗主早，南斗主晚，因此人生的上半輩子通常都較會經歷辛苦艱難，甚至奔波勞累，而不見得有成果；要到下半輩子才能有較穩定的發展。

*第二步驟

命盤上星曜格局的組合為「雙星殺破狼」格搭配「府相」格及「機月同梁」格。

「雙星殺破狼」格局及「府相」格局都同樣聚集羊、陀、火、鈴、空、劫等六煞星，吉星只有魁鉞。這就很辛苦了，負責在前線開創或打戰的「雙星殺破狼」所面對的是動盪凶險的環境，而負責後勤補給的「府相」又入不敷出，庫藏空虛，如何號令三軍開疆闢土？能維持原有局面即已不錯，畢竟「雙星殺破狼」格局都有祿星吉化而能制煞為用，因此尚不至破敗，但面對的情勢局面都很凶險，在執行上的做法上也雷霆霹靂。

「機月同梁」格局見左、右、昌、曲等吉星，不見任何煞星來干擾，因此在思考想法上很冷靜周詳，理想性十足，有著仁民愛物的情操與關懷，適合在穩定的環境下逐步發展。

＊第三步驟

出生之「年、月、日、時」四個地支宮位（或僅先看「生年太歲」宮位）集中交會在戌宮。戌宮為太陰廟旺見吉不見煞的「機月同梁」格局，這是屬命造內在的能量及人格特質，也是命造內心之所思所想，充滿民胞物與的理想主義。

另「雙星殺破狼」格局因為格局夠強悍也突顯，尤其父母資資料再來凸顯，因此也會是命盤上更深層重要

命例A【盲測盤】：

大耗 地劫 地空 紅鸞 辛巳 (75-84)	天機 左輔 白虎 天福 壬午	紫微 破軍 天鉞 寡宿 火星 陀羅 癸未	右弼 祿存 天哭 天馬 封誥 恩光 甲申
太陽祿 文昌 天虛 庚辰 (65-74)	男命 民前二年三月十八日午時 庚戌 庚戌 庚辰 壬戌 丙午 76 丁卯年 78歲 大運 辛巳 父：丁亥 母：壬午 土五局		天府 鈴星 擎羊 乙酉
武曲權 七殺 咸池 天姚 八座 己卯 (55-64)			太陰科 文曲 華蓋 丙戌 (5-14)
天同忌 天梁 官符 龍池 天貴 戊寅 (45-54)	天相 天魁 己丑 (35-44)	巨門 喪門 鳳閣 台輔 戊子 (25-34)	廉貞 貪狼 孤辰 天刑 天喜 三台 天官 丁亥 (15-24)

南斗星曜除了府相外，機月同梁見吉不見煞；

北斗星曜除了巨門外，六煞全彰。

上半生離鄉背井，顛沛流離；

下半輩子在較穩定的環境下逐步發展有成。

命例B：

一九二二年（民國十一年）十一月二十九日寅時生人

＊第一步驟

此命盤之南北斗星曜分布的情形，較為均衡。

南斗星曜之「官祿主」天府、天相，分別與北斗星曜之「官祿主」廉貞、武曲同宮，並見吉多。

南斗星曜之機月同梁雖煞曜稍多於吉曜一些，卻有化祿與祿存的雙祿吉化，吉象也相當明顯。因為南北斗均衡，可攻可守，兼容並蓄。

因為主早的北斗，煞星不多，又有吉曜穩定，初期的衝勁與爆發力尚嫌不足，加上化忌星的干擾拖延作用，故早期較無開創成果，當然也不致過於辛苦勞累。

主晚的南斗星曜，旺宮見火星或鈴星及地空，受到化祿與祿存的雙祿吉化，故有正面的爆發力道，一旦作用會讓人頗感意外，怎麼憑空冒出這號人物！

＊第二步驟

命盤上星曜格局的組合為「紫府廉武相」格，搭配單星「殺破狼」格及「機月同梁」格。

「紫府廉武相」格局及「殺破狼」格局都見左右昌曲等吉曜，格局大，穩定性也足夠；煞星僅有羊、陀來刺激，讓它不致過於安逸，煞星也沒有達破壞的殺傷力程度。故開創力道雖嫌不足，但很適合於在有制度的穩定大企業體系中發展，擔任管理要職。

「機月同梁」格局雖見煞多，但旺宮又有祿星吉化，基本上仍朝正面發展；惟較有隱憂的是丑宮之巨同，弱陷見煞不見吉，也沒祿星吉化，較為負面，這部分要較為留意，巨門不利六親，所以負面作用偏向親情與一般人際。

＊第三步驟

出生之「年、月、日、時」四個地支宮位（或僅先看「生年太歲」宮位），集中交會在寅、戌二宮的「紫府廉武相」格局及子宮「殺破狼」格局，沒有一個宮位在人文色彩濃厚的「機月同梁」格局。雖寅、戌二宮也有南斗的「官祿主」天府、天相，但「府相」是南斗星曜中偏向資源管理運用的現實主義，負責「食、衣、住」，而不是民胞物與的理想主義，故心中所思所想，都是事業上現實利益的考量，與貪狼迂迴的靈活手段。屬於「機月同梁」的人文理想與親情，不會是命造心中之首要考量。

關於命例A、B，本書於下卷有詳細介紹。

命例B【盲測盤】：

<table>
<tr>
<td>天機 天鉞 大耗 鈴星
六
紅鸞
乙巳 ●
(74-83)</td>
<td>紫微權 文曲 白虎
二
三台 天福
丙午 □□</td>
<td>寡宿 天刑
二
丁未</td>
<td>破軍 文昌 天哭
五
天馬 台輔 八座
戊申 □</td>
</tr>
<tr>
<td>七殺 天虛
六
封誥
甲辰
(64-73)</td>
<td colspan="2" rowspan="2">男命 十一年十一月廿九日寅時
壬戌
85 丙子年 75歲
大運 乙巳
壬戌 壬子 戊子 甲寅
金四局</td>
<td>地空
五
天貴
己酉</td>
</tr>
<tr>
<td>太陽 天梁祿 天魁 咸池 火星
四
癸卯 ○○●
(54-63)</td>
<td>廉貞 天府 華蓋 陀羅
四
9
天官
庚戌 ○
(4-13)</td>
</tr>
<tr>
<td>武曲忌 天相 左輔科 官符
四
1
龍池
壬寅 △△△●●
(44-53)</td>
<td>天同 巨門 地劫
三
癸丑
(34-43)</td>
<td>貪狼 右弼 喪門 擎羊
三
95
鳳閣
壬子 ○△
(24-33)</td>
<td>太陰 祿存 孤辰 天姚
四
天喜 恩光
辛亥 □
(14-23)</td>
</tr>
</table>

南斗星曜，旺宮見火星或鈴星及地空，受到化祿與祿存的雙祿吉化，故有正面的爆發力道，一旦作用會讓人頗感意外，怎麼憑空冒出這號人物?!

丑宮之巨同，弱陷見煞不見吉，也沒祿星吉化，較為負面，偏向親情與人際。

北斗星曜，「紫府廉武相」格局及「殺破狼」格局都見左右昌曲，格局大，穩定性夠；煞星僅有羊、陀來刺激，讓它不致過於安逸。

下卷

臨盤技巧之取用

本卷章節是以大眾耳熟能詳的政治領袖的命盤為例，觀其一生的興衰起伏，如何一步步逐鹿天下，邁向權力的巔峰？並以實際臨盤之方式將紫微斗數技巧的取用，概略加以說明。

在開始實際臨盤前，初學紫微斗數之讀者至少必須熟記下列與「出生年」有關資料的基本排盤方式：

◎天干四化（科、權、祿、忌）
◎祿存、擎羊、陀羅
◎天魁、天鉞
◎五虎遁（用以取得太歲宮干）

平常這些資料在電腦所排出的命盤上都已經顯示出來，不必特別去記誦，但這些都是共盤資料，本書在上卷已說明「個別差異」之重要性。一般「個別差異」最簡單便捷能取得的資料是「出生年次」，這就包含「生年天干」與「生年地支」，無論是父母親的「出生年次」資料，或是與人互動時運用「太歲入卦」，將對方的「出生年次」所獲取之生年干支、天干四化（科、權、祿、忌）、祿存、擎羊、陀羅、天魁、天鉞、太歲宮干等參數資料輸入命盤，再進一步分析判斷對命盤所造成的吉凶影響。都必須熟記相關資料的基本排盤方式，才能加以運用。

其中五虎遁最常為人所忽略，但讀者如想在紫微斗數領域能有進一步深入的探討，就必須要會起五虎遁。因為本書所提及之「太歲宮干」就是以「生年天干」起五虎遁，遁到「生年地支」

所得來的。

◎五虎遁：甲己起丙寅，乙庚起戊寅，丙辛起庚寅，丁壬起壬寅，戊癸起甲寅。

甲、己之年從寅宮起↓丙寅↓順行十二地支宮位：

丙寅、丁卯、戊辰、己巳、庚午、辛未、壬申、癸酉、甲戌、乙亥、丙子、丁丑。

乙、庚之年從寅宮起↓戊寅↓順行十二地支宮位：

戊寅、己卯、庚辰、辛巳、壬午、癸未、甲申、乙酉、丙戌、丁亥、戊子、己丑。

丙、辛之年從寅宮起↓庚寅↓順行十二地支宮位：

庚寅、辛卯、壬辰、癸巳、甲午、乙未、丙申、丁酉、戊戌、己亥、庚子、辛丑。

丁、壬之年從寅宮起↓壬寅↓順行十二地支宮位：

壬寅、癸卯、甲辰、乙巳、丙午、丁未、戊申、己酉、庚戌、辛亥、壬子、癸丑。

戊、癸之年從寅宮起↓甲寅↓順行十二地支宮位：

甲寅、乙卯、丙辰、丁巳、戊午、己未、庚申、辛酉、壬戌、癸亥、甲子、乙丑。

◎天干四化

甲干↓廉破武陽　廉貞化祿　破軍化權　武曲化科　太陽化忌

乙干↓機梁紫陰　天機化祿　天梁化權　紫微化科　太陰化忌

丙干↓同機昌廉　天同化祿　天機化權　文昌化科　廉貞化忌

丁干→陰同機巨 太陰化祿 天同化權 天機化科 巨門化忌
戊干→貪陰右機 貪狼化祿 太陰化權 右弼化科 天機化忌
己干→武貪梁曲 武曲化祿 貪狼化權 天梁化科 文曲化忌
庚干→陽武陰同 太陽化祿 武曲化權 太陰化科 天同化忌
辛干→巨陽曲昌 巨門化祿 太陽化權 文曲化科 文昌化忌
壬干→梁紫左武 天梁化祿 紫微化權 左輔化科 武曲化忌
癸干→破巨陽貪 破軍化祿 巨門化權 太陽化科 貪狼化忌

◎祿存、擎羊、陀羅

先定祿存位於何宮，擎羊即在祿存前一宮（順行），陀羅則在祿存後一宮（逆行）。

甲年祿存在寅宮　乙年祿存在卯宮
丙、戊年祿存在巳宮　丁、己年祿存在午宮
庚年祿存在申宮　辛年祿存在酉宮
壬年祿存在亥宮　癸年祿存在子宮

祿存不會坐入辰、戌、丑、未四墓庫宮位。

◎天魁、天鉞

甲戊庚牛羊→牛羊指丑未二宮，甲、戊、庚年生人，天魁在丑宮，天鉞在未宮。

乙己鼠猴鄉→鼠猴指子申二宮，乙、己年生人，天魁在子宮，天鉞在申宮。
丙丁豬雞位→豬雞指亥酉二宮，丙、丁年生人，天魁在亥宮，天鉞在酉宮。
壬癸兔蛇藏→兔蛇指卯巳二宮，壬、癸年生人，天魁在卯宮，天鉞在巳宮。
六辛逢馬虎→馬虎指午寅二宮，辛年生人，天魁在午宮，天鉞在寅宮。
六辛（辛未、辛巳、辛卯、辛丑、辛亥、辛酉）
天魁、天鉞不會坐入辰、戌二宮，卻可能夾輔辰、戌二宮。

一、蔣經國——命宮廟旺見吉不見煞 半生顛沛流離

大耗 地劫 地空 紅鸞 辛巳（疾厄）(75-84)	天機 左輔 白虎 天福 壬午（財帛）	紫微 破軍 天鉞 寡宿 火星 陀羅 癸未（子女）	右弼 祿存 天哭 天馬 封誥 恩光 甲申（夫妻）
太陽祿 文昌 天虛 庚辰（遷移）(65-74)	男命 民前二年三月十八日午時 庚戌 蔣經國 丙壬庚庚 午戌辰戌	76 丁卯年 78歲 大運 辛巳 父：丁亥 母：壬午 土五局	天府 鈴星 擎羊 乙酉（兄弟）
武曲權 七殺 咸池 天姚 八座 己卯（僕役）(55-64)			太陰科 文曲 華蓋 丙戌［命宮］(5-14)身
天同忌 天梁 官符 龍池 天貴 戊寅（事業）(45-54)	天相 天魁 己丑（田宅）(35-44)	巨門 喪門 鳳閣 台輔 戊子（福德）(25-34)	廉貞 貪狼 孤辰 天刑 天喜 三台 天官 丁亥（父母）(15-24)

命宮星曜旺宮見吉不見煞，半生顛沛流離。

南斗星曜除了府相外，機月同梁見吉不見煞。

北斗星曜除了巨門外，六煞全彰。

上半生離鄉背井，顛沛流離；

下半輩子在較穩定的環境下，逐步發展有成。

（一）太陰坐命之「桂墀格」——太陰、六吉、四化之旺陷判斷標準

蔣經國命宮太陰在戌與文曲同宮。

依《新刻合併十八飛星策天紫微斗數全集》有關太陰文曲的格局記載如下：

《太陰入命吉兇訣》：

「太陰原是水之精，身命逢之福自生，酉戌亥垣為得地，光輝揚顯姓名亨。」

《文曲入命吉兇訣》：

「文曲守命最為良，相貌堂堂誌氣昂，士庶逢之應福厚，丈夫得此綬金章。」

《化科入命吉兇訣》：

「科星文宿最為良，錦繡包裝腹內藏，一躍禹門龍變化，管教聲譽達朝堂。科星入命豈尋常，官祿才華展廟廊，更遇吉星魁鉞宿，龍門一躍姓名揚。」

《註解斗數骨隨賦》丹墀桂墀，早遂青雲之誌：

「丹墀謂日居卯辰巳，桂墀謂月入酉戌亥，此六宮身命值之事也，亦宜見昌曲魁鉞。」

《諸星格局皆取貴論》丹墀桂墀格：

「日居辰巳，月居酉戌是也。二曜常明正得中，才華聲勢定英雄，少年際得風雲會，一躍天池便化龍。」

《星垣論》：

「太陰乃水之精，為田宅主化富，與日為配，為天儀表，上弦下弦之用，黃道黑道分勢，尚好虧，數定廟樂，以卯辰巳午為陷，酉戌亥子為得垣，寅為初出之門，卯為東潛之所。其為人也，聰明俊秀，其稟性也端順慈祥。上弦為要之機，下弦減威之論。若相坐於太陽，日在卯，月在酉，俱為旺地，為富貴之基。嫌巨曜以來躔，怕羊陀以照度。或廉貞而不犯，與七殺而交沖，恐非得意，必作傷親之論，除非僧道反獲禎祥。男為妻宿，亦作母星，決禍福最為要緊，不可參差。命坐銀輝（月亮的別稱）之宮，諸吉咸集，為享福得祖業之論。若居陷地，則落弱之位。若上弦下弦仍可，不逢巨門為佳。」

《論身命十二宮吉兇星訣便覽》：

「命宮太陰 主人聰秀慈祥，清閒儒雅，廟富貴，陷貧夭。」

可知太陰星格局的廟旺或陷弱，好壞落差很大。要分辨太陰星是呈現吉象（正面作用）或凶象（負面作用），就必須把太陰星在地支宮位之廟旺利陷弄清楚。因此，在推論命盤之前，便要先釐清太陰星所在格局廟旺利陷之判斷標準。

1. 太陰星之廟旺陷弱判斷標準

依上述古賦文所描述太陰星之旺或陷，在不考慮六吉曜及六煞耀的前提下，其判斷大致是以太陰所坐落的地支宮位是在白天或夜晚及月亮的望朔是上弦月、下弦月來做為區分判斷的標準。

所謂「以卯辰巳午為陷，酉戌亥子為得垣」，即是以太陰所坐落的地支宮位是在白天或夜晚來區分旺弱。依此原則晚上太陰旺，故地支宮位從酉宮、戌宮、亥宮、子宮是太陰的旺宮。卯宮、辰宮、巳宮、午宮屬白天，是太陰的弱陷宮位。

「上弦下弦之用」「上弦為要之機，下弦減威之論。」則是以月亮的「望、朔」來做為另一判斷的標準。

《正統飛星紫微斗數》

「太陰，陰水，中天主星，為田宅之主宰，化氣曰富，又為母星，男為妻宿。太陰為財星，又主一生之快樂享受，如入命，必先考其上弦，或下弦，及宜夜生人，白日出生，雖在旺地，亦需扣分。此星卯辰巳午為失輝，酉戌亥子為廟旺之鄉，丑未宮有太陽同度為平和之地，加吉亦佳，煞沖不利。」

依此記載則太陰星旺陷之判斷標準，除了前述以太陰所坐落的地支宮位是在白天或夜晚及月亮的望朔外，另外又加了一項出生時辰是在白天或晚上。

綜合上述，太陰星之廟旺陷弱判斷標準，在不考慮六吉及六煞分布的前提下，至少有下列三項：

(1)以太陰星所坐落的地支宮位是在白天或夜晚來區分旺弱。

地支宮位，即分布在紫微斗數方型命盤周邊之十二格，每一格代表一個宮位，再以十二個時辰分別代表一個宮位，由子至亥而成子宮、丑宮、寅宮、卯宮、辰宮、巳宮、午宮、未宮、申宮、酉宮、戌宮、亥宮等十二個地支宮位，星曜入十二地支宮位，各有廟、旺、陷。此為斗數命理論命的基本觀念。

所謂的地支宮位是在白天或夜晚，可以簡單的一天十二個時辰來區分，晚上太陰星較旺，故地支宮位從酉宮、戌宮、亥宮、子宮是太陰星的旺宮。白天是太陰星較弱，故地支宮位從卯宮、辰宮、巳宮、午宮屬白天，是太陰星的弱陷宮位。至於寅宮、申宮，屬日夜交替之際，則以平宮論。寅宮的機陰（寅宮、申宮的太陰必與天機同宮）最好是逆行（也就是陰男陽女），因為由寅逆行到申，是屬於夜晚，太陰星較旺。申宮的機陰則最好是順行（即陽男陰女），因為由寅順行到申，是屬於白天，太陰星較弱。另外尚可進一步視是冬天或夏天出生來分辨強弱，因為冬天夜較長晝較短，夏天則晝較長夜較短。丑宮、未宮二宮也以平宮論，丑宮、未宮二宮的太陰星必與太陽星同宮，還要參酌白天或夜晚生。

(2)以「出生日」月亮的望朔來區分旺弱。

即以農曆每月十五日的望月為中心，「出生日」愈靠近農曆十五日的強旺度愈大。大抵以月亮從初一的朔月邁向十五日的望月為上弦，較旺，月亮從望月邁向朔月為下弦，較弱，即以農曆每月十五日前後一、二天是廟旺，農曆十五日達到最旺，之後盛極而衰，逐漸遞減。此即所謂的「上弦為要之機，下弦減威之論」。

⑶以「出生時辰」是在白天或晚上來區分旺弱。

即所謂的「宜夜生人，白日出生，雖在旺地，亦需扣分。」

問題是這三項判斷標準的比重，究以何項為重？

有人認為太陰星沒有地支宮位旺弱之分，只要視其是白天生人或晚上生人來區分旺弱即可。其實並非如此。地支宮位的旺弱還是首要，要以太陰星所坐落的地支宮位的旺弱為基礎，再輔以「出生日」的望朔及白天或晚上生人來增減。當然就算地支宮位太陰是旺宮（酉宮、戌宮、亥宮、子宮），最好還是晚上生人最好，如為白天生人，稍微弱些，不過還是以旺論，只是比較辛苦些。地支宮位屬弱陷宮位的（卯宮、辰宮、巳宮、午宮的太陰星），雖是農曆十五日晚上生人，幫助也不大。

至於「出生日」月亮的望朔與「出生時辰」是在白天或晚上？這二項的比重何者為重？筆者以為就較不是關鍵了，畢竟這二項均僅是輔助的角色。當然於太陰星所坐落的地支宮位是在寅宮、申宮、丑宮、未宮四宮以平宮論時，這二項因素就較關鍵，足以決定太陰星的旺陷了。而這二項的比重有人認為還是以白天或晚上生人的影響度大於「出生日」月亮的望朔。但以年、月、日、時，四個地支的比重來看，筆者以為還是以「出生日」月亮的望朔影響大於「出生時」的白天或晚上生人。

故此三項判斷標準的比重是：

⑴大於⑵大於⑶。其中尤以⑴太陰星所坐落的地支宮位最為關鍵。

除此之外，影響太陰星廟旺陷弱的因素，當然還有吉曜與煞曜的分布，這項因素是所有十四顆主星與星曜格局所共通具備的。

2.吉曜與煞曜的分布影響星曜之旺陷

所有的星曜如見煞多，即使所在的地支宮位是旺宮，仍以弱陷論。

星曜如見吉多，即使所在的地支宮位是陷宮，仍不能就以弱陷論。

星曜在旺宮時，比較會出現正面作用，呈現好的一面。

星曜在陷宮時，不一定會出現負面作用，但至少正面作用較不明顯。

星曜處於旺宮時，因為身強體壯，較不怕煞星或忌星（惟當煞星、忌星同時出現，形成忌煞交沖時，仍以凶論），但如見煞多，就如同猛虎難敵猴群，仍屬陷弱不好，煞星愈多愈凶。

星曜處於弱陷宮位時，因為體質較弱，有時即使只碰到一顆煞星，也會形成破壞作用。

這些都是紫微斗數的基本觀念，用以分辨星曜在地支宮位是呈現吉象（正面作用）或凶象（負面作用）。

太陰星對四煞星十分敏感，古賦文之所以會有「火鈴若也來相湊，未免官非病患臨。」、「不喜羊陀三方會，火鈴二限最為兇，若不官災多破悔。」、「怕羊陀以照度。」等負面記載，其實是因為太陰星與羊陀火鈴四煞星會形成特殊的凶格組合。例如：太陰與火鈴的「十惡」格，太陰與羊陀的「人離財散」格。

太陰星形成凶格後，即使所坐落的地支宮位為旺宮，一旦人、事、時、地、物因緣巧合的來引動凶格作用，其所爆發出來的負面傷害往往都是令人無法躲避化解，相當無奈的。

太陰星旺宮會吉星，古賦文的評價也很高：

「命坐銀輝（月亮的別稱）之宮，諸吉咸集，為享福得祖業之論。」

「其為人也，聰明俊秀，其稟性也端順慈祥。」

「才華聲勢定英雄，少年際得風雲會，一躍天池便化龍。」、「光輝揚顯姓名亨。」

其實任何星曜只要旺宮會吉多，都會突顯其正面作用。

太陰星是中天星系，中天星主奔馳，腦筋動不停，想法心思比較急，想的會比表達出來的多。太陰屬陰，表面若無其事，其實事情都已在內心盤算好，是屬「鴨子划水」型。即旺宮的太陰星表面看起來溫和文靜，但對事情是會深思熟慮，並能沉住氣不輕易表現出來。在人際上給人很好相處的印象，不論販夫走卒都樂於交往，人緣很好，不會拒絕別人。

純就星曜賦性來觀察，命造之命、身、太歲同宮在戌，太陰、文曲同宮，有所謂的「日月會昌曲，出世榮華。主一生處於上層階級，多風光，有名譽之美，享用亦佳」，也是所謂的「桂墀格」是屬地支宮位廟旺能充分展現出太陰星正面作用的格局。

雖說命造是午時白天出生，太陰星弱陷，生日農曆十八日也屬下弦月，但地支宮位的旺弱還是首要，太陰星在戌宮所坐落的地支宮位屬旺宮，格局便已形成。白天生人，稍微打些折扣，還是以旺論，只是較夜生人辛苦些，且農曆十八日的月亮也還在農曆十五日前後數日，不算失輝。

何況星曜的會吉會煞多寡，也是星曜旺陷的決定因素。因此退一步即使認為白天生人對太陰星的旺弱影響較關鍵，當白天生人的太陰星見吉不見煞時，仍要以旺宮論。

3.文曲與化科（六吉星及四化星）之廟旺陷弱判斷標準

《正統飛星紫微斗數》：「文曲陰水，北斗第四星，司科甲名聲，又名文華。」、「以巳酉丑為入廟。」、「申子辰為旺地，亥卯未宮平和。寅宮利益。午戌為陷弱。」、「與太陰同行，則為九流術士。」、「三方文科拱照，賈誼少年登科。」、「科星居於陷地，燈火辛勤。昌曲主科名之宿，入命而於陷弱之宮，或旺而被煞沖破，主為職一生忙碌異常，有功無祿，宜經商，不能作官吏也。」、「化科陽水，在數乃上界司掌文墨之宿，主名聲。」、「陷地化科，反主不吉。」。

由上述賦文可知文曲與化科星所在宮位的旺或陷，對其星曜的正、負面作用影響甚大。

關於文曲星所居宮位之旺或陷，坊間尚有「廟子丑辰巳酉，旺卯未亥，平寅申，陷午戌。」等不同說法。其他如左、右、魁、鉞、昌、化祿、化權、化科、化忌等六吉星與四化星，坊間都有廟旺利陷表可查詢。但筆者認為，這些都無參考價值，讀者們可別再去死記這些六吉星與四化星的廟旺利陷表，毫無意義，浪費時間。

讀者們只要記住十四顆甲級星曜在十二個地支宮位的旺陷即可。

至於其餘的乙級星曜、丙級星曜……包含六吉、六煞及其他雜曜，其廟旺利陷都依存在所處宮位的甲級星曜上，甲級星曜旺就跟隨著旺，甲級星曜弱陷就跟著弱陷。如此簡單、明瞭又便利。

道理很簡單，蓋在戰場上勝負關鍵的決勝點是在指揮官身上，再好的戰術勝利都無法逆轉戰略錯誤的失敗結果。同樣是諸葛孔明之才，輔佐的主子是阿斗時，也只能鞠躬盡瘁，死而後已，扶不起還是扶不起。但輔佐的主子是劉備時，即使初始在顛沛流離毫無資源下，也能三分天下雄霸一方。所謂「將帥無能，累死三軍」就是這道理。

在地支宮位裡，主導的星曜是十四顆甲級星曜，其餘六吉、六煞及其他雜曜，都以甲級星曜馬首是瞻，毫無例外。如地支宮位無甲級星曜就屬空宮，一概以弱論之，即使宮內都是吉星不見煞星，仍以弱陷論，此時的吉星都發揮不出其輔佐的正面作用。

至於化祿、化權、化科、化忌等四化星，本就不能單獨存在，一定是依附在甲級星曜及乙級星曜（昌曲與左右的化科）上，其旺陷一概端視依附及同宮之甲級星曜而定，甲級星曜旺就旺，甲級星曜弱就弱。當甲級星曜太陰廟旺，化科及文曲的正面作用便會突顯，學習能力很強，博學多聞，文章寫作能力極佳，讀書考試對其而言輕而易舉，如在古代科舉考試也必能高中，一躍龍門。

因此，化科及文曲入命，同宮的甲級星曜旺，才會有所謂的「文曲守命最為良，相貌堂堂誌氣昂，士庶逢之應福厚，丈夫得此綬金章。」「科星文宿最為良，錦繡包裝腹內藏，一躍禹門龍變化，管教聲譽達朝堂。科星入命豈尋常，官祿才華展廟廊，更遇吉星魁鉞宿，龍門一躍姓名揚。」說法。

故太陰旺宮在戌，三方機月同梁見吉不見煞，應該是有祖蔭很富足，一生無風無浪，平平順順、安安穩穩的，不會有太大的波動起伏，個性溫良恭儉讓，是位修養極佳且文采風流的飽學之士，當上班族時也能因個性溫和與人為善及學習能力佳，而在變化較不激烈的環境中逐步升任高階管理階層，富有理想性但因不見煞而缺乏冒險犯難的精神與克服困難的毅力，也缺乏危機意識，會安於現狀不想要改變，更不會衝撞體制激烈地去搞革命。

以上是純就太陰、化科及文曲等星曜賦性來描繪太陰旺宮在戌坐命，三方見吉不見煞，所展現出星曜正面的賦性作用。但在實際臨盤論命時卻非能如此簡單明瞭。

4.臨盤時星曜賦性與事實相逕庭

蔣經國這張盤對一般研究斗數者會有一個很大的陷阱，因為從表面上的命宮來看，很容易看走眼。這也是紫微斗數初學者在看完星曜賦性的賦文及古籍後，所面臨的困境，在實際臨盤論命時，如將星曜賦性及賦文直接套在命盤上之結果常常是與事實大相逕庭。

純就星曜賦性來觀察，命造之命、身、太歲同宮在戌，太陰、文曲同宮，有所謂的「日月會昌曲，出世榮華。主一生處於上層階級，多風光，有名譽之美，享用亦佳」，也是所謂的「桂墀格」是屬地支宮位廟旺能充分展現出太陰星正面作用的格局。

雖說命造是午時白天出生，太陰星弱陷，生日農曆十八日也屬下弦月，但地支宮位的旺弱還是首要，太陰星在戌宮所坐落的地支宮位屬旺宮，格局便已形成。白天生人，稍微打些折扣，還是以旺論，只是較夜生人辛苦些，且農曆十八日的月亮也還在農曆十五日前後數日，不算失輝。何況星曜的會吉會煞多寡也是星曜旺陷的決定因素。因此退一步即使認為白天生人對太陰星的旺弱影響較關鍵，當白天生人的太陰星見吉不見煞時，仍要以旺宮論。

加上戌宮三方機月同梁格，見吉不見煞，一看就認為是天生的好命人，較主富而不主貴，衣食富足一生無災無難。即便主貴，也應該是平平順順、安安穩穩地當個高階管理階層的上班族，人生不會有太大的波動起伏，即使能憑父蔭做到總統，也應該是在天下太平的情況下一路平順。絕對不會是個在少年時期就會為理想，追求烏托邦的共產主義而遠離家鄉，卻落的在冰天雪地的異鄉被當人質般的監控下，過著基層勞工以勞力賺取微薄薪資勉強糊口的艱苦日子長達十二年。好不容易返國後，又歷經動盪、幾經波折，最後在危機四伏下輾轉來台。在強人政治環境下勵精圖治，身先士卒。於陳誠過世後，才受到拔擢擔任行政院長，最後因著父蔭成為總統。

由其一生的過程經歷來看，命盤上命、身、太歲三方的機月同梁格局，雖成為其性格特質的一部分。但似乎命、身、太歲三方以外的雙星殺破狼見煞格局，在其人生過程遭遇的客觀環境及重大發展走向時，有著關鍵的影響力。這也是筆者一再強調的，觀看命盤時要整張命盤全盤衡量，不能只把重點放在命、身、太歲三方的格局。尤其在輸入父母資料後，整張命盤會起化學變化，有時不在命、身、太歲三方的不起眼格局，反而具有著關鍵的影響，主導人生的走向。當然這些都涉及實際臨盤時紫微斗數技巧的取用，非是死記星曜賦性賦文及古籍便能貫通活用。以下章節筆者便依命造一生重大事件，佐以史料，就具體已發生的事實，將紫微斗數技巧的取用，以實際臨盤呈現之方式概略加以說明。

（二）參與學運之叛逆少年與「少小離家老大回」的命理跡象

據載「一九二五年（民國十四年），上海的日本在華紡織工廠發生勞資糾紛，爾後演變為所謂「五卅運動」，更發展成為反帝國主義運動。蔣經國參加四次示威活動，每次都當選浦東中學示威隊伍領隊，也當選抵制外國貨品小組領隊。他受到同學和老師讚揚，但校方卻執行政府指令，以『該生行為不檢』之罪名，開除了蔣經國學籍。該年六月，蔣經國告別上海去北京，進入「海外補習學校」學習俄語。不久，他又加入當地學生發動反對北洋軍閥政府示威遊行，被軍閥

當局判處兩個星期監禁。恢復自由後，認為共產主義將會為社會帶來繁榮。他開始有前往莫斯科留學的想法」（註1）

由此段記載可知蔣經國年輕時即有理想性且不安於現狀，想要有所改變。即使尚未激烈到會衝撞體制去搞革命，但起碼是對體制不滿時會去參與「學運」，當起學運小領袖的叛逆青年。

「一九二五年十月十九日（十六歲），蔣經國告別上海，搭乘貨輪前往莫斯科十一月底，抵達莫斯科。一九三〇年（廿一歲）在返回莫斯科途中，不幸病倒在一個火車站上。十月，蔣經國病癒後，受僱於莫斯科塔那馬電械工廠（Tinama Electrical Plant），擔任學徒。蔣經國開始真正體驗蘇聯勞工生活。一九三三年一月（二十四歲）病癒後，蔣經國被送到阿爾泰金礦工作，阿爾泰為冰雪覆蓋之地，蔣在饑寒交迫生活九個多月；十月，蔣經國直接抵達史瓦多夫斯基，立即進入烏拉重（Uralmash）機器廠起先背鐵條、修馬路、抬機器，後來由技工升技師。在往後幾年裡，他都待在此工廠內，遠離政治活動。蔣經國在烏拉山重機械廠多年，唯有白俄羅斯族孤女法伊娜・瓦赫列娃（後來改名為蔣方良）對他友善。一九三五年三月十五日（二十六歲），兩人正式結婚，結下白首之盟。同年十二月，長子蔣孝文誕生。一九三七年三月廿五日（二十八歲），蔣經國帶著妻兒，離開了蘇聯，踏上回國旅程，結束他長達十二年旅蘇生涯。期間，雖然蔣經國身心受創，但已深深了解共產國際。」（註2）

青年時期的蔣經國，日子過得並不平順安穩，長達十二年旅蘇生涯（一九二五～一九三七年，十六歲～二十八歲），在冰雪覆蓋之地體驗蘇聯勞工生活，期間也經歷饑寒交迫之貧病日子，也結婚生子。

1.年僅十六歲 便抱懷理想獨自一人前往冰天雪地的莫斯科求學

十六歲，蔣經國在丁亥大限的第二年，走入雙星殺破狼限運，三方見空劫火陀天鉞，本宮雖不見煞星，但自坐太歲宮干的廉忌，因此形成忌煞交沖。

丁亥大限遷移宮又空宮坐空劫沖廉忌及鈴羊。在這種限運外出遠方，其過程及遭遇就如同命造所經歷的波折不順。困難重重，甚至淪為人質，受到監視不得回國，並下放至冰雪覆蓋的窮鄉僻壤之地從事最基層的勞動工作。

這從丁亥大限及大限遷移的巳亥二宮就可以很輕易的看出凶象。

但問題是，在這種限運的遷移宮為何還會想出國至凶險未知的遠方留學？

以命身太歲機月同梁不見煞的特質，應該是安分守已地在家鄉唸書求學，過著軍閥少爺衣食無缺的日子，又怎會不安於現狀，想要有所改變？即使到冰天雪地的北國留學，在變成人質而不得返國後，又如何能克服重重險境，堅持到最後而沒有命喪異鄉？

首先，從命身格局來看。

命、身宮與太歲同宮於廟旺之太陰戌宮，「日月主奔馳」先天遷移宮太陽在辰旺宮自坐祿見吉不見煞，而先天田宅宮忌煞交沖的格局。

這類格局的人對陌生環境的適應能力很好，不會怕生，很有自信，對外的人緣及溝通能力也不錯，因此，如果當家鄉的發展機會不大，在家境許可並有機會時，多會想外出發展。

再從大限來觀察。

丁亥大限走到四馬之地的雙星殺破狼限運。雙星殺破狼忌煞交沖本就主開創波動，不喜墨守成規或安於現狀。而桃花星集中，更讓年輕的命造有著一種理想性的憧憬。

丁亥大限遷移巳宮，空宮坐空劫沖廉忌及鈴羊，空宮主委屈何況見這麼多忌煞，怎會想外出發展？主要是因「大限引動先天」之故，大限「丁」太陰化祿與先天太陽化祿形成旺宮的雙祿交馳，引動命宮與遷移宮「主奔馳」的日月；大限遷移巳宮的「辛」干，陽權與昌忌來激化先天遷移辰宮的太陽祿，權忌交沖，讓他一廂情願自以為是的想實踐心中理想願景，巨祿、陽權、曲科的三奇佳會及大限「丁」太陰化祿，更讓他看到憧憬與希望。太陽在辰本就是旺宮，受丁亥大限化星的引動，因此突顯出來成為主導丁亥大限外出的作用宮位；加上走到主開創波動，不想安於現狀的雙星殺破狼限運，在家境經濟條件許可下，自是會想外出求學發展。

一旦出國成行，大限遷移巳宮的凶象就會起作用了，反映在他留學過程所遭遇之各種委屈、艱辛與波折不順。

最後，看流年的引動。

一九二五年（民國十四年）乙丑年。

天機化祿在午宮，與申宮的祿存形成雙祿夾流年遷移未宮。

午宮的天機化祿又與辰宮的先天太陽祿夾大限遷移巳宮。

乙丑年同時使「主祖業、祖產、故居」之「田宅主」的太陰星化忌並沖流年羊陀。

流年丑宮的天相則被先天同忌與大限巨忌給夾制，丑宮為先天田宅宮被雙忌夾，並沖六煞星，自然會覺得在家鄉受到制肘干擾無從發展。

而先天、大限、流年的遷移宮正好都有祿星來吉化引動，心態上當然會嚮往外出發展，因此會爭取外出的機會，也在這一年乘搭貨輪前往莫斯科留學！

2.二十八歲回國返鄉在戊子限

一九三七年（民國二十六年）丁丑年三月廿五日（二十八歲），蔣經國帶著妻兒，離開了蘇聯，踏上回國旅程，結束他長達十二年旅蘇生涯。

流年仍同樣走到出國那年乙丑年的丑宮。丑宮同樣有雙忌夾的現象，但人在異鄉。不同的是乙丑年使「主祖業、祖產、故居」之「田宅主」的太陰星化忌並沖流年羊陀，而丁丑年則使太陰星化祿並會流年祿存。

太陰星的位置廟旺又是命造命、身、太歲所在宮位，在這張命盤上有相當的主導作用力道，故於這一年得以回國返鄉。

（三）父母情緣——父母親之往生年限、婚姻關係、性格差異的命理跡象

1.「父母往生年限」的命理跡象

生母：毛福梅——一八八一年（民國前三十年）生（按：關於毛福梅之出生年，有一八八二（民國前二十九）年之癸未年或一八八一（民國前三十）年之壬午年二說。依毛福梅「講究三從四德……又樂善好施」及「被炸身亡」的客觀事實判斷，筆者認一八八一年、農曆年壬午年出生較為符合。中間的差異可能係新曆年與農曆年的差別導致）。

「毛福梅，生於一八八二年，比蔣介石年長四歲，奉化縣岩頭村人，自幼生長在傳統中國禮

教束縛下，講究三從四德，對丈夫除了百依百順，就是孝敬婆婆。平常吃日夜齋，豐鎬房樓上經堂內供奉觀音大士像，是一位虔誠的佛教徒。」（註3）

生母毛福梅壬午年生，太歲宮干丙午。

一九三九年時，毛福梅被日軍轟炸機炸死（一八八二年～一九三九年）。

「一九三九年蔣經國在贛南任上，幾次去信，要接母親前去團聚，但毛福梅留戀家鄉。十二月十二日，日本軍機狂炸奉化縣溪口鎮家園，蔣經國生母毛福梅慘遭此劫，未留一言。『民國二十八年冬，寇機肆虐溪口，狂炸家園，吾母毛太夫人竟罹慘劫，未留一言；傷歟痛歟，國難家仇，於斯已極！……經國序於江西贛州』。」（註4）

(1)一九三九年（民國二十八年）己卯年三十歲喪母在戊子限

戊子限天機化忌正好坐入其母毛福梅的生年太歲午宮。

己卯年，流年卯宮武曲七殺沖羊陀火鈴四煞，流年擎羊也沖入，剛星見煞多本就主凶險。但流年武曲化祿又會大限貪狼化祿，權星也交會集中，能制煞為用，有利於事業的開創，如論事業事項反而會有不錯的表現。故當年調任贛南，展開所謂的「贛南新政」也小有成果，並轟動一時。

但命理上吉歸吉論，凶歸凶論，剛星見煞的制煞為用，雖有利於事業的開創，如論六親就屬不利了。命造的先天父母宮亥宮廉貪的雙星殺破狼，沖空劫火陀四煞。就傳統命理的觀點言，本就有孤剋現象。但因為生母毛福梅所坐入的太歲午宮是機月同梁格見吉不見煞，降低化解了先天父母宮的孤剋作用，使得母子間的互動是母慈子孝。午宮天機善星，重視鄰里的人際關係，故生母毛福梅「是位極其虔誠之佛教徒，又樂善好施，鄉鄰莫不感恩。」、「一九三九年，蔣經國在贛南任上，幾次去信，要接母親前去團聚，但毛福梅留戀家鄉。」

最後因日本軍機狂炸鄉里，慘遭劫難，被炸身亡。毛福梅壬午年，太歲宮干丙午，武曲化忌及廉貞化忌，不但引動卯宮武殺三方的「財與囚仇」凶格，也引動先天父母宮亥宮的孤剋現象。

己卯流年，卯宮武曲七殺，三方本就有羊陀火鈴四煞。大限天機化忌引動其母毛福梅的生年太歲午宮的凶象，使其母太歲午宮的武曲化忌及廉貞化忌凶象凸顯負面作用，又正好又沖入流年卯宮。流年文曲化忌在戌，又傷「母宿」的太陰，並引動大限機忌與先天同忌的三代忌作用沖入母之太歲午宮。

最後被炸身亡「死於非命」的命理作用，是出現在流年卯宮的剛星見忌煞與個別差異資料所引動的「財與囚仇」凶格。

(2) 一九七五年（民國六十四年）乙卯年六十六歲喪父在庚辰限

一九七五年四月五日晚上十一時五十分，蔣中正逝世。

蔣中正丁亥年生，太歲宮干辛亥。

乙卯流年與己卯年三十歲喪母那年一樣，同樣走入卯宮。

卯宮武曲七殺，見煞多，如應在親情事項上，本就有不利六親之孤剋作用。先天父母宮亥宮在卯宮三合方，亥宮也是父之生年太歲宮位。

流年乙卯的太陰化忌坐入命造命、身、太歲所在的戍宮，引動太歲戍宮宮干「丙」之廉貞化忌的負面凶性作用。廉貞化忌坐入在父的太歲亥宮，沖入流年卯宮。

乙年的流年擎羊與陀羅在辰、寅二宮，沖入命造生年太歲戍宮，使戍宮形成先天、大限、流年三代忌集中，沖羊陀的「人離財散」格，並照入大限辰宮之「父宿」太陽星。

庚辰大限之父母宮巳宮空宮坐空劫沖擎羊與鈴星，本就凶惡。因為空宮沒主星弱陷，主要作用宮位是由對宮亥宮照入為用。而亥宮又正好父的太歲宮位，也是先天父母宮。

庚辰大限之父母宮巳宮之宮干辛巳，文昌化忌坐入大限辰宮，辰宮的星曜是「父宿」太陽星，這本是共盤現象。但無巧不巧的是命造父親的太歲宮干也是辛干的文昌化忌，同樣坐入大限辰宮的「父宿」太陽星，乙卯流年的擎羊也在大限辰宮，引動忌煞交沖。這就對「父宿」的太陽星造成很大的殺傷力，且已不僅僅是共盤的現象。

文昌化忌也與大限天同化忌雙忌夾流年卯宮，流年卯宮也沖入父之生年擎羊。

一連串的凶象都造成「父宿」太陽星的傷害，並與父之太歲宮位亥宮有關，故在這一年經歷喪父之痛。

2.父母資料對先天父母宮吉凶作用的影響

前已提及命造的先天父母宮亥宮廉貪的雙星殺破狼，沖空劫火陀四煞。就傳統命理的觀點言，本就有孤剋現象。除了命造於年少之十六歲即離鄉背井，至廿八歲始返國，與父母親聚少離多的親情疏離外，就三十歲在戊子限喪母與六十六歲在庚辰限喪父的事實而言，中間相隔了三十多年，歷經五個限運，與其父親的關係並未有疏離現象。

眼尖的讀者應該會提出質疑，先天父母宮亥宮廉貪的雙星殺破狼沖空、劫、火、陀的孤剋現象，為何沒有出現在與父親之關係上？尤其父之太歲宮位與先天父母宮重疊，吉凶作用應該加倍才對。但六十六歲始喪父，其父已高齡八十幾歲，再怎麼說也談不上孤剋。反而是應在其母身上，三十歲喪母，且第二限開始便與母聚少離多。

要解釋這現象，關鍵點在父母資料對先天父母宮的引動。

生母毛福梅壬午年生，太歲宮干丙午。武曲化忌及廉貞化忌，加重先天父母宮亥宮的孤剋現象。壬年的祿存又在亥，形成羊陀夾忌的敗格。

雖說因為母親生年太歲午宮的機月同梁格局，降低了不少孤剋作用，使得母子間的互動是母慈子孝，且在第一大限的人格成長時期，生母的天梁化祿與天同化祿除對命造無為不至的關懷照顧外，更對命造的人格特質有正面善良的影響。

「蔣經國有一顆仁愛的心：一個從事政治工作者，懷著仁愛的心腸，就可以推行仁政。他的慈悲為懷的心胸，得自他母親毛太夫人的身教，他的生母進了蔣家之後，沒有得到丈夫的寵愛，於是把小我的私愛，化為大我的大愛，她愛大家庭裡的家人，和鄰里親戚相處和好，其實她很窮，肯幫助比她更窮的人，她青燈為伴，一心禮佛，我佛慈悲，是她整個的性格，因此得到村里家族的敬愛。做兒子的得到母教的耳濡目染，於是成為小康社會的推行者。」（註5）

生父蔣中正丁亥年生，太歲宮干辛亥。

巨門化忌與文昌化忌並未對亥宮造成負面影響，相反的，巨門化祿與太陰化祿雙祿夾輔亥宮，讓亥宮形成雙祿輔的絕處逢生格，大大降低了亥宮的孤剋作用。

尤其太陰化祿坐入命造的命、身戌宮，父對命造的喜愛提攜是無庸致疑的。雖然太歲宮位坐入亥宮的父親，對太歲宮位坐入午宮的母親感受很不好。因亥宮的父見午宮母的武曲化忌及廉貞化忌，蔣、毛兩人感情日漸不睦，甚至拳頭相向，但並不因而妨礙父親對命造的疼愛。

蔣介石在一九二一年四月三日的日記裡寫道：「經國母子不遵教回家，見其母之人影足音，嫌惡之情不可制止。而又惜愛其子，不准教訓，與我為難，痛恨之心，無以復加。逼我爭鬥，竟與我對打。此恨終生不能忘卻，決計離婚，以蠲痛苦。毆打之後，自傷元氣，誠自尋痛苦，犯不著也。當日即令妻妾大小兒子均出去，以清家規。為此終生怨恨母親，亦無所惜也。」。

一九二一年五月，蔣介石的日記中寫道：「我待毛氏已甚，自知非禮。」、「以後，對母親及家庭問題，總須不出惡聲，無論對內對外，憤懣無似之際，不伸手毆人，誓守之終身，以贖昨日彌孽也。」

但亥宮畢竟也有命造的太歲廉忌，因此父子間的關係也並非一直是父慈子孝，至少在丁亥限時是有緊張關係的。相關史料記載如下：（註6）

一九二七年四月十二日，蔣中正成立南京國民政府，下令清除中國國民黨左派人士、中國共產黨黨員離開，並驅逐蘇聯顧問。莫斯科中山大學群情嘩然，一致致電武漢政府，要求嚴懲蔣中正。

蔣經國在莫斯科中山大學集會上登台演講，以譴責蔣中正的背叛。幾天後，則在塔斯社發表公開聲明與蔣中正斷絕父子關係。

一九二七年四月，蔣經國從莫斯科中山大學畢業，蘇聯當局遣送莫斯科中山大學部份學生回國，蔣經國卻未被遣送回國之列。蔣經國完全被孤立於中國之外，成為人質。

一九三五年一月，共產國際要蔣經國前往莫斯科。蔣經國在蘇聯共產黨機關報「真理報」上三度發表文章批評蔣中正。

其中在一月廿二日發表《給母親的公開信》，在這封長信中，蔣經國表示：「昨天我是一個軍閥的兒子，今天我成了一個共產黨員。有人也許會覺得奇怪，但是我對共產主義的信念一點都不動搖。我有充分的自覺，對真正的革命理論成就有研究、有認識。」。

蔣經國在蘇聯時，寫信給生母毛福梅說：「母親，您還記得嗎？是誰毆打您，抓住您的頭髮，將您從二樓拖到樓下？那不是他——蔣介石嗎？您向誰跪下，請求不要把您趕離家門？那不是他——蔣介石嗎？是誰打我的祖母，使祖母因此致死？那不是他——蔣介石嗎？這就是他的真面目，這就是他對父母和妻子的孝悌和禮義。」

命造在丁亥限這段時間發表公開聲明斷絕父子關係及批評其父的言論，與當時身為人質的時空背景有關，不可斷章取義的，就認為是命造的本意。

就命理角度言，幸而當時命造人在異鄉，也算應了亥宮的凶象。

3.以命造命盤借卦來分析父母的婚姻關係

談到婚姻關係時個別差異的紅鸞、天喜二顆主婚姻喜慶的對星就一定要用上。

生母毛福梅壬午年生，太歲宮干丙午，紅鸞在酉宮、天喜在卯宮。

吉象方面，酉宮是命造父親太歲亥宮卦象上的夫妻宮，有命造母親毛福梅的紅鸞坐入，酉宮的紅鸞並為申宮的祿存與命造父親丁亥年的太陰化祿所輔，符合二人會結為連繫的命理跡象。

凶象方面，酉宮本身有鈴星擎羊等不利人際感情的煞星在，加上在卯宮的天喜有毛福梅的武曲化忌，並沖入酉宮的紅鸞。因此對亥宮而言，在婚姻互動的感受上並不好。尤其毛福梅太歲宮干丙午的廉貞化忌就直接坐入亥宮，並沖空劫、火星、陀羅及武曲化忌，其殺傷力道十分強烈，導致最終無法白首。

生父蔣中正丁亥年生，太歲宮干辛亥，紅鸞在辰宮、天喜在戌宮。

吉象方面，辰宮是命造母親太歲午宮卦象上的夫妻宮，有命造父親的紅鸞坐入，也照會命造父親的巨門化祿與太陰化祿雙祿，因此也符合二人會結為連理的命理跡象。

凶象方面，辰宮也坐會命造父親蔣中正的文昌化忌及巨門化忌，命造母親自己壬年的羊陀也沖入，形成吉處藏凶的卦象。吉象讓二人得以結婚，婚後隱藏的凶象就浮現，最終仍是離異無法白首。

但蔣中正的巨門化祿與太陰化祿雙祿畢竟有會入毛福梅的太歲午宮，因此也未就此完全棄之不顧，毛福梅仍然是蔣中正溪口老家豐鎬房的女主人，生活開銷由蔣負擔。

一九二一年六月，蔣母王采玉逝世，蔣介石正式向毛福梅提出離婚的要求，毛福梅堅決反對，鄉里故舊均不認可，蔣介石也自知心虧，此事不了了之。事實上，蔣介石對毛氏雖冷淡無禮，但也覺得自己是過分了。

一九二七年，蔣中正為迎娶宋美齡，正式與毛福梅離婚，不過經由蔣介石的堂舅孫琴風擔保，離婚不離家，毛福梅仍是豐鎬房之主婦，生活由蔣介石供給，蔣經國依舊正宗嫡嗣，記於毛氏名下。

4.就父母親太歲宮位的星曜格局來分析二人的性格差異

母壬午年生，生年太歲宮位坐入午宮，太歲宮干丙午。

午宮的天機星是屬南斗星曜的機月同梁格局。

此類型格局的人，內在敏感，心思細膩，較有耐心，作事有條理，按部就班，與人相處較有包容性。想法上屬溫和保守型的傳統思維，不會想要去改變什麼事情，重心常常放在日常家務看得到的「小處」。它扮演的角色是維護既有的資源並善加利用，所以也就較不會主張改變。即使不得不改變，也是採取慢慢逐步的進行。適合在較穩定、保守的環境狀態下守成。

毛福梅，生於一八八二年，比蔣介石年長四歲，奉化縣岩頭村人，自幼生長在傳統中國禮教束縛下，講究三從四德，對丈夫除了百依百順，就是孝敬婆婆。平常吃日夜齋，豐鎬房樓上經堂內供奉觀音大士像，是一位虔誠的佛教徒。

父丁亥年生，生年太歲宮位坐入亥宮，太歲宮干辛亥。

亥宮的廉貞、貪狼是北斗剛星的雙星殺破狼組合，三方還見煞多。

此類型格局的人，個性強悍，積極有衝勁，較具排他性及侵略性，很有主張、主見，叛逆、不遵循既定的規則，具有對無知境界的挑戰冒險性格。

想法上較從「大處」著眼，目的性很明確，不安於現況。想要改變，打破舊有的框架，不想要停留在現狀，想把現有的規矩全部破壞重新再來。適合在動盪的環境發揮，如果處於太平治世，會受制於保守環境無從發揮，而被貼上不受教化頑劣不堪的標籤，終將淪為草莽。

清光緒十三年九月十五日午時（一八八七年十月三十一日），蔣介石生於浙江奉化武嶺溪口鎮玉泰鹽舖樓上。

一八九三年，蔣知識稍開，喜舞玩刀棒，嗶召鄰舍子，效軍隊戰鬥狀，自為大將，部署群兒指揮，或高視闊步，指天畫地，登壇說故事，以為戲。

一九〇二年，蔣應童子試，見試場陋習，內心不齒參加科舉。

一九〇三年，蔣赴縣城，肄業鳳麓學堂，接受西洋新式教育。（註7）

午宮與亥宮，二者的星曜格局差異太大，個性思維大相逕庭格格不入，也難怪蔣對毛「嫌惡之情不可制止」。而握有資源與掌控權力的是想要改變的一方，二人婚姻的結局就可想而知了。

5.以入卦者的感情宮位卦象推測其喜歡之對象類型

酉宮是蔣介石太歲亥宮之卦象上的夫妻宮，其星曜組合可說是亥宮在婚姻感情的意識形態。酉宮的天府有鈴星擎羊同宮，並會天姚、咸池、紅鸞等桃花星及天魁。桃花星集中，表示在人際上有魅力及吸引力。

府相格坐會魁鉞見祿星，不會是小家碧玉的中小家庭出身，較屬講究現實利益，擁有資源可資運用的貴族鉅賈類型。

見煞有制，表示個性獨立很有自己的主張，不會是傳統三從四德以夫為貴的女性。

蔣介石丁亥年生，丁年的五虎遁遁干，遁到酉宮是己酉，武曲化祿在卯宮，卯宮是蔣介石太歲亥宮卦象上的事業宮。由卦象上夫妻宮所化出的祿星化在卦象上的事業宮，表示其感情上喜歡的對象，最好在事業上能對其有所助力。

因此，當出身上海名門望族並出國留學接受新式思維教育，符合酉宮格局的宋美齡出現時，馬上就吸引住蔣介石。

宋美齡：民國前十五（丁酉）年生（一八九七年三月五日～二〇〇三年十月二十四日）。

丁酉年生，太歲宮干己酉，紅鸞在午宮、天喜在子宮。

丁年生人的天魁與天鉞分別坐入亥宮與酉宮，酉宮除是宋美齡的太歲宮位外，正好是蔣介石太歲亥宮之卦象上的夫妻宮。而宋美齡太歲宮干己酉的武曲祿照入酉宮並會入亥宮。所以蔣對宋產生強烈的好感。

再以主結婚喜慶的紅鸞、天喜二顆對星來看。宋美齡子、午二宮的鸞、喜，坐會蔣中正的太陰化祿及巨門化祿。紅鸞在午照會蔣介石的巨門化祿與太陰化祿雙祿。天喜在子，與蔣介石在戌的天喜形成雙天喜夾蔣介石的太歲亥宮，蔣宋二人的魁鉞也同時分別坐入二人各自的太歲酉宮及亥宮。因此，蔣、宋二人在結婚喜慶的吉象十分明顯強旺，終能正式步上禮堂而白首。

一九二二年，蔣中正與宋美齡在上海初次見面後，便追求宋。由於蔣已婚，並信仰佛教，宋美齡母親倪桂珍強烈反對他們交往，要蔣先與所有妻子、侍妾解除婚約，才答應他們交往。一九二七年，蔣登報聲明與幾位前妻脫離關係。十二月一日，蔣與宋於上海結婚。（註8）

（四）事業之興衰起伏——以緣起的時間點來追蹤緣起事項的後續發展

這方法技巧可以運用的事項層面十分廣泛，包括企業經營、事業發展、房地產投資……五花八門。本命例就以命造一生的事業發展來加以解說。

筆者試著用蔣經國加入國民黨的緣起年份，當成緣起的時間點，用來追蹤他在國民黨的發展表現，並以此來分析說明其一生事業的興衰起伏。

之所以重視蔣經國加入國民黨的年份？是因為在他所處的時空背景，不論是大陸軍閥割據時期或在台由他宣布解嚴之前，大環境都是以黨領政，因此蔣經國在國民黨的發展表現，也同時就是他在中華民國政治上的發展表現了。

首先要確定蔣經國加入國民黨的年份，關於這點坊間有不同版本：

有一九三八年（戊寅年）版本。「一九三八年一月一日，蔣經國晉任中華民國陸軍少將軍銜，並且也在同一年加入中國國民黨。一月四日，蔣經國接受江西省政府主席熊式輝邀請，被委任為江西省政府保安處少將副處長。」（註9）

此版本為紫雲先生在其大作《從斗數談官祿主》中所採用（註10），並也以此來推斷蔣經國最終當上國民黨黨主席。但此版本並無加入月份的記載，且以前後所述事件均在一九三八年一月初，換算成農曆尚屬一九三七年農曆十一月份，因此如採此版本，緣起的年份也亟可能應該是一九三七年的丁丑年，而非一九三八年的戊寅年。

也有一九三九年（己丑年）版本。「一九三九年三月，蔣經國調離南昌，被任命為江西省第四行政區（贛南地區）行政督察專員兼保安司令。六月十一日，又受命兼贛州傷兵管理分處少將處長，代理贛縣縣長職務。不久，加入中國國民黨。八月，蔣經國籌備成立三民主義青年團江西支團部，並且由其擔任幹事會幹事長職位。」（註11）

依此版本緣起的年份應該是一九三九年的己丑年，也非一九三八年的戊寅年。

不論是一九三八年版本或一九三九年版本，都是在蔣經國一九三七年二十八歲自蘇聯返國後始加入國民黨。

另有一九二五年（乙丑年）版本。「當時（一九二五年）蔣介石希望蔣經國在出國前，能先成為中國國民黨黨員。」（註12）「袁南生認為：當時蔣介石送兒子到莫斯科學習有他自己的一番用意。因為蔣介石的羽翼尚未完全豐滿，儘管已成為廣東軍事實力派人物，但還不是國民黨中央執行委員，在國民黨政府中也沒有位置，他還需要蘇聯、共產國際的繼續扶持。如果鮑羅廷主動推薦他的兒子去，他竟然不領鮑羅廷的情，這會引起蘇聯顧問和共產國際代表的懷疑；此外，曾經訪蘇的蔣介石，雖然不贊成共產主義，但對蘇聯的集權制、軍隊與建黨的嚴格制度和組織卻有濃厚的興趣，自己的兒子到蘇聯去，對此學習研究一番，不見得沒有一點好處。」（註13）「一九二五年十月初，蔣經國經林煥庭介紹，在上海環龍路四十四號中國國民黨上海執行部宣誓加入中國國民黨。」（註14）

此版本記載蔣經國係於出國前往蘇聯留學前即加入國民黨，詳述當時加入的原因背景及動機，並有明確的時間月份及地點，其可信度較高。因此筆者採取此一九二五年（乙丑年）版本，作為推斷蔣經國日後在國民黨的發展表現。

讀者可自行判斷何者較符合。

對已經發生的同一件事實，各家論者各自有不同的解讀及推論方法，甚至採用的緣起年份不同，也可以推斷出相同的結論。這也是在學習斗數命理過程中常碰到的現象與困惑。因筆者也僅是「事後諸葛」的程度，之所以敢動筆大放厥詞，是因為筆者始終認為理論一致的「邏輯推論過程」是學習任何一門學問最根本的基礎。先不問結論如何？重要的是學習從正確的邏輯推論開始，一步步推出結果，即便因經驗不足或學養程度不夠，導致出錯誤的結論，也會因在邏輯推論的過程當中學習到經驗，慢慢累積終會「有成」的時候。

一九二五年十月初，蔣經國出國前往蘇聯留學前夕加入國民黨。筆者就以此年份當緣起的年份。

這裡要特別提醒讀者的是，以此年份當緣起的年份，並非是就直接採該年的流年太歲宮位（例如：乙丑年的丑宮）當作緣起事項的「重點宮位」。而是輸入該年的相關資料後，觀察命盤整體的引動，看凸顯在那個格局，再加以取用為「重點宮位」。

一九二五年是民國十四年，農曆乙丑年，流年太歲丑的宮干己丑。當年他十六歲在丁亥大限，大限亥宮是絕處逢生的雙星殺破狼格局，流年丑宮則是見魁鉞及六煞的府相格。

推論時，先以流年三方巳、酉、丑的府相格局，與大限三方亥、卯、未的雙星殺破狼格局，二個格局比較強弱，判斷何者為影響日後發展的「重點宮位」。

筆者的判斷是**「亥宮」為影響日後發展的「重點宮位」**，除了亥宮雙星殺破狼格局本就較丑宮的府相格局強旺外，尚有下列幾點理由：

1.乙丑年，流年太歲丑的宮干己丑，武曲化祿與乙年的流年祿存，坐入卯宮。乙丑流年太陰化忌與丁亥大限巨門化忌，雙忌夾制亥宮，天機化祿與先天祿存夾輔未宮。因此不論祿、忌，所引動的是亥、卯、未的雙星殺破狼格局。

2.命造所處的時空環境是較為動盪的年代，並非太平盛世。府相格局雖大，卻較適合在安定的環境中守成，在動盪的環境較難有所發揮。相反的雙星殺破狼是主改變開創的格局，正適合因應動盪的環境而有所發揮。

3.大限的主導作用，本就強於流年。一般而言，流年的作用主要是來引動大限，而非主導大限，畢竟一年的時間很快就過去。

4.最關鍵的一點，亥宮是命造父親蔣介石的生年太歲宮位。命造所處的年代除較為動盪外，也是「強人政治」的時空背景，有所謂「父傳子」較能安定政局的環境因素。綜觀命造一生事業的表現，係受其父刻意的栽培提攜，也才有能發揮的舞台，展現其才能。

5.父之資料丁亥年生，太歲宮干辛亥，巨門化祿與太陰化祿的雙祿夾亥宮，對亥宮產生很強烈的吉化作用，也降低命造的太歲宮干廉貞忌在亥宮的凶象。其實亥宮本有太歲之貪祿（這部分涉及較深之理論，待日後機緣再加說明），如此一來父的雙祿輔對亥宮便形成祿星共振，吉象力道更強旺。

因此，筆者就以亥宮做為命造日後事業發展的「重點宮位」。

①丁亥限

走入亥宮的雙星殺破狼格局。命造在這限運大部份時間都在冰天雪地的西伯利亞過著基層勞工生活，期間也經歷饑寒交迫之貧病日子，毫無事業表現可言。

亥宮本就有太歲宮干丙戌的廉貞化忌在，當限運走入亥宮時，廉貞忌的作用就會突顯。

大限丁干的巨門化忌與大限事業宮己卯的文曲化忌，雙忌夾制亥宮，使亥宮形成雙忌夾廉貞忌的一排忌星共振，在事業上完全施展不開。即便當時年輕的命造抱懷著滿腔理想，但受制於大環境，也是一愁莫展。

乙丑流年太陰化忌與大限巨門化忌也是雙忌夾制亥宮。

②戊子限

一九三七年（民國廿六年）二十八歲，自蘇聯返國，已經是邁入戊子限的第四個年頭了。

命造從蘇俄回國後，一九三八年元月四日在贛南初試啼聲，開啟從政生涯的第一步。一九三八年一月，任江西省保安處副處長；一九三九年六月擔任江西省第四行政區行政督察專員兼保安司令、贛縣縣長。

跟隨蔣經國建設新贛南的王昇將軍說：「經國先生在贛南擔任第四行政區的專員，是他對國家奉獻的開始，也是他的才能、魄力、膽識一種最初的考驗。……當時的贛南是一個比較落後的地區，交通非常不方便，物產也不豐富，可以說是民生疾苦，教育不普及，而盜匪十分猖狂，地方上土豪劣紳比強盜土匪更是為害百姓，這樣一個貧窮落後，而又充滿危險的地方，經國先生卻選擇作為他服務公職的第一步。」（註15）

「沒有架子，平易近人，和士兵生活在一起，同住宿、同起床，共同吃大鍋飯，官兵一體，親如家人。」（註16）

「為了整頓當地不良的社會風氣，他下令禁賭、禁煙、禁娼，令出必行，禁得十分徹底。……除暴安良，掃蕩惡習的一系工作，贛南人十分感激，稱他為『蔣青天』。」（註17）

「紐約時報」記者艾特金森，在一九四三年十一月五日報導：「經國的改革計劃使得贛南地區面貌一新。戰前只有三家工廠，現在已有四十四家工廠，包括一家酒廠、一家麵粉廠、一家火柴廠，若干紡織廠。透過一年兩作及新的農耕方法，贛南原本是糧食嚴重短缺的地區，現在的產量卻足可供應十個月的消耗量，預期到了一九四四年就可完全自給自足。」（註18）

戊子限巨門在子「巨機子午，石中隱玉」，三方見左、右、文昌及太陽祿與祿存雙祿照會。巨門雖是北斗剛星但不見煞星，就不會有積極的行動力。

子宮雖有事業緣起的丁亥大限巨忌，與戊子限天機化忌雙忌對沖，但忌星對北斗剛星而言僅是刺激。剛星不見任何煞星，就無所謂「制煞為用」的開創力道。

照理說僅是個因循原有環境制度的平順時期，更不會有改革的魄力與行動力。怎可能「為了整頓當地不良的社會風氣，他下令禁賭、禁煙、禁娼，令出必行，禁得十分徹底。」這必須是剛星制煞的格局才會有的現象。因此戊子限在事業上主導的格局還是回到亥宮的雙星殺破狼。

戊子限貪狼化祿與大限事業宮庚辰的武曲化權，這祿權吉化引動的是其事業「重點宮位」的亥宮，讓亥宮原本見煞多的雙星殺破狼格局能制煞為用，進而產生勇往直前的改變與開創力道。

正巧調任贛南展開所謂的「贛南新政」的流年是己卯年，己卯年不但在亥宮的三方，卯宮武曲七殺沖羊陀火鈴四煞，同樣屬剛星制煞利於事業開創的格局，才會有改革的魄力與行動力。流年「己干」的武曲化祿與貪狼化權也引動吉化亥宮。

亥宮此時已不再如丁亥限時被雙忌夾制了，反而因為坐大限貪狼化祿，讓他所推動的改革有成果，也名震當時。

③己丑限

一九四四～一九五三年（民國三十三～四十二）年是非常動盪的存亡之秋時期，歷經大陸淪陷國民政府遷台。

命造此時期擔任的都是吃力不討好的救火工作，最後的成果也不盡人意。先後擔任東北特派員負責東北外交及主權問題，一九四八年派往上海任上海經濟督導員負責管制經濟的「打老虎」工作。然而經歷了七十多天的努力，管制經濟工作仍告失敗，蔣經國辭卸職務。

「他所面對的是來自各方面的敵人：首先他要面對的是中共利用鄉村包圍城市的經濟作戰，使上海成為一個四面受敵的孤島；其次要面對的是上海惡勢力，包括當地政府與高級官員、屯積居奇的商人、自私自利的特權份子。」（註19）

大限丑宮是天相見魁鉞及六煞的府相格。府相格屬治世之能臣，適合在穩定發展的環境，在變化迅速的動盪環境很難發揮。且丑宮的天相，受三方的六煞星沖擊已然弱陷，是無力應對瞬息萬變的動盪環境，何況是處於存亡之秋的非常時期。

這時期在事業方面，主導的作用宮位仍然是亥宮的雙星殺破狼。

大限「己」干的武曲化祿與貪狼化權，引動亥、卯、未雙星殺破狼格局的「剛星制煞」，讓命造能不畏艱難，並勇於去面對。可惜大限丑宮天相弱陷，加上大限文曲忌傷太歲戍宮，又與事業緣起的丁亥大限巨忌，形成雙忌夾亥宮，造成心有餘而力不足。

大限三方六煞全彰，表示當時的外在環境十分凶險，充滿干擾與阻礙。事業緣起的丁亥大限巨忌，也與先天同忌形成雙忌夾大限丑宮，使得大限受到制肘無法施展，周邊也無資源可運用，更無力應對外在的沖擊。終因環境險惡，無力回天。

如果再加上太歲的相對行限（按：紫雲老師在其大作《從斗數談官祿主》，第五十八頁提及「太歲宮位也可以有相對的行限」。）走到癸未限，貪狼化忌在亥宮，此時的亥宮已是命造這輩子最為凶險的時期。此太歲相對行限的用法，紫雲老師有整套的理論進程，可惜該書並未對此深入解說，因此對不熟悉此用法的讀者，則不建議冒然取用。

亥宮幸而尚有父的雙祿輔加上大限「己」干的祿權，故最後仍然能全身而退。

一九四九年（民國三十八年）己丑年，國共戰事逆轉，大陸淪陷國民政府撤退來台，受命進行中央銀行庫存黃金外匯移轉台灣事宜。

一九四九年正好在丑宮。命造人生中幾次重大的變遷驛動，連續三個大限都發生在丑宮。乙丑年赴蘇聯留學，丁丑年回國，己丑年又被迫遷台。丑宮是命造之先天田宅宮，這當中有何關聯或純屬巧合，就留給讀者自行探索發掘。

④戊寅限

走入機月同梁格局的限運。大限寅宮是先天事業宮，寅宮自坐先天天同忌。大限的天機忌化在大限的事業宮午宮，先天天同忌與大限天機忌交會在大限寅宮與事業宮午宮，三方見吉不見煞。

原本見左、右、文曲、祿存等吉曜而不見任何煞星的機月同梁格局，是十分祥和穩定，很擅長清談式的坐而言，理論一整套。但真碰到棘手問題或百廢待興時刻，卻束手無策，沒有半點行動力與積極性。處理問題的方式，先煞有其理侃侃而談的分析原因事理，接著躊躇計劃，以拖待變而無實際行動。最好大家都能退一步海闊天空，相安無事。

當寅、午二宮交會先天與大限忌星時，正好顯現出所謂的「有忌方為貴」的正面作用。因為寅、午、戌的機月同梁，雖屬旺宮，如只見吉卻不見煞時，卻過於穩定溫和，甚至慵懶而不積極。但如忌煞交沖或煞星過多時，機月同梁格局則無法像剛星格局般制煞為用，又變成弱陷呈現負面作用。因此，機月同梁格局見吉不見煞時，有適當的忌星來沖，反而不是壞事。忌星會刺激機月同梁格局，讓它產生危機意識不致過於慵懶。當然這個前題是機月同梁格局是屬旺宮，如是弱陷宮位則忌星來沖，仍是負面作用。

當然要有成果，還是要有祿星來吉化。大限寅宮也有太歲宮干的天同化祿及事業緣起的丁亥大限陰同機三奇佳會，因此歷經大陳島撤退、八二三炮戰……等艱困時刻，面對百廢待興的各項難題，終能逐步建立各種制度的改革及思想控制，在台站穩腳步。此時大限機月同梁格的忌祿沖，反應在思想及組織典章制度的重新改造建立。

這時期除大限寅、午、戌機月同梁格局針對組織典章制度的重新設計改造外，在事業方面執行的推動力，主導的作用宮位仍然是亥宮的雙星殺破狼。大限貪狼化祿吉化亥宮的絕處逢生格，大限事業宮壬午的武曲化忌與紫微化權也來沖，因此過程十分艱鉅辛苦。但亥、卯、未雙星殺破狼格局因有祿星吉化，終能制煞為用獲得成果。

一九五四年（民國四十三年），出任國防會議副秘書長，掌管國防政策與建軍規劃。

一九五六年（民國四十五年），任行政院國軍退除役官兵就業輔導委員會主任委員，照顧榮民生活，並親率榮民弟兄，興建中部東西橫貫公路。

一九五八年（民國四十七年）八二三砲戰爆發，不畏砲火深入戰地，多次視察與慰問金門軍民。

⑤己卯限

大限走入雙星殺破狼限運，在事業發展「重點宮位」亥宮的三方。

大限卯宮的武曲、七殺屬「官祿主」的星曜，自坐先天武曲化權及大限武曲化祿。大限己干的祿、權星也吉化亥、卯、未雙星殺破狼格局。因此，在此限運才真正的浮上行政體系，限運初期即任國防部長。並於限運後期掌握權力，對台灣進行開創性的重大基礎建設與改革。

大限自坐祿、權星，大限事業宮癸未，紫破也自坐破軍化祿，表面上應該志得意滿，意氣風發，可以很順遂的放手推動改革與建設。但事實上卻拖延至下半限運才任行政院副院長，限運的最後二年才陞任行政院院長。原因仍在事業「重點宮位」的亥宮受到壓抑。

大限己干的文曲化忌，除傷到太歲戌宮外，並與事業緣起的丁亥大限巨忌，形成雙忌夾亥宮。加上大限事業宮宮干癸未貪狼化忌，亥宮此時除了受到大限己干的權、祿星吉化外，也同時有雙忌夾忌的干擾及壓抑。因此在事業發展與推動改革的過程，並不像表面上順利。

一九六四年（民國五十三年）以行政院政務委員兼任國防部副部長。

一九六五年（民國五十四年一月）升任國防部部長。

一九六九年（民國五十八年）就任行政院副院長兼國際經濟合作發展委員會主任委員。

一九七二年（民國六十一年六月），就任行政院院長，先後推動「十大建設」及「十二項建設計畫」，帶動台灣經濟蓬勃發展、社會安定繁榮，奠定日後台灣經濟起飛的基礎，並厲行「政治十項革新」，大舉拔擢台籍青年才俊，充實中央民意代表機構，擴充台灣地區增額民代名額。

⑥庚辰限

辰宮的太陽星名「升殿」為廟旺之地。大限辰宮自坐先天太陽化祿，大限又再度化祿，三方見祿存、昌、曲、右弼等吉曜，不見煞。大限庚干的祿、科星吉化太歲戌宮，權星會入事業緣起之亥宮。事業緣起之丁亥大限的太陰化祿也與太陽化祿雙祿交馳於此限。

大限事業宮甲申，空宮坐祿存屬委屈的羊陀夾制，但甲干的三奇佳會吉化事業發展的「重點宮位」亥宮。因此庚辰限在事業方面可說是吉象備至，所以終更上一層榮登大位。至於大限事業申宮，空宮羊陀夾制的委屈，反應在國際情勢的險惡環境及推動改革之際尚需兼顧父執輩黨國大老的各方阻力。

父親資料（丁亥年生，太歲宮干辛亥）之巨門化祿與太陰化祿及巨門化忌與文昌化忌，都集中在此限碰到。祿、忌、吉、凶各有其作用，不會相互抵銷。

吉象方面，父親的雙祿使大限更加廟旺，在事業方面的吉化力道更加強勁。

凶象方面，大限父母宮辛巳，空宮坐空、劫，沖鈴星、擎羊，天魁會入加重對親情人際的孤剋作用。辛巳的文昌化忌化入大限辰宮引動父親的巨門化忌與文昌化忌，因此於此限遭逢喪父之痛。

當然經此變故，為穩定政局也順理成章子承父業的被推舉為中國國民黨黨主席。

一九七五年四月五日晚上十一時五十分，蔣中正逝世。四月廿八日，中國國民黨中央委員會召開臨時全體委員會議，推舉蔣經國為主席，和中央常務委員會主席。（註20）

一九七五年（民國六十四年）乙卯年，流年擎羊坐入大限辰宮「主父曜」的太陽星，沖流年太陰化忌，引動父親文昌忌與巨門忌的凶象，使大限辰宮三方形成「人離財散」格。流年卯宮武曲七殺沖羊、陀、火鈴四煞，坐先天及大限的武曲化權，故能將羊、陀、火、鈴制煞化為權，在事業上更上一層並有不錯的表現。但剛星見煞多本就凶惡，不利親情，何況卯宮又在父親太歲亥宮的三方也沖父親丁年生人的擎羊，父親的太歲亥宮在乙卯年時也有忌星夾制。其父於乙卯年往生，已於本章「（三）父母情緣」有所說明，不再贅言。

一九七八年（民國六十七年）五月廿日宣誓就任中華民國第六任總統。六十九歲在庚辰限。

一九七八年（民國六十七年），農曆年戊午年，流年太歲午宮的宮干也是戊午。

流年的天干與宮干都是戊干，表徵「成果」的「祿星」與象徵「權力、權柄」的「權星」，在這一年都有很好的引動。

貪狼雙化祿直接吉化事業發展的「重點宮位」亥宮，並與大限的權星交會。

太陰雙化權直接吉化命、身、太歲同宮的戌宮，並與大限的祿星交會。

因此事業上更上一層樓。

一九七八年（民國六十七年）戊午年，天機雙化忌與流年擎羊也坐入流年午宮，形成不利人際的「機梁擎羊會」的凶格。命造此時已位居國家元首，對外代表國家，其人際關係表徵為國際上的友邦。因此「機梁擎羊會」凶格反應在外交友邦的生變，於同年十二月十六日，美國宣布與中華民國斷絕外交關係，並與大陸建交。

為因應此一突發重大變故，一九七八年毅然採取發布緊急處分之霹靂手段，以穩定全國政經情勢，最後順利度過此危機，這也是亥宮的雙星殺破狼作用。

⑦辛巳限

大限空宮並坐空、劫，沖鈴星、擎羊及太歲宮干之廉貞忌。

空宮本就弱陷，何況忌煞交沖。此限已年過七十五歲了，又走入先天疾厄宮的位置。老運走到忌煞交沖的限運對健康都是不利。此限的凶象就反應在為病痛所苦方面，至於事業上的表現反而不錯，因為命造事業發展的「重點宮位」始終是在亥宮。辛巳限大限巨門化祿與事業緣起的丁亥大限太陰化祿，形成雙祿夾亥宮的雙星殺破狼並照入巳宮。

一九八四年（民國七十三年）五月二十日連任中華民國第七任總統。七十五歲在辛巳大限。

農曆年甲子年，流年太歲子宮的宮干是丙子。

流年子宮坐大限的巨門化祿，流年事業辰宮有大限的三奇佳會集中。流年甲子的三奇佳會再度吉化事業緣起之亥、卯、未的雙星殺破狼，亥宮並形成雙祿輔祿的吉象。

至於流年天干的甲子與宮干的丙子，讓亥宮的廉貞有忌祿沖的現象，「忌祿沖」對身體健康是種傷害，除了可能會有「腫瘤」現象外，也破壞了身體原本尚能保持平衡運作的中和狀態。可惜筆者沒有命造的健康資料，只能純就理論推測命造當年在健康上可能就已亮起紅燈。

一九八七年七月十四日，宣布台灣地區自七月十五日零時起解嚴。

一九八七年（民國七十六年），農曆年丁卯年，流年太歲卯宮的宮干是癸卯。

流年走入亥、卯、未的雙星殺破狼格局，較會有變化較大的改革措施。

事業的「重點宮位」亥宮，形成丁卯年太陰化祿與辛巳限大限巨門化祿雙祿夾貪狼化忌。

「雙祿夾忌」在事業上是種「變動、轉型」，尤其祿星所吉化的是屬於庶民百姓的機月同梁格，因此在政治上進行變革，宣布解嚴以嘉惠庶民百姓。

但貪狼化忌對健康的傷害就大了，流年卯宮本就是忌煞交沖的位置。在辛巳大限時大限文昌忌與先天天同忌正好夾制流年卯宮。丁卯年的流年擎羊也與貪狼化忌沖入卯宮。

尤其在輸入父母資料後更加重卯宮忌煞交沖的殺傷力道，卯宮坐母親的武曲忌沖廉貞忌，父親的擎羊也在未宮會入。因此命造在一九八八年（民國七十七年）一月十三日病逝，農曆年仍在一九八七年丁卯年十二月十四日。

說來也是巧合，命造己卯年卅歲喪母，乙卯年六十六歲喪父，丁卯年七十八歲病逝，流年都發生在武曲七殺的卯宮，這不僅是巧合，當中也有蛛絲馬跡可尋，就先留給讀者用用腦，自己發掘。

（五）父母資料對命盤的影響

1. 父母資料可單獨形成重要的人格特質宮位

命造以命身太歲機月同梁不見煞的特質如何能克服重重險境，堅持到最後而沒有命喪異鄉？以亥宮做為命造事業發展的「重點宮位」，除了前述之種種理由外，敏銳的讀者還是應該提出質疑。亥宮既不是命、身宮，也不是太歲宮位，甚至不是出生之年、月、日、時的四個地支特質宮位的任何一個，怎會有如此大的作用？

除非亥宮根本就是命造性格特質的一部分，才有可能產生如此重大的影響力。

答案就在此，亥宮原本就是命造性格特質的一部分。

這也是筆者要特別提出強調的部分，也是蔣經國這張盤對一般研究斗數者很容易看走眼之處。因為命造命、身、太歲格局都是柔星，且見吉不見煞。連出生之年、月、日、時的四個地支特質宮位也都集中交會在命、身宮，且除了辰宮的太陽星外，賦性上沒一個是與事業有關的「官祿主」星曜。面對瞬息萬變動盪不安的時代環境，在事業上竟還想要有所作為，進行改革。而不是「機月同梁作吏人」，安於現狀。最後雖偏安台灣，但建設台灣進行土地改革，對台灣的民主發展功不可沒。這些都不是機月同梁見吉不見煞的格局所能辦到的，甚至府相格見吉不見煞也不行。命盤上能應變動盪環境的格局就是亥、卯、未剛星制煞的雙星殺破狼格局。

但為何亥、卯、未的雙星殺破狼格局會是命造性格特質的一部分？

答案就在——父母親個別差異資料的影響。命造有個丁亥年的父親與壬午年的母親，讓這張命盤形成唯一無二，有別於同樣時辰出生的其他命盤人士。

當輸入父母親個別差異的資料後，不管是吉是凶，讓命盤上某個宮位格局特別凸顯，那個宮位格局就會形成命造內在深層的人格特質。一旦碰到外在環境符合這格局的情境時，命造的想法與行為必然是以這宮位格局的賦性類型而為因應。

意思是說，一張命盤在輸入父母親個別差異的資料後，如果有一些格局，是比較凸顯的，則這個格局就會形成這命造的人格特質，而這人格特質就可能是主宰命造的一生，或是主導命造一輩子發展的重要基礎。如這個格局不是出現在命、身宮或也不是出現在命造出生的年、月、日、時的四個地支宮位，則這個格局所形成的人格特質會比較隱性與深層，平常並不會展現出來。必須碰到符合這格局的外在情境與環境或行限走到這格局的三方四正時，才會展現。

輸入父母親個別差異的資料後，吉、凶都來凸顯亥宮雙星殺破狼格局。

父親丁亥年生，太歲宮干辛亥，雙祿輔亥宮，因此亥宮受到父親資料的強烈吉化而凸顯。

母親壬午年生，太歲宮干丙午，武曲化忌及廉貞化忌的雙忌同樣讓亥宮受到破壞而凸顯。

讀者此時應該也要再提出質疑，既然父母親資料對亥宮有吉化也有破壞，為何筆者對亥宮在事業上的表現卻以正面看待？這問題也同時是斗數愛好者經常碰到並感到困惑的問題：

即當吉、凶、忌、祿混雜時，究竟是論吉？還是論凶？

筆者的看法是吉、凶不會抵銷，都會有作用。凶會有凶的作用，吉會有吉的作用，且要進一步分析它是作用在哪個事項類型？而不是吉、凶、忌、祿混雜在一起，加加減減，相互抵銷。

2.父親資料對命造人格特質的正面影響

就父親資料的「丁」干與「辛」干而言，「丁」干是生年天干，除了四化外，還有丁年的祿存在午宮，及丁年的天魁與天鉞分別在亥宮與酉宮。「辛」干是生年太歲宮干，僅有四化。

父親的資料輸入命盤，等於把整張盤的南北斗星曜及「雙星殺破狼」與「機月同梁」等格局都大幅提升強化。「丁」干與「辛」干的三奇佳會，吉化辰、戌二宮的「日月會昌曲，出世榮華」格局，戌宮更有父的天魁與天鉞輔命，使這命盤命、身宮「出世榮華」格的層次更往上提升。雖不致說是含著金湯匙出生有萬貫家產，但至少不是一般貧窮家庭，在那戰亂動盪的時代還可以吃穿不愁，接受教育，甚至出國留學。

命、身、太歲所在的戌宮，是所謂會仁民愛物的機月同梁格局。辰、戌二宮又是年、月、日三個地支宮位集中之處，其作用更加強烈凸顯。再受到父親資料的吉化，因此辰、戌二宮是命造顯而易見的人格特質。這也展現在其登上大位實際掌權後，能用仁愛關懷的態度去對待民眾。

「晚年對台灣內部政治立場極其寬容，並很有耐心走向民主道路。」（註21）

如果說辰、戌二宮是命造外顯的人格特質。則亥宮就是命造因為父母親資料而凸顯成的內在人格特質。且這亥宮的人格特質因為不在命、身宮三方，也不在命造出生的年、月、日、時的四個地支宮位，所以會比較隱性與深層。平常並不明顯，一旦碰到符合這格局的外在環境或行限走到這格局的三方四正時，就會顯現。亥宮的絕處逢生格，受到父親的太陰化祿與巨門化祿雙祿輔後，大幅降低了亥宮原本見煞多的負面作用。

父親資料對亥宮的吉化作用，主要是出現在事業上的表現。因為父親坐入的太歲宮位亥宮之主星星曜就是屬「官祿主」的廉貞星，故亥宮雙祿輔的祿星來源就是具有雙星殺破狼格局的「官祿」性質。尤其父親太歲宮位與亥宮重疊，吉象作用又加倍，已如前述，不加贅言。

因此每當命造遭遇到類似亥、卯、未雙星殺破狼見煞多之險惡艱困的情境或環境出現時，最後總能展現亥宮雙祿所輔的絕處逢生，化險為夷，安然度過。

3.父親資料的忌星對命造影響層面

父親的巨門化忌與文昌化忌所在的子宮與辰宮，三方見吉不見煞。

此時忌星對子宮與辰宮僅是刺激，不會造成負面的破壞作用。但仍會有其作用，尤其忌星的來源是屬「官祿主」的廉貞星，因此仍是出現在事業層面。

命造從己丑限到己卯限浮出行政體系前，負責擔任思想教育改造及情治特務工作，筆者以為與父親的巨門化忌與文昌化忌所在宮位格局及來源，不無關係。因為機月同梁格主思考、想法，巨門為「暗」曜，文昌、文曲與訊息的搜集有關。

「一九四九年十二月，蔣經國抵達台灣，不久成立一個政治行動委員會，統『籌協調情報及秘密警察活動』（註22）

一九五〇年三月，蔣中正以蔣經國為國防部總政治部主任。（註23）

蔣經國兼任總統府機要室資料組主任，指揮一切黨政軍特務機構。（註24）

一九五一年，「中國青年反共救國團」成立，蔣經國「被任命為該團主任」主導增加影響教育機構與青年學生。（註25）」

4.母親資料對命造所造成的負面破壞作用

母壬午年生，生年太歲宮位坐入午宮，太歲宮干丙午。

就母親資料的「壬」干與「丙」干而言，「壬」干是生年天干，除了四化外，還有壬年的祿存在亥宮，及壬年的天魁與天鉞分別在卯宮與巳宮。「丙」干是生年太歲宮干，僅有四化。

因為母親坐入的太歲宮位午宮之主星是天機星，不是屬「官祿主」的星曜。天機星較偏向於親情、家務與一般人際等事項，也重視人文素養及思考。對於功名利祿等有利害關係的事項較不擅長與重視。故由午宮所化出的資料就較不偏向「官祿」性質，而是偏向天機星的賦性事項。

午宮之天機星雖屬旺宮，母親壬年的擎羊與陀羅會入後，已形成有「天機天梁擎羊會，早見刑剋，晚見孤。」不利親情的格局。

母親資料的忌星作用起碼影響下列三方面：

(1)對命造與母親情緣方面之影響

首先母親資料「壬」干與「丙」干的武曲化忌及廉貞化忌對亥宮的破壞作用而言，就較不是出現在事業事項上。因為天機星並非是屬「官祿主」的星曜，其賦性主要與一般人際及親情有關，故由母親太歲午宮所化出的雙忌雖交會在亥、卯、未的雙星殺破狼，但其對事業方面的破壞作用就較小。反而是會出現在對六親情緣造成孤剋現象方面的負面作用。

尤其亥、卯、未中亥宮是先天父母宮，未宮是先天子女宮，未、亥二宮都是主親情事項的宮位。因此母親武曲化忌及廉貞化忌的破壞作用在這方面事項的殺傷力就很強烈，加上母的魁、鉞也坐入見煞不見吉的雙星殺破狼格局更加重對親情的孤剋現象。

因此命造與其母間的情緣除第一大限較密切外，第二大限就因命造出國而有「生離」現象，第三限於命造甫回國不到兩年，就遭逢「死別」的喪母之痛。

(2)母親資料在子女事項方面之影響

母親資料的雙忌對先天子女未宮也同樣顯現破壞作用，尤其未宮的破軍又主「夫妻、子女、僕役」關於這些事項的作用會特別強烈與加重力道。

其妻蔣方良正巧是丙辰年生，太歲宮干壬辰，又正好也都是廉貞化忌及武曲化忌引動見煞不見吉的雙星殺破狼格局對親情的孤剋現象，也加重未宮子女事項方面的刑剋作用。

蔣方良，為蔣經國生下了三個兒子和一個女兒。蔣孝文、蔣孝武、蔣孝勇先後在一九八九年、一九九一年、一九九六年時病逝，都屬英年早逝。

另章亞若為蔣經國生下一對雙胞胎，其中章孝慈也在一九九六年病逝。目前蔣經國仍然在世的子女只剩二人，可見母親資料對亥、卯、未在親情方面事項的破壞作用影響之深遠。

機月同梁星曜的負面作用一旦被凸顯出來，對當事人而言都是很無奈並無力解決的，且它的影響力道常常是緩慢而深遠。

(3)母親資料在僕役事項方面之影響

前已提及未宮的破軍主「夫妻、子女、僕役」等事項受到母親的雙忌引動而有負面作用。母親之武曲化忌直接坐入先天僕役卯宮並沖母親之廉貞化忌及羊、陀、火、鈴四煞星，因此在僕役事項方面顯現之破壞作用也十分強烈。

命造一生過程，身邊任用的部屬當中也不乏瞞上欺下手段凶狠之輩。

「章亞若與蔣經國同居懷孕後，被安置到桂林去住。蔣經國兩個心腹學生怕此事泄露影響主子聲望，路過桂林時想殺害她，被徐君虎（蔣經國老同學，贛南專員公署秘書主任）制止。一九四二年，章在廣西省立桂林醫院私生一對雙胞胎，因流血過多而死，葬於桂林瑤山。」（註26）

「章孝嚴確信『母親是被謀害』而死。」（註27）

「上有好者，下必有甚焉者。」這些瞞上欺下手段凶狠之部屬，連命造親生孩子的母親都敢以「怕影響主子聲望」為由而動殺念，無怪乎日後會有「江南案」之發生，及在解嚴前的所謂白色恐怖時期因被特務機關逮捕而遭冤屈之異議人士。

「一九八四年十月十五日，中華民國政府情報組織派遣黑道竹聯幫人士前往美國刺殺《蔣經國傳》作者劉江南（美國公民，本名劉宜良），是為江南案。」（註28）

「在一九五〇年至一九六〇年代，可說是政府的高壓威權時代，而主控這一段時期權力的便是經國先生，這可說是人盡皆知的事。……遷台早期，簡直是恐怖統治，以後雖稍放鬆，仍是絕對威權統治，毫無民主氣息。而且為求將來能繼承大位，不著痕跡地、但無情地、不擇手段地整肅對自己有妨礙者，甚至一再用冤獄羅織入罪，所以我對他的印象不佳。」（註29）

依一般常理，部屬之行為最終當然是由長官負其責，因為下屬敢如此膽大妄為，多半是由其長官的放縱或默許所導致。其實人非聖賢，有優點就缺點，有功就會有過。其是非功過就留給史家去評論，筆者不加妄言。

純就斗數命理的角度加以分析其人格特質，亥宮雙星殺破狼格局因父母親個別差異的資料的吉、凶都來凸顯，形成其內在深層隱性的人格特質。

因此只要每當有突發的緊急危難發生，或當其意識到有急迫情境會威脅危及原本平靜安定的狀態時，命造往往會採取亥、卯、未雙星殺破狼見煞多之霹靂的手段以應付並化解危機。過程當中當然會造成部分人的犧牲與傷害，二害相權取其輕，這是所有做政策決定的領導人都會面臨的選擇。一旦決定後，所有的成敗功過都隨歷史留下紀錄不會泯滅。

5.母親資料對命造人格特質的正面影響

母親資料除了忌星對亥宮的雙星殺破狼產生破壞作用外，同樣有祿星對命造的機月同梁格局產生吉化作用。天梁化祿與天同化祿直接坐入命造的先天事業寅宮，並會入命、身、太歲的戌宮，對命造的人格特質及行事作風產生極大的影響作用。尤其母親祿星的來源是坐於旺宮並重視人文素養與關懷的天機「善星」。天機星具有多愁善感的同理心與同情心，會以推己及人之情來關懷周遭的人。而這由旺宮的天機星所化出的祿星，其接收的宮位又為性質相同且居旺宮的機月同梁格局，因此命造在性格想法具有很強烈的民胞物與及關懷他人的同理心。

原本在共盤上寅、午、戌的機月同梁格局見吉不見煞，又是命身宮所在，更是命造出生的年、月、日、時四個地支宮位集中之處。本就已是命造人格特質的重要部分。

如今個別差異的母親資料再度吉化寅、午、戌機月同梁格局，就命理上言，命造體恤並關懷庶民百姓的仁愛性格是發自內心，無庸懷疑。命造在事業上的種種改革措施，雖然手段上雷厲風行（亥、卯、未），甚至因用人不當而產生冤屈，但命造本人的出發點都基於站在能讓大多數平民百姓過安穩的基本生活而設想。關於此點容或有不同觀點看法，但就母親資料強烈吉化命造命、身、太歲的機月同梁格局而言，筆者認為並非虛假。

6.遺傳基因對命盤的影響

由上可知，父母親資料輸入命盤後對命盤所產生的影響足以改變整張命盤的結構，讓這張命盤成為獨一無二的真實有機體，否則同一時辰出生的人豈不都一樣？但現實人生卻是命運大不同，其關鍵點就在父母親的基因遺傳不同。

遺傳（Heredity），俗稱隨根，是指經由基因的傳遞，使後代獲得親代的特徵。遺傳學是研究此一現象的學科，目前已知地球上現存的生命主要是以DNA作為遺傳物質。除了遺傳之外，決定生物特徵的因素還有環境，以及環境與遺傳的交互作用。

遺傳學在決定生物體外形和行為的過程中扮演著重要的角色，但此過程是遺傳學和生物體所經歷的環境共同作用的結果。例如，雖然基因能夠在一定程度上決定一個人的體重，人在孩童時期的所經歷的營養和健康狀況也對他的體重有重大影響。（註30）

當然，同時辰出生但不同命運及人生走向，除了基因遺傳的因素外，還有生長環境、時代背景、家庭教育……等諸多因素，但筆者個人仍認為父母親的遺傳基因是最為關鍵處。

在斗數命理的學術領域要分辨出基因遺傳的影響，找出命盤的唯一性，技術上就一定要輸入父母親的個別差異資料。這領域還有很大的空間，留待斗數愛好者的持續深入研究！

（六）誰來接班——太歲入卦之運用及行限時的「動態」引動

1.以企業經營者或領導者角度分析判斷員工或部屬誰適合擔任領導幹部？甚或接班？

政府機構就如同民間大型企業公司一般，總統就如同企業公司負責人的董事長角色，行政院長就如同公司的總經理或執行長，各部會首長則如各部門經理負責各自的部門業務。政府施政的政績及公司營運的績效，均與員工人才素質的良窳大有關係。其中領導人尤為重要，好的領導人會重視人才及員工素質的培養，自然會吸引好的人才效力。不懂用人的主管，再好的人才也會變庸才。千里馬也需碰到識馬的伯樂才能被發掘出來，放在適合的位置，展現才華，否則懷才不遇終究無從發揮。但即使是好的人才也要放在適合的位置及舞台，才能夠真正發揮他的實力。如果你身為企業領導人，你要如何從眾多員工中發掘出好人才並給其適合的舞台發揮，以增進公司的發展？甚或當面臨交棒時，在公司各菁英中你要如何選定最適合接手的人選？紫微斗數具備有這種功能，提供讀者參考。

紫微斗數是一門很實用的術數，可借由命造者所擔任的角色來推斷其周遭相關人士的互動與梗概，包括相關人士的能力。適合那種業務領域？是否對命造有所幫助？是否忠誠？……等等。甚至於在家族企業傳子不傳賢的觀念下，在眾多血脈子孫中，那一位才是能克紹箕裘延續並發展企業的人選？

本章節以蔣經國的選才用人為例，加以說明部屬獲得重用的命理因素。

蔣經國就任行政院長，權力上層人事結構「年輕化」、「本土化」和「專業化」。所謂「本土化」是，「要多起用台灣省籍優秀人材」。台灣省籍官員比例增加，如：林洋港、謝東閔、邱創煥、李登輝等。（註31）

一九七二年，蔣經國擔任閣揆後，開始提拔台灣本省籍菁英政治人物，號稱「催台青」政策。其中林洋港與李登輝二人一時瑜亮，最後並有競爭關係，本書就以林洋港與李登輝二人為例，做一比較分析。

因本章節的分析方法，是以「太歲入卦」為理論基礎，故讀者必須對此理論有概括的認識。

2.「太歲入卦」之基本概念

紫微斗數的活用，在於它應用時的參考參數，不是只侷限在依命造者的生辰年、月、日、時所排出的命盤結構及行限時的四化引動。這只是最基本的靜態結構。稍會思考的人都不免會提出質疑，怎麼可能僅僅靠出生的年、月、日、時所排出的命盤靜態結構，便能具體描述出命造者與大千世界芸芸眾生的種種互動？筆者也認為這是天方夜譚。

在現代社會裡，人不可能真正離群索居，不論食衣住行都會與外界產生互動。會因不同的人、事、時、地、物，而產生不同的關係與不同的變化與結果。因此要想進一步描述或推測命造者與外界互動所產生的關係與結果，就必須要將這外來的參數條件（包含人、事、時、地、物）輸入命盤，再觀察判斷這參數條件對整張命盤結構所造成的變化影響，這就是所謂個別差異的「太歲入卦」理論。

亦即將與命造產生「關係」之外來因素的參數輸入命盤，進一步推論命造與這入卦者間關係的演變。因此「關係」是「太歲入卦」理論的重心，相同參數的「入卦」資料，會因與命造間「關係」的不同而有不同的互動結果。

例如本章節是以命造的選才用人為例，「入卦」者與命造間就屬於有「上下隸屬」的長官與部屬「關係」，因此關於僕役方面的事項宮位就相對的重要。

「太歲入卦」理論中我們最常取用的資料是入卦者的出生年次，因為這是最容易取得的資訊。在此要特別強調這裡所說的出生年次，指的是「農曆」的出生年次，亦即所謂的「生肖」。

在「農曆」出生年次的「入卦」資料中，一般最常取用的有出生年的科、權、祿、忌四化及祿存、擎羊、陀羅，及出生年的天魁、天鉞與出生年的太歲宮位宮干等「靜態」的資料。

(1)林洋港

一九二七年六月十日生，農曆丁卯年生。

暱稱「阿港伯」，因愛養牛，又有人稱「水牛伯」，以一口特殊台灣國語知名於媒體。在蔣經國提拔台籍菁英期間表現出色，一九七六年～一九八四年間獲重用先後出任直轄市長、台灣省主席、內政部長等要職，活躍台灣政壇，曾被臆測為蔣經國接班人。

丁卯年生人，生年太歲宮位坐入卯宮，太歲宮干癸卯。

「丁」干是生年天干，除了四化外，還有丁年的祿存在午宮，羊、陀分別在未宮及巳宮，及丁年的天魁與天鉞分別在亥宮與酉宮。「癸」干是生年太歲宮干，僅有四化。

卯宮是武曲、七殺的雙星殺破狼坐權星，三方見羊、陀、火、鈴及丁年生人之擎羊。屬剛星化權制煞為用的格局，個性積極、主動、勇於任事，做事時劍及履及不拖泥帶水，企圖心及責任感均十分強烈。原本剛星見煞的格局執行力雖強，但過於剛難免得罪人。巧妙的是卯宮有天姚、咸池同宮，因卯宮的主星武曲、七殺本身並沒有桃花性質，此時的乙級桃花星除了對卯宮產生做事細心，力求完美的心態外，在人際上也會較有修飾及特殊的魅力。尤其丁卯年次人的天魁、天鉞分別在亥、酉會入卯宮，更產生與人為善的「人和」魅力作用。「阿港伯」一口特殊台灣國語的魅力，至今仍為不少他的粉絲津津樂道。

如以卯宮當作林洋港的命宮，則未宮就是卯宮卦象上的事業宮。

因此林洋港在事業上的表現應該是以未宮為重點。否則卯宮畢竟是剛星見煞多又除天鉞外不見吉星，多少帶有孤剋現象，較利於「武職」的技術官僚，不利於行政官僚體系的文官。

未宮的紫破雙星殺破狼則就不同了，雖坐火星陀羅及丁年生人之擎羊等三煞，煞星不算少。但是未宮自坐「癸」干的破軍化祿，最重要的是未宮有左輔及右弼由左右鄰宮來夾輔，化解紫微形成「孤君」，反而成君臣慶會的大格局，又坐貴向貴並會丁年生人之天魁，三方也見天姚、咸池、紅鸞等桃花星。此未宮格局就很適合在行政官僚體系中發揮，廣結善緣建立人脈及自己的班底。

(2)李登輝

一九二三年一月十五日生，農曆壬戌年生。

具有農業經濟學的博士學位，曾任農村復興委員會薦任官員、台北市長、台灣省政府主席、副總統等職，並於一九八八年至二〇〇〇年擔任中華民國總統以及中國國民黨主席。

壬戌年生人，生年太歲宮位在戌宮，太歲宮干庚戌。

「壬」干是生年天干，除了四化外，還有壬年的祿存在亥宮，羊、陀分別在子宮及戌宮，及壬年的天魁與天鉞分別在卯宮與巳宮。「庚」干是生年太歲宮干，僅有四化。

壬戌年生人的太歲戌宮自坐太陰化科在旺宮，見昌、曲及左輔，三方不見任何煞星。

戌宮雖然有壬戌年生人自身的陀羅，但也會入天梁與太陽雙祿。此時的陀羅並不會有煞星的負面作用，因為主星太陰旺宮見祿星，反而讓陀羅的「暗」轉化成一種「深沉與沉穩」的作用。

太陰星本就有「鴨子划水」默默努力，「動」在裡層，不外顯的賦性。再加上主「暗」的陀羅同宮，心思就更加「深沉」。內在想法不形於色，外表儼然是溫良恭儉讓的敦敦學者。對人客氣有禮，謹守分際，企圖心不強，不會有過大的野心。

在此要特別說明，這張命盤是命造的命盤，不是壬戌年次人的命盤。現在只是以命造的盤，借盤來看壬戌年次的人。因此要將整張命盤視為「卦象」，將壬戌年次人的資料輸入命盤後，看彼此「關係」的重點在那個事項，然後看整張命盤的引動。並不是只將入卦者的太歲宮位當做命宮，就只以其太歲命宮的三方四正來代表這個人。入卦者太歲命宮的三方四正常常只是很表層給外界的印象感受而已。不能完整呈現入卦者真實全貌。

壬戌年次的紫微化權與其太歲宮干的武曲化權交會，並引動原本命盤上亥、卯、未雙星殺破狼格局的權星。權星集中交會，表示這個人的責任感與企圖心均十分強旺，對「權力、權柄」的追求也很渴望。只是因權星不在其太歲宮位的三方四正，較不外顯而已。

但對命造而言，這壬戌年次部屬權星集中交會處的卯宮是其先天僕役宮，尤其卯宮的權星有壬戌年次的天梁與太陽雙祿所輔，正面作用特別強。所以感受不到他對「權力、權柄」追求的企圖心，反而覺得這位下屬的責任感十分強烈。

3.就命造者身為企業領導人的角度觀察

(1)丁卯年次的部屬(林洋港)

丁卯年次的這位部屬，正好坐入命造的先天僕役宮卯宮。二人的關係又正好是上司與下屬的隸屬關係，因此丁卯年次的這位部屬對命造而言，關於卯宮的僕役事項其吉凶作用會加重。

卯宮雙星殺破狼制煞為用的格局，是個業務能力很強，不畏困難，勇於任事，並能開疆闢土開拓新業務，應付複雜環境的戰將型員工。因為見煞多，本質上不是屬聽話、惟命是從，較易掌控的類型。如單以雙星殺破狼見煞多的卯宮來觀察，畢竟干擾多。則這卯宮的部屬雖能力強也未必會被重用，但這個卯宮的部屬恰好的是丁年生人，那就不一樣了。

丁卯年次人「丁」干的陰、同、機三奇嘉會，吉化命盤上的機月同梁格。「機月同梁」在賦性概念上也可以類化成一般基層的平民百姓普羅大眾。因此給命造的感受上這丁卯年次的這位部屬，除了做事積極主動，衝勁十足外，其施政作為也能考慮並嘉惠百性福祉。

尤其「丁」干的陰、同、機三奇嘉會直接入命造者的太歲戌宮，丁年的祿存在午宮也都來吉化命造命宮的三方四正。丁年生人的天魁與天鉞更是來輔戌宮。因此丁卯年次的部屬對命造是十分忠誠也有助益。這點命造也清楚感受，所以對其加以重用，一路提拔，歷任要職。

另外，因卯宮卦象上的事業宮是未宮，而未宮的紫破有左輔、右弼由左右鄰宮來夾輔，其優點是格局大、包容性強，龍蛇雜處、兼容並蓄，以成其大。

未宮由左右鄰宮的左輔、右弼夾輔所形成的「君臣慶會」格，還有個特性是周遭自然會有人主動靠攏，提供資源表示效力。這在推動業務上當然會得心應手，阻力較少，也順勢的就形成所謂的人脈及班底。這人脈與班底雖然不見得是當事者主觀的意願，但如企業領導人是不喜部屬建立班底的類型，就會造成企業領導人在考慮接班人選時的疑慮。

(2)壬戌年次的部屬（李登輝）

壬戌年次的生年天梁祿與太歲太陽祿，雙祿吉化命造太歲戌宮的機月同梁格。而戌宮本就見吉多，不但為壬戌年次的太歲宮位，也為命造的太歲宮位，因此吉象作用更為增強。壬年的祿存在亥也吉化並穩定亥、卯、未雙星殺破狼格局，尤其使卯宮的先天僕役宮有雙祿輔權。

以戌宮的機月同梁格局來看壬戌年次的這位部屬，是個腦筋清楚，循規蹈矩且學有專精的學者型文人，並關懷民眾。在官僚體制下是屬聽話，惟命是從較易掌控類型，不會搞自己的班底，沒有野心的老實人。其中關懷基層民眾這點又為命造念茲在茲最為重視的理念。

另以，壬戌年次吉化亥、卯、未雙星殺破狼格局來觀察，命造也能感受壬戌年次的這位部屬，做起事來積極主動，認真負責，穩健又不會蠻幹，是位中肯踏實不躁進並讓人放心的人才。

此外，壬戌年次的天梁與太陽雙祿會入命造太歲戌宮，讓命造感覺到這壬戌年次的部屬對命造忠誠並有助益，因此對其加以重用，一路刻意栽培提拔，歷任要職。

4.行限時的「動態」引動

命造於行限時，除了大限的四化與前面已提及之「入卦」的「靜態」資料相互引動外，尚有所謂「動態」的「入卦」資料，關於此點紫雲老師亦有一整套完整的理論，可惜於其著作中均無詳細深入說明，僅於近期的著作如《從斗數談官祿主》中，直接運用所謂的「相對行限」、「太歲行限」等。一般讀者如未熟諳其用法及理論基礎，生吞活剝的直接套用在其他命例上，最終可能只是滿盤化星，吉凶更加混淆。當方法技巧多了以後，使用者如不能融會貫通，就只能加以取捨，否則寧可捨棄不用。雖說如此，筆者仍在此介紹所謂「動態」的「入卦」資料中最簡單易懂的起手式「同步行限」。

個別差異的太歲入卦時，也會隨著命造一個大限一個大限的行運轉換而有不同的大限四化變化。取法上以入卦者出生年的天干起五虎遁干（甲、己年起丙寅，乙、庚年起戊寅，丙、辛年起庚寅，丁、壬年起壬寅，戊、癸年起甲寅），再由寅宮開始順行遁到命造的大限本宮，此時的遁干就是入卦者的「同步行限」。

以本章節入卦的林洋港與李登輝二人的「同步行限」為例：

林洋港是丁卯年生，李登輝是壬戌年生，一個丁年一個壬年，丁、壬年起壬寅，因此二人的五虎遁干相同，都是由寅宮開始順行起壬寅。

當命造行到己卯大限時，由寅宮開始起的「壬」寅，順行遁到命造己卯限的卯宮是癸卯。因此二人的「同步行限」為癸卯限。

當命造行到庚辰大限時，由寅宮開始起的「壬」寅，順行遁到命造庚辰限的辰宮是甲辰。因此二人的「同步行限」為甲辰限。

當命造行到辛巳大限時，由寅宮開始起的「壬」寅，順行遁到命造辛巳限的巳宮是乙巳。因此二人的「同步行限」為乙巳限。

在本例中因為入卦二人的五虎遁干相同，造成「同步行限」也相同，但只要稍用心思便不難區別分辨。畢竟二人的太歲宮位不同，「同步行限」所造成命盤結構上的變化就不會一樣。茲分述如下：

(1)己卯限時期——

①丁卯年次的部屬（林洋港）

林洋港初展露頭角是在南投縣長任內（一九六七年二月補選上南投縣長，一九六八年正式高票當選南投縣長，一九六八年六月二日～一九七二年六月十六日）。

此時蔣經國的行限走入己卯限。林洋港的「同步行限」為癸卯限。

大限卯宮正好是林洋港的太歲宮位，也是命造的先天僕役宮，而二人的關係也是上下隸屬關係，因此吉凶作用的力道加強。

己卯限武曲化祿直接吉化卯宮，化解卯宮因剛星見煞多的負面作用。大限事業宮是未宮，未宮紫破雙星殺破狼的格局正好坐入林洋港「同步行限」癸卯的破軍化祿。而未宮也是林洋港太歲卯宮卦象上的事業宮，因此能展現出開創的力道，經選戰的洗禮而勝選擔任「百里侯」。當選後在縣政的處理上也頗具開創性，表現的有聲有色。

加上林洋港是丁卯年生，「丁」干的陰、同、機三奇嘉會及祿存，吉化蔣經國的太歲戌宮。因此故蔣經國對丁卯年次的林洋港印象不錯，也看到他積極、主動、勇於開創任事的行政能力。因此林洋港於南投縣長卸任後，便安排其轉任台灣省政府委員及台灣省政府建設廳廳長（一九七二年～一九七六年），林洋港也不負所望，頗有作為。

②壬戌年次的部屬（李登輝）

蔣經國於一九七二年己卯限擔任行政院院長時，李登輝虛歲五十一歲，以農經專長入閣擔任行政院政務委員（一九七二年五月二十九日～一九七八年五月二十九日）長達六年，成為當時中華民國最年輕的閣員。

己卯限時命造正好走入先天僕役宮卯宮。李登輝的「同步行限」為癸卯限。

壬戌年生人，生年太歲宮位在戌宮，太歲宮干庚戌。

大限卯宮在輸入壬戌年次的資料後就顯得熱鬧難辨。因為壬年的武曲化忌與紫微化權形成權忌交沖又見煞多，原本會有堅持己見，頑固不知變通的負面作用。但卯宮卻有壬戌年次人的天梁與太陽雙祿所輔，權忌經此雙祿輔後已化解其頑固的負面，轉化為排除萬難並克服干擾的堅持。尤其大限是己干自坐武曲化祿，卯宮對壬戌年次人而言，形成雙祿輔祿的祿星集中共振，正面作用特別強。且壬戌年次人的天魁也坐入命造大限卯宮。因此命造感受到的是壬戌年次人對卯宮所造成雙祿夾權之認真、負責、無私、不畏艱難的一面。

關鍵還是在於入卦的基礎太歲宮位。

壬戌年次人的太歲宮位戌宮，雖有大限的文曲化忌坐入，但太陰在戌旺宮，三方見吉不見煞，忌星不會造成傷害，反而正需要忌星來沖動激勵，否則會過於懶散被動；加上戌宮本就有太陰化科會左輔化科，「同步行限」癸卯限的太陽化科再來，戌宮形成科星集中在旺宮並照命造及壬戌年次的太陽雙祿星；這都讓命造感受到這位學者型的部屬所提出的政策計畫方案或建議，規劃深入且具體可行，於碰到干擾困難之處也都能堅持初衷克服解決，而對其青眼有加。

林林總總吉象都讓命造對壬戌年次的部屬甚為青睞賞識，而加以重用。將李登輝由農村復興委員會的中階層事務官直接拔擢為政務官層級。

(2)庚辰限時期——

①丁卯年次的部屬（林洋港）

林洋港在政壇上最有發揮的舞台讓他有表現行政長才機會的時期，是在台北市市長（一九七六年六月十一日～一九七八年六月九日）及台灣省政府主席（一九七八年六月十二日～一九八一年十二月五日）任內。此時期甚至曾被臆測為蔣經國接班人。

此時蔣經國的行限走入庚辰限。林洋港的「同步行限」為甲辰限。

大限辰宮照入林洋港丁卯年的太陰化祿，命造能直接感受到林洋港優點與施政成果。庚辰限「庚」干的武曲化權，再度吉化林洋港的太歲卯宮。「權」星有權柄、照顧、重視之作用，林洋港的太歲卯宮有命造先天與大限的雙權坐入，因此這段時期林洋港獲得命造的提攜重用。當然林洋港本身也展現能力，表現不俗。

林洋港丁卯年的五虎遁干（丁年起壬寅），遁到蔣經國的庚辰限是「甲」辰。這「同步行限」、「甲」干廉破武的作用力道就很強勁了，三奇嘉會直接吉化亥、卯、未的雙星殺破狼格局並會入林洋港的太歲卯宮。因此這段時期林洋港在政壇的表現是可圈可點，相當亮眼。

但林洋港「同步行限」「甲」辰也使辰宮的太陽「由祿轉忌」。辰宮不見任何煞星，即使太陽化忌交會林洋港丁年的巨門化忌，負面作用不強也沒那麼直接。不過太陽忌與命造蔣經國先天的天同忌，形成雙忌夾制卯宮的影響力就大矣。因為卯宮本身剛星見煞多，除是命造的先天僕役宮外更是林洋港的基礎太歲宮位。

表面上卯宮強旺坐權星，尤其三奇嘉會再來吉化，將卯宮的正面優點充分發揮出來，雙忌夾似乎瑕不掩瑜，影響不大。故命造在庚辰限初期，對林洋港在台灣省政府建設廳廳長任內的表現肯定後，便加以重用，先後提拔擔任台北市市長及台灣省政府主席。林洋港獲此機會也得以展現其才幹，表現的有聲有色。

實則卯宮經雙忌夾制後還是會產生負面的作用，而其作用往往出現在後半段，讓將軍受到制肘失去戰場無從發揮，有志難伸。尤其在考慮接班人選上，稍有疑慮，就失之交臂了。

故命造在庚辰限後期一九八一年時，對丁卯年次的林洋港生疑慮起了戒心，遂明升暗降，把他從當時的台灣省主席位置調回中央任內政部長，讓他失去展現長才的舞台。

②壬戌年次的部屬（李登輝）

李登輝真正被蔣經國委以重任，浮出政壇讓大眾知悉，是在擔任台北市市長（一九七八年六月九日～一九八一年十二月四日）及台灣省政府主席（一九八一年十二月五日～一九八四年五月二十日）時期。

此時蔣經國的行限走入庚辰限中期。李登輝的「同步行限」為甲辰限。大限辰宮直接坐李登輝太歲宮干庚戌的太陽祿，及蔣經國先天與大限的太陽雙祿，此太陽旺宮又祿星集中，並照入李登輝的太歲宮位戌宮。讓命造蔣經國對這位壬戌年次部屬的好感尤為強烈。

因為李登輝入卦的太歲戌宮本就太陰旺宮見吉不見煞，又坐科星，照祿星。因此會讓命造明顯感受到壬戌年次的這位部屬，施政作為的用心深入，並以解決基層百姓日常生活所需為考量。因戌宮沒權星及煞星的干擾，所以也察覺不到絲毫的政治野心，純粹是出於仁民愛物的人格特質。這點正好為太歲宮位就坐入戌宮的命造最為重視之理念。因此命造這段時期對其提攜重用。

李登輝壬戌年的五虎遁與林洋港丁卯年的五虎遁一樣（丁年與壬年都起壬寅），遁到蔣經國的庚辰限也是「甲」辰，這甲辰的「同步行限」也使辰宮的太陽「由祿轉忌」。

因辰宮不見任何煞星，太陽化忌的負面作用不強也不直接，但因為照入李登輝的太歲戌宮並與李登輝壬年的陀羅形成忌煞沖，所以多少有遲延、延緩的作用。故命造在庚辰限初期先對李登輝在擔任行政院政務委員任內的表現加以觀察，認定不錯後，於庚辰限中期始加以重用。

「同步行限」同樣是「甲」辰，李登輝不同於林洋港的是李登輝的太歲宮位在戌宮不在卯宮，因此並不像林洋港的太歲卯宮有雙忌夾的問題。而「甲」干廉破武三奇嘉會直接吉化命造蔣經國的先天僕役卯宮，卯宮本就有李登輝壬戌年次的雙祿輔權，經此三奇嘉會吉化後。會讓命造覺得壬戌年次的部屬，除是文人學者外，執行能力也很強而更加重用，不生疑慮戒心。

如此一消一長，其實命造在庚辰限時就已決定好將來由誰接班了！

(3)辛巳限時期——

①丁卯年次的部屬（林洋港）

命造走入辛巳限後，林洋港的職務表面上仍是節節高陞。先陞任行政院副院長（一九八四年五月二十八日～一九八七年四月十七日），再陞任司法院院長（一九八七年四月十七日）。

實則卻是將軍失去戰場，完全沒發揮的舞台，尤其是冷衙門的司法院長職務，表面上是五院院長之尊，但以「司法」、「不告不理」的被動性質，與林洋港丁卯年次亥、卯、未雙星殺破狼的主動、積極的性格完全不符，可說是英雄無用武之地，完全無從發揮，被冰凍起來。

辛巳限時，大限巳宮有林洋港丁卯年次的陀羅坐入，並有林洋港太歲宮干癸卯的貪狼忌由亥沖入形成忌煞交沖的干擾。

此時林洋港丁卯年次的五虎遁干（丁年起壬寅），遁到命造的辛巳限是「乙」巳。

這「同步行限」、「乙」干的天機化祿與命造的太陽化祿使巳宮有雙祿輔，可惜巳宮是空宮弱陷，對吉象的感應力不強，但至少因為有雙祿輔使巳宮尚能穩住不致傾倒。

大限巳宮空宮主要的作用宮位是由亥照入為用的亥宮。此時「同步行限」「乙」干太陰化忌對丁卯年次的破壞力道就大矣，因為太陰化忌與林洋港丁卯年次的巨門化忌形成雙忌夾亥宮，再加上林洋港太歲宮干癸卯的貪狼忌，亥宮等於是雙忌夾忌又沖丁卯年次的羊、陀。何況辛巳大限的文昌化忌與命造先天的天同忌再度形成雙忌夾制林洋港的太歲卯宮，卯宮受此雙忌夾制後已然動彈不得無從發揮。無怪乎最後是被綁住在無從發揮主動積極長才的司法院長職位上。

但畢竟辛巳大限的太陽化權與林洋港丁卯年的天同化權也雙權輔卯宮，加上大限巳宮也有雙祿輔並會入丁年生人的天魁與天鉞。故命造對林洋港雖不再直接重用，仍是肯定其才幹，因此在職位上給予高陞。

②壬戌年次的部屬（李登輝）

一九八四年，蔣經國總統提名李登輝為副總統候選人，並經第一屆國民大會第七次會議選舉，當選中華民國第七任副總統（一九八四年五月二十日～一九八八年一月十三日）。

此時命造蔣經國已走入辛巳限。李登輝的「同步行限」為乙巳限。

「同步行限」「乙」干的天機化祿與命造的太陽化祿使巳宮有雙祿輔，這點與丁卯年次的林洋港一樣。但以巳宮的作用宮位亥宮（巳宮空宮以亥宮的星曜照入為用）的吉凶而言，對二人的影響就差異頗大。

丁卯年次的林洋港，亥宮有雙忌夾忌沖自身丁年的羊、陀。

壬戌年次的李登輝，亥宮則坐有壬年的生年祿存。

一個形成忌煞交沖的干擾，一個坐祿存。二者的差距不待贅言。

就李、林二人的太歲宮位而言。

辛巳限太陽化權照入李登輝的太歲戌宮。林洋港在辛巳限時太歲卯宮則被雙忌夾制。

另「同步行限」「乙」干的太陰化忌雖直接坐入李登輝的太歲戌宮，但戌宮旺宮不見煞星，負面作用不大。如有適當的忌煞來，反而對戌宮的墓庫有「不沖不動」的作用。且戌宮也是蔣經國的太歲宮位，李、蔣二人的太歲宮位在同一位置，這太陰化忌及天機化祿的「沖、動」，在卦象上是否也意味「送舊迎新」？因命造的猝逝，而由居於副位的李登輝順勢接任大位，這部分筆者不敢斷言，但冥冥之中就是有某種巧合。

5.就命造與二人太歲宮位星曜格局的性格差異來分析

命造蔣經國的太歲宮位在戌宮坐太陰旺宮，屬機月同梁的文人氣質格局。丁卯年次的林洋港的太歲宮位在卯宮坐武曲、七殺的將星，是屬企圖心強烈，想有一番作為之雙星殺破狼的開創型格局。二者的氣質風格本就迥然不同。

雖說蔣經國因父母資料的調整讓亥宮之雙星殺破狼格局也形成內在深層的人格特質，但這部分必須要有情境來引動才會展現。更何況林洋港的太歲宮干是癸卯貪狼化忌，這貪狼化忌隱然在命造內在深層的特質上對丁卯年次的部屬起疑慮作用。

命造在辛巳限時已屬晚年，心態上及所處的環境是需要如寅、午、戌機月同梁格局，能安定、安穩、聽話、守成的人才。而非如亥、卯、未雙星殺破狼格局，有強烈企圖心，並會建立人脈有自己班底的戰將。因此命造雖肯定丁卯年次部屬的才幹，也在職位上給予高陞，但最終並未將其列為接班人選。這與二人在性格本質上的基本差異不無關係，筆者甚至認為命造對這位丁卯年次部屬的角色定位很清楚，自始至終都未有將其納入為接班人選的考量。

反觀壬戌年次部屬的太歲宮位在戌宮，戌宮恰巧同時是命造的太歲宮位。太歲宮位在同一宮位，在命理上是種契合，吉凶作用會加強。戌宮在命盤上是旺宮見吉不見煞的宮位，較能凸顯發揮正面作用。因此二人在日常的主從互動關係上應該是十分和諧良好。

◎按：關於「類似這種主從關係良好的情形，部屬往往都會坐入命盤上一個較佳的太歲宮位」紫雲在其大著《斗數看人際關係》中「主從關係」及「世代交替」二篇有針對李登輝與蔣經國二人的互動做詳盡的論述。

「以我個人的經驗，兩人的生年太歲都坐守在三合方宮位，或是有一人的生年太歲宮位坐守在另一人的命身宮三合方宮位，當呈現吉象時兩人的互動會有正面作用，若是呈現凶象時，將會有互不相容的凶象發生。」（註32）

壬戌年次人除了與命造的生年太歲宮位在吉象畢至的同一宮位外，其祿存在亥宮，也有穩定命造內在深層雙星殺破狼特質的作用。因此命造對壬戌年次部屬十分投契青睞，也從未起疑慮。其實李、林兩人，都是在「強人政治」政權底下當官的技術官僚，誰勝出接班，都只是當權者一念之間，本質上並無二致。

在命理角度上，壬戌年次李登輝的太歲宮位戌宮與命造蔣經國較為契合，李登輝是學者出身，表面上的企圖心也不是很強烈，不會搞自己的班底，關懷基層民眾的理念二人更是相契合。而丁卯年次林洋港的太歲宮位卯宮就光芒外露，展現出強烈的企圖心，在地方人脈太好，功高震主，讓蔣經國起了戒心。

戌、卯二宮呈現截然不同的風格與差異，最後的結果就是李上林下。

註釋：

註1：《蔣經國的一生》：漆高儒，台北：傳記文學出版社。

《蔣經國》：李子渝、常壽林編寫，香港：教育出版社。

《蔣經國先生傳》：小谷豪冶郎著、陳鵬仁譯，台北：「中央日報」出版部，一九九〇年。

《民國高級將領列傳》(4)：王成斌等主編（編），北京：解放軍出版社，一九九八年。

註2：《民國高級將領列傳》(4)：王成斌等主編（編），北京：解放軍出版社，一九九八年。

《蔣經國》：李子渝、常壽林編寫，香港：教育出版社。

《蔣經國的一生》：蔣經國〈在蘇俄的日子〉，漆高儒，台北：傳記文學出版社，一九九一．〇三．卅一，「從學校到工廠並不是一段容易的轉換歷程。一開始，我（蔣經國）很難勝任我的工作，因為我從未作過如此繁重的勞力工作，從早上八點到下午五點，一天整整工作八小時，中間僅有一小時午飯休息時間。兩天後，我的雙手腫脹，背部酸痛。在痛苦與虛弱纏身之際，我堅信艱苦的工作可以增加我的收入。」、「五個月後，我（蔣經國）每個月的工資增加到一百零五盧布。」、「在此地，我（蔣經國）和許多工人們共同受苦，這兒有教授、學生、貴族、工程師、富農和強盜。」一九三六年九月，蔣經國被蘇聯共產黨烏拉區黨部免去烏拉重機械助理廠長和當地「重工業日報」總編輯職務，同時也被撤銷候補黨員權利，不能參加黨內集會。在失去黨權和謀生之道後，蔣經國變得極為沮喪。「這段艱苦的日子一共持續了半年，我們全家三口只依賴我（蔣經國）太太（蔣方良）的工資生活。」、「這十二年所給我（蔣經國）的教訓深烙我心，永生不會忘懷。」

註3：《蔣經國傳》：江南（台北：前衛，二〇〇六），頁6；《蔣經國評傳——我是台灣人》：漆高儒（台北：正中，一九九七），頁四至五。

註4：《民國高級將領列傳》(4)：王成斌等主編（編），北京：解放軍出版社，一九九八年。《蔣經國的一生》：附錄一〈冰天雪地〉，蔣經國，台北：傳記文學出版社，一九九一．〇三．卅一。

註5：《蔣經國評傳——我是台灣人》：漆高儒，頁三二四。

註6：《民國高級將領列傳》(4)：王成斌等主編（編），北京：解放軍出版社，一九九八年。
《烏蘭夫回憶錄》：烏蘭夫革命史料編研室，北京：中共黨史資料出版社，一九八九年五月。
「史學月刊」：〈蔣經國留學蘇聯述論〉二〇〇六年第四期，張澤宇，第六七至七一頁。
《檔案春秋》：姚華飛，克格勃檔案中的蔣經國卷宗(8)，二〇一二。
《蔣介石傳（一八八七～一九四九）》楊樹標、楊菁著。。杭州：浙江大學出版社。二〇一一．〇六．三〇。

註7：《蔣介石先生年表》：陳布雷等編著，台北：傳記文學出版社，一九七八．〇六．〇一。
《蔣介石年譜初稿》：中國第二歷史檔案館編，北京：檔案出版社，一九九二年十二月。

註8：《蔣介石先生年表》：陳布雷等編著，台北：傳記文學出版社，一九七八．〇六．〇一。

註9：《蔣經國先生的軍旅身影與家庭生活：蔣經國先生百年誕辰紀念》：陳宗嶽，台北：黃復興黨部，二〇〇九．〇四．二十七。（ISBN 9789868528406）

註10：《從斗數談官祿主》：紫雲，頁259。

註11：《民國高級將領列傳》(4)：王成斌等主編（編），北京：解放軍出版社，一九九八年。
註12：《台灣現代化的推手——蔣經國傳》：陶涵（Jay Taylor）著，林添貴譯，頁二六。
註13：《史達林、毛澤東和蔣介石》：袁南生，湖南：人民，一九九九，頁一九〇至一九一。
註14：《蔣經國的一生與他的思想演變》：茅家琦，頁11；〈我在蘇聯的日子〉：蔣經國，頁66。
註15：「青年日報」〈王昇上將談經國先生（上）〉：王昇，第十版，二〇〇五．〇一．十三。
註16：《蔣經國傳》：江南，頁九五。
註17：《台灣現代化的推手——蔣經國傳》：陶涵（Jay Taylor）著，林添貴譯，頁八〇。
註18：《台灣現代化的推手——蔣經國傳》：陶涵（Jay Taylor）著，林添貴譯，頁一一七。
註19：「青年日報」〈王昇上將談經國先生（上）〉：王昇。
註20：《蔣經國先生傳》：小谷豪冶郎著、陳鵬仁譯，台北：「中央日報」出版部，一九九〇。
註21：《蔣經國先生傳》：小谷豪冶郎著、陳鵬仁譯，台北：「中央日報」出版部，一九九〇。
註22：《台灣現代化的推手：蔣經國傳》：陶涵（F.Jay Taylor）著、林添貴譯，台北：時報文化，二〇〇〇年。
註23：《蔣中正先生年表》：陳布雷等編著，台北：傳記文學出版社，一九七八年六月一日。
註24：《民國高級將領列傳》(4)：王成斌等主編（編），北京：解放軍出版社，一九九八年。
註25：《蔣總統經國先生言論著述彙編》第三集：台北：黎明文化事業有限公司，一九八一。
註26：《民國高級將領列傳》(4)：王成斌等主編（編），北京：解放軍出版社，一九九八年。
註27：蔣孝嚴談母親章亞若離奇死亡真相，網易歷史，二〇〇九年八月七日。
註28：「自由時報」：〈解嚴前國際情勢ー外交風雨飄搖 壓力日增〉，蘇永耀，二〇〇七年。

註29：《壯志未酬》：王作榮，台北：天下文化，一九九九。

註30：「數學傳播」：〈遺傳，環境與基因〉，楊照崑，一九九五。

註31：《蔣經國先生傳》：小谷豪冶郎著、陳鵬仁譯，台北：「中央日報」出版部，一九九〇。

註32：《從斗數談官祿主》：紫雲，p180。

<table>
<tr>
<td>天機 天鉞 大耗 鈴星
紅鸞
六
● 乙巳（疾厄）(74-83)</td>
<td>紫微權 文曲 白虎
三台 天福
二
□□ 丙午（財帛）</td>
<td>寡宿 天刑
二
丁未（子女）</td>
<td>破軍 文昌 天哭
天馬 台輔 八座
五
□ 戊申（夫妻）</td>
</tr>
<tr>
<td>七殺 天虛
封誥
六
甲辰（遷移）(64-73)</td>
<td colspan="2" rowspan="2">男命 十一年十一月廿九日寅時
壬戌
李登輝
壬戌 壬子 戊子 甲寅
大運 85 丙子年 75歲 乙巳
金四局</td>
<td>地空
天貴
五
己酉（兄弟）</td>
</tr>
<tr>
<td>太陽祿 天梁 天魁 咸池 火星
四
○○● 癸卯（僕役）(54-63)</td>
<td>廉貞 天府 華蓋 陀羅
天官
四 9
○ 庚戌［命宮］(4-13)</td>
</tr>
<tr>
<td>武曲忌 天相 左輔科 官符
龍池
四 1
△△△●● 壬寅（事業）(44-53)身</td>
<td>天同 巨門 地劫
三
癸丑（田宅）(34-43)</td>
<td>貪狼 右弼 喪門 擎羊
鳳閣
三 95
○△ 壬子（福德）(24-33)</td>
<td>太陰 祿存 孤辰 天姚
天喜 恩光
四
□ 辛亥（父母）(14-23)</td>
</tr>
</table>

南斗星曜，旺宮見火星或鈴星及地空，受到化祿與祿存的雙祿吉化，故有正面的爆發力道，一旦作用會讓人頗感意外，怎麼憑空冒出這號人物。

丑宮之巨同，弱陷見煞不見吉，也沒祿星吉化，較為負面，偏向親情與人際。

北斗星曜，「紫府廉武相」格局及「殺破狼」格局都見左右昌曲，格局大，穩定性夠；煞星僅有羊、陀來刺激，讓它不致過於安逸。

（一）親情疏離與個性深沉的人格特質

李登輝的命、身宮有下列的特點：

1.命、身宮分居戌、寅二宮，屬紫府相朝桓格，見昌曲左輔，煞星只有陀羅。府相朝桓格有見左輔、右弼較能發揮大格局的正面作用。

2.命、身宮所在的戌、寅二宮，同時為出生的年、月、日、時四個地支宮位中的「年」支（太歲）與「時」支。當命、身宮同時為出生的年、月、日、時四個地支宮位時，命、身宮的作用力道將會更為強勁。

3.身宮在先天事業宮。一般而言，身宮所在的宮位會加重那個事項宮位的作用。

4.命、身二宮主星（廉府、武相）同屬與事業事項有關的「官祿主」性質。

5.出生的年、月、日、時四個地支宮位，沒有一個宮位在六親宮位，也沒有一個宮位的主星是屬機月同梁星曜。

綜上，命造一輩子的重心會偏重在事業發展上。其人際關係與互動也都與事業有關，對一般人際關係與親情則較疏離，尤其煞曜幾乎分布在六親宮位上，更加重了親情方面的孤剋。

按：關於李登輝在親情方面的孤剋現象，除了已知的「獨子」李憲文一九八二年因患鼻咽癌早逝外，李登輝與其父母的情緣更是淡薄，甚至坊間傳言李金龍非其生父，李登輝是日本警察所生，再托付給李金龍撫養；或說李登輝是其母與日本人的私生子……等云云。

雖說命理上有跡象可尋，但缺乏證據也未經當事人證實，故本文就略而不談。李登輝在李金龍生前，二人甚少互動，也是不爭的事實。

命宮廉貞、天府在戌廟旺。戌宮廉貞星為北斗剛星，五行屬「火」，照說是十分活躍、熱情、不安分，但因與五行屬「土」的天府同宮，「火土相生」，因此穩定度增加；三方四正紫府廉武相見昌、曲、左輔吉星，形成紫微斗數格局中的「君臣慶會」大格局；南、北斗主，格局視野都大，較為宏觀，主導性與控制慾也強，極需要吉星來協助幫忙以成就其大；煞星僅有陀羅一曜，大格局見昌、曲、左輔吉星，因此能制陀羅為用，此時的陀羅並不會有煞星的負面作用，反而因煞星的刺激才不致過於穩定安逸。

命宮在戌宮，太歲宮位也在戌宮。本書在上卷章節中有提到命宮主「表」，太歲主「裡」。「命、身宮較屬『表層』的作用，在沒有利害關係，沒有競爭關係下與人交往時，外人一眼即能看到的特質。命造自身也較能意識到此部分特質。

相對於命、身宮的『表層』，太歲宮位則屬「裡層」的作用，平常較隱而不顯，除非太歲宮位正好在命、身宮的三方或同宮，才較顯現出作用。否則僅在重大事件或重要事項上才會冒出來，亦即當在有利害關係或有競爭關係下時，主導命造心思及想法的可能就是太歲宮位，而非命身宮。」

當主「表」的命宮與主「裡」的太歲，二者同宮時，是否表示這命造表裡一致、言行如一？或「表」、「裡」的特質合而為一？

事實上，命造在未登上總統寶座掌握實質大權之前很冷靜，採取低姿態，必要時可以默不作聲、聽話、沒有自己的聲音，在強人面前畢恭畢敬，顯得柔順而不敢表露自己的主張；掌握實權後就展現出不同的性格，率性、直接、凌厲、霸氣，前後判若兩人，其冷靜沉穩的程度可說是到達「城府深沉」的境界。

顯然在命造這張盤上，命宮雖與太歲宮位同宮，並不因此而有表裡一致的個性。雖然本書在上篇章節中也特別強調過「命盤上每顆星曜或每一個格局，都代表命造性格的某一特質，任何宮位只要形成特別的格局，必然是這個人的性格特質。」但這些不在命身宮，屬較為深層的性格特質必須有情境來呼應才會展現，不像在命身宮的特質是顯而易見的；一般而言，當命宮與太歲宮位同宮，太歲宮位的「裡層」特質會比較容易為外人所察覺認知。

要解釋命造這種冷靜、內斂的現象，可以用傳統入門之星曜賦性的基本觀念加以說明。命宮天府「陽土」的開朗有話明講，受到同宮廉貞星「陰火」的影響，所以便不那麼外顯，表面上是天府的開朗光明，可內心的真正的想法卻會有所保留，加上陀羅的「暗」更加深了喜怒好惡不形於色的作用。

用傳統的基本觀念來說明，雖然可以交待的過去，但並不完整。

因為廉貞星雖屬「陰」，但也屬火，「火」性，積極急燥，又是屬會急於表現的北斗剛星；陀羅雖有「暗」拖延的作用，畢竟本質上也是煞星；即使有屬「土的」天府同宮，產生五行「火土相生」的作用而較為沉穩，但卻還談不上到心機深沉，難以揣測之「城府深沉」的程度，頂多話到嘴邊保留三分，內心的想法不會和盤托出，讓人有內斂的感覺罷了。

因此，筆者在此提出說明加以補充。

命盤上命宮的宮位與出生的太歲宮位重疊同宮時，會產生特別的作用如下：

1.當主「表」的命宮與主「裡」的太歲，二者同宮，能量力道會加強。

不論好壞吉凶，它所產生的作用力道會加強。因為使內在太歲宮位的能量不需轉折迂迴直接從命宮表現出來，力道更為純粹強勁。當格局組合佳，其正面吉象作用會更好。如格局凶，其負面作用的破壞力道也會更凶。

以命造這張盤為例，命宮在戌宮的紫府廉武相格局，有昌、曲、左輔等吉星來輔佐讓格局穩定延伸，又有被制煞為用的陀羅讓格局也不致過於消極懶散。原本的格局組合就已十分強旺有力，吉象畢至往正面作用，再加上太歲宮位重疊同宮，使內在的正面能量直接從命宮表現出來，產生加乘的力道。因此能將大格局的正面作用發揮出來，職場上的EQ能力好，擅於經營有利害關係的人際，進而位居領導管理階層。對牽涉層面較廣的資源管理、分配、運用等公眾事務領域性質工作也很擅長。

2.命宮與太歲宮位二者重疊同宮之主星星曜在「剛星」「旺宮」見吉的人，性格上另會有種用心深遠，難以揣測的「城府深沉」之特殊命理現象。

其內心真正的想法很難讓人察覺，待人處事心機深沉，內在真正心思想法不形於色的作用。旁人根本不知其在想什麼？命造廉府在戌宮為「旺宮」，主星之廉貞星為「剛星」，也見昌、曲、左輔等吉星。因此符合此條件而有「城府深沉」之特殊命理現象。

（二）命身宮特質與「有忌方為貴」的命理作用

前文已提及李登輝的命、身宮有五項特點，使命造一輩子的重心會偏重在事業發展上。而這五項特點中前四項都與命、身宮有關，尤其命宮與太歲宮位重疊同宮的作用既強大也影響深遠。

太歲宮干「庚」戌，武曲化權在寅宮的身宮，又使命（太歲）、身宮形成聯結。因此命造一生在事業方面的重點宮位就在命、身的戌、寅二宮。

命身的戌、寅二宮，旺宮格局大且見昌、曲、左輔，因此冷靜、穩定又足智多謀，城府極深。因煞星不多，僅有被制煞為用的陀羅，開創的力道不足，積極性不夠，不是屬開疆闢土自行創業打江山的企業主類型。也因為煞星不多，所以不會衝動，不會主動出擊，不會強出風頭的展現出企圖心，故也不適合以業務績效優劣為指標的民間企業任職。但反而適合在信息從下向上流動，命令從上向下發出之「金字塔」式科層組織結構的官僚體系中發展。

身宮所在的武相自坐忌星，常會讓初學者感到困惑。武曲化忌沖陀羅，這種組合在事業上能表現得好嗎？

紫微斗數之忌星、科星、權星、祿星等四化星中，一般而言，「忌」星所代表的是阻礙、麻煩、困擾、干擾、混亂、模糊、原始、不順暢、未知狀態、沒辦法掌握……等負面作用。

從表面字眼的描述，「忌」星當然並不討喜。但人類文明之發展，無一不是經由對未知領域的好奇與探索，不斷克服失敗與挫折，一點一滴從模糊原始的未知狀態慢慢摸索累積出成果。古今中外有成就之人除極少數外，也大都在其領域上是歷經千辛萬苦才有所成，只是辛苦的歷程不足為外人道，旁人只看到最後的成果。尤其在學術的領域上更是如此，站在前人的基礎上對現狀或未知狀態提出問題與質疑，反覆實驗，試圖理出頭緒，最終能獲得一小步進展以供後人接續，也已是百折不撓的歷經無數次的失敗後的成果。紫微斗數的領域與學習過程又何嘗不是如此？

因此，「忌」星未必全都是負面作用，適度的「忌」星刺激，能激發人的好勝心與好奇心，克服困難後得以更上一層樓，是危機也是轉機。

可惜大多數的斗數學習者，看「忌」星都習以為常往負面判斷，從不加思索分析。總是以簡單的二分法認為「忌」是凶，「祿」是吉。故常與現實人生產生很大的落差。

翻開古訓《論語．季氏》有「困而學之」，中庸有「困而知之」之句。都可以用以說明「忌」星的正面作用，人在面臨困惑、困難時反而會產生求知欲與挑戰的動力。在尋求解決及跨越「忌」星所帶來麻煩、困擾等問題的同時也無形提升自己的競爭力。

古籍流傳下來的八字口訣也有「有病方為貴，無傷不是奇，格中如去病，財祿喜相隨。」的說法。筆者對子平八字外行，便略過不談。但紫微斗數之忌星，在某種條件下的確是有「有忌方為貴」的正面作用。

忌星要能有「有忌方為貴」的正面作用，必須具備下列條件：

1.忌星所在宮位的主星廟旺。

除主星廟旺外如再有六吉星吉化更佳。

六吉星能讓主星發揮正面的賦性作用也有使格局穩定的功能。

2.煞星不能太多。

適度的「煞」星，會讓人較積極有活力，面對困難挑戰時不畏懼。

但煞星太多形成忌煞交沖時，即使主星廟旺也會扭曲成負面的破壞力道。

體質強健的人，面對少量虛弱的病毒入侵，是較易將病毒消滅，甚至產生抗體提升免疫力。故忌星所在的格局夠強旺的話，適度的「忌」星刺激反而是種新的契機，不會過於安逸，具有憂患意識時時保持警覺性。也因為常面臨困難挑戰，解決問題的能力必然大幅提升，其生存競爭力十分強勁。這也是老生常談《孟子・告子》：「人恆過然後能改，困於心衡於慮而後作，徵於色發於聲而後喻。入則無法家拂士，出則無敵國外患者，國恆亡。然後知生於憂患，而死於安樂也。」的道理在紫微斗數上之寫照。

「有忌方為貴」的格局也具有下列特色：

1.過程辛苦難免。

因為會先碰到問題，再經歷解決問題克服困難的過程。

2.成果會來得比較晚。

在解決問題後才有成果，不是一開始就能看到，故常是在後半段；亦即所謂的「不經一番寒徹骨，焉得梅花撲鼻香」。

命造命身宮特質正好符合「有忌方為貴」的命理條件，尤其身宮是先天事業宮。事業宮，向來有較不畏忌煞的特性，正好最適合「有忌方為貴」組合的發揮。

身宮又主「後半段」與「有忌方為貴」的成果會來得比較晚，也剛好前後呼應。命造直到一九七二年五十一歲時的中年後，始由農村復興委員會的中階層事務官直接躍升為政務官層級的行政院政務委員，才冒出政壇。其後更經歷埋頭苦幹努力以赴，默默做事的過程，逐步往上攀登。

戌、寅二宮的組合「妙」在權星、忌星適度交沖，讓他不會過於安逸懶散且韌性十足，可以忍氣吞聲，等待時機。每當遇到重大事件或突發變故時，都能冷靜思考、沉著應變，表面上不動聲色，其實心中已有定見，並會堅持到底。

此種性格正適合在有強勢領導人的「強人政治」體制下的政府部門任官做事。於聽命辦事時全力以赴，展現能力使命必達，但決不顯露自己的企圖，以免功高震主。性格及機緣有如歷史人物「司馬懿」，命造也剛好生逢其時，在適合自己性格的政治環境下發展，獲得提拔，終登大位。

命身宮三方的寅、午、戌是紫府廉武相見吉多的大格局，也是忌星、權星、科星、集中之處。

權星、忌星讓他有擇善固執、自以為是的一面，但也有挑戰未知的勇氣。

權星、科星讓他理性而堅持。

忌星、科星讓他對事理的分析獨到而深入。

當然戌、寅二宮的命身，除了要有權星、忌星的適當刺激外，也必須要有祿星來吉化引動，才會有成果出現。因為煞星不多又見吉的紫府廉武相大格局，再不見權星、忌星，會過於安穩。但權星、忌星交會的格局即使有科星，卻沒有祿星來，再怎麼強旺，也只是很理性、很努力，競競業業、戰戰兢兢、克勤克儉，卻看不到成果。

李登輝的行限過程當中，直到壬寅限開始後，戌、寅二宮才有巧妙的忌、祿星引動吉化，而且是從壬寅限、癸卯限、甲辰限、乙巳限連續四個大限吉化。

壬寅限，表面上自坐先天大限的武曲化忌，但就事業事項而言，先天事業宮壬寅，與大限事業宮丙午，形成雙祿輔寅宮。

癸卯限，自坐先天的天梁化祿並會祿存形成雙祿交馳。大限破軍祿又照寅宮。

甲辰限，廉貞祿坐入戌宮，寅宮並形成三奇佳會。

乙巳限，自坐大限的天機化祿。大限事業宮己酉，使寅宮的武曲由忌轉祿並會入戌宮。

當戌、寅二宮受到忌、祿星巧妙的組合後，便能勃然興起，權星、科星、忌星的努力受到祿星吉化也才能獲得成果。

（三）平實順遂上半生——留學、手足永隔、結婚、生子的命理跡象

命造在五十歲之前的上半生，雖然默默無聞，不為人所熟知。但從讀書、留學、結婚、生子、工作、養家一路走來的生活過程，算得上為一般人所稱羨的中產階級平實順遂的人生。

1.庚戌限——少年生活

李登輝生長在一個經濟條件還算殷實寬裕的家庭，在那普遍貧苦的年代仍有機會接受完整的教育。戌宮廉貞、天府與陀羅同宮，大限庚戌太陽祿由卯照入酉，與亥宮的祿存形成雙祿輔戌

宮。因此在第一大限時成長的環境還不錯。

「李登輝生長在一個小康之家，有機會接受完整的教育。因為其父李金龍任職警察，職務調動頻繁，因此李登輝也跟隨父親不斷地搬家和轉學。從六歲到十二歲之間，先後在汐止公學校、南港公學校、三芝公學校、以及淡水公學校等四校就讀過。李登輝於淡水公學校畢業以後，先在私立台北國民中學（今台北市立大同高中）就讀一年，後於一九三八年轉學至淡水中學二年級就讀。李登輝在淡水中學，幾乎各科成績都是排名第一。在一九四一年考上台北高等學校。」（註33）

命身宮之甲級星曜強旺的人，其聰明才智本就不差，何況有文昌、文曲及科星等主聰明才智的吉曜輔佐，讀書考試都能名列前茅。庚戌大限事業宮壬寅雖坐武曲忌，但因格局強旺又見吉曜，煞曜不多，此時的武曲忌反應在學習的過程中，對艱深難懂的領域會特別有深入研究的興趣與毅力。這種人只要環境許可，一路唸上去都不是問題。

從六歲到十二歲之間，隨著父親工作調動之故而不斷搬家、轉學。

搬家，與田宅宮有關。先天田宅宮癸丑，丑宮天同、巨門坐地劫及第一大限庚戌的天同忌，沖地空、鈴星，本就弱陷不穩。丑宮宮干「癸」貪狼化忌，更與先天武曲忌使丑宮形成雙忌夾忌煞，的確是有搬家頻繁的跡象。

至於為何與父親工作有關？因筆者沒有李登輝父母親的出生年次等資料，僅能以星曜賦性上代表父親的太陽星入卦來推論。如以太陽星所在的卯宮當作父親的命宮，則未宮就是父親的事業宮，未宮坐天刑與法律有關，任職警察也符合此卦象。未宮宮干丁未巨門化忌也正好坐入田宅丑宮。故第一大限隨著父親工作調動之故而不斷搬家。

2.辛亥限——出國唸書與手足永隔

「一九四三年九月，李登輝二十二歲畢業於台北高等學校，同年十月，他進入日本京都帝國大學農學部農業經濟系就讀。」

(1)出國唸書的命理跡象

一九四三年（二十二歲）在辛亥限的最後第二年，負笈日本↓

辛亥限走入四馬之地。太陰旺宮坐祿存與卯宮的天梁化祿形成雙祿交馳。大限遷移宮乙巳，巳宮自坐天機化祿會大限巨門化祿也形成雙祿交馳。天機化祿又與先天天梁化祿夾輔先天遷移辰宮。

先後天遷移宮都受到祿星的吉化。因此對陌生環境的適應能力很強，如外出也會很順利。大限巨門化祿也與先天天梁化祿夾輔先天事業寅宮。

大限事業宮癸卯，卯宮坐先天天梁化祿，癸干的破軍化祿也照入先天事業寅宮。先後天事業宮都受到祿星的吉化。因此在求學階段的學習能力頗佳，學業成績也不錯。

遷移宮與事業宮都受到吉化引動，因此只要家境許可，很自然會興起至國外留學的念頭。而大限本宮是太陰在亥旺宮又坐祿存會天梁化祿，太陰有主「家宅、祖宅、田宅」的賦性，故此時的家境應比起同時期的一般人家好上許多，出國留學自是不成問題。

一九四三年癸未年，流年空宮，流年遷移丑宮巨門、天同，大限的巨門化祿正好由流年遷移宮照入流年未宮。流年天馬在巳，正好是大限遷移宮，有大限遷移宮乙巳的天機化祿。故於此年負笈日本。

(2)手足親人天人永隔的命理跡象

「其兄李登欽，加入日本海軍陸戰隊，於馬尼拉戰役中陣亡』（註34）

按：馬尼拉戰役發生在一九四五年二月三日至三月三日，參戰的分別是美國、菲律賓及大日本帝國，它是美國收復菲律賓戰役之一部份，在一個月的戰事中，馬尼拉遭到嚴重的破壞，戰事中，美軍共有一．〇一〇人陣亡及五．五六五人受傷，估計超過十萬名菲律賓平民死亡，大部份死於日軍之大屠殺，日軍共有一萬六千人死亡。

馬尼拉戰役發生的時間是在一九四四年農曆十二月底至一九四五年初，為期一個月的戰事，正好在命造二十三～二十四歲的辛亥限到壬子限之間。因沒確切的時間點，也沒其兄的出生年次資料，但筆者認為其兄應該是在一九四四年底，即命造二十三歲辛亥限最後一年時陣亡。

命造走入辛亥限時，天機星由對宮遷移宮照入。天機星有「兄弟主」之賦性，在沒有個別差異的資料下，如以天機星所在的巳宮當作命造手足兄弟的重點宮位。則巳宮乙干的太陰化忌正好坐入巳宮的遷移宮也是命造的大限本宮（亥），而亥宮三方沖火鈴，本就隱藏太陰化忌見火、鈴的「十惡」格。如命造的手足當中恰巧有人在那時期出遠門到外地，就可能應驗「十惡」格的卦象。

一九四四年是甲申年，太陽化忌在卯宮，流年擎羊也在卯宮，都沖入大限的亥宮，使大限亥宮形成「人離財散」的凶格。「十惡」與「人離財散」都是不利親情的格局，因此筆者判斷應在這一年有親人的生離死別現象。

3. 壬子限——返回故里與結婚生子

(1)返回故里

一九四三年（二十二歲）負笈日本→一九四六年（二十五歲）返國

一九四六年丙戌流年，廿五歲已是壬子限的第二年。壬子限天梁化祿在卯宮引動先天祿並會入亥宮，使有「祖宅、家宅、故居」賦性的亥宮太陰星受到吉化。

大限遷移丙午，廉貞化忌傷到戌宮的命宮與太歲並沖入遷移午宮，因此在此限運中在外地的際遇不會很順利。

壬子限的田宅卯宮有先後天的天梁雙祿，而壬子限的遷移宮午宮並沒有祿星來引動，還有忌煞沖。人在外地處境不順遂，而太陰星及先後天田宅宮又受到吉化時，自然會興起不如歸去，回家鄉發展的念頭。

一九四六年丙戌流年，戌宮自坐廉貞化忌並沖入壬子限的大限遷移宮午宮，大限遷移宮丙午的廉貞化忌也正好坐入流年。流年天同化祿在丑宮是先天與流年的田宅宮，丑宮同時有壬子大限遷移宮丙午的天同化祿，因此在此年回國返回故里。

(2)永結同心 相偕白首

先天夫妻宮在戌申，申宮的破軍本就主「夫妻、子女」。

當事項宮位之主星星曜所主的賦性與事項宮位屬同一性質時，其作用力道會加強。亦即當破軍坐入夫妻宮時，這時這個夫妻宮對婚姻事項的影響力就會比一般夫妻宮對婚姻事項的影響力更為強烈。（按：先天夫妻宮只是代表命造者對婚姻想法上的意識形態，它對婚姻事項的影響力有時作用並不大。）故此張命盤由破軍所在先天夫妻宮戊申，所化出之貪狼祿及天機忌的作用力道就很強烈。壬子限大限本宮（子）正好走到先天夫妻宮戊申所化出之貪狼祿所在。

大限天梁化祿在卯宮，分別會入吉化先天子女宮（未）與大限子女宮（酉），及主結婚喜慶的亥宮天喜，因此在此大限先後完成結婚生子的人生大事。

但壬子限畢竟有武曲化忌沖入先天夫妻宮申宮與大限夫妻宮戌宮，也因此讓婚姻大事遲延至壬子限下半限才完成，在當時的年代廿八歲結婚算晚婚了。在那個年代男子大都在廿歲左右的第二大限就已成婚。命造第二大限雖走入主結婚喜慶的紅鸞、天喜所在的亥宮，但亥宮正好沖由先天夫妻宮戊申所化出之天機忌星，所以尚不會有結婚的念頭。

(3)結婚

一九四九年結婚。農曆己丑年，時年廿八歲在壬子限。流年太歲丑宮的宮干丁丑。己丑流年武曲化祿在寅宮，祿存在午宮，雙祿會入大限夫妻宮戌宮。武曲化祿也會入先天夫妻宮申宮。流年夫妻宮在亥宮，太陰有先天祿存及天喜同宮，並坐流年太歲宮干丁丑的太陰化祿會大限的天梁化祿。在先天、大限、流年夫妻宮都有祿星吉化引動下，結婚自然水到渠成。

當然這是共盤現象，所謂「孤陰不生，孤陽不長」，還須要輸入個別差異的配偶資料。

妻：曾文惠（一九二六年三月三十一日～）民國十五年，農曆年丙寅年生人。

丙寅年，生年太歲宮位坐入寅宮，太歲宮干庚寅。天魁、天鉞在亥宮、酉宮。

寅宮的武曲、天相廟旺，雖有命造的武曲忌會自身的廉貞忌，但也有自身的太陽化祿與天同化祿所輔，寅宮廟旺雙祿輔的吉象遠強過忌星的干擾。因此寅宮的妻，是位頗有個性並默默做事的大家閨秀，而不是唯唯諾諾的小女人。因有雙祿輔又見吉多，雖有個性卻也明理有分寸。

寅宮是命造的身宮所在，與命造的先天夫妻申宮遙遙相對。寅宮的夫妻宮子宮，正好又是命造先天夫妻宮戌申的貪狼化祿所在，也是命造壬子限的大限本宮。

丙寅年的天同化祿吉化命造巳宮的紅鸞。丙寅年的太歲宮干庚寅，太陽化祿也會入命造亥宮的天喜。丙寅年的魁、鉞在亥宮、酉宮吉輔命造的命宮也是命造壬子限的夫妻宮。

在在顯示二人在婚姻事項的相契合。

一九四九年。己丑年武曲化祿正好坐入妻的太歲寅宮。流年的紅鸞也正巧坐入寅宮，會入命造先、後天夫妻宮申宮及戌宮。流年的祿存在午宮也吉化寅、子、戌等宮。

在共盤與配偶的個別差異資料都有吉化引動下，二人於己丑年結婚。

⑷生兒育女之命理跡象

生兒育女是人生大事。早期醫學尚不發達的年代，生產對婦女而言是件相當辛苦且危險的大事。且在國人傳統重男輕女傳宗接代觀念的影響下，弄璋或弄瓦，日後婦女所受的待遇是天差地別。

記得紫雲老師曾說過生男或生女？何茂松老師列為師門禁忌，不可以告訴當事人。就是怕發生當事人知道後，因不符其預期而去做人工流產的道德風險撼事，所以不可說。

時至今日醫學發達，懷孕後已可輕易的經由簡便的超音波得知是男或女，甚至還可經由人工受孕篩選生男或生女。因此生男或生女？在命理上其實已不具研究或討論意義，更無禁忌可言。

筆者對此議題毫無興趣也無深入研究，僅將所知臚列如下：

坊間一般在判斷生男或生女時是以星曜的南、北斗做為分辨的標準，即以「南斗，主男；北斗，主女。」來區分。

惟紫雲老師說，依其經驗：不分星曜的南北斗，生育還是要有祿星來吉化。

當祿星較多或吉化較強時，則生男。

有祿星，也有忌星來沖形成祿忌沖時，則生女。

(5)弄璋之喜

一九五一年生長子。農曆辛卯年，時值三十歲，在壬子限。

流年卯宮坐先天及大限的天梁雙祿，吉象很強。而卯宮恰巧是壬子大限之子女宮酉宮的作用宮位（酉宮空宮以卯宮的星曜照入為用）。辛卯流年的巨門化祿在丑，恰巧也是先天子女宮未宮的作用宮位（未宮空宮以丑宮的星曜照入為用）。

流年子女宮在子宮，也是壬子限的大限宮位。子宮除原本即有由申宮（破軍有「主子女」的賦性作用）戊申所化出的貪狼祿外，也有流年巨門祿與亥宮祿存的雙祿輔。

在先天、大限、流年子女宮都有祿星吉化引動下，因此於此年一舉得男。

(6)弄瓦之喜

一九五二年生長女。農曆壬辰年，三十一歲在壬子限。

流年天干天梁化祿在卯，引動卯宮原本就有的先天及大限的天梁雙祿，形成三代祿集中吉化卯宮（卯宮為壬子大限子女宮的作用宮位），而有弄瓦之喜。（卯宮有壬辰年的太歲宮干甲辰的太陽化忌，形成忌祿沖，故生女而非生男。）

一九五四年生次女。農曆甲午年，卅三歲在壬子限最後一年。

流年子女宮就直接坐入卯宮。卯宮除有先天及大限的天梁雙祿外也會入先天子女宮丁未的太陰化祿，因此當流年的子女宮坐入卯時，也是一種引動，故有弄瓦之喜。（卯宮有甲午年的太陽化忌，形成忌祿沖，故生女而非生男。）

4.癸丑限——上班族養家活口 努力工作爭取升遷

癸丑限三十四歲～四十三歲。

大限丑宮的巨門、天同本就不是旺宮，又坐會空、劫、鈴星等煞。丑宮雖有左輔、右弼吉曜來輔，但大限癸干的貪狼忌與先天武曲忌使左輔、右弼所在的宮位都坐忌星並形成雙忌夾制丑宮。丑宮原就有太歲宮干庚戌的天同忌，因此是雙忌夾忌的忌星共振，極為弱陷。

丑宮三方屬機月同梁的星曜，巨門為「暗曜」，故在此限運應該接連不斷的會有因親情、子女教養等問題產生之有口難言困擾，而有辛苦不為人知的一面。

大限弱歸弱，但大限癸干的破軍化祿吉化先天事業寅宮。前文已提及命造一生在事業方面的重點宮位是命、身的戌、寅二宮。寅宮本就強旺，受到祿星引動，便會展現正面作用。因此在事業上雖有調動仍能循序漸進慢慢升遷，不過畢竟大限弱，升遷也僅是在事務官層級。

(1)工作調動

一九五七年（民國四十六年）三十六歲，由台灣省政府農林廳技正兼經濟分析股股長調任至中國農村復興聯合委員會（農復會）農業經濟組技正。

此次調動算由地方的省級機關調任至比照中央級部會的中國農村復興聯合委員會（農復會），以機關層級而言算高升，且農復會在當時因「中美經濟合作協定」而有美國財政支援，待遇相對優渥，比起一般行政機關的公務員好很多，李登輝因此在該機關服務至入閣為止。

一九五七年三十六歲，農曆丁酉年，流年太歲宮干己酉。

酉宮空宮坐會空、劫，沖火、鈴星，弱陷不穩。雖然照會先天天梁祿與先後天事業（壬寅、乙巳）的天梁祿與天機祿，但畢竟因大限丑宮與流年酉宮都弱陷，雖有祿星吉化，應該也是「發也虛花」啊？怎會有高升至農復會這個待遇優渥機關的機會？

關鍵仍在戌、寅二宮受到祿星的吉化。

流年太陰化祿在亥宮，與由卯宮照入酉宮為用的天梁祿形成雙祿夾戌宮。但畢竟是先天的祿與流年的祿，隔了一代大限的祿，所以夾輔吉化的力道較弱。

不過流年太歲宮干己酉的武曲祿直接坐入寅宮，與大限的破軍祿交會並會入戌宮的作用力道就很強勁了。因為戌、寅二宮的主星十分強旺，只要稍微感受到一點吉象，就會有正面的力道展現。

(2)職位高陞

一九六一年（民國五十年）四十歲，陞任中國農村復興聯合委員會（農復會）農業經濟組專門委員。農曆辛丑年，歲運重疊，流年正好走入大限本宮。

丑宮有先天與大限的雙忌夾，又有太歲宮干庚戌的天同忌，又坐會空劫鈴星，在如此弱的限運與流年，如何能高陞專門委員？

關鍵還是在先天事業宮的寅宮受到權星及祿星的吉化。

丑宮的巨同雖坐大限癸干的巨門化權，因丑宮很弱，所以巨門雖喜化權，但在丑宮卻無法發揮正面力道。不過這癸丑大限的巨門化權，在辛丑流年時卻能與流年的太陽化權形成雙權夾輔寅宮。寅宮是命造事業方面的重點宮位，本就坐有命造太歲宮干庚戌的武曲權，再有大限與流年的雙權夾輔形成先天、大限、流年的三代權星共振。因此在此年工作上是會被委以重任，獲得重用。如再有一點祿星來吉化，自然會展現正面的力道，有陞遷機會。而寅宮在癸丑限本就受到大限破軍祿的吉化，辛丑流年巨門化祿再與先天天梁祿夾輔寅宮，故寅宮受到權星的強烈引動，加上祿星的吉化，展現正面的力道而陞遷。

5.壬寅限初期——出國攻讀博士

一九六五年四十四歲出國到美國康乃爾大學攻讀農業經濟博士，一九六八年四十七歲取得農業經濟學的博士學位，他的博士論文「Intersectoral Capital Flows in the Economic Development of Taiwan，一八九五～一九六〇」獲美國農學會全美傑出論文獎，回國後被聘為國立台灣大學教授。

一九六五年四十四歲，在壬寅限第一年。農曆乙巳年，流年太歲宮干辛巳。

流年巳宮，走入四馬之地，自坐流年天機祿。

大限寅宮，也在四馬之地。大限壬干的天梁祿與流年的天機祿，使先天遷移辰宮有雙祿輔。

大限壬干的天梁祿也與流年太歲宮干辛巳的巨門祿，使先天事業宮的大限寅宮也雙祿輔。

先天遷移與事業宮都受到祿星吉化引動，限運又都走到四馬地。如客觀條件許可，又獲得獎學金出國進修的機會，出國攻讀博士自然是水到渠成。

壬寅限，大限寅宮的武相自坐先天、大限的武曲雙化忌、左輔雙化科，及太歲宮干庚戌的武曲化權會紫微雙權。是權星、忌星、科星集中在旺宮，見左輔、文昌、文曲等吉星的格局。就事業事項而言，大限事業宮丙午的天同化祿又與天梁祿吉輔大限寅宮。使寅宮的忌星、科星、權星的作用反應在研究學問寫論文時，對困難複雜之問題反而能堅持深入的理性分析並有獨到見解，因此在較不熱門的農業領域能提出深入研究的論文獲得博士學位並獲好評而有聲名。

職位再高陞

一九七〇年（民國五十九年）四十九歲，陞任中國農村復興聯合委員會（農復會）農業經濟組組長。在壬寅限中期。農曆庚戌年，流年太歲宮干丙戌。

流年戌宮，是先天命宮同時也是太歲宮位，也走入大限三方。

因命造在事業方面的重點宮位是命、身的戌、寅二宮。大限走入身宮所在的寅宮，流年走入命宮所在的戌宮，也是一輩子才有一次的機會。而戌、寅二宮強旺會吉，較會發揮正面作用已如前述，故當流年走入時稍為有一點吉象引動便能展現出強旺的正面作用。

庚戌流年，太陽化祿、武曲化權，與流年太歲宮干丙戌的天同化祿，使大限寅宮有雙祿輔權星。寅宮也是流年的事業宮，申宮的流年祿存再照入，因此這一年在事業方面的吉象很強。

流年戌宮，雖坐流年太歲宮干丙戌的廉貞化忌，除前文已交待過戌、寅二宮忌星的作用，不再贅述外，流年太陽化祿由卯照入酉也與亥的祿存吉輔戌宮。

故於此年晉陞文官的簡任高階主管。

（四）貴人提攜 政壇明星——兼論貴人的命理作用

李登輝屬大器晚成的命理類型，在政壇上直至壬寅限後期始以農業專家身分獲得入閣。

李登輝在五十歲前的人生上半段，相較於一般人其實算是相當平實順遂且令人稱羨的。以一個上班族而言，憑藉著自身的聰明才智與努力，能力終獲肯定逐步陞遷至高階主管，也安家立業的娶妻生子，已經是中產階級的人生勝利組。雖較不為人知，但日子過得平凡而踏實。

大眾所認識的李登輝，都是在他人生後半段的身分所表現在事業方面的功過上。其上半段人生的事業表現雖已屬人生勝利組中的翹楚，相較於其人生後半段的事業成就，不啻天淵而有雲泥之別，二者無法相提並論。

但李登輝本身的聰明才智與能力甚至努力程度，應該是始終如一，並不會因年齡超過五十歲後，能力便有如武俠小說般因吃了「仙丹妙藥」而突飛猛進增加了一甲子功力，現實人生中是不會有這種情節發生。那為何前後人生在事業方面的表現會有如此大的差距？

主因在際遇不同，而非聰明才智與能力的突然倍增。

命造能力始終如一，但因展現能力的立足點不同，所站的舞台大小不同，發揮出的影響力就不同。就如同台灣許多本身資質條件優秀的職業棒球好手，都會想要爭取到日本職業棒球聯盟打球，更上一層者是直接到美國職棒大聯盟打球，就是因為台灣本土職棒舞台與美國職棒大聯盟的舞台，二者間所產生的效益有天壤之別。

身為制定國家政策的政務官與在機關內部辦事的事務官，二者間的差距與影響力自是不同。

命造原本為在機關內部辦事的事務官層級，因機緣際遇突然間躍升為政務官層級而有大舞台以展現能力。而提供此機緣際遇，讓你有大舞台發揮的人，在命理上即所謂的「貴人」。

一九七二年（民國六十一年），蔣經國擔任行政院院長一職，李登輝以政務委員入閣，成為當時中華民國最年輕的閣員，開始在在政壇上有表現舞台而漸獲重用。壬寅限、癸卯限、甲辰限連續三個大限均受蔣經國賞識提拔而平步青雲一路攀上頂峰榮登總統大位。表示其在命理上有易獲得「貴人」或「長輩」青睞賞識提拔的特質。

貴人星的命理作用

網路上流傳的一段話：「騎自行車，一小時頂多跑十多公里，開車上百公里，坐上子彈列車超過三百公里，登上飛機享受美食輕輕鬆鬆飛越五大洲。」

人沒變，但舞台不一樣，結果就不同，起跑點不同，最終獲得的成果當然不可等量齊觀。其實很多中小企業的專業經理人才，論其聰明才智與能力，並不比世界級大企業的CEO來的遜色，雖同樣是上班族，所獲得的待遇就有天差地別，中間的差別就在是否有機緣遇到「伯樂」讓「千里馬」有奔馳的舞台。

「千里馬常有，伯樂不常有」，有伯樂，才有千里馬。因此，貴人就是能發掘你所具有的「千里馬」能力並給你舞台奔馳的「伯樂」；亦即是給你明確方向，給你舞台發揮，扶你上馬奔向前程之人。凡是願意提拔你或是在旁邊協助、教導你的人，都算是你的貴人。個人的能力及努力固然很重要，如果有幸能得貴人相助，不但「事半功倍」，如你真具備「千里馬」之能，有奔

＊紫雲眉批：梁→蔭人、別人蔭我（幫助我）。

馳的舞台後，可能便從此扶搖直上鵬程萬里。

能否遇到「伯樂」？在命理上就是所謂的「貴人」運如何？

傳統斗數命理的「貴人」星，除了最大的貴人星紫微、天府外，一般人直接想到的，毫無疑問的是指號為「天乙貴人」的天魁與「玉堂貴人」的天鉞這二顆對星。賦性上天魁與天鉞有「南斗之助星，司科名之宿，為和合之神……主一生得貴助」的記載。故一般都將其解釋成較有人緣，一生接近貴人，能得高人賞識。

「魁、鉞」發揮正面時，固然有助人及得人助的貴人作用，但在此要特別提醒讀者，這必須是在「魁、鉞」所在宮位之主星是廟旺的前提下始能成立。

否則，當「魁、鉞」所在宮位之主星弱陷時，也無從發揮其貴人作用。

甚至，當「魁、鉞」所在宮位之主星不但弱陷，又忌煞交沖，此時的「魁、鉞」非但毫無貴人作用，反會助紂為虐成為所謂扯後腿或暗中作梗的「小人」，或成「近墨者黑」把你帶壞的損友。

關於此「魁、鉞」的負面作用常為人所忽略，讀者在觀盤時應特別留意。

(1)天梁＊「蔭」星的「貴人」作用

實則在判斷一個人的「貴人」運如何？除了「魁、鉞」外，六吉星都具有「貴人」星的作用。甚至除六吉星及紫微、天府外，尚有其他判斷指標。在此不多加說明，但現先提出其中一種較鮮為人知的「貴人」星，供大家參考，此為紫雲老師近年提出的獨到見解，即是化氣曰「蔭」的天梁星。

一般對天梁星的認識停留在「逢凶化吉、遇難呈祥」、「化危解厄之神，行限逢之，必有驚險之事，結果化危為安」，或為「父母宮之主宰」。對天梁星的「蔭」並未有多加的闡釋。

其實就字面解釋「蔭」，有遮蔽、庇蔭、庇護之意，艸木之陰地為蔭，樹蔭、綠蔭，所謂大樹下好乘涼。或所謂「蔭蔽之德」，因父祖有功於國家而恩澤被及子孫，它其實就隱含有立足點不平等之意。同樣烈日當空，別人在曬太陽，你卻能有樹蔭可遮陽，不用特別努力，就因長輩之助力而受恩澤。這個「蔭」也有如父母對子女般無條件付出不求回報之意，可謂是「天生好運」的意思，可惜一般學斗數的人不懂也不會運用它的奧妙。

天梁星格局好，通常在命理上都有較易獲得長輩青睞賞識提拔的特質。但不能說凡屬民國一字頭出生的人（民國一年、十一年、二十一年、三十一年、四一年……）天干「壬」天梁化祿，就一定「天生好運」註定貴人運不錯？學斗數如只會死抱著訣竅，保證一竅不通。

命造的天梁星與「主官貴」的太陽星同宮在卯宮為旺宮，並與六吉星中也主官貴的貴人星天魁同宮。因性質相同，故此之天梁在事業方面的官貴作用就已較一般天梁星強旺。

卯宮尚有火星同宮，會地空。因天梁星屬土，火土相生，又有生年天梁化祿會祿存的雙祿交馳，故能制煞為用呈現出正面作用。

卯宮的貴人作用，呈現出來時都有一種出人意表、突如其來的好運，命造本身也始料未及。

在此要特別強調的是，就共盤上卯宮會有如此強烈吉化作用，並非是因他是壬年生人天梁化祿之故。除陽梁在卯宮的格局組合強旺並形成雙祿交馳外，關鍵點在命造的太歲宮位戌宮強旺並吉化卯宮。戌宮是命造的生年太歲宮位是也是命宮，是紫府廉武相見左輔、文曲的君臣慶會大格局。而太歲戌宮的宮干（按：太歲宮干的作用係由斗數泰斗紫雲大師首先提出）是「庚」干太陽化祿，正好與生年干的天梁化祿同宮在卯，這雙化祿的力道對卯宮的吉化作用會有加乘的效果。

因此命造在卯宮的癸卯限一路被提拔升任台北市市長（一九七八年五十七歲）、台灣省政府主席（一九七一年六十歲），並獲提名接任中華民國第七任副總統（一九八四年六十三歲）。

進一步言，卯宮天梁的貴人作用並非是只有在癸卯大限時才發揮作用。

當然當走入卯限時，會特別突顯獲得長輩提拔之助力而步步高陞。

另卯宮的宮干「癸」干的破軍祿在申宮的作用力道也相當強烈。由天梁所化出之破軍祿照入吉化命造事業的重點宮位寅宮，故命造一輩子在事業上具有易獲得長輩青睞賞識提拔的特質。而破軍祿所在的申宮也是壬寅限的大限遷移宮，及甲辰大限的事業宮。因此命造從壬寅限開始，接續到癸卯限及甲辰限，連續三個大限均受長輩貴人賞識提拔而一路平步青雲順勢登上總統大位。

直到乙巳限的總統直接民選，就非天梁「蔭」星的作用了，另有其他命理作用。

(2)阿輝伯從政之路的貴人

命造阿輝伯在命理上有易獲得長輩青睞賞識提拔的特質，因此在政壇之路遇到的貴人應屬不少，在此僅就較為關鍵的沈宗瀚與蔣經國二人加以分析。

①沈宗瀚

一八九五年十二月十五日生，光緒廿一年，農曆乙未年，生年太歲宮干癸未。

李登輝任職農復會時，沈宗瀚任農復會主委，是李登輝的頂頭上司。

一九六五年，李登輝到美國康乃爾大學攻讀農業經濟博士及一九七〇年陞任農復會農業經濟組組長，都是在沈宗瀚擔任農復會主委任內。沈宗瀚並於一九七一年八月將李登輝以農業問題專家的身分介紹推薦給蔣經國，當時李登輝五十歲在壬寅限。

乙未年次，未宮空宮有文昌、文曲夾輔會天魁，祿存與天梁祿及乙年的祿存由三方會入。三方也沖地劫、火星及太陰忌等忌煞。

就未宮的卦象而言，可以推論其為人低調正派，不愛出風頭（空宮），但學識豐富（文昌、文曲夾輔），是位具有專業背景的技術官僚（忌煞沖也有祿星集中會天魁）。

乙未年次，天機化祿在巳與在卯的乙年祿存形成雙祿輔李登輝的先天遷移辰宮。乙未年次的太歲宮干癸未，破軍化祿正好在李登輝壬寅限的大限遷移宮，並照入吉化寅宮。寅宮除是李登輝壬寅限的大限宮位外又是先天事業宮，也是身宮所在，因此吉化的力道十分強勁有力。

本文在上卷之遷移宮章節曾提及「上班族與頂頭上司相處情形的重點宮位，除了上司所坐入的生年太歲宮位外，就是遷移宮。上班族能否與頂頭上司相處和諧，進而受到拔擢重用，除了命身格局的基礎條件外，先後天遷移宮也是個具有一定程度的影響宮位」。

乙未年次人巧妙的吉化命造的先後天遷移宮，二人的關係又是長官與部屬關係。因此相互間相處和諧融洽，命造能獲得拔擢重用也不足為奇了。

卯宮的天梁依前文所述具有貴人的作用，除了乙年的祿存在卯宮直接吉化外，如再加上乙未年次人的五虎遁干遁到卯宮的天梁星是己卯的「己」干，武曲化祿再吉化寅宮。因此，乙未年次的沈宗瀚在李登輝從政之路上，產生了極為關鍵的貴人作用。

②蔣經國

一九一〇年四月二十七日生，宣統二年，農曆庚戌年，生年太歲宮干丙戌。

庚戌年次，太歲戌宮，戌宮正好坐入命造的太歲宮位也是命宮所在，在命理上也是種契合，吉凶作用會加強。

庚戌年次的蔣經國是命造李登輝一生最大的貴人。一路提拔，將命造從事務官直接跳任政務官，再外放任直轄市長、省主席等首長職務，最後並選擇命造為接班人，擔任副總統職位。

就戌宮的卦象而言，廉貞、天府與陀羅同宮，廉府在戌廟旺，格局大又見文曲、左輔等吉星，故能制陀羅為用。太陽祿由卯照入酉與亥的祿存夾戌宮，是位握有資源且冷靜、深沈、責任感強，不好大喜功，實事求是的人物類型。

庚戌年次，生年太歲宮干丙戌。庚干與丙干使寅宮形成雙祿輔武曲權，庚年的祿存也照入寅宮。寅宮是「紫府朝垣」見左輔的大格局，也是庚戌年次卦象上的事業宮，因此在卦象上可以推論這位庚戌年次人的事業方面相當不錯，至少是在極具規模的企業或公司擔任高階層職務。

就命造而言，寅宮是先天事業宮，也是身宮所在，故庚戌年次人對寅宮的吉化現象，就會展現在事業方面對命造的重用與提攜。

再以卯宮的天梁「蔭」星的貴人作用而言，庚戌年次人的五虎遁干遁到卯宮的天梁星是己卯的「己」干，武曲化祿再直接吉化寅宮。因此庚戌年次的蔣經國對李登輝在從政路上之關愛與恩澤，恐怕連李登輝自己也感意外。

(3)邁入政壇

一九七二年（民國六十一年）五十一歲，獲拔擢入閣，升任屬政務官的行政院政務委員。

一九七二年五十一歲，在壬寅限。農曆年壬子年，流年太歲宮干也是壬子。壬子流年，子宮坐守貪狼、擎羊與右弼，三方會昌、曲。這一年算是命造一生中關鍵性的一年，命造後半輩子的飛黃騰達也是從這一年開始。筆者試著從幾個不同角度加以分析——

①事業及遷移事項角度觀察：

流年子宮有壬寅大限遷移宮戊申的貪狼化祿直接坐入，這貪狼化祿也吉化辰、午二宮。而午宮是大限的事業宮及流年遷移宮，辰宮是流年的事業宮及先天遷移宮。因此在壬子流年剛好使事業及遷移事項有巧妙的重疊交叉組合，只要稍有祿星來引動辰、午二宮，事業及遷移事項的吉象作用便很強烈。正巧就流年的事業事項而言，流年事業宮甲辰的廉貞化祿在戌宮，引動吉化辰（流年事業宮）、午（大限事業宮）、寅（先天事業宮）的吉象作用。

流年遷移宮午宮，有先天、大限、流年三代壬干的紫微化權集中。遷移宮有時也是代表著你頂頭上司的宮位。午宮的紫微本就廟旺加上權星集中又見左輔、右弼，是「君臣慶會」的大格局，顯示此流年時之頂頭上司的層級很高並掌握大權。

午宮也同時是壬寅大限的事業宮。權星集中在事業宮也意味著工作上會被重用，會被賦予較重要、責任較重大的工作，同時工作職務也可能會有晉升的機會。

在先天、大限、流年的遷移宮及事業宮都有祿星交叉吉化，並在旺宮之權星、忌星引動下，工作上常會有不錯的異動機會。

②再以具有官貴作用，也是貴人星的魁、鉞來觀察：

壬子年流年的魁、鉞與生年的魁、鉞重疊在卯宮、巳宮，雙魁、鉞輔流年事業辰宮。魁、鉞輔流年事業在旺宮也代表事業上易獲得有貴人幫忙。加上被魁、鉞所輔的流年事業宮甲辰之廉貞化祿又吉化事業的重點宮位寅、戌二宮，在在都顯示壬子流年在工作事業上的貴人正面作用很強烈。

③以天梁「蔭」星的「貴人」作用來觀察：

壬子年天梁再度化祿。卯宮的天梁形成有先天、大限、流年的三代化祿集中，因此卯宮宮干「癸」干破軍祿的作用力道在壬子年時便更為強勁。而這由天梁所化出之破軍祿在申宮，正好是壬寅限的遷移宮，也照入先天事業寅宮。故象徵長輩無條件付出不求回報之助力的「蔭」星作用，便反應在事業工作上獲得頂頭上司之青睞提拔。天梁祿也由卯宮照入酉宮與亥宮的祿存夾輔太歲戌宮。

天梁祿與大限事業宮丙午的天同祿雙祿輔大限寅宮。寅宮雖也有先天、大限、流年的三代武曲化忌，經雙祿輔後已將武曲忌的凶象降低，負面作用展現的僅是工作上的辛苦忙碌。反因雙祿輔先天、大限、流年的三代左輔化科，工作辛苦歸辛苦但能展現好的名聲，給人好的印象。

綜上，壬子流年在事業及與貴人相關的事項上都受到巧妙強烈的吉化，終能以農業專家身分獲得拔擢，一下躍升為政務官邁入政壇。

(4)外放首都市長獨當一面

一九七八年（民國六十七年）五十七歲升任台北市市長。

一九七八年五十七歲，在癸卯限。農曆年戊午年，流年太歲宮干也是戊午。

流年午宮，走入命造事業方面重點宮位戌、寅二宮之三合方。

紫微在午宮廟旺又坐先天權星會太歲庚戌的武曲化權，「權柄」的作用力道本就很強。

午宮雖有先天、大限的武曲忌與貪狼忌及羊、陀之忌煞沖入，但紫微旺宮見文曲、左輔、右弼等吉曜是「君臣慶會」大格局，流年的貪狼祿又來吉化引動，故能制煞為用。因此忌煞是反應在工作的辛苦勞碌方面。

流年事業宮在戌宮，有癸卯限事業宮丁未的太陰祿與先天事業宮壬寅的天梁祿（卯照入酉）的雙祿所輔。戌宮是命造事業方面之重點宮位也是太歲宮位，受此雙祿輔，整體能量提升往正面作用發展。戊午流年之五虎遁干遁到大限卯宮是「乙」卯，天梁化權在大限卯宮，並與癸卯大限的巨門化權夾輔寅宮。寅宮是先天事業宮也是命造事業方面之重點宮位，原就有生年太歲宮干庚戌的武曲權，再受此雙權夾輔，形成權星共振，並會入流年午宮的紫微權，因此戊午流年將整張命盤權星的「權柄」作用給誘發出來。

再以戊午流年的魁、鉞在丑宮、未宮來論。丑、未宮二宮弱陷，發揮不出魁、鉞貴人星的官貴作用。但在丑宮的流年天魁與在卯宮的先天生年天魁，卻形成雙天魁來輔寅宮。寅宮強旺，是紫府廉武相的君臣慶會大格局，在戊午流年又有權星集中共振的「權柄」作用，再經「天乙貴人」的雙魁輔，便產生強勁的官貴作用，而受貴人提拔重用。

如錦上添花地再加上流年五虎遁干遁到大限事業未宮為「己」干，武曲化祿吉化寅宮及戌宮，貪狼權也吉化流年午宮。權星、祿星都吉化寅、午、戌的紫府廉武相大格局。

因此，戊午流年在權星、祿星的強烈引動事業的重點宮位寅、戌二宮及流年午宮之情況下，被委以重任，擔任獨當一面之直轄市市長的重要職務。

(5)進一步歷練 綜觀全局

一九八一年（民國七十年）六十歲升任台灣省政府主席。

一九八一年六十歲，在癸卯限。農曆年為辛酉年，流年太歲宮干丁酉。

流年酉宮空宮，又被羊、陀夾制而委屈，坐地空會地劫，沖火、鈴星，在如此弱陷不穩的流年，怎會有轉任台灣省政府主席能綜觀台灣全島政務的這麼重要職務的機會？

關鍵有二：①事業的重點宮位寅、戌二宮受到祿星、權星的吉化。

②主長輩「貴人」的天梁「蔭」星受到吉化引動。

辛酉流年巨門化祿、太陽化權。流年祿存在酉宮。流年的魁、鉞在寅宮、午宮。流年太歲宮干丁酉，太陰化祿、天同化權。

大限卯宮的天梁「蔭」星坐流年太陽化權，照流年酉宮的祿存並會入流年太歲宮干的太陰化祿，引動卯宮原本就有的長輩「貴人」吉象。流年酉宮也剛好走入卯宮的對宮，也是種巧合引動。

流年巨門祿、太陽權輔寅宮。寅宮本就坐守生年太歲宮干庚戌的武曲權，在癸卯限時破軍祿由對宮照入，其祿、權的正面吉化作用只待流年之引動。

辛酉流年時太陽權與大限癸卯的巨門權輔寅宮的武曲權，寅宮形成先天、大限、流年的三代權星共振。因此「權柄」作用十分強烈。加上流年巨門祿與先天天梁祿也輔寅宮，雖然流年與先天中間隔了一代，但大限破軍祿本已由申宮照入，何況寅宮強旺，稍有點吉象引動便往正面發展而有成果。流年的魁、鉞在寅宮、午宮，也使寅、午、戌紫府廉武相的君臣慶會大格局產生貴人星的官貴作用。

因此，在弱陷不穩的流年，職務卻能再獲得長輩「貴人」的重用，而更上一層。

(6)備位元首 就位接班

一九八四年（民國七十三年）六十三歲接任中華民國第七任副總統。

一九八四年六十三歲，在癸卯限最後一年。農曆年為甲子年，流年太歲宮干丙子。

這一年是命造後半生中的關鍵性一年，被選定為備位元首，體制上也是接班順位的第一順位。也才能因元首的驟逝，順理成章的獲得繼任為總統。

以下從不同角度加以分析——

①事業事項角度觀察：

最簡單的看法是甲子年甲干的廉破武三奇佳會吉化命造事業的重點宮位寅、戌二宮。

流年子宮雖坐大限貪狼化忌，但就事業方面的相關事項而言，流年事業宮的五虎遁干是戊辰貪狼化祿。子宮的貪狼在這一年是由忌轉祿。且子宮本質見吉多，能制煞為用，較不畏忌煞。加上癸卯大限事業宮丁未的太陰祿、流年太歲宮干丙子的天同化祿，子宮在這甲子流年形成雙祿輔祿的祿星集中共振，也見權星。

先天事業宮壬寅，在甲年的五虎遁干是丙寅。寅宮有梁祿、同祿的雙祿輔忌。因寅宮強旺，忌星只是刺激，再經雙祿輔及流年甲干的廉破武三奇佳會吉化後，反而展現出「有忌方為貴」的正面作用。故甲子年在命造事業的重點宮位寅、戌二宮受到吉化，流年子宮又被事業方面相關事項的祿、權強力引動下，因此事業工作的表現頗佳並獲重用。

就事業事項角度的吉象來看，雖可以解釋命造在事業工作的表現優異獲得重用並有成果。但就此就便推論能獲得青睞被選定為備位元首，尚有不足。筆者認為真正的關鍵因素是，命盤上相關「貴人」星的作用，在這一年無巧不巧的相互吉化引動之故。

②以「貴人」星角度觀察：

具有官貴作用的貴人星魁、鉞在這一年扮演關鍵引動角色。

先天生年的魁、鉞在卯宮與巳宮，辰宮形成有魁、鉞輔。辰宮為流年事業宮，除了有流年甲干的廉貞祿與破軍權吉化外，甲年的五虎遁干遁到流年事業宮是戊辰，貪狼化祿也坐入流年子宮並會入辰宮。流年事業宮被魁、鉞輔並會吉，代表事業上易獲有貴人提攜。

以甲子流年的魁、鉞在丑宮、未宮而言。丑、未宮二宮弱陷，魁、鉞貴人的官貴作用不大。但流年丑、未二宮的魁、鉞分別會入卯宮與巳宮之先天生年魁、鉞，加強卯、巳二宮原本的魁、鉞作用。尤其卯宮陽梁廟旺又是大限所在，天梁本就有「蔭」星的「貴人」作用，坐先天生年天魁，流年天鉞再來引動，自然會有長輩貴人關照的助力。

卯宮的先天生年天魁與在丑宮的流年天魁，讓寅宮形成雙魁輔。寅宮格局廟旺，有流年甲干廉破武的三奇佳會吉化引動，再經貴人星吉輔，也同樣發揮獲貴人提拔重用的力道。

巳宮之先天生年天鉞與在未宮的流年天鉞，使午宮形成雙鉞輔。午宮紫微星與文曲同度，三方見左、右及羊、陀，屬君臣慶會大格局。紫微星是最大的貴人星，再經天鉞貴人星吉輔，所發揮出來的貴人幫助力道十分強大。

再以遷移宮角度而言：遷移宮又表徵為頂頭上司的貴人。

流年遷移午宮，紫微星經天鉞貴人星吉輔會流年廉貞祿。

大限遷移酉宮，空宮雖弱，但有大限破軍祿與流年廉貞祿的雙祿輔，會魁、鉞。

先天遷移辰宮，有魁、鉞輔。又為流年事業宮，大限破軍祿與流年廉貞祿都由三方會入。在先天、大限、流年遷移宮都有魁、鉞及祿星吉化引動下，因此於此年受到頂頭上司貴人的提拔。

另以，天梁「蔭」星的「貴人」作用來觀察：卯宮的陽梁本就有生年及太歲的雙祿坐守，其「天生好運」的貴人作用已如前文所述。當大限走入卯宮時，其「貴人」作用自然會凸顯。甲子流年時陽忌與流羊坐入卯宮，與火星形成忌煞交沖的干擾作用。因卯宮本質強旺，就事業事項言也不畏忌煞，何況卯宮是大限宮位，甲年的五虎遁干遁到卯宮是丁卯，太陰化祿再來吉化，忌煞反應的是工作的變動辛苦並不具殺傷力。反而太陰化祿與流年太歲宮干丙子的天同祿形成雙祿輔流年子宮。

綜上，魁、鉞貴人星在甲子流年巧妙的吉化引動與命盤上具同質性貴人作用的紫微、天梁、遷移宮，因而產生強勁的官貴作用。顯示此流年在工作事業上的貴人正面作用很強烈。因此才被選定為接班人，更上一層擔任中華民國第七任副總統。

◎按：由此例的說明，讀者應該便能明瞭命盤上具有貴人作用的星曜起碼有紫微、天梁、魁、鉞及事項宮位的遷移宮。且彼此相互影響整體作用，而非單一個別作用。

（五）親情的孤剋——白頭翁送黑髮人

癸卯限事業方面雖平步青雲、發光發熱，但在親情方面卻發生了無法弭平的憾事。

本文在開頭第一節「親情疏離與個性深沉的人格特質」提及李登輝……身宮在先天事業宮，

命、身的戌、寅二宮主星（廉府、武天相）同屬「官祿主」性質。出生的年、月、日、時四個地支宮位中沒有一個宮位在六親宮位，也沒有一個主星是屬機月同梁星曜。因此，命造一輩子的重心會偏重在事業發展上，其人際關係與互動也都與事業有關，對一般人際關係與親情則較疏離。尤其煞曜幾乎分布在六親宮位上，更加重了親情方面的孤剋……。

至於親情的孤剋作用何時發生？就待限運流年的引動了。

例如：在一九四四年至一九四五年間，農曆甲申年底，命造廿三歲辛亥限最後一年時。大限亥宮形成「十惡」與「人離財散」不利親情的凶格，因此在這一年有手足親人的生離死別現象，其兄在馬尼拉戰役陣亡。已如本章前述。

癸卯限陽梁旺宮，有生年及太歲的雙祿坐守，祿存從三方來會，祿星的吉象很強勁。太陽為「官祿主」，天梁為有「長輩貴人」關照的「蔭」星，再與天魁同度，「得貴助」的力道更為強烈明顯。因此在此限事業上的表現頗有成果，職務也一路受到關愛與提拔而步步高陞。卯宮的三方四正除了天魁外沒有其他吉星，又與火星同宮，地空由對宮來沖。因為祿星的吉象強，所以在事業上能制煞為用，火星、地空的波動反而成突如其來讓人意外的好運，職位調動高陞。

惟「吉歸吉論，凶歸凶論」，事業需要煞星。但煞星對親情方面就只具殺傷力，無所謂制煞為用的作用，親情只要見忌煞就有負面作用。

天梁「性情孤高不群，正直無私」，對事很好。對人情而言，如無吉星來潤滑緩衝再有煞來沖，便易不近人情而有「孤」的味道。加上魁、鉞的官貴如不見其他吉星而見煞星，也帶「孤」的作用。因此卯宮如反應作用在親情方面，就會有瑕疵的不利作用了。

卯宮在親情方面的「孤」，究會反映在哪方面？總不能說所有與親情相關的六親都有問題。卯宮陽梁，太陽為「官祿主」，在親情方面也「主父、主夫、主子」，因此較會出現在這方面。而命造為男命，只有「主父、主子」方面之選項。

天梁星「乃父母宮之主宰」有生年的天梁化祿吉化。太陽「男以之為父星」有生年太歲宮干庚戌的太陽化祿吉化。卯宮在「主父」方面的吉象很明顯，所以問題也不會是出現在與父方面之情緣。所以剩下「主子」之選項。加上癸卯限運之忌星，恰恰又正巧化在大限之子女宮子宮。故在此大限有關子女方面會出現親情的孤剋現象。

喪子之痛

一九八二年，李登輝長子李憲文在三月廿一日凌晨一點五十分逝。

一九八二年，六十一歲，在癸卯限。農曆年為壬戌年，流年太歲宮干庚戌。

分析如下：

1. 壬戌流年坐入生年太歲宮位，且天干也同是「壬」干，這是六十年一甲子才會重疊的情形，一輩子也僅會碰到一次。不同的是，此時的大限在癸卯限。大限卯宮有不利子女親情方面帶「孤」的瑕疵，已如上述。

2. 癸卯大限子女宮的子宮，坐有大限的貪狼忌並與不利親情的擎羊同宮，形成忌煞交沖。忌煞交沖對親情方面都會有負面的殺傷力道，且這貪狼忌是由在子女親情方面帶「孤」瑕疵的卯宮所化出，因此更加重不利子女親情的負面作用。

不過就共盤而言，卯宮與子宮都是旺宮。卯宮有祿星的強烈吉化，子宮見吉多。即使有子女親情方面上的瑕疵，也頂多是因工作之故，與子女間情緣較為疏離淡薄而已，尚不至於嚴重到死別的程度。因此會發生喪子之痛的人倫憾事，關鍵的凶象不會是出現在卯宮與子宮。

3.流年的干支與生年的干支六十年一次的重疊，因此戌宮宮干庚戌在這一年所化出的四化力道特別強勁。不止是生年太歲宮干的力道，也不止是流年太歲宮干的力道，而是二者相加乘。「庚」干，天同忌化在丑宮，丑宮的巨同弱陷，又坐會空、劫沖鈴星，形成忌煞交沖。巨門本有不利六親的賦性，天同忌來便會逞凶。丑宮在壬戌流年形成先天武忌與大限貪忌來夾制流年宮干同忌的三代忌星集中處，因此這一輩子碰到一次的負面作用就由丑宮冒出。

4.表面上丑宮是先天田宅宮，與子女事項並無直接關係，但不巧命造的先天子女宮丁未是空宮，丑宮就變成先天子女宮未宮的主要作用宮位（丑宮星曜照入未宮為用）。未宮除是空宮弱陷外，坐天刑沖地劫、火星，其宮干丁未，巨門忌又是化在丑宮，因此先天子女未宮的凶象都集中在丑宮。

5.就子女事項而言，癸卯大限子女宮壬子的武曲化忌與癸卯限的貪狼化忌，也雙忌夾制丑宮，讓丑宮再度形成雙忌夾忌的忌星集中，沖空、劫、鈴星。且此雙忌夾忌的忌星來源全都與子女事項有關（巨門忌是先天子女宮丁未所化出，武曲忌是大限子女宮壬子所化出，貪狼忌是由癸卯限大限的太陽所化出）。加上壬戌流年的子女宮又坐入丁未，巨門再度化忌形成先天、大限、流年都來傷到丑、未二宮。

6.如果以上還不夠凶？畢竟這是共盤現象，再加上個別差異資料。

妻：一九二六年（民國十五年）丙寅年次，生年太歲宮干庚寅。

天同化祿也化忌。天同化祿吉化先天子女宮未宮，在命造壬子限辛卯年生子，天梁祿與巨門祿也都集中會入先天子女宮未宮，因此會生，且一舉得男。但天同忌在癸卯限運形成雙忌夾制時，負面作用就會被引動出來。

子：一九五一年辛卯年次，生年太歲宮十也是辛卯。卯宮是個活潑直率有主見的陽光男孩。

巨門化祿吉化先天子女宮未宮，因此於一九五一年辛卯年出生的孩子是男孩而非女孩。但辛卯年次的文昌化忌與陀羅卻不巧的坐入「主子女」的破軍星所在之申宮。破軍與文昌同宮本就不是好的格局，賦性上有「昌曲破軍逢，刑剋多勞祿」的負面作用，何況辛卯年次的兒子是文昌化忌，正巧引爆破軍星「耗之本身重刑剋不利六親」在「主子女」方面的刑剋。加上破軍與陀羅同宮也有「破軍陀羅，決求乞」的負面評價。而破軍戊申的天機化忌與鈴星同宮又沖入丑宮，更加深丑宮在子女事項方面的刑剋作用。

壬戌流年正好走入辛卯年次兒子的擎羊所在，戌宮又為命造太歲宮位，就像一把利刃刺入心窩，成為李登輝永遠的痛。

> ◎紫雲註記：個人死亡，古代除了生病以外，只有傷（跌傷），現代還有車禍。

（六）更上一層 攀上巔峰

甲辰限——六十四歲～七十三歲

大限辰宮的七殺有火、鈴夾，魁、鉞輔，沖羊、陀及會右弼、文昌，四吉曜對四煞曜，吉凶互見，如何判斷吉凶？尤其大限事業宮戊申，貪狼化祿、天機化忌讓大限辰宮形成雙忌夾（天機忌、太陽忌）會雙祿（廉貞祿、貪狼祿）的情形，使吉凶更加複雜難斷。

在學習斗數過程中，當碰到大限吉凶互見，無法判斷時，就回到根本的先天格局來看，畢竟「大限只是來引動先天」。

甲辰限甲干的廉破武三奇嘉會直接吉化命造的命身寅、戌二宮，也是命造事業的重點宮位，當命身寅、戌二宮被大限吉化而強旺時，大限的忌煞僅是辛苦或刺激干擾的作用而已，何況大限事業宮戊申貪狼化祿所在也是命造先天的二個地支宮位，因此在命身宮及地支特質整個強旺起來的情形下，命造在甲辰限事業方面事項是以吉論斷。

當先天格局與大限運勢強弱定調以後，流年就僅是來引動大限與先天格局的觸媒。

同樣，「吉歸吉論，凶歸凶論」，二者並不能用加減法抵銷，當吉凶併見而吉象強於凶象時，代表最後會有成果，不會白忙一場或失勢垮台。但凶象在過程中仍然會展現出其凶險、艱辛的一面，尤其是殺破狼格局有羊、陀、火、鈴四煞來沖擊的情況。

單就（如不整體考量命、身、太歲及地支特質宮位）大限辰宮七殺星有火鈴夾、雙忌夾（天機忌、太陽忌）又沖羊陀的格局言，與黑道掛鉤殺人、放火……等，為達目的不擇手段之情事都是有可能發生。但辰宮並非命造之命、身及地支特質宮位，因此辰宮的特質不會有關鍵的作用，惟仍表徵限運所處之時空背景與環境。且因命造之命、身、太歲格局被限運甲干的廉破武三奇嘉會吉化及地支特質宮位強旺，因此甲辰限殺破狼見忌煞格局的負面就不至於失控。

「李登輝於一九八八年繼任大位之後，四周都是國民黨的巨頭或大老，學者出身而且又是本省籍的李登輝，可以說是外省政治網絡中的新人。一方面面臨國民黨政權舊勢力的嚴厲挑戰，一方面要因應解嚴後社會民間的改革要求，同時受到新舊勢力的雙方夾擊。迫於國內政治局勢及國際因素，李登輝在未獲得總統寶座之前，顯得柔順而不敢表露自己的主張。以淺短的黨政資歷就任總統與黨主席，尚未掌握黨、政、軍、特權力時，採取低姿態，服喪期間每天上班前必到蔣經國靈前祭拜。一九八八年一月廿九日，第一次以總統身分與在野黨民意代表會談時，也強調自己將力求實踐經國先生的遺言，沒有所謂的「李登輝政策」的存在。但他一步一步克服困難而實現其個人的抱負。到了一九九三年，以李登輝為首的派系，取得了國民黨黨內的領導權，真正的『李登輝體制』終於齊備。

李登輝雖然開啟了台灣民主轉型的大門，評價卻是毀譽參半。九〇年代的台灣民主政治，本土黑道涉及政治日深，甚至參選各地民意代表，權力金錢與黑道同流合污。李登輝在國民黨黨主席任內，堪稱是國民黨黨產成長最快、虧損也最鉅的時期，李登輝用國民黨黨產完成了許多政治工程，卻也和地方派系糾結過深，被外界批評『黑金政治』在其任內達到極致。」（註35）

姑不論是非功過，回顧李登輝的執政之路，從初登大統到全面掌權，一路走來堪稱曲折坎坷，非有過人的意志及高超的權謀，實不易完成。但在李登輝主政十二年（擔任三屆總統，中間毫無間斷，時間比蔣經國還久）的期間，也是台灣黑金政治文化最猖獗時期，這也是不爭的事實。

辰宮雖非命造之命、身及地支特質宮位，但命造卻有殺破狼的性格特質。原因在辰宮三方的子宮。子宮是命造出生年、月、日、時四個地支宮位中，「月」支與「日」支的二個地支集中之處，是命造內在能量也是性格特質及行事風格的重要宮位。因為不在命、身宮三方，所以較隱性與深層，平常並不會表現出來。碰到符合這格局的外在環境或行限走到這格局時，就會顯現。

貪狼在子是「氾水桃花」，見擎羊具有流氓性格的特質，欲望強，刁鑽、靈活。貪狼是「禍福之主」，黑道與白道之間往往只是一線之隔。因見右弼、昌、曲等吉曜，有勇有謀，非暴虎馮河之輩，比七殺更有手段謀略。而廟旺的「昌貪」格，點子多，手段高明，不拘泥於成規，足智多謀。何況殺破狼要見煞曜才會有開創力道，才會有積極性，才能為達目的用盡各種手段，否則如何應付當「強人」不在時，各方的角力與多變的政壇。此時大限事業宮戊申的貪狼化祿再來吉化引動，讓貪狼的手段謀略能獲致成果。最後前朝重臣一個個被他架空於權力核心之外，擺平各方勢力脫穎而出。

命造在掌權之後表現出率性、直接、霸氣、靈活，侃侃而談不加修飾的性格，也是源自於子宮的性格特質。

(1)繼任總統

一九八八年一月十三日，蔣總統經國先生逝世，依憲法規定繼任中華民國第七任總統。

一九八八年一月十三日，還在農曆丁卯年十一月，六十六歲在甲辰限。

農曆丁卯年，流年太歲宮干癸卯。

陽梁在卯宮格局強旺，有先天祿與祿存的雙祿交馳外，先天祿又與太歲祿同宮，這祿星作用對卯宮在事業上的吉化力道很強。即使限運的忌煞來，在事業上仍能制煞為用，吉大於凶。

當甲辰大限太陽化忌時，卯宮形成忌祿沖，「忌祿沖」通常都主一種「變動」或「改變」。

前文已提及當「天梁星」格局好時，可說是「天生好運」的星曜，它的「蔭」，不用特別努力，就因長輩之助力而受恩澤。它的貴人作用呈現出來時，都有一種出人意表或突如其來的感覺，命造本身也始料未及，何況還見火星、地空、祿存，更加重這種突如其來的作用。

流年之天干「丁」，與生年之天干「壬」，二者之五虎遁干都是起「壬」寅。所以，流年卯宮宮干癸卯之「癸」干，其力道加重。而由卯宮天梁所化出之破軍祿所在的申宮，正好是甲辰大限的事業宮，這破軍祿同時也照入命造事業的重點宮位寅宮。故命造在甲辰大限事業上有因長輩之「蔭」的助力而受恩澤的貴人作用。因此行入流年卯宮時，因大限與先天形成「忌祿沖」，有突如其來的「變動」或「改變」。而突如其來的「變動」或「改變」又與長輩之「蔭」有關。

卯宮又有蔣經國庚戌年次的太陽化祿，並會入蔣經國庚戌年次的天鉞星，也就在這一年，因蔣總統經國先生逝世，命造依憲法規定繼任中華民國第七任總統。

(2)當選總統

一九九〇年（民國七十九年），五月二十日獲第一居國民大會選舉為中華民國第八任總統，開始完整任期（此前是繼任蔣經國剩餘任期）。

一九九〇年六十九歲，在甲辰限。農曆庚午年，流年太歲宮干壬午。

流年午宮，走入紫府廉武相見左、右的君臣慶會大格局，也在命造事業方面重點宮位戌、寅二宮的三合方。大限的廉貞化祿與大限事業宮戌申的貪狼化祿由三方會入，吉象十分明顯。

午宮權星的「權柄」作用力道本就很強。原就有先天紫微權星會太歲庚戌的武曲化權，庚午流年時紫微與武曲再度化權來引動。而大限甲辰的破軍權更形成先天、大限、流年的三代權星集中交會在先天事業寅宮，將整張命盤權星的「權柄」作用給凸顯出來。

庚午流年的魁、鉞在丑宮、未宮。丑、未宮二宮弱陷，雖發揮不出魁、鉞的官貴作用。但卻巧妙的與在卯、巳的先天生年魁、鉞，使寅、午二宮形成被雙魁、雙鉞所吉輔，因寅、午強旺又是屬「官祿主」星曜，故能發揮官貴作用。尤其流年午宮是君臣慶會大格局，紫微星本為「帝星」又有權星集中，再經官貴的雙天鉞所輔，更加強紫微星在官貴方面的「權柄」作用。

流年事業宮在戌宮，是命造太歲宮位，坐大限甲辰的廉貞祿，將命盤的整體能量往正面提升。因此寅宮雖有武曲忌、天同忌、太陽忌形成三代忌星共振集中的雙忌夾忌。但寅宮本質強旺見吉曜多，又有甲辰大限的廉破武三奇嘉會及庚午流年祿存會入，先天、大限、流年的三代權星也集中。祿權交會吉化，使寅宮忌星所產生的負面作用，實質的破壞力道不大。只能說是在整個過程較有干擾、曲折而已，最後仍舊順利獲得連任當選總統。

一九九〇年二月，台灣爆發二月政爭，部分國大代表宣布推選司法院長林洋港與蔣緯國參加該任正副總統選舉，對此李登輝總統府方面利用不同方法勸林洋港退選，包括請出國民黨內「八大老」勸退。最終在三月九日林洋港發表「不候選聲明」宣布退選，並支持李登輝連任總統，隨後蔣緯國也宣稱「與林洋港共進退」，該連署行動告終。形成只有李登輝及李元簇參選的同額選舉。一九九〇年三月十六日，數百名大專院校學生集中在中正紀念堂靜坐，抗議國民大會濫權，為「野百合學運」揭開了序幕。（註36）

三月廿一日早上九時卅分，中華民國第八任總統選舉開始舉行，七五二名國大代表有六六八名參加投票。經唱票後，時任總統李登輝在下午一點三分以六四一票獲得連任。

(3)民選總統

乙巳限七十四歲～八十三歲，這時李登輝已大權在握，資源豐沛。所面對的現實環境是直接民選的總統選戰，必須獨當一面主導全局，並非僅蕭規曹隨、依章辦事的機月同梁格局所能主導應對。尤其面對的是競爭激烈的選戰，主導格局非衝鋒陷陣並能開創的殺破狼格局莫屬，這點無庸致疑。

巳宮自坐天機化祿與鈴星木火相生，三方沖太陰忌與空、劫而有波動不穩現象。雖尚不至於「祿逢空、劫，發也虛花」，但畢竟稱不上強旺限運。尤其大限遷移亥宮，坐大限的太陰化忌形成羊陀夾忌，沖火、鈴的「十惡」格，如何能應付競爭激烈變化多端的環境？

但如以大限引動先天格局的角度來看，巳宮的天機一化祿，對先天遷移辰宮的七殺而言，便形成雙祿併火鈴夾輔的正面作用。原本辰宮的七殺屬「金」，受屬性為「火」的火鈴夾制，會產生「火尅金」的負面破壞作用。但當火、鈴星所在宮位的主星星曜坐祿星時，火、鈴星便轉化成正面作用。此時的火、鈴星對七殺而言，便不再是「火尅金」的負面破壞，而是「火制金」「火煉金」成器為用的正面作用，當然過程會較為辛苦艱難。

此先天遷移辰宮的七殺經雙祿的火、鈴吉輔後，能制羊陀為用。況且辰宮尚有魁、鉞輔會右弼、文昌等吉星，故能應付競爭激烈多變的環境，衝鋒陷陣又不至於毫無節制。

乙巳限大限事業宮酉宮空宮，坐會空、劫、火、鈴及機、梁雙祿。因空宮弱陷對吉象的感應力弱，不會有主導作用。但酉宮「己」干化出的祿權，所接收的宮位是寅宮與子宮。寅宮的武曲祿是命造出生的年、月、日、時四個地支宮位當中「時支」的地支宮位。子宮的貪狼權是命造出生的年、月、日、時四個地支宮位當中「月支」與「日支」的地支宮位。寅宮與子宮格局大且強旺，又是地支特質宮位，稍微受到引動就會起主導作用，且對吉象的感應力很強。

因此在乙巳限關於事業上的主導格局就變成在先天事業宮三方寅、午、戌的紫府廉武相格局，及先天遷移宮三方辰、子、申的殺破狼格局了。辰、子、申的殺破狼讓命造能應付激烈的選戰及「飛彈危機」，並於提出「二國論」時不畏海峽對岸的挑釁。寅、午、戌的紫府廉武相格局讓命造能「穩住局面」不至失控。

一九九六年（民國八十五年）三月廿三日，李登輝以五四、〇%的得票率，贏得了中華民國第九任總統職位，當選首任民選總統。一九九六年五月廿日宣誓就任。

一九九六年，七十五歲，在乙巳限。農曆丙子年，流年太歲宮干庚子。分析如下——

①流年與大限角度觀察：

流年子宮坐守貪狼、擎羊與右弼，三方會昌、曲，流年羊、陀來沖。

子宮是命造出生年、月、日、時四個地支宮位中，「月」支與「日」支的二個地支集中之處，是命造內在能量也是性格特質及行事風格的重要宮位。受到乙巳限大限事業宮「己」干化出的貪狼權引動，並與紫微權交會，凸顯出權星的「權柄」、「意志」、「企圖」正面作用。

子宮「禍福之主」的貪狼，因廟旺見右弼、昌、曲等吉曜，有謀略，手段高明，不拘泥於成規。見擎羊及流年羊、陀來沖，具有流氓性格，膽大妄為。殺破狼見煞曜會有積極性及開創力道，能為達目的用盡各種手段。貪狼星見擎羊是有什麼「死人骨頭的辦法」它都會想要用，無所不用其極的格局。何況又是廟旺的「離正位顛倒」的「昌貪、曲貪」格，靈活而足智多謀，正好運用應對變化多端的選情。

乙巳大限的巳宮，本自坐大限的天機祿。丙子流年，天同化祿、天機化權及流年祿存都來吉化大限巳宮。在祿星與權星的吉化下充滿自信。

②遷移事項角度觀察：

遷移宮表徵外在的人緣，也是外在民眾對你的一般看法。因此在民主社會競爭激烈的投票選舉制度下，遷移宮便顯得相當重要。

流年遷移宮在午宮坐守紫微星，是紫府廉武相見左、右的君臣慶會大格局，本就有權星集中。乙巳大限的紫微化科又坐入午宮，並交會先天左輔科星。丙子流年的天同化祿（照入未宮為用）與大限的天機祿，形成雙祿來輔午宮。因此，這一年流年遷移午宮在祿、權、科星的作用下吉象很明顯。

先天遷移辰宮在乙巳限時有先天與大限的雙祿輔呈現正面的作用已如前述。丙子流年的天機化權又與大限的天梁化權，雙權吉輔辰宮的七殺。丙子年太歲宮干庚子，太陽化祿再與大限的天機祿形成雙祿輔辰宮。因此這一年先天遷移辰宮（也是流年事業宮）等於除了有大限與流年的雙權吉輔外，還有先天與大限、大限與流年的三代祿星雙重吉輔。祿、權的吉象備至。

較讓人產生疑慮與困惑的是大限遷移亥宮。

亥宮，坐大限的太陰化忌形成羊陀夾忌，沖火、鈴的「十惡」格。乍看的確會令人覺得負面的破壞力道不小，但仔細分析卻是似凶不凶甚至反吉的格局。

A.太陰在亥本屬「月朗天門」的旺宮，參照本章第二節「有忌方為貴」的命理作用之解說，「忌」星未必全都是負面作用，適度的「忌」星刺激，能激發人的好勝心與好奇心，克服困難後得以更上一層樓，是危機也是轉機。人在面臨困惑、困難時反而會產生求知欲與挑戰的動力。在尋求解決及跨越「忌」星所帶來麻煩、困擾等問題的同時也無形提升自己的競爭力。何況亥宮也會魁、鉞及先天與大限的梁祿、機祿吉化，吉象也不少。

B.至於火、鈴來沖，所謂的「十惡」格部分。一來火、鈴星並未與太陰忌同宮。二來火、鈴星所在宮位的主星星曜都化祿，將火、鈴星轉化成正面作用已如前述雙祿併火鈴夾七殺之說明。因此被祿星吉化的火、鈴星，其凶性已被化解，再與太陰忌交會，雖不能說就能產生「水火即濟」的正面作用。但起碼並不會出現水火相尅的「十惡」負面作用。

因此丙子流年，在大限遷移宮似凶反吉，而先天與流年遷移宮都有明顯吉象的情況下，整體言是相當不錯的一年。

③事業重點宮位及科星角度觀察：

在競爭激烈的民主投票選舉制度中，候選人的名望、聲勢、民調高低……也常是具有舉足輕重的影響力。在紫微斗數的角度可以用科星來類化代表候選人的聲望、名聲、聲勢、民調高低……。

丙子年的同祿及宮干陽祿使命造事業的重點宮位寅宮，形成雙祿輔祿的祿星集中共振（乙巳限事業宮己酉武曲化祿），而凸顯正面作用。

寅宮在丙子流年更是會集了先天左輔化科、大限紫微化科、流年文昌化科之三代科星集中。而這科星集中處不但是命造事業的重點宮位，也是紫府廉武相的君臣慶會大格局，更有雙祿輔祿的吉化，因此展現出來的聲勢、氣勢與民調都相當高。

綜上，丙子年首次由全民直接投票選舉的總統大選，命造終能以過半的得票率獲得勝選，當選首任民選總統。戌宮的廉貞化忌沖流年羊、陀，代表過程的辛苦與干擾。

◎行限變化引動事業展現方式

主導命造一生在事業方面表現的重點宮位在命身的戌、寅二宮，但因行限的變化、引動，展現的方式也有所不同。

壬寅限、癸卯限、甲辰限之初期連續三個相對強旺的大限，其引動吉化戌、寅二宮的主導格局是經由卯宮天梁蔭星的貴人作用。

壬寅限，天梁祿吉化卯宮。卯宮陽梁之宮干「癸」的破軍祿再照入寅。卯、寅二宮相互吉化引動。展現方式是，先經由自身（寅、午、戌）事業的優異表現，獲得「長輩貴人」（卯）的關注，進而獲得推薦提拔並提供舞台讓命造有展現能力的機會，命造也把握機會努力表現。

癸卯限，走入卯宮陽梁之天梁蔭星所在。大限卯宮的「癸」干破軍祿再度照入寅。卯、寅二宮仍延續相互引動吉化。表現方式則為，在「長輩貴人」（卯）刻意栽培的直接關照下，陸續提供不同舞台，讓命造有完整的歷練及充分發揮寅、午、戌能力的機會。

甲辰限初期，大限事業申宮就坐入卯宮天梁蔭星所化出癸干的破軍祿。

因此其榮登大位是直接繼任，亦即受惠於「長輩貴人」（卯）的餘蔭。

進入乙巳限，走到相對弱限的機月同梁限運裡，所主導的格局卻是殺破狼格局與紫府廉武相格局，而非巳、酉、丑的機月同梁格局。經由申、子、辰殺破狼格局的「衝」與寅、午、戌紫府廉武相格局的「穩」相互配合，所展現出來的成果。

這也是本文特別點出的重點，學習斗數一定要具備的觀念——「命理一定要與現實結合」。

李登輝在壬寅限、癸卯限、甲辰限之初期，三個大限的時空環境是屬於「強人政治」末期與解嚴初期。這種環境不適合由有「異見」的「殺破狼」格局主導，反而適合能安於在既定的舞台範圍內盡心辦事完成任務的「陽梁昌祿」或「機月同梁」格局特質發揮。正好此三限運卯宮的陽梁格局被凸顯並吉化戌、寅二宮，因此在「強人政治」時期受到青睞而平步青雲。

乙巳限時的時空環境已是百花爭鳴的激烈選戰及海峽對岸的挑釁，如只能蕭規曹隨、依章辦事，怎能脫穎而出及面對變局？恰巧命造在乙巳限時吉化凸顯殺破狼格局（先天遷移辰宮的七殺有雙祿輔，子宮的貪狼有大限事業的權星交會先天紫微權）及戌、寅二宮的府廉武相格局（大限事業己酉的武曲化祿）正好足以因應多變的時局。

當然前提也必須是命造同時具備這些格局的良好特質，再經行限的引動讓它發揮正面作用。

（七）突發事件擬人化的取卦法

1.台灣海峽飛彈危機

一九九六年選舉期間，發生中華人民共和國解放軍第二炮兵和南京軍區分別向台灣外海試射飛彈及舉行兩棲登陸作戰演習，導致美國緊急出動獨立號與尼米茲號兩艘航空母艦前往台灣海峽鄰近水域進行應對，一時台海戰雲密布的事件，這個事件被稱為「台灣海峽飛彈危機」。台北政府認為北京政府以恫嚇行為試圖干涉中華民國第一次全民直選總統，但最終李登輝仍然當選連

任。（註37）

按：就偶發事件，在沒有其他相關資料可資參考時，紫雲老師提出可以事件發生的時間當作命盤卦象。再輸入相關的人、事、時、地、物等資料加以活用，辨別吉凶。亦即所謂的「隨機（緣）取卦」。

「隨機（緣）取卦」是相當靈活並實用的紫微斗數技巧，也是紫雲老師近年頗為自傲並一再強調其實用性的技巧。讀者有興趣閒暇時不妨取卦練習。

惟筆者仍是要提醒基本功的重要性，「隨機（緣）取卦」雖然靈活實用，但前提是建立在使用者對紫微斗數基本的星曜賦性及廟旺利陷均已相當嫻熟的條件下方能成立。否則常會墜入五里迷霧走不出來，淪為猜謎遊戲或事後諸葛各說各話。

就本件之突發事件，紫微斗數也可靈活的以取卦方式來分析追蹤。因已有足以代表事件主角（台灣與大陸）之一的命造命盤，便不再另行取時間卦，直接以命造命盤輸入相關資料來判斷。

因發動事件的主角為中華人民共和國，並非自然人。

技巧上可以用中華人民共和國政府成立的時間點來取卦象，作為擬人化的出生年。

◎按：一九四九年十月一日，毛澤東在北京宣告中華人民共和國中央人民政府成立。

故便以一九四九年（民國卅八年）作為中華人民共和國在命造盤上的卦象。

一九四九年（民國卅八年），農曆己丑年，流年太歲宮干丁丑。擎羊在未，陀羅在巳。丑宮，巨同坐會空、劫，沖鈴星，又是命造太歲宮干天同忌所在。對命造而言，丑宮本就是一個弱陷且波動不穩的部分，這宮位不論對應到何事項，都不太好處理。

共盤資料丑宮就已忌煞交沖，麻煩、干擾在所難免，但尚不致造成傷害。偏不巧一九四九年己丑年的資料輸入命盤後，丑宮就形成巨門化忌沖羊、陀、鈴星的「巨鈴羊」凶格，因此才會造成所謂的「台灣海峽飛彈危機」之重要影響。

一九九六年丙子年，命造七十五歲，走入乙巳限。大限巳宮正好走到丑宮的合方宮位，引動丑宮的吉凶。流年子宮，坐守貪狼、擎羊與右弼，沖流年羊、陀。

輸入一九四九年己丑年的資料後，己丑年之文曲忌在流年遷移宮沖子宮。這文曲忌還是羊陀夾忌（一九四九年己丑年的祿存在午宮）的忌星，所以較凶。加上己丑年的太歲宮干丁丑巨門忌與乙巳限太陰忌，使子宮受雙忌夾制。所以這一年對岸（一九四九年己丑年）於台灣外海試射飛彈進行軍事演習，雙方劍拔弩張，面臨一觸即發的戰爭狀態。

因丙子流年的天同祿坐入丑宮，祿存也會入丑宮，丙年的五虎遁干遁到丑宮是辛丑巨門化祿。丑宮在這一年也有祿星集中來吉化，雖因丑宮弱陷對祿星吉化的感應力道不強，但至少讓丑宮會有所節制，使「巨鈴羊」的凶性減弱，最終和平落幕沒有導致戰爭局面。

2.以卦象追蹤推論命造對陸政策的基調

本章第一節介紹命造之人格特質時提及命造一輩子的重心會偏重在事業發展方面，其人際關係與互動也都與事業有關，對一般人際關係與親情則較疏離。

丑宮就共盤的結構上，不在命造命、身、太歲三方，主星巨同也非「官祿主」，宮位弱陷波動不穩，命造太歲宮干天同忌也在丑宮形成忌煞交沖。因此在還不需要輸入個別差異資料的情況下，命造對丑宮所對應的事項，基本上是排斥、不喜接觸、不感興趣的。

輸入一九四九年的資料後，丑宮形成巨門化忌沖流年擎羊、陀羅，鈴星、空劫的「巨鈴羊」凶格。因此命造對面丑宮時的態度就可想而知。

當互動的基楚宮位丑宮形成凶格，就會造成彼此猜忌、不信任。

因此在命造主政期間，對丑宮是採取所謂的「戒急用忍」政策，保持疏離。（註38）

◎按：「戒急用忍」是李登輝在一九九六年九月十四日台灣經營者大會上所提出的關於台灣企業界投資中國大陸的主張，是李登輝政府的對中國大陸投資政策之一。戒急用忍政策明確界定：「高科技、五千萬美金以上、基礎建設」三種投資應對大陸「戒急用忍」，以免台灣喪失研發優勢以及資金過度失血。

此項政策發表後，即遭到工商業界的質疑，並引發「國家及社會安全與企業利益間如何取得平衡」的辯論。

如果一九四九年的資料只是單純的讓丑宮形成「巨鈴羊」凶格，讓彼此互動基楚薄弱、猜忌、不信任，則保持距離與警戒就足以應付，也能獲得全民與企業界的支持不會有異聲。

可偏偏一九四九年己丑年的資料，武曲祿與祿存強烈吉化引動命盤上寅、午、戌的紫府廉武相大格局，這一吉化便造成重大影響。

此時讀者可別認為一九四九年的資料既然吉化命盤上寅、午、戌的紫府廉武相大格局，而命造一生在事業方面的重點宮位就在戌、寅二宮，故便是對命造的事業有所幫助？這樣看便太侷限在命造個人的角度了。現在筆者是以「取卦」的角度大方向的看二岸間的互動關係與情形，因此是把整張命盤當做一個「卦象」來談這件事情，已拋開命造個人的角度。

一九四九年入卦的資料使丑宮屬於「機月同梁」的星曜形成「巨鈴羊」凶格，除了代表二岸間互動基楚薄弱、猜忌、不信任外，也代表本地人民在想法、思考與生活形態上與對岸的差異。

紫府廉武相格局，表徵實質資源的管理、分配與運用。天府與武曲都「主財」是所謂的「財星」，會去賺錢去爭取利益，以創造財富。當一九四九年入卦資料的武曲祿與祿存吉化命盤上寅、午、戌的紫府廉武相格局，代表對岸對本地工商企業實質利益的影響，祿星吉化表示有利可圖。「商人無祖國」只要有利可圖便趨之若鶩，也禁之不絕。

因此當命盤上的武曲忌與一九四九年的文曲忌交會，命造對二岸的經濟政策想採取「戒急用忍」加以限制，卻成效不彰。有利可圖的大企業早就輾轉捷足先登，留下來痛失先機的企業當然會對政策表達不同意見。

（八）個別差異入卦追蹤部屬忠誠度及獲得重用的命理因素？

——兼論僕役宮與破軍星之作用區別

李登輝在總統任內任用之重要幹部多不甚舉，本文僅就其中較為人熟知並有爭議性的蘇志誠（一九五五年，乙未）、連戰（一九三六年，丙子庚）及宋楚瑜（一九四二年，壬午丙）等三人列舉說明。

連戰及宋楚瑜是命造先後倚以為重的重要部屬，卻善始惡終。

蘇志誠則屬命造貼身機要秘書之幕僚人員，未有聽聞交惡之新聞。

當然連戰及宋楚瑜是屬京畿重臣及封疆大吏，與命造較會產生有利益衝突之機會，任何人一旦有利益衝突時關係就易生變。而蘇志誠的角色是貼身機要秘書，則完全以頂頭上司的意見馬首是瞻，並不能與連、宋二人相提並論。不過在命理的角度仍是可以加以分辨。

1. 利害相依 休戚與共

蘇志誠（一九五五年十二月六日～）：一九五五年，乙未，畢業於建國中學，大學就讀文化大學物理系，大二時轉入政治系。蘇志誠在就讀文化大學時與李登輝獨子李憲文結為好友，在李憲文患鼻咽癌時，蘇志誠辭去「台灣新生報」記者職務，入住台大醫院專心進行照料，幾乎天天陪伴在病榻前，給李登輝夫婦印象十分深刻。當李登輝任台灣省主席時，就把蘇放在省主席的台北辦公室，成為李登輝的機要，李登輝進「總統府」後，蘇也隨往出任總統府辦公室主任，被外界視為「李登輝的代言人」、「大紅人」。李登輝卸任後，蘇志誠退出政壇。（註39）

一九五五年（民國四十四年），農曆乙未年生人，生年太歲宮位在未宮，太歲宮干癸未。未宮空宮，三方會火星及地劫，看似波動不穩較無定性，但未宮也有昌、曲輔，並會天魁及天梁祿、祿存等吉曜。因為空宮弱陷對吉象的感應力較差，因此承擔力較不足，不適合擔任機關首長的職務。不過吉曜還是讓他有個性靈活、不呆板，反應快並有小聰明的優點，見桃花星在日月旺宮，對一般人際關係的經營也算和善，故擔任命造貼身秘書之工作反而適合。

卯宮為先天僕役宮，乙未年次的祿存在卯宮會入未宮，除吉化卯宮僕役事項外也降低未宮不穩的現象。尤其二人的關係是首長與幕僚的主從關係，此時僕役宮所佔的份量比重就相當大了。

關於僕役事項除僕役宮外，另破軍也「主奴僕」。

乙未年的生年太歲宮干癸未，使在申宮的破軍直接化祿吉化，並照入命造的先天事業宮兼身宮的寅宮。乙未年的天魁在子宮、天鉞在申宮，也都會入申宮的破軍。因此以命造感受而言，對此乙未年次的部屬是十分信任放心的，也認為他的忠誠度沒有問題。

癸卯限時，大限卯宮有乙未年次的祿存，命造的天梁祿也吉化乙未年次的太歲未宮，因此命造成為乙未年次（蘇志誠）的長輩貴人。當命造任台灣省主席時，就把蘇放在省主席的台北辦公室，成為命造的機要幕僚。

甲辰限時，大限辰宮雖坐入有乙未年次的擎羊，但乙年的天機化祿與祿存也雙祿輔辰宮，三方並會入乙未年次的魁、鉞及破軍祿，因此擎羊被制煞，反成執行面上行動的助力。當命造入主總統府後，蘇也隨往出任總統府辦公室主任，被外界視為命造的代言人、大紅人。

乙巳限時，大限巳宮坐乙未年次的天機化祿。

二人的互動從癸卯限、甲辰限、乙巳限，連續三個大限都有祿星吉化，因此二人關係良好，善始善終。

2.利害衝突 關係生變

宋楚瑜

一九八八年，蔣經國總統逝世後，時年四十七歲的宋楚瑜不顧國民黨黨內元老及保守派反對，積極輔佐繼任總統的李登輝成為中國國民黨主席，因此宋楚瑜得以獲得重用，成為中國國民黨秘書長。一九九三年獲委派擔任末代官派台灣省省主席，並於一九九四年高票當選連任，成為唯一一位民選省長，直至一九九八年台灣省被凍省為止。

連戰

一九九三年二月接替郝柏村出任行政院院長。一九九三年八月任行中國國民黨副主席，一九九六年與李登輝搭檔參加中華民國總統大選，當選中華民國歷史上首位民選副總統。在當選副總統後，連戰仍然保留行政院長一職至一九九七年七月內閣總辭，始專任副總統。

※倚以為重的重要幹部——破軍星之作用比重強於僕役宮

連戰（一九三六年，丙子庚）與宋楚瑜（一九四二年，壬午丙）二人，對李登輝而言，均屬倚以為重的重要幹部，其重要性與一般部屬或幕僚不同。

譬喻來說，如命造是企業負責人的董事長，則連、宋二人就如同執行副董兼總經理及企業主要盈收績效來源之重要分公司負責人，對命造及企業團隊的重要性不言可喻。即使如此，本質上命造與連、宋二人的互動關係仍屬有上下隸屬關係的上司與部屬。因此以命造的角度看其相互間互動時，除了以個別的太歲宮位為基礎外，尚要考慮事業宮及僕役宮等事項，尤其要再加入「主僕役」的破軍星，且破軍所占影響力的比重，要比僕役宮事項還高。

破軍星在星曜賦性上「主夫妻、子女、奴僕」，它所「主」關於僕役事項，除了一般性員工或幕僚人員外，更偏向於關係較為密切並倚以為重的重要幹部。

甲辰限——宋楚瑜與連戰同時受重用：一九九三年，委派宋擔任台灣省省主席，提名連戰任行政院長；提名宋楚瑜參選民選省長高票當選。

乙巳限——宋下連上：一九九六年，命造七十五歲，選擇連戰搭檔參加該年中華民國總統大選。一九九八年，命造七十七歲，將台灣省凍省，讓宋失去舞台。

一九九九年，命造七十八歲，命造對二〇〇〇年（民國八十九年）中華民國總統大選國民黨候選人部分，選擇連戰代表國民黨參選二〇〇〇年總統，但排拒宋楚瑜搭擋擔任副總統。最終逼得宋楚瑜脫黨獨立參選。這場選舉中由於連、宋的分裂，兩人均落選，連二三·一%，宋三六·八四%，由陳水扁以三九%得票率當選總統。

對命造而言，連戰（一九三六年，丙子庚）與宋楚瑜（一九四二年，壬午丙）二人，雖是重要幹部，但仍是隸屬於命造的部屬。因此在決定國民黨黨內總統大選候選人之人選時，身為黨主席的命造是可以乾綱獨斷，且心中早有定見。而這心中之定見，就命理上分析就是二人對命造的僕役宮及破軍星的吉凶引動。其中破軍所佔影響的比重，要比僕役宮事項還高。

李登輝的破軍在戊申，貪狼祿直接坐入連戰的太歲宮位子宮，也照入宋楚瑜的太歲宮位午宮。因此李登輝對宋楚瑜與連戰二人基本上均會倚以為重的加以重用，至於重用的程度與形態如何區別？就要把二人的資料輸入命盤加以區分。

宋楚瑜，一九四二年（三十一年次），農曆壬午年，生年太歲宮干丙午。

宋的太歲宮位坐入午宮，午宮原就有紫微化權見文曲、左、右、羊、陀、武忌，加上宋的武忌、廉忌、羊、陀，形成忌煞交沖。但午宮是紫微見左、右的君臣慶會大格局格，格局強旺故能制煞為用。遂使整個格局轉化成是能開創，獨當一面開疆闢土的戰將。

在打天下時，過程通常較為艱辛，難免遭遇阻礙困難，此時武忌、廉忌、羊、陀正好能發揮積極作用朝正面發展，能不畏險阻堅持理念，衝破難關毫不退讓，因此提名宋楚瑜參選民選省長，宋能高票當選成為封疆大吏。

當天下打下，不再需開疆闢土，此時宋楚瑜武忌、廉忌、羊、陀的作用不會就此停止，它仍然存在。忌煞制而為用的正面，是讓宋楚瑜勤跑各地基層，直接面對各種疑難雜症，發掘並解決問題，在此同時累積起高度的民意高支持率，聲望直逼高層。但當問題牽涉到中央權職非地方能解決時，午宮的權忌交沖見羊、陀的展現方式，就會讓中央官員感受到宋的挾民意而堅持己見毫不退讓，自然引起功高震主的忌憚。對宋楚瑜而言，他可以振振有詞的說是為解決民間疾苦為所當為，怎能打迷糊退讓。而中央自有其整體施政的難處與考量，這中間的是非對錯留給史家去評論。

就斗數的星曜格局而言，其作用是屬中性的，同樣的權忌交沖見羊、陀格局，其星曜賦性的特質始終如一，卻會因時空背景的不同，而有不同的正負面評價與結果，其人格特質就是如此，只能說「成也蕭何，敗也蕭何」謂之奈何。

甲辰限——大限辰宮的七殺有火、鈴夾，沖羊陀，但也會大限祿、權星。

大限辰宮的事業宮戊申，正好坐守「主僕役」的破軍。而破軍戊申的貪狼祿也會入大限辰宮，因此命造在此大限會有能幹並倚以為重的重要部屬。

限運初期命造甫繼任總統，上任之初，面對的是國民黨黨內許多舊保守派的艱困情勢，此時正需要能衝敢言倚以為重的戰將，宋楚瑜恰逢其時。

甲辰限廉祿會入宋楚瑜的太歲宮位午宮，甲辰限事業宮破軍戊申的貪狼化祿在子宮也吉化午宮，因此宋楚瑜在此限運能有充分展現能力發揮的舞台。

宋楚瑜生年干壬午及太歲宮干丙午的天同祿與天梁祿，恰巧形成雙祿輔命造的事業寅宮，天梁祿也吉化命造的僕役宮卯宮。因此作為部屬，宋楚瑜是十分克盡職責，為命造開疆闢土，打天下。

寅宮的武曲忌經宋楚瑜的雙祿輔後，寅宮整個格局架構已十分穩固，雖再沖廉貞忌與陀羅也僅是刺激干擾的作用，並不能撼動整個結構。

一九九四年甲戌年，命造七十三歲，在甲辰限最後一年，提名宋楚瑜參選民選省長。

流年戌宮廉府是命造的命宮兼太歲宮位，自坐甲辰限及流年的廉貞雙化祿。

戌宮也是午宮（宋楚瑜壬午年次）卦象上的事業宮，因此歲運的廉貞雙祿也同時吉化宋楚瑜的太歲午宮及事業宮。在此限運流年中二人關係水乳交融、休戚與共，命造盡全力為宋楚瑜輔選，宋楚瑜也不負所望贏得勝選擔任民選省長。至於流年戌宮有命造與宋楚瑜的陀羅沖武曲忌，則代表選舉過程的艱辛勞累。

乙巳限——李登輝已集黨政軍大權於一身，需要的是聽話奉命辦事的幹吏，而非開疆闢土的英雄戰將。

乙限的巳宮自坐天機化祿與鈴星，看似沒什麼問題。但命造的破軍星卻是戊申天機化忌，因此在此大限命造就倚以為重的部屬僕役事項，是有機忌沖鈴星、空、劫之波動不穩的負面現象。加上乙限僕役宮庚戌的同忌再與機忌交會，故命造在此限運會有僕役用人方面的負面困擾，尤其出現在倚以為重的重要部屬。

宋楚瑜遁到李登輝破軍所在的申宮也是戊申，天機化忌就在大限巳宮。加上乙限僕役宮戌宮的廉府有宋楚瑜的的陀羅與廉忌沖武曲忌來增加僕役事項的負面作用，此時二人工作上的關係終將因立場迴異，產生意見看法不同，最終導致利害衝突而生變。

一九九六年十二月十八日，李登輝召開國家發展會議，在未公開協商內容的情況下與朝野達成「凍省」共識，將台灣省政府予以虛級化。

這一舉動無疑是剝奪宋楚瑜的政治實權和行政資源。如此時宋楚瑜僅是命造一般的部屬，或如蘇志誠所擔任的幕僚角色，則「破軍」戊申天機化忌的作用就不會浮現，宋楚瑜與命造的關係也能維持良好的互動，因大限巳宮也會入宋楚瑜的祿存與天同祿。可惜，乙巳限宋楚瑜已是封疆大吏的民選省長，對命造而言是屬於倚以為重的重要部屬，故破軍所占影響的比重就舉足輕重。

（九）企業經營者或領導人與重要部屬分道揚鑣或被取而代之的命理因素

對命造而言，破軍所在的申宮是戊申，天機化忌正好在乙巳大限的巳宮，又與鈴星同宮形成忌煞交沖的負面作用。因此命造在此限運中就應該要留意與重要部屬間所產生的問題。

事實上在乙巳限命造與壬午年次（宋楚瑜）及丙子年次（連戰）這二位重量級的重要部屬均關係生變，不復當初之利害與共、上下一心，甚至被一九五〇年次庚寅年的下屬直轄市長聚眾逼宮，不得已辭去國民黨黨主席之位為敗選負責，黨主席之位進而被丙子年次（連戰）的部屬取而代之。之後支持命造之重要幹部與幕僚打著命造名義及旗號籌組台灣團結聯盟，並奉命造為精神領袖。命造於二〇〇一年為新成立的台灣團結聯盟候選人站台，正式被國民黨開除黨籍，丙子年次的前部屬（連戰）時任國民黨之黨主席。台灣團結聯盟雖興起一時，命造最後仍與之不歡而散。

當然要進一步詳細分析則還必須輸入個別差異的資料。

1.立場不同 分道揚鑣

以三十一壬午年次的宋楚瑜而言，宋「壬」干的五虎遁干遁到李登輝破軍所在的申宮也是戊申，天機再度化忌，此天機化忌因有鈴星同宮，它的殺傷力就不能小看，不會僅僅是意見不合如此單純了，加上命造乙巳限事業宮己酉，文曲化忌就坐入宋楚瑜的太歲宮位午宮，導致二人產生誤解甚至決裂。

民國八十八年，己卯年文曲化忌再度坐入宋楚瑜的太歲宮位午宮，因此命造排拒宋楚瑜擔任連戰的副總統搭擋參選，最終逼得宋楚瑜脫黨獨立參選。

命造與宋楚瑜關係或許如命造所言，宋楚瑜好比孫悟空但逃不出如來佛的手掌心。二人最後僅分道陽鑣，各走各的路，形式上宋楚瑜並未對命造有何不忠誠的行為，畢竟是命造主動架空並排拒宋楚瑜。

然而命造之國民黨黨主席之位最後卻是被一手栽培提拔的25丙子年次部屬取而代之，雖說是時勢所趨，黨主席為敗選負責，由副主席取而代之，也理所當然，但不見得就會形同陌路，個中緣故相信命造點滴在心。

2.時勢轉變 副手取而代之

一九三六年、丙子年次，農曆丙子年，太歲宮位坐入子宮。

子宮是命造出生年、月、日、時四個地支宮位中，「月」支與「日」支的二個地支集中之處，是命造性格特質的重要宮位。而當入卦者坐入命造的特質宮位時，會加重彼此間的吉凶作用，吉時愈吉，凶時愈凶。

丙子年次的太歲宮干是庚子，太陽祿吉化命造的先天僕役卯宮，天同祿與太陽祿也雙祿輔命造事業的重點宮位寅宮。卯、丑二宮的太陽祿與天同祿又分別照入酉宮與未宮，形成雙祿輔命造申宮的破軍。破軍宮干戊申，貪狼化祿直接坐入丙子年次的太歲宮位。在僕役的有關事項及相關星曜都受到強烈吉化下，因此命造對丙子年次的部屬會加以提拔栽培並成為倚以為重的副手。

子宮是貪狼坐守與擎羊、右弼同宮，三方見昌曲。

貪狼是顆慾望強、足智多謀又靈活很能察言觀色的星曜，尤其見擎羊後更是為達目的而敢作敢為，見昌曲有謀略，善用各種點子迂迴達到目的。在人際關係上貪狼星更是十分懂得經營，該有的人情世故絕不會失禮，且讓對方十分受用。當它呈現吉象時是很討人喜歡又歡愉的，命造內在不足為外人道的欲望不須明說便已經打理安排妥當。

故二人在有共同利益與目標的前提下，關係可說是水乳交融，也無怪乎命造最後是選擇丙子年次的連戰為接班人，代表國民黨參選總統，而非一眼即看出雄才大略，個性直言敢說的宋楚瑜（宋楚瑜壬午年生，太歲午宮坐紫微化權沖羊陀）。

命造乙巳限時，丙子年次的祿存與天同化祿均入大限巳宮，丙子年次「丙」干的五虎遁干遁到命造破軍所在的申宮是丙申，天同化祿也入大限巳宮，加上命造乙巳限事業宮己酉，貪狼化權坐入丙子年次的太歲子宮，這些吉象在限運初期讓二人關係緊密而未生變。

「吉歸吉論，凶歸凶論。」同樣的丙子年次的太歲宮干庚子天同化忌，也會入大限巳宮沖鈴星。

一般而言，太歲宮干的作用會比生年干出現的較晚，尤其是在有利害關係衝突時才會發生作用。故丙子年的天同化祿作用在先，太歲宮干庚子的天同化忌作用在後。

表面上一顆天同化忌應該產生不了多大的破壞作用，但這顆天同化忌恰好讓二人互動基礎產生結構性破壞。分析如下——

⑴大限巳宮是天機與鈴星同宮，丙子年的祿存在巳宮，巳宮結構已有因丙子年次人所形成的羊陀夾煞的敗格存在。當天同化祿作用時，巳宮有祿交馳尚不至產生羊陀夾煞的作用，可是一旦有利害關係衝突讓天同化忌產生作用，巳宮就會因忌煞交沖而有羊陀夾煞的作用，尤其命造的破軍在戊申天機化忌，這天機化忌是由代表倚以為重之重要部屬的破軍所化出，而丙子年次人正好是命造當時倚以為重的左右手，丙子年次的祿存在巳宮恰恰形成羊陀夾忌煞的敗格，也讓命造會產生有苦說不出，點滴在心頭的委屈感。

⑵天同化忌的殺傷力道不只於此，天同化忌與乙巳限的太陰化忌更形成雙忌夾制丙子年次人的太歲子宮。子宮的貪狼受此雙忌夾後又沖丙子年的羊陀，其凶性就會展露出來，貪狼本就屬很實際、現實的星曜，為達目的而敢作敢為，當共同利益與目標不再相同，甚至產生衝突，就會毫無猶豫地翻臉不認人。

當然，根本原因仍是在於時勢轉變，造成利害衝突才導致關係生變，這當中無所謂誰是誰非。不過就紫微斗數命理，仍是有跡象脈絡可尋。

（十）誰是接班人？

1.接班人由企業經營者或領導人主導決定時

以企業經營者或領導人的角度觀察推論。當接班人，可由現任企業經營者或領導人片面決定的情況，接班人選大都是屬企業內部員工，與現任企業經營者或領導人之間均存有上下隸屬關係，此時破軍星（代表倚以為重的重要部屬）就舉足輕重，具有關鍵性的影響比重。

以二〇〇〇年中華民國總統大選，國民黨推薦之人選為例

我們可以把政黨當做一個獨立的企業體，黨主席就代表企業體的負責人或領導人。雖然各政黨自有其一套初選制度用來決定選舉提名人選，但一般而言黨主席具有關鍵的影響力，以當時國民黨之時空背景，黨主席提名的人選，便是該黨最終之推薦人選。命造時任國民黨之黨主席，選擇提名一九三六年、廿五年次的連戰代表國民黨參選二〇〇〇年總統，捨棄一九四二年、三十一年次的宋楚瑜。

就命造命盤來推論，除了本文前述二人（二十五年次丙子年、三十一年次壬午年）個性上有明顯差異（子宮的貪狼足智多謀又能察言觀色體察上意；午宮的紫微星有權忌交沖，擇善固執又堅持。），及子宮是命造「月」支與「日」支的性格特質宮位會加重子宮之入卦者與命造彼此間的吉凶作用外，最簡單又直接的推論方法便是二人資料輸入命造命盤後，看破軍星與個別差異資料對整張盤結構所產生的影響。

命造的破軍在戊申，貪狼祿直接坐入二十五年次丙子年的太歲宮位子宮，丙子年的太歲宮干庚子，子宮形成有天同祿與太陽祿輔貪狼祿的祿星集中共振，吉象十分強烈。祿星代表成果，因此命造也較會與子宮分享成果。

命造破軍的貪狼祿也照入三十一年次壬午年的太歲宮位午宮，所以命造也重用三十一年次壬午年人，但壬午年的午宮除會入自己的武曲化忌及羊陀外，武曲忌與擎羊也沖入命造破軍所在的申宮，因此較會被命造指派從事披荊斬棘、衝鋒陷陣的艱難工作的重任。可是當克服困難完成任務要享受成果時，忌煞又會產生干擾。

此消彼長，雖同為命造倚以為重的部屬，但二人在命造心中分量的差異就可以很明顯的分出高下了。

2.接班人非能由現任企業經營者或領導人主導決定時

一般而言，接班人選非現任企業經營者或領導人所能片面決定時，表示現任企業經營者或領導人對誰是接班人的影響力並不大，且與接班人選間除不具有上下隸屬關係外，彼此間可能毫無任何關係，因此不能以破軍星來推斷。

對毫無任何關係的彼此要由其中一人的命盤來推論他人間的競爭由誰勝出？在因果關係上是否能成立？是頗可質疑也具風險性。但因為接班人所要接任的職務角色，是現任者當前的職位，故彼此間不能說毫無關聯。當然要據此推論其接班人為誰，其困難度頗高，且這塊領域無人公開提及，尚待有興趣深入研究者的開發。

不過當現任董事長或領導人已屆期卸任無法再續任，而已有明確的人選浮現，要競爭這個位子時，站在命理研究的角度似乎可以由卸任者的命盤看出蛛絲馬跡，究為誰來接班。

＊紫雲眉批：以選舉投票日之時辰（年、月、日、時）取卦，輸入參選人年次，可以事先預測。（但不可事前明說）。

以二〇〇〇年中華民國總統大選為例＊

有三組候選人（連戰一九三六丙子年次、宋楚瑜一九四二壬午年次、陳水扁一九五〇庚寅年次）競選。因是直接民選，由誰當選？並不是現任總統能說了算或能決定，所有的參選人在選舉過程與命造形式上不存有上下隸屬關係，故破軍星不再具有關鍵性的影響力。以現任總統命盤來看誰是下一任的接班人？困難度雖高，應該仍是有跡可尋。

筆者稟著「假設、求證」之精神，試著用「蔭星」的天梁及「帝座」的紫微星來推論。命造李登輝的「蔭星」的天梁星在癸卯，破祿、巨權、陽科、貪忌；「帝座」的紫微星在丙午，同祿、機權、昌科、廉忌。這天梁的「癸」卯與紫微的「丙」午，是命造命盤原有的宮干，在他個人主觀意識可以決定主導的範疇內是有作用，但因總統大選是直接民選，並非可由誰片面決定人選的，故僅具參考價值，而非決定性影響。

以命造命盤原有天梁的「癸」卯與紫微的「丙」午的宮干而言，在三組候選人（一九三六丙子年次、一九四二壬午年次、一九五〇庚寅年次）當中，受到最強吉化的是一九五〇庚寅年次這一組。因為一九五〇庚寅年次的太歲宮位寅宮正好照入命造天梁「蔭星」癸卯的破軍化祿，直接就受到庇蔭。「帝座」紫微星丙午的天同化祿與命造的太歲宮干庚戌太陽祿及武曲權，也使寅宮形成雙祿夾權。

反而天梁「癸」卯的貪狼化忌正好坐入一九三六丙子年次連戰的太歲宮位子宮，就已「蔭」

不到子宮了，甚至出現負面作用。同樣的貪狼化忌也沖入宋楚瑜的太歲宮位午宮。

難怪坊間傳言此次大選，命造其實暗助一九五〇庚寅年次？傳言固然並非就是事實，但就命盤原有宮干的角度分析，一九五〇庚寅年次人的確是受惠於命造。不過這也僅是參考，非決定性關鍵。畢竟總統大選是直接民選，並非由誰片面決定。故應該以各候選人的五虎遁遁到天梁蔭星的宮干及紫微帝星的宮干，再看引動來分辨吉凶。

(1)連戰——一九三六年，丙子年次，太歲宮位在子宮，宮干庚子：

連戰丙子年次的五虎遁遁到卯宮天梁蔭星的宮干是辛卯。遁到午宮紫微帝星的宮干是甲午。

天梁蔭星的辛卯，文昌化忌沖入丙子年的太歲宮位子宮，形成〈昌貪〉格，巨門化祿並未吉化子宮。

紫微帝星的甲午，廉貞化祿雖吉化午宮的紫微星，但並未直接吉化太歲子宮，太陽化忌反而傷到卯宮的天梁星。何況丙子年的擎羊與廉貞化忌使午宮的紫微星形成忌煞交沖。

命造乙巳限太陰化忌再與命造的太歲宮干庚戌的天同忌，形成雙忌夾制丙子年次的太歲宮位子宮。相信在整個選戰的過程中丙子年次人是多少有受制於命造（命造畢竟是丙子年次人所屬政黨的黨主席，黨的資源仍握在命造手上），因此丙子年次人，最終對命造的感受相當不好，形同陌路。敗選後會取而代之命造的黨主席位置也在情理之中。

(2)宋楚瑜——一九四二年，壬午年次，太歲宮位在午宮，宮干丙午：

宋楚瑜壬午年次的五虎遁遁到卯宮天梁蔭星的宮干是癸卯。遁到午宮紫微帝星的宮干是丙午。

壬午年的天梁祿與祿存（在亥宮），雖有吉化卯宮的天梁星。但天梁癸卯的貪狼化忌卻沖入壬午年次的太歲宮位午宮，破軍化祿則並未吉化太歲午宮。

太歲午宮坐紫微帝星並化權，可惜紫微丙午的廉貞化忌與壬午年次自身的擎羊、陀羅及武曲忌交會，使太歲午宮形成忌煞交沖，天同化祿也未吉化太歲午宮。太歲午宮的紫微星終因少了祿星的吉化，而沒成果。

(3)陳水扁——一九五〇年，庚寅年次，太歲宮位在寅宮，宮干戊寅：

陳水扁庚寅年次的五虎遁遁到卯宮天梁蔭星的宮干是己卯。遁到午宮紫微帝星的宮干是壬午。庚寅年的太陽祿與祿存（在申宮），吉化卯宮的天梁星。且天梁己卯的武曲化祿也吉化庚寅年的太歲宮位寅宮，文曲忌僅由三方會入寅宮也未交會自身煞星。

紫微帝星的午宮，有庚寅年太歲宮干戊午的貪狼祿吉化。

紫微壬午，紫微化權與庚寅年次的武曲化權交會並有貪狼祿吉化。午宮的紫微帝星正好是寅宮卦象上的事業宮。武曲化忌坐入寅宮，雖使寅宮形成權忌交沖，但畢竟寅宮本身煞星不多，也未見庚寅年次自身的煞星，何況還有庚寅年次的武曲化權及祿存交會，吉象遠大於凶象。紫微壬午的天梁化祿與庚寅年的太陽化祿交會在卯宮天梁星，而天梁己卯的武曲化祿再吉化寅宮，因此在三組候選人當中，是太歲宮位受到吉化最強的一組。

簡單的用「蔭星」的天梁及「帝座」的紫微星的引動現象，似乎在這張命盤就可區分出三人的吉凶結果。當然這是結果論，筆者已經事先知到結果，再倒果為因，試著找出當中的蛛絲馬跡，在這例子中大膽假設所導出的原則，並不代表放諸四海皆準確，畢竟筆者手邊企業經營者或領導人及接班人的例子並不多見。

但筆者總認為學習紫微斗數的重點是邏輯推論的過程，而非鐵口直斷的結果，只要所採取方法的邏輯推論理脈前後一致，即便最後的結果是錯的，也僅代表「假設之方法」的前題是錯誤，或因經驗不足所導致的誤判，而不是毫無根據信口開河的鐵口直斷。「方法錯誤」，只是證明這方法的不可行，還可以嘗試別種方法而有進步空間。而經驗不足所導致的誤判，更可借由錯誤累積經驗而增進實力。因此斗數愛好者大可抱持著研究的態度把紫微斗數當做一門學術，試著嘗試各種方法以提升自身實力，但切忌毫無理論根據，披上神祕色彩的面紗，鐵口直斷、信口開河。

註釋：

註33：維基百科李登輝求學歷程及紀：http://zh.wikipedia.org/wiki/%E7%BB%B4%E5%9F%BA%E7%99%BE%E7%A7%91

註34：《新台灣的主張》：李登輝，頁五五。

「血旗揚帆——台灣海軍特別志願兵的從軍始末（1943-1945）」（PDF）：陳柏棕，碩士 thesis，國立政治大學台灣史研究所，頁41，二〇一一（二〇一七．〇二．〇五）。

註35：蛻變中的台灣：近代台灣政經發展史講義，第八單元，自編電子書，編擬者：許鼎彥。

註36：《憤怒的野百合：三一六中正堂學生靜坐抗議記實》：林美挪，一九九〇。

註37：《如果中共跨過台灣海峽》：一九九五年四月，張旭成，允晨文化，ISBN 978-957-8983-49-6

註38：第三屆全國經營者大會演講全文。

註39：《傳略蘇志誠》：鄒景雯著，台北：四方書城。二〇〇二年四月初版。

三、馬英九——弱勢限運爭勝天下

農曆5月29日未時的命盤（未依日月合朔調整）

天機 天姚 孤辰 四 辛巳（遷移）(65-74)	紫微 右弼 地劫 官符 三 9 龍池 天福 恩光 壬午 □ （疾厄）(75-84)	天鉞 陀羅 三 0 天喜 癸未（財帛）	破軍 左輔 祿存 火星 天虛 二 天馬 鳳閣 甲申 ○△ （子女）
七殺 地空 天哭 喪門 四 庚辰（僕役）(55-64)	男命 馬英九 卅九年五月廿九日未時 庚寅 父：庚申 母：壬戌 大運 87 戊寅年 己卯 49歲 土五局 庚寅 壬午 庚戌 癸未		擎羊 大耗 二 封誥 乙酉（夫妻）
太陽祿 天梁 文昌 咸池 五 己卯 ○○○△ （事業）(45-54)			廉貞 天府 鈴星 白虎 華蓋 五 7 丙戌（兄弟）
武曲權 天相 五 7 八座 天貴 戊寅 □□● （田宅）(35-44)	天同忌 巨門 天魁 天刑 寡宿 六 紅鸞 台輔 己丑 □●● （福德）(25-34)身	貪狼 六 三台 戊子 ● （父母）(15-24)	太陰科 文曲 五 天官 丁亥 △△ [命宮](5-14)

「命宮」太陰化科在亥旺宮並與文曲同度，三方見文昌、天鉞、陀羅與太陽祿星，除了符合是「月朗天門」格外，也形成「陽梁昌祿」的格局。

「身宮」在丑，巨門、天同弱陷，化忌沖羊、陀，形成主星弱陷的忌煞交沖格局。

命宮強，身宮弱，照說是先盛後衰，虎頭蛇尾，怎能在中年後爭勝天下，在競爭激烈的選戰，克服艱難獲得勝出，且經歷四次選戰，前後期間長達近二十年，戰無不勝？故筆者不採農曆5月29日這張盤。

＊紫雲眉批：丑宮，「己」干武貪→積富之人

農曆5月28日未時的命盤（依日月合朔調整提前一天）

<table>
<tr><td>武曲權 破軍 孤辰 天姚
四
恩光
辛巳 ○□●（遷移）(65-74)</td><td>太陽祿 右弼 官符 地劫
三 9
龍池 天福
壬午 ○□（疾厄）(75-84)</td><td>天府 天鉞 陀羅
三 8
天喜
癸未（財帛）</td><td>天機 太陰科 左輔 祿存 天虛 火星
二
天馬 鳳閣
甲申 △△（子女）</td></tr>
<tr><td>天同忌 喪門 天哭 地空
四
庚辰 ●（僕役）(55-64)</td><td colspan="2" rowspan="2">男命 卅九年五月廿八日未時 庚寅
馬英九
父：庚申 母：壬戌
87 戊寅年 大運
己卯 49歲
庚寅 壬午 己酉 辛未
土五局</td><td>紫微 貪狼 大耗 擎羊
二 6
封誥
乙酉 □□（夫妻）</td></tr>
<tr><td>文昌 咸池
五
八座
己卯 ●（事業）(45-54)</td><td>巨門 華蓋 白虎 鈴星
五
丙戌 ○（兄弟）</td></tr>
<tr><td>五 7
戊寅（田宅）(35-44)</td><td>廉貞 七殺 天魁 寡宿 天刑
六
紅鸞 台輔 天貴
＊
己丑（福德）(25-34)身</td><td>天梁
六
戊子 ○△（父母）(15-24)</td><td>天相 文曲
五
三台 天官
丁亥 △●［命宮］(5-14)</td></tr>
</table>

命旺身強「路上埋屍」反成「積富之人」

「身宮」的雙星殺破狼本就強旺，除了有坐貴向貴的天魁、天鉞貴人星外，還有生年的武曲化權及太歲的貪狼化祿來會，煞星僅有羊、陀來沖，故能制煞為用。

相較於「命宮」天相在亥見吉多，四平八穩的「府相格局」，「身宮」的「雙星殺破狼」制煞為用的格局，就顯得更加強旺有衝勁。

這種命宮穩、身宮強勁的命、身宮組合，後勁十足。作事不會先盛後衰、虎頭蛇尾，但也不會安於現狀，可能剛開始讓人看起來是很認分的在工作崗位上努力學習，時機一旦成熟就會跳出來自行創業或有所作為，尤其在中年過後，其開創的力道就會展現出來。

（一）置閏與日月合朔問題

馬英九一九五〇年七月十三日（農曆五月廿九日），生於英屬香港九龍油麻地廣華醫院，籍貫湖南省衡山縣，一九五二年隨雙親定居台灣。（註40）

一九五〇年七月十三日，農曆原為五月二十九日，但該日因有日月合朔（即月朔日）問題，在紫微斗數上須調前一日為農曆五月廿八日。

按：古代中國陰陽曆（或稱夏曆、舊曆、農曆），為確定每月第一天（初一、朔日），計算方法上將太陽的黃經和月亮的黃經一致的當天作為每月的初一。即將「朔」定義每月初一，以「朔」為每個月的開端，這時月球和太陽的黃經相等。因此日食發生時必定是「朔」。月食發生時必定是「望」，這時月球和太陽的黃經相差一八〇度。這是同時考慮太陽和月球的運動所訂定的曆法，所以將「回歸年」和「朔望月」並列為基本週期。「回歸年」是太陽接連兩次通過春分點所需的時間，即三六五．二四二二日（三六五日五小時四十八分四十六秒）。「朔望月」是月球接連兩次朔（新月）或兩次望（滿月）相隔的時間，即二九．五三〇六日（二十九日十二小時四十四分三秒）。

地球繞行太陽一週就是一年，隨著春夏秋冬四季氣候的週期性變化，先民將冬至到次年冬至整個回歸年時間平分成十二等分，每個分點稱為「中氣」，再將中氣間長均分為二，其分點叫作「節氣」。這十二中氣和十二節氣的統稱為「二十四節氣」。在農業社會時期的春耕、夏耘、秋收、冬藏等日常起居作息生活，都與二十四節氣息息相關。

中國陰陽曆法以月相變化的週期做為一個月的長度，每月平均有二九.五三天（朔望月的長度），為了處理整數的問題，定大月為卅天，小月二十九天，並將「日月合朔」的日期作為月首（農曆初一）。這是人定的，所以大、小月沒有固定在哪一個月份當中，端賴月亮繞地運轉的速率而定，如果兩次日月合朔之間有廿九天，那個月就是小月；若有卅天，那個月就是大月。

由於十二個「朔望月」只有三五四.三六七二日，跟「回歸年」的三六五.二四二二日相差超過十日，三年累積便超過一個月，把相差累積起來便成為閏月，因此每三年置閏年一次，閏年有十三個月，但仍比回歸年少幾天。便採用十九年七個閏月的安排，使曆法更接近回歸年的長度。閏月的安置是根據二十四節氣而定，把不含「中氣」的月份或只含一個「節氣」的朔望月定作閏月，並以上一月的名稱為名，稱「閏某月」。閏月的分布並無規律性。

關於「置閏」並沒有產生困擾或問題，坊間的萬年曆都有詳盡的記載。惟關於「日月合朔」問題（有關因月朔時間差，造成生日必須往前調一日），一般坊間的萬年曆大都無相關記載，但坊間一年出版一次的農民曆反而有「日月合朔」日的記載，讀者不妨留意。

所謂「日月合朔」，指的是太陽和月亮在天球上處於同一經度，天文學上稱此時日月的黃經差等於零，實際上在合朔的時候，太陽、月亮、地球三者接近一條直線，此時位居中間的月亮，未被太陽光照亮的半面，正對向地球，在地球上看不到月亮的存在。

「日月合朔」是一個具體的瞬間，這一瞬間可能出現在農曆初一零時至二十四小時之間的任何一個時刻，當「日月合朔」這一瞬間出現在農曆初一的二十三點至二十三點五十九分之間時，因紫微斗數是以「晚上十一點」就起算次日。因此整個月要往前調一天。

故馬英九的農曆出生日就有五月二十九日或五月二十八日的爭議，而需詳加驗證加以辨別，甚至還有夏令時間須要調整。香港於一九五〇年四月二日至十月二十九日期間實施了夏令時間（香港夏令時間＝香港標準時間＋1小時）。

（二）命盤之驗證

筆者對天文及曆法方面並未有深入研究，因此對日月合朔（即月朔日）須調整提前一天問題也不敢遽斷是否為確？但就身為紫微斗數愛好者及研究者的角度，倒是可以將二張不同日期（經日月合朔調整及未經調整）的命盤加以比對，用已經發生過的事實就紫微斗數的星曜賦性技巧來比較分辨何者為確。

就馬英九這張命盤而言，筆者認為經過日月合朔調整提前一日的命盤（農曆五月廿八日）較為符合實際發生事實。茲分析如下──

1. 農曆五月二十九日未時的命盤（未依日月合朔調整）──命強身弱

(1)月朗天門格之富貴

太陰在亥宮坐命，是所謂的「月朗天門」格。依《新刻合併十八飛星策天紫微斗數全集》記載：「月朗天門，進爵封侯。亥宮安命太陰坐守，更三方吉拱主大富貴無吉亦主雜職功名，丙丁生人主貴，壬癸生人主富。」「定貴局──月落亥宮，月在亥守命是也，又名月朗天門。」

「月朗天門格──謂月在亥宮夜生人合局。正遇風雲際會期，海門高處一龍飛，文章間出英雄漢，萬裡功名得古稀。」

由上述文字記載，可知太陰在亥的格局是既「富」又「貴」的格局。要符合這格局的條件，除太陰在亥外，還須「夜生人合局」，因為晚上出生的人月亮才廟旺，傳統說法更有還須出生的日期是在農曆十五日前一、二天，此時月亮正朝最亮最圓的望月邁進，過了農曆十五日就逐漸暗淡。

另外，還須「丙丁生人主貴，壬癸生人主富。」主要因為丙年生人巳宮有祿存及天機化權照入亥的太陰。丁年生人太陰化祿。壬年生人有祿存坐入亥宮。癸年生人有雙祿輔亥宮（按：那來的雙祿輔？就請讀者用點心思）及破軍化祿照入田宅宮。

以上都是傳統上根據古賦文的詮釋。讀者在閱讀時，觀念上必須要配合時代背景加以分辨。

在封建社會所謂的「富」，並不是指經商致富的意思，而是基於「有土斯有財」的前題，擁有農田土地放租給廣大的農民，而坐收田租的人家就能稱「富」。

所謂的「貴」，一般指的是有「官」銜的士大夫階級讀書人。

在封建體制的農業社會獲取功名的唯一途徑便是通過科舉考試，進而有機會在朝廷謀得一官半職，再經由官僚體制循序漸進往上攀升。因此要能「貴」的前提是要會讀書，文章要寫得好。

故太陰在亥的月朗天門格，之所以能「富」，是因太陰為「田宅主」在旺宮見祿星，自然有「富」的條件。

至於之所以能「貴」，是因亥宮的事業宮是陽梁在卯宮。如見祿星及昌曲，便形成所謂「陽梁昌祿，傳臚第一」的格局，此等格局的聰明才智及學習能力都十分出色，很利於讀書考試，較易通過科舉。一但科舉及第入朝為官，這種日月旺宮且三方為機月同梁的組合，是很適合在既定規範的環境下，按部就班發展，在講究倫理輩份而排斥個人創意及不同異見的封建官僚體制中獲取功名是指日可待。

(2)農曆五月二十九日未時命盤之解析

先以主「表」的命宮與主「裡」的太歲來分析其性格。

再以中年前後的命、身宮加以對照比較。

①外柔內剛的「表」、「裡」：

坐命太陰化科在亥旺宮並與文曲同度，三方見文昌、天鉞、陀羅與太陽祿星。

除了符合是「月朗天門」格外，也形成「陽梁昌祿」的格局，因此外在給人的印象是博學多聞、聰秀慈祥、清閒儒雅，並與人為善，待人客氣和睦，不與人爭勝。雖較消極被動，但一般之人際關係及親情關係十分良好融洽。

內在的太歲宮位在寅，武曲、天相坐權星，三方見左、右、祿存，並有火、鈴、地劫來沖，是屬紫府廉武相的大格局。尤其寅、午、戌三個宮位又分別為出生之年、月、日等三個地支宮位，相互集中交會，宮位星曜主星又都同屬「官祿主」的性質，因此雖不在命身宮的三方但其作用力道十分強勁凸顯，只要事情與事業工作有關或稍有涉及利害關係，寅、午、戌的作用便會取代命身宮表現出來。

寅、午、戌的紫府廉武相格局，主星強旺見左、右、祿存，是君臣慶會的大格局。但也有火、鈴、地劫來沖，因主星強旺見吉，格局又大，故能制煞為用。因此企圖心旺盛，意志力堅強，主動積極。不過煞星多的制煞也有缺陷，變成不夠沉穩，個性急躁沉不住氣，無法不動聲色。雖不致於衝動魯莽，但好大喜功，與人爭勝。尤其武曲見火、鈴形成「寡宿」格，是會為了達成目標，不惜犧牲人和，六親不認的類型。

◎按：李登輝的寅宮也是武曲、天相，但三方煞星僅陀羅一顆，吉星有昌、曲、左輔，因此足智多謀，城府極深，冷靜沉穩又不衝動，內在心思深沉不形於色。二者間寅、午、戌的紫府廉武相格局差異很大。

以農曆五月二十九日未時命宮（表）太陰在亥的月朗天門格，與太歲（裡）在寅的紫府廉武相格局，綜合觀之：

命造外表給人溫文儒雅，聰明和善，人際關係很好，不與人爭也不計較。但內在個性卻是好勝心十足，有無懼挑戰的勇氣，並主觀固執，自以為是，堅持己見，得失心強烈，十分計較。

事業宮卯宮是「陽梁昌祿」格，學習能力很強，讀書考試均能名列前茅。環境許可的話，應擁有高學歷。並且因卯宮天梁星與主官貴的太陽星同宮，並會六吉星中也主官貴的貴人星天鉞，及文華、文桂的昌、曲。尤其卯宮的宮干「己」武曲化祿吉化太歲寅宮，故在命理上較易有獲得長輩青睞賞識提拔的特質。如在有規模的大公司企業或公務部門任職，應能循序漸進慢慢升遷至管理階層。

但如要自行出來創業或參與競爭激烈的民主選舉，以亥宮的格局並不適合也不會有此念頭，以寅、午、戌的紫府廉武相格局，則要有很好的成果，恐也未能如預期。

②命強身弱的疑慮

農曆五月二十九日未時這張盤，讓筆者最質疑的地方是「身宮」。

「身宮」的作用通常是出現在人生的後半段，由其是在行限開始是在四十幾歲以後的大限。命宮強，身宮弱的人，在人生的過程上往往是先盛後衰，虎頭蛇尾，無法貫徹始終。

馬英九四十九歲贏得台北市市長選舉，五十三歲連任台北市長，五十九歲贏得總統選舉，六十三歲連任總統，前後經過四次競爭激烈的民主選舉，都在「身宮」開始作用的年紀，且都以過半數的得票率贏過對手。

人在中年後事業上能更上一層樓，尤其擔任的是國家領導人或大企業集團的負責人層級，如果沒有一個既強且旺的「**身宮***」，在命理上是很難自圓其說。

以李登輝為例，身宮寅宮的武曲、天相，屬紫府相朝桓的大格局，旺宮格局大且見昌、曲、左輔等吉星。太歲宮干「庚」戌，武曲化權在身宮，身宮的武曲、天相形成權星、忌星、科星、集中之處，因吉星多，煞星僅有陀羅，故能制煞為用。雖因身宮自坐先天的武曲化忌，故也被壓抑，直到壬寅限開始後，身宮的寅宮受到行限祿星的連續強烈吉化後，始勃然而興。

◎按：李登輝之壬寅限，身宮表面上自坐先天及大限的武曲化忌，但就事業事項而言，先天事業宮壬寅，與大限事業宮丙午，形成雙祿輔寅宮。癸卯限，破軍祿照寅宮。甲辰限，廉貞祿會入身宮。乙巳限，大限事業宮己酉，武曲祿坐入身宮。

農曆五月二十九日未時這張盤，「身宮」在丑，巨門、天同弱陷。丑宮自坐天同忌沖羊、陀，形成主星弱陷的忌煞交沖格局。

*紫雲眉批：身宮→四十歲以後。

弱陷的格局見忌煞，是無法制煞為用，只有雪上加霜作用。

丑宮雖「坐貴向貴」，但此時的天魁與天鉞因主星弱陷，反而變成孤剋的負面作用，又怎麼在激烈的選舉中獲得過半普羅大眾的民意支持而當選？且還是經歷四次選戰，前後期間長達近二十年。以巨門、天同弱陷在丑的身宮，是說不通的，更何況行限並未來吉化身宮，甚至在五十五～六十四歲間的庚辰大限天同化忌還再度坐入身宮。相較於命宮太陰在亥廟旺的「月朗天門」格局，巨門、天同在丑的身宮更形弱陷，二者間格局的強弱差異十分明顯。

命宮強，身宮弱，照說是先盛後衰，虎頭蛇尾，怎能在中年後爭勝天下，在競爭激烈的選戰，克服艱難獲得勝出，且經歷四次選戰，前後期間長達近二十年，戰無不勝。

故筆者不採農曆五月二十九日這張盤。

2. 農曆五月二十八日未時的命盤（依日月合朔調整提前一天）——命旺身強

(1) 天相「印」星之官祿主

命宮天相在亥，依《新刻合併十八飛星策天紫微斗數全集》有關天相的格局記載——

「命宮天相廟旺衣食足福有餘，為人敦厚和平，聰明秀麗富貴，陷地平常。」

「天相屬水，南斗司爵之星，為福善，化氣曰印，是為官祿文星，佐帝之位。若人命逢之，豐厚從實，至誠無妄，言語端實，事不虛偽，見難則惻隱之心，見人有抱不平之氣。官祿得之，則顯榮。帝合得之，則爭權。能佐日月之祥，兼化廉貞之惡。身命得之而榮耀，子息得之而續昌，十二宮中皆為祥福，不隨惡而變誌，不因殺而改移，限步逢之，富不可量。此星若臨生旺之鄉，雖不逢帝座，若得左右，則助其威權，或居閑弱之地，也作貴論，二限逢之富貴。」

《正統飛星紫微斗數》：

「天相陽水，南斗第五星，專司衣食，化氣曰印，為官祿之主宰。天相印星，在數司爵，為善福，有衣食享受之宿。」

由上述文字記載，可知天相為「印星」是屬「官祿主」之星曜。所謂的「印」指用木頭或金石等刻的圖章，作為代表官銜、身分或公司行號的憑證。皇帝的印為「璽」，官、私所用的印章稱為「印」。

天相如格局好，掌「印」，代表不論是身處民間企業或身在公門，都不會是第一線作業的基層人員，至少是居於管理階層，並獲得信任重用。在民間企業豈碼是部門經理，在公職機關也是高階主管。但又不是屬最高領導階層的負責人。

印星的官祿主，是屬於對既有資源的管理，故在民間企業裡不會是屬開疆闢土、無中生有的「業務」性質。在公職機關裡也不會是必須經歷民意選戰洗禮的公職首長或民意代表，而是在既定的公職體系中「等因奉此」的技術官僚，循序漸進、逐步升遷。

(2)農曆五月廿八日未時命盤之解析

先以主「表」的命宮與主「裡」的太歲來分析其性格。

再以中年前後的命、身宮加以對照比較。

①外和內孤的「表」、「裡」

主「表」的命宮，天相在亥與文曲同宮，三方有天府、會文昌、天鉞、陀羅，吉星多、煞星少，有文采，想法細膩，屬四平八穩的「府相格局」。

見吉多的天相，性喜調和與人為善，在職場上的人際關係十分融洽和善。適合於有規模的大公司企業或政府部門擔任管理階層的職務，對分內的職務盡心盡力、勝任愉快，甚至也會有些新的改變小措施，但因煞星不多，不可能會有大破大立的衝勁，與全盤改革的魄力，是個依法照章辦事的能吏或企業經理人才。衡諸命造在中年之前的經歷（總統府秘書、行政院研考會主委、陸委會特任副主委、法務部長、政務委員……）也與此朌合。

主「裡」的太歲宮位在寅。空宮，三方見左、右、祿存及日月旺宮的科星與祿星，並有火、鈴、地劫來沖。寅宮沒有主星，空宮弱陷，由申宮紫府夾輔的「探花格」照入為用。

申宮的太陰旺宮坐吉曜，但卻有太歲宮干戊寅的天機化忌與太陰化權。這太歲忌造成「探花格」被破壞成羊陀夾忌煞的委屈，不過申宮的太陰廟旺化科、權見吉曜，所以忌煞的委屈讓他產生強烈急迫的危機意識，急於想要尋求方法突破困境，也未必不好。

太歲空宮對吉象的感受力弱，對凶象的抵抗力也差。因此在內心的想法上對一般人際與親情還是會產生疏離感與孤僻現象。甚至在思考想法上也曲高和寡與一般人格格不入，朝正面作用時是創新走在前端以尋求方法突破困境，且不媚俗的堅持理念。負面發展時便是不通人情一意孤行，仍無法突破。還好寅宮外在三方之煞星宮位的主星均廟旺制煞且有祿星及左、右吉化，因此不全然是負面，甚至吉象還更大些。即使當呈現負面作用時的傷害也不至於會構成致命傷，一般而言是反映在人際上的困擾與誤解，或想法上的急切但曲高和寡、不夠務實，較不為一般人所接受或認知。

另因為太歲寅宮，空宮弱陷，申宮的機月同梁也非所謂的「官祿主」星曜，因此不會起主導作用。惟命造除了出生「年」支的太歲宮位外，另三個「月、日、時」的地支特質宮位之星曜分別為太陽、紫微、天府，則都是屬「官祿主」星曜。故有關事業方面或重大利害關係事項的主導宮位，便不會出現在太歲寅宮。反而是由午宮、未宮、酉宮的太陽、天府、紫微所主導（詳第四節）。

以主「表」的命宮與主「裡」的太歲，綜合觀之：

命造外表（命宮）給人多才多藝聰明靈敏，心思細巧，抓的住潮流脈動（見昌、曲），又穩重儒雅（府相見魁鉞），敦厚不燥進，不與人爭勝也不計較，主動積極性稍嫌不足（煞星不多）。做事仔細求完美（見桃花星），對人和善客氣（見天鉞與桃花星）。在職場上的人際關係很好。但內在想法（太歲）卻有強烈的危機意識與不安全感，看到問題與危機，因此急切、憂慮（沖火、鈴與機忌），急於想迅速撥亂反正，尋求方法突破困境（煞星宮位的主星廟旺制煞並見祿），也嘗試創新改變（太陽旺宮化祿見地劫），與命宮的穩健溫吞是大異其趣迴然不同。也因為想法急切、快速、創新善變，一般人跟不上其步調也理解不到，因此內心常有孤寂不安之感。

②命旺身強「路上埋屍」反成「積富之人」*：

農曆五月二十八日這張盤的身宮，廉貞、七殺在丑宮。

依《新刻合併十八飛星策天紫微斗數全集》

＊紫雲眉批：丑宮，「己」干武貪→積富之人。

＊紫雲眉批：路上埋屍→要見忌星或火鈴。

「七殺廉貞同位，路上埋屍＊。」

「廉貞七殺，反為積富之人。廉貞屬火七殺屬金，是火能制金為權。」

《正統飛星紫微斗數》：

「七殺、廉貞同位，路旁埋屍。吉多有富貴，但若無吉，有煞多來沖，火金不能相制，反主外出而遭凶災，死於道旁之命……仍需命逢煞多來沖，方論。」「廉貞、四煞，遭刑戮。」「七殺、廉貞居廟旺，反為積富之人。二星同度，加吉可富，煞多不利……皆就火金相制之理。」「七殺居身定歷艱辛。若人命桓廟旺，而身宮七殺守照，雖是旺地，仍主不依祖業，歷盡艱難辛苦，方始有成就。」

由上述文字記載，可知七殺、廉貞同宮，其格局的好壞落差很大，可能是「路上埋屍」也可能是「積富之人」，端視廉貞「火」與七殺「金」究為「火金相剋」？或「火金相制」？即傳統的說法是用抽象之五行（木、火、土、金、水）生、剋、制、化的原理加以區別解釋。

但如純粹參酌賦文所云：「何以謂之『剋』即金剋木，木剋土之類，但必陽剋陽，或陰剋陰方是，主凶。何以謂之『制』即是金制木，火制金之類，但必陽來剋陰，或陰來剋陽方可，如父之教子，嚴而有情，主先否後泰，亦吉。」

廉貞（屬陰火）、七殺（屬陽金），因為是「陰」來剋「陽」的有情剋，故是火制金，而非剋；則七殺、廉貞就只有「火金相制」，而無「火金相剋」了；顯然並非如此，因此判斷的標準應進一步的個別視其吉星及煞曜的分布而有不同。

抽象的大原則是，煞多無制來沖就形成「火金相剋」，廟旺加吉，制煞為用便是「火金相制」。但即令是格局好形成「相制」，也是不依祖業，歷盡艱難辛苦，方始有成就。

廉貞「陰火，化氣曰囚」，七殺「乃火化之金」，星曜的五行屬性彼此「相剋」，因此會產生衝突、砥礪、挑剔、矛盾、不滿等現象；屬「陰」的廉貞星會將事情悶在心中不明講，心思卻會鑽在某個點上反覆思索，所以曰「囚」。

當行限走到此種格局，或引動此格局，便會有不滿與疑惑，而對現狀重新思考。如格局好呈現正面作用時，困而後知，能想「通」走出內在的「囚」，而做出重大決定；再配合七殺「將星」的行動力，義無反顧，勇往直前；外界不明其內在的轉折，會讓人有突然重大改變之感。

如格局凶呈現負面作用時，會鑽牛角尖，走不出內在的「囚」，所做的決定就比較極端、偏激；加上七殺「將星」勇於嘗試挑戰新事物的横衝直撞，所以也會讓人有突然措手不及的禍害之感。實則，七殺、廉貞同宮的格局在命盤上的組合是兼具「雙星殺破狼」與「府相朝桓」的大格局。此等格局見煞都較有衝勁，開創力強，不會墨守成規，也不甘於守成，會想要闖出一番事業，且要做，規模就要大，小規模的改變或小格局是看不上眼的。因此一旦失敗，其結果也很悽慘，所造成的殺傷力與破壞力是會損及根本的，而非無關痛癢。

所謂的「路上埋屍」只是對此凶格的「形容詞」，用以描述這事項的凶險而已，不代表一定就是「外出意外」，只是它呈現負面作用時，讓人有措手不及的「意外」感。至於凶險是出現在哪？要進一步分析，看其是「應」在那一事項，問題就出現在那個事項。

當然，如格局好見煞，因規模大，其成果也自然大，才會是「積富之人」。

此格局的「積富之人」，不是依賴上一代繼承而來的財富，這格局一輩子的財富是靠自己在事業上努力打拼，慢慢逐漸累積而來。但也不能食古不化的照字面解釋成小富由儉，經由慢慢累積儲蓄錢財而致富。雖然筆者本身是很贊成並支持一般人要致富，必須經由勤儉，慢慢累積錢財。但七殺、廉貞格局的「積富之人」卻是因為格局大又制煞為用，敢衝、敢闖、敢冒險、敢規模大，衝刺事業的過程雖十分漫長辛苦艱難，但一步一腳印築夢踏實，最後的成果自然豐碩。

因此，七殺、廉貞的「路上埋屍」或「積富之人」格局，前提必須是有見煞星，至於煞星多？煞星少？能否有制？則是要進一步分析判斷的。但如不見煞，則見吉星愈多就愈保守謹慎，就愈不敢衝、不敢闖、不敢冒險，就會安於現狀守成，自不會歷盡艱難辛苦，當然這就不在本段「路上埋屍」或「積富之人」討論之列。

再者，既然此格局的前提必須是有見煞星，則不論是否能制煞為用，其過程都是屬於「不依祖業，歷盡艱難辛苦」。試想，不安於現況，想要有所改變、突破，摒棄既有（祖業）的狀態，開創新局，打出一番天下，不論古今中外，其過程當然都是歷經千辛萬苦。且成王敗寇，一但失敗，下場都不忍卒睹，在古代如經商是貧無立椎之地，如從政則是要殺頭的。即便在現今，要參與民主選舉而獲得公職，不論成敗，其選舉過程都是萬般辛苦，不會輕鬆。

以現今的角度去解讀七殺、廉貞在丑宮的格局，不必拘泥於古賦文所謂的「路上埋屍」或「積富之人」。丑宮七殺、廉貞同宮，沖羊、陀的格局，就是「雙星殺破狼」見煞星。

丑宮的雙星殺破狼本就強旺，除了有坐貴向貴的天魁、天鉞貴人星外，還有生年的武曲化權及太歲的貪狼化祿來會，煞星僅有羊、陀來沖，故能制煞為用。

此時的天魁、天鉞因主星格局旺，便能發揮正面有利人和的貴人作用，不像農曆五月廿九日那張盤，巨門、天同弱陷在丑，自坐天同忌沖羊、陀及太歲的天機化忌，因主星弱陷又忌煞交沖，天魁與天鉞不旦無法發揮貴人作用，反而變成「小人」的負面干擾作用。

以丑宮的雙星殺破狼制煞為用格局而言，十分有衝勁，會想要開創，不會墨守成規，不甘於守成，不會安於現狀。權星、羊、陀來會，有大破大立，捨我其誰的衝勁，與全盤改革的魄力，想要革新闖出一番新氣象、新局面。

主星強旺又有適當煞星的制煞為用格局，不會因忌煞過多，衝過頭不知節制，導致慘烈失敗。如限運再有祿星來吉化就會有成果。當然過程的艱難辛苦自不待言。

相較於天相在亥的命宮，與文曲同度，會文昌、天鉞、陀羅，四平八穩的「府相格局」，身宮丑宮的「雙星殺破狼」制煞為用的格局，就顯得更加強旺有衝勁。

這種命宮穩、身宮強勁的命、身宮組合，後勁十足；做事不會先盛後衰、虎頭蛇尾，但也不會安於現狀，可能剛開始讓人看起來是很認分地在工作崗位上努力學習，時機一旦成熟就會跳出來自行創業或有所作為，尤其在中年過後，其開創的力道就會展現出來。

衡諸命造在中年過後的經歷，四十九歲、五十三歲贏得二次首都市長選舉，五十九歲、六十三歲贏得二次總統選舉，前後經過四次競爭激烈的民主選舉，都在「身宮」開始作用的中年以後，也都與身宮「雙星殺破狼」制煞為用的開創力道相脗合。

因此，筆者採用農曆五月二十八日這張盤。

本章節以下的推論就以農曆五月二十八日未時為前提加以論述。

以已經發生過的事實，就紫微斗數的技巧，技術上加以分析。強調的是推論的過程，目的在經由嚴謹推論以增進讀者對紫微斗數邏輯推演的實力，而不是在玩鐵口直斷的猜謎遊戲。

（三）太歲空宮沖火鈴及太歲忌的疑慮

其實，農曆五月廿八日這張盤也有讓人質疑與困惑不解之處。最令人質疑的是，生年太歲寅宮，空宮，沖火、鈴、地劫與太歲宮干的天機化忌，形成忌煞交沖的凶象。這對學習紫微斗數已有相當程度並深知太歲宮位重要性的讀者而言，相信是相當困惑不解，並會不以為然的質疑農曆五月廿八日的正確性。

筆者還是一貫秉著「吉歸吉論、凶歸凶論」的原則，加以說明：

宮位空宮或星曜弱陷，就該宮位而言，對吉星的感受力道就像天空的彩虹，花也虛發，並不實際。反而煞星對空宮的破壞力及殺傷力就很強烈了。

寅宮的太歲空宮，本宮不見煞星。三方沖火星、鈴星、地劫等煞星，也見左、右、祿存及科星、祿星等吉曜，屬吉、凶交雜並見。如為紫府廉武相或殺破狼的強旺格局，應可制煞為用。但寅宮空宮本就弱陷，對吉星的感受力道不強，此寅宮的格局是無法制煞為用。因此火星、鈴星、地劫等煞星就會造成干擾的負面作用，這是無庸懷疑的。

寅宮為命造的田宅宮，空宮以對宮紫府夾輔的「探花格」照入為用。「探花格」屬機月同梁格局，而「機月同梁格局，忌煞也善三分」。表面上命造的機月同梁格局並不好，但仔細分析卻也不甚凶，太歲寅宮本身並無煞星，寅、申二宮之三方也未形成「機梁擎羊會」的凶格，太歲空宮沖火鈴及太歲機忌，看似凶？但忌星及火鈴所在的三方宮位（午、申、戌）本身並不凶（主星廟旺並坐祿星及左輔、右弼等吉星，會降低對寅宮的負面作用）。

因此雖有火星、鈴星、地劫等煞星干擾的負面作用，對命造而言，尚不會形成重大無法補救的傷害。但仍會有因工作煩忙無法兼顧家庭，或不常在家或在家待不住，或至外地發展，即日後發展工作的地方不是出生地……等因忌煞干擾所造成的瑕疵作用。

除此之外，在屬「機月同梁」方面的事項（例如：親情、人際等事項），就顯得有些無心於此了，對親友或周遭親近的人並不熱絡，不會熱情以待，更不會因為是身邊的人而特別加以照顧或禮遇善待，甚至有些不近人情，或雖自認很用心盡力了，結果卻是閩南語說的「做到流汗，嫌到流涎」等瑕疵。但究竟並未形成不利六親之「機梁擎羊會」凶格，所以在六親方面尚不致有達到刑剋的程度。因此命造之六親以傳統命理角度思考，除了無子（兒子）外，沒有太大瑕疵。父母成就不差，都享遐齡，親子關係和睦，與手足關係雖似疏遠也未聞交惡，夫妻關係也算和諧，二個女兒之讀書、求學及工作發展也未讓命造擔憂。

「機月同梁」格局也主思考，所以在想法上因忌煞的干擾，難免會有盲點，造成在重要事項上的想法與一般人的認知觀點有差距，而較不為一般大眾認同或理解，命造卻仍不媚俗地堅持己見。

另這張盤寅宮的太歲，除了以上所述之負面作用外，平常是較隱而不顯的，甚至在重大事件上並不似其他盤一般居於主導地位，原因如下：

1. 寅宮的太歲，並不在命、身宮三方宮位。
2. 命、身宮均有主星，且居強旺宮位，三方又會有「日」、「時」地支特質宮位，因此命、身宮之作用力道十分凸顯。

3. 寅宮空宮弱陷，不具主導力道。
4. 對宮照入為用的主星星曜，並非官祿主等強勢的星曜格局。
5. 其他的「月」、「日」、「時」三個地支宮位的主星星曜，均屬「官祿主」並居強旺宮位，其內在能量及主導力道之強度已完全取代寅宮的太歲宮位。

因此寅宮雖為太歲宮位，但寅宮本身在這張盤上並不具有強烈的主導作用，甚至隱而不顯，外人感受不到它的存在。

對寅宮而言，雖如此解讀，但筆者並非說這張盤的太歲宮位沒作用，這點是要特別釐清的。太歲宮位仍然是具有相當的重要性，但它的重要性與影響則不見得一定是要出現在太歲本宮。

這也是對斗數已有相當程度並深知太歲宮位重要性的讀者常感到困惑之處，或常犯的誤解。因為知道太歲宮位重要，是命盤內在能量的重要來源，所以一發現太歲宮位空宮弱陷，就先把這張盤的內在能量打個折扣，認空宮就是委曲，家中無大人，遇到重大事情六神無主，旁人說東就往東，旁人說西就往西，較無主見，不足以擔任大公司的負責人或領導人，當命造的人生事實並非如此時，困惑就產生，甚至懷疑時辰是否正確。為何明明太歲宮位弱陷，卻創業有成，位居大公司的負責人？或明明太歲宮位很強旺，卻僅是販夫走卒？

實則，看盤要就整張命盤的結構綜合判斷，並非死守訣竅，知道「太歲宮位」重要，就只在「太歲宮位」上打轉。筆者也認同太歲宮位具有相當的重要性，但它對命盤所產生的影響則不限定是出現在太歲本宮。

以農曆五月廿八日這張盤為例，寅宮的太歲空宮弱陷，其負面作用已如上所述。但「吉歸吉論、凶歸凶論」這張盤的太歲宮位同樣具有強烈的正面作用，太歲宮位宮干戊寅，貪狼化祿的祿星出現在巳、酉、丑的「雙星殺破狼」強勢格局上，吉化雙星殺破狼格局。尤其丑宮是身宮，酉宮也是地支特質宮位，其作用力道之強及影響力之大更不待言。

雙星殺破狼格局的開創成果極需要祿星的吉化，有沒有祿星的吉化對雙星殺破狼格局的影響十分重要，可說有天差地別的極端差異。當然前提是被祿星吉化的雙星殺破狼格局也必須廟旺並見吉星，才能煞星有制。而農曆五月廿八日這張盤之雙星殺破狼格局正好符合這個前提；更甚者還是身宮及地支特質宮位，作用影響力更大。

太歲宮位對命盤所產生的影響，並不僅僅只侷限在太歲本宮上，必須綜合整張盤的結構，有時陰錯陽差恰巧引動命盤上的強勢格局，都有可能產生原本意料不到的吉凶結果。

因此，寅宮本身在這張盤上雖不具有強烈的主導作用，甚至隱而不顯。但寅宮太歲宮干的祿星卻巧妙吉化巳、酉、丑的「雙星殺破狼」強勢格局，而巳、酉、丑的強勢格局又在身宮三方，故當行限化星來引動身宮三方時，整個作用力道就凸顯出來。

命造從戊子限開始，歷經己丑限、戊寅限、己卯限、庚辰限，連續五個限運長達五十年期間，限運的祿星或權星都來引動身宮三方巳、酉、丑的強勢格局。因此在仕途上一路順遂，終登大位。但生年太歲寅宮忌煞交沖造成命造在重要事項上的想法會有盲點，與一般人的認知觀點有差距，不為一般大眾認同或理解的瑕疵干擾作用也始終存在。

（四）命、身宮格局及三方地支宮位特質——火貪橫發

一九九八年四十九歲贏得台北市市長選舉，二〇〇二年五十三歲連任台北市長，都在己卯限；二〇〇八年五十九歲贏得總統選舉，二〇一二年六十三歲連任總統，都在庚辰限。

現在問題來了，己卯限空宮，庚辰限同忌坐地空。這二個限運怎麼看都是很弱的限運，怎麼可能會想投入選戰？並在競爭激烈的選戰中脫穎而出？不但當選首都市長，甚至登上總統大位？

如單就卯、辰二宮這二個限運來看，的確弱陷無庸置疑，那為何會有此企圖心參加激烈的選戰並贏得勝利？在臨盤判斷時是要整張盤綜合看，不能只單看一、二個宮位，否則很容易看走眼，這也是斗數之所以易學難精之處。

那這張命盤上究是那個特質讓他不甘於當個安穩的上班族，投入競爭激烈的選戰，最後並能有「暴發或橫發」的成果？我們就先以傳統命、身宮格局來分析——

1.命宮天相在亥：

與文曲同宮會文昌、天鉞，煞星只有陀羅來會。命宮廟旺見吉多，但府相格即使「官貴」，也因煞星不多，缺少衝勁，頂多是照章辦事的太平官。不會是敢勇於挑戰未知結果的選戰格局。

2.身宮廉殺在丑

雙星殺破狼見魁、鉞、羊、陀及權星。剛星制煞就較有符合會積極開創參與選戰的格局，尤其身宮表徵人生的後半段，在中年後的作用會特別突顯。己卯限、庚辰限正好邁入中年，因此以身宮格局來看是較符合事實的。

儘管如此，單單以身宮廉殺在丑雙星殺破狼見魁、鉞、羊、陀，格局似乎還不夠大，能量似乎也還沒那麼強，故我們進一步來看丑宮三方（未、巳、酉）的格局。

3.身宮三方之地支特質宮位

(1)未宮

天府南斗主，坐貴向貴，左、右夾輔，昌、曲來會。

不但六吉全會，煞星僅有陀羅，又是先天財帛宮，更是出生「時」的地支宮位，這個「府相」格局的能量就夠大夠強了。未宮除照入身宮外也會入命宮，也足以解釋為何命造從政以來平步青雲，甚少碰到阻礙，幾次辭官都是主動去職而非被動不得不辭。

但未宮的府相格雖吉象畢至，可是煞星過少，因此它的積極性開創性就不夠，與命宮同樣缺少衝勁，不會是企圖心很強，想要扭轉並掌控局面的主導格局。

(2)巳宮

武破雙星殺破狼坐權星雖主開創，可是有空劫來夾，把它隔絕起來，原本強旺的格局被打了折扣。加上巳宮並非命造出生之「年」、「月」、「日」、「時」的地支宮位，因此不會形成是命造性格特質的強烈主導宮位。雖說如此，但巳宮是命造的先天遷移宮，也具有一定的影響力。

遷移宮有「你這一輩子的縮影」的說法，讀者在理解這句話時不可斷章取義的就認為它就足以代表一輩子的現象，果真如此，斗數有何難哉？它其實只是以宏觀角度來詮釋命理現象，大方向看人生類型及過程走向的梗概。是否平穩？或有起伏變化？

巳宮被空劫夾制，讓原本的開創性質被壓抑。除此之外，空劫夾，有中斷、阻隔、轉折的作用，也有種意外、出人意表的作用。因此命造在人生的過程中，已隱藏有種突然中斷或出人意表的現象。至於中斷、轉折後能否突破壓抑或出人意表作用的結果是朝正面或負面發展？則要視格局結構及整張命盤的能量，再加上限運的引動來綜合判斷。

(3)酉宮

紫貪雙星殺破狼坐擎羊並火鈴夾，會文昌、天魁。

乍看之下有「昌貪格」並與擎羊同宮又不見左右，還有火鈴夾制，煞星作用很強，似乎這個紫微帝座有些「孤」。但仔細分析，這格局好就是好在有擎羊同宮，更妙在有火鈴夾，形成火鈴夾煞。「火羊」的組合如甲級星曜強旺，便能「火煉金」將擎羊制煞為用而成「威震邊疆」的格局，積極性與爆發力都十分足夠也較丑宮強悍。何況酉宮甲級星曜的主星是雙星殺破狼的紫貪，不但能制煞為用。貪狼與火鈴的組合更是形成所謂「橫發」的「火貪」、「鈴貪」格。

「火貪」的「橫發」並非指買彩券中樂透式的暴發，而是能把握機會捷足先登，當發現機會點來臨時能毫不猶豫快速做下決定，搶先在潮流之前獨領風騷。雖然多少帶有點博奕的成分，但它就是敢衝敢拚，且不是暴虎馮河的魯莽，而是有規劃有謀略的應變。

貪狼加上擎羊行動力才會強，積極度才會夠。見文昌而有「昌貪格」，當它要改變，它會有很多花樣招數，只要能達到目的，此路不通時，它會迂迴地想其他方式且「什麼死人骨頭的辦法」它都敢用。再加上火鈴夾的「火貪」、「鈴貪」格，臨機應變反應快速，爆發力十足。

當然關鍵的一點是貪狼要化祿，才會有「橫發」正面的作用。正巧的是命造生年太歲坐入寅宮，而寅宮的太歲宮干又恰巧的是「戊」干貪狼化祿，引爆「火貪、鈴貪」、「橫發」的正面作用，也因此命造的酉宮可說是整張命盤當中最妙不可言的宮位。尤其酉宮在身宮三方，又是「出生日」的「日支」地支宮位，基本上已經是命造性格特質的一部份了。

故表面上酉宮是先天夫妻宮（也會有作用。例如：命造公開表示「尊重」老婆及娶了一位賢內助的妻子，都是眾所周知的事實。第一夫人周美青在民間聲望及評價更是有口皆碑），但實際上酉宮已是命盤上重大事項的主導格局，只要與「政治」企圖心有關或開創性事項，或想要扭轉並掌控局面達成某項目標的都會是出現在酉宮來主導。

因此「身宮」雙星殺破狼的強勢開創格局，其實是由酉宮的紫貪所主導。所以，己卯限、庚辰限，看似很弱的限運，卻因己卯限武貪梁，庚辰限陽武陰，祿星、權星引動巳、酉、丑雙星殺破狼強勢的格局，毅然決定參與選戰爭勝天下，而整個主導作用就出現在酉宮。

惟酉宮紫微帝座煞多不見左右，仍是有其「孤」的作用。在做決策時的決策圈較小，常為求快速，不會「諮諏善道，察納雅言」，也聽不進其他建言。加上太歲寅宮也帶「孤」的性質，當呈負面作用時，所做決策除當事人自我感覺良好外，與外界的認知與感受會有很大的落差。

當然大限弱陷也會有它委屈的負面作用，命造的總統任期內不論做什麼？怎麼做？不管是好是壞？都可隨便被阿貓、阿狗罵臭頭，反正千錯萬錯都是「馬」的錯。這除因大限弱陷外也與命造太歲空宮沖火、鈴、機忌及紫貪煞多不見左右有關，在想法及決策上難免會有盲點，與一般民眾的認知觀點有極大的差距，不易為一般大眾認同或理解，也較不會去考慮到人情世故的觀點，故不遷就人情，常招不近人情之批。

（五）中年轉折 仕途中斷——「身宮」的「調整」

命造一九九一年卅二歲回國在公務部門服務後，仕途順利一路平步青雲。舉其要者先後擔任蔣經國總統英文傳譯與秘書、總統府第一局副局長、行政院研考會主委、陸委會特任副主委兼發言人、法務部長、政務委員。從一九九一年至一九九七年的十六年之間，即已位居部會首長。一九九七年主動辭去行政院政務委員職務。

1. 好的緣起

一九八一年是命造擔任公職的緣起年份，農曆辛酉年，時值卅二歲，在己丑大限。流年太歲宮干丁酉。

酉宮紫貪坐太歲的貪狼化祿，己丑大限的祿、權也會入，加上辛酉流年的巨門化祿及流年太歲宮干丁酉的太陰化祿，形成雙祿輔祿的祿星共振，又有火鈴夾的〈火貪〉，本就吉象畢至。主長輩貴人的天梁「蔭星」戊子的貪狼祿再來錦上添花。

如此好的緣起年份，酉宮又是「日支」的地支特質宮位，無怪乎除了本身能力強有好的表現外，又能獲長輩賞識提拔一路升遷至部會首長。所謂「好的開始是成功的一半」，這就是明顯的例子。

*紫雲眉批：身宮→中年四十歲以後。

2.「身宮」*的「調整」

一九九七年四十八歲，農曆丁丑年，在己卯大限。

四十八歲在己卯大限是先天事業宮，已走到「身宮」對運程的興衰起伏，產生重大影響及調整作用的限運。「身宮」一般在「中年後」，即年過四十歲後開始的第一個限運，會對命理運程產生一種「調整作用」的功能。

「身宮」是廉殺在丑，雙星殺破狼見魁、鉞及權星，沖羊、陀。巳、酉、丑屬剛星制煞的格局，有大破大立的改革魄力及捨我其誰的衝勁，不會滿足於現狀，更不甘於人下雌伏的上班族。當碰到瓶頸時，便會想要突破開創，由自己來主導闖出新局面。這與「命宮」亥、未之四平八穩的〈府相格局〉迥然不同，大相逕庭。

原本「中年前」安穩位居上班族管理階層頂端的部會首長生涯，在「中年後」遭遇挫折瓶頸，經由「身宮」雙星殺破狼制煞的調整作用之刺激，而靜極思動，衝破舊有窠臼框架，開創新局。

3.限運引動「身宮」

己卯大限，空宮弱陷的限運。文曲忌星落到「命宮」亥，也沖入未宮。讓「中年前」平穩的「府相格」產生干擾、思索、疑惑。武曲祿星及貪狼權星吉化「身宮」巳、酉、丑雙星殺破狼格局。

武曲祿星所在的位置是先天遷移巳宮，原本因空劫夾制，使開創性質被壓抑，並隱含突然中斷、轉折的現象。而已卯大限是年過四十歲後開始的第一個限運，即「中年後」「身宮」調整作用轉強的限運。此時大限祿星及權星同時來引動「身宮」巳、酉、丑雙星殺破狼格局，加上大限事業宮癸未的破軍化祿，巳宮形成武破雙化祿。這雙祿的作用不但讓被壓抑的開創性，能衝破阻隔，也使遷移巳宮因空劫夾制的中斷、轉折朝正面發展，結果出人意表的好。

大限貪狼權星及大限事業宮癸未的貪狼化忌，引動主導「身宮」雙星殺破狼開創格局之酉宮紫貪「火貪、鈴貪」的「橫發」形成權、忌交沖及祿、忌沖。

酉宮本有火鈴雙煞夾制，所以貪狼一化忌時便形成火鈴夾忌的「敗格」，會有破壞力道，讓原本平順安穩的行政首長之上班族生涯，產生「中斷」或「轉折」。因為酉宮格局本有太歲貪狼祿為基礎，大限的忌星沖擊雖有「中斷」或「轉折」現象，但只是讓它重新思考方向，何況大限的權星及祿星也來吉化。

強勢的格局有所謂「不沖不動」的現象，酉宮之紫貪經此沖動，其強勢主導的作用便會展現。故在重新思考，調整方向後所展現的開創力道是朝正面發展。這與先天遷移宮被空劫夾制，因限運祿星強烈吉化而中斷、轉折後有出人意表的成果，二者間前後呼應，有異曲同工之妙。

一九九三年二月廿七日連戰出任行政院院長，馬英九受邀出任法務部部長，直到一九九六年六月九日為止，而後轉任行政院政務委員。

一九九六年，誓言大力查賄。半年內，在全台八八三位縣市議員中起訴了三四一位，裡面的國民黨議員跑去告狀，說馬英九「動搖黨本」。在國民黨內壓力下，六月十日，被調任為政務委員。（註41）

馬英九查賄肅貪差點鏟掉國民黨基業，最後因此被撤換，李登輝私下斥馬用批評黨來建立個人聲望，「國民黨差點被他搞垮」。（註42）

一九九六年自法務部長轉任行政院政務委員。

一九九七年連戰內閣飽受白曉燕命案等政治風雨，行政院政務委員馬英九於五月八日提出「辭官退隱」聲明，辭去政務委員，不參選一九九八年台北市市長選舉。

一九九七年是民國八十六年，農曆丁丑流年，流年太歲宮干癸丑。

丑宮正好是「身宮」所在宮位，也是開始任公職的緣起已丑大限。流年羊、陀並先天羊、陀沖入丑宮。雙星殺破狼見羊、陀，都較果斷有行動力，受到挫折、委屈時也較不會採取委曲求全的隱忍方式，而是斷臂獨行，千萬人吾往矣，有何懼哉。

流年太歲宮干癸丑的貪狼化忌，又正好坐入一九八一年擔任公職的緣起年份酉宮。酉宮已有己卯大限事業宮癸未貪狼化忌所形成的火鈴夾忌「敗格」，流年貪狼忌再來引爆，便產生「中斷」的破壞作用。

任公職緣起的大限及流年都受到忌煞沖擊，加上流年羊、陀與大限己卯的文曲忌交沖在命宮，使亥、未原本安穩任管理階層的「府相格」受到壓制。同時「身宮」巳、酉、丑雙星殺破狼格局受到引動。因此在這一年毅然斷臂獨行「辭官退隱」。

（六）千呼萬喚　投入選戰

命造一九九七年從行政院政務委員「辭官退隱」後，多次公開宣稱，「已經說過兩百次不選台北市長！」但最後還是參選。

一九九八年的十二月廿五日，以五一・一三％的得票率當選台北市長。

二〇〇二年，再以六四・一一％得票率連任台北市長。

1.初試啼聲 入主首都

一九九八年四十九歲贏得台北市市長選舉。

一九九八年（民國八十七年），農曆戊寅年，四十九歲在己卯限，流年走入生年太歲寅宮，流年太歲宮干甲寅。

流年寅宮，空宮沖火星、鈴星、地劫等煞星及會左、右、祿存，加上流年的擎羊、天機忌與太陽忌也都沖入，形成忌煞交沖。這種弱陷流年怎會想要強出頭出來競選首都市長，但寅宮偏偏又是流年宮位，因此面對媒體的詢問屢次公開表示不會參選台北市長。

弱陷的宮位對重大事項的決定不會產生主導作用，寅宮雖也是太歲宮位，可是對命造是否投入選戰接受民意洗禮挑戰民選首長之重大決定，並不會起主導作用。因此雖屢次公開表示不會參選台北市長，但這是命造在做重大決定前的一般反應與想法。真正主導命造對開創性重大事項做出決定的宮位是身宮所在的巳、酉、丑雙星殺破狼格局，尤其是命造地支特質宮位「日支」所在的酉宮。酉宮紫貪的「火貪、鈴貪」格，雖表面上看似突然冒出的「橫發」，但卻是有規劃有謀略的觀察時勢走向與變化，當發現趨勢變化之機，能把握機會快速做下決定，捷足先登當「領頭羊」引領民意走向，並且爆發力十足。

流年寅宮雖弱陷，但流年戊干及流年太歲宮干甲干的祿星，貪狼、廉貞雙祿引動酉宮、丑宮雙星殺破狼強勢格局。丑宮身宮主「後半段」，主「晚」，其作用力常在事情的後半段才會凸顯展現；酉宮紫貪「官祿主」的地支特質宮位，更是要待事情面臨利害關頭時才會反應作用，一旦作用出來力道就很強勁，且因為有祿星吉化，所以成果也很豐碩。

因此，在支持的民眾千呼萬喚下，最後時刻復出參加國民黨內初選並勝出，成為該屆台北市市長國民黨籍候選人。一九九八年十二月廿五日以五一．一三%的得票率，贏過當時政績及聲望都不錯的陳水扁（得票率四五．九一%）當選台北市市長。

2. 日麗中天　競選連任

二〇〇二年（民國九十一年）五十三歲連任台北市長。

二〇〇二年（民國九十一年）農曆壬午年，五十三歲在己卯限，流年太歲宮干丙午。

流年午宮，太陽旺宮化祿與右弼、地劫同宮，沖鈴星與流年擎羊、陀羅。

「太陽陽火，主權貴。」「太陽居午，日麗中天，有專權之貴，敵國之富。午宮庙地，光芒萬丈，其吉可知，忌逢空亡，喜晝生人。」

所謂「權」，除了指「權柄、權威」外，就現代意義而言，指的是企圖心或進取心。在各行各業或各種領域中，有所成就的人都具有強烈的企圖心或進取心，亦即具有一個堅定的想要求取什麼或學習什麼的決心，且不見得狹隘的侷限在追求名利權勢。

所謂「貴」，傳統上是指追求仕途入朝為官之「官貴」。就現代意義則指的是地位、名望。

太陽星是「官祿主」的星曜，因此太陽星的「主權貴」是指在事業方面很有企圖心或進取心。在工作方面有企圖心或進取心的人，一般而言在事業發展方面都會有所成而有一定程度的社會地位與名望。當一個人在事業發展不錯，自然都有其權柄。如為企業主，在其企業體系中當然掌握決定之權柄及其權威。如為上班族，擔任管理階層的主管在相關業務領域也有一定程度之決定權與專業權威。

午宮，是命造出生之「年」、「月」、「日」、「時」地支宮位的「月」支宮位，因此是命造性格特質的一部分。但因午宮不在命、身宮三方，這部分的性格特質平常較不突顯。

至於所謂「忌逢空亡」指太陽星忌諱遇空、劫，怕會沖淡原本太陽強烈的企圖心或進取心，讓太陽變弱。實則命造的午宮雖與地劫同宮，卻未必因此而弱陷，頂多僅是加強其不在命、身宮三方較隱而不顯的作用。因為太陽在午旺宮，命造是未時出生，屬「晝生人」，又與右弼同宮，空劫的波動因而轉化成具有彈性又靈活。一旦限運來引動，午宮展現出來的仍是正面作用。

己卯限，大限事業癸未，「已」干跟「癸」干的科星，天梁與太陽化科交會在子、午二宮。午宮本有先天「庚」干的太陽化祿及太歲「戊」干的右弼化科，已有三顆科星集中，坐先天祿會大限權。壬午流年，走入午宮之地支特質宮位，天梁化祿在流年遷移子宮，吉化並引動午宮特質。因此在這一年競選連任的過程與結果，命造的民調聲望及當選得票率均始終大幅贏過對手。

「巨日主競爭」，午、戌的巨日有科星集中、雙祿交馳，大限事業宮的巨門化權也會入，本就有利於競爭。但真正強旺的主導作用還是出現在酉宮雙星殺破狼格局。

酉宮紫貪本就有太歲貪狼祿與己卯大限武曲化祿、貪狼化權交會，壬午年紫微再化權，酉宮形成三代權集中（先天武曲權、大限貪狼權、流年紫微權），雖有流年武曲化忌來沖，但旺宮不畏忌，僅是過程辛苦。最終以六四・一一%高得票率贏得台北市長選舉，獲得連任。

（七）挑戰大位　爭勝天下

機月同梁限運連戰皆捷

民國九十四年五十六歲參選中國國民黨主席獲得勝選。

民國九十七年五十九歲贏得總統大選。

民國一〇一年六十三歲連任總統。

以上三次選舉都在庚辰大限。

庚辰大限坐天同雙忌沖火星、鈴星，是相當弱勢的限運，參與選戰竟然連戰皆捷。顯然主導的宮位，並非出現在大限之申、子、辰三方。分析如下——

1.民國九十四年參選中國國民黨主席，以七三%的得票率獲得勝選。

二〇〇五年，民國九十四年農曆乙酉年，五十六歲在庚辰限。

流年走入強旺的雙星殺破狼格局，酉宮正好是命盤上重大事項的主導格局。凡有關「政治」或開創性事項，或想要扭轉並掌控局面之事，都是由酉宮主導。

庚辰限的武曲化權引動酉宮，心態上想要有所改革作為。此時的中國國民黨黨已輸掉總統大選淪為在野黨，欲重新贏得大選，首先必須統合黨內資源，故主動參選中國國民黨黨主席選舉，提出改革藍圖，企圖心展露無遺。加上庚辰限事業宮「甲」中的三奇佳會吉化巳、酉、丑雙星殺破狼格局。乙酉流年事業宮「己」丑的祿、權再來吉化，因此成果也豐碩，以高得票率贏得選舉。

2.民國九十七年當選中華民國第十二任總統（九十七年五月二十日至一〇一年五月二十日）。

二〇〇八年，民國九十七年農曆戊子年，五十九歲在庚辰限，流年太歲宮干甲子。

流年子宮天梁坐守，會左、右、祿存，照先天、大限的太陽祿，是所謂的〈官資清顯〉格。但也沖地空、地劫、火星、流年擎羊、陀羅及先天、大限的天同忌、太歲天機忌、戊子流年天機忌、太陽忌等一干忌煞。

子宮的〈官資清顯〉格，理解及學習能力很強，能旁徵博引，想像豐富也有創新的能力。做事快速積極，待人熱心，心直口快，會主動幫助他人。如為聽命辦事的上班族，則表現優異。如由自己主導，熱心介入他人的糾紛，則常是「公親變事主」「做到流汗，被嫌到流涎。」

因此子宮如不是擔任幕後為人擘劃的幕僚或聽命辦事的上班族，而是由自己主導參與複雜又競爭激烈的選戰，對子宮而言，忌煞的干擾仍是過多。單以〈官資清顯〉的天梁是承受不住的。

斗數命理上能不畏忌煞，承擔競爭激烈選戰洗禮的格局不外乎〈紫府廉武相〉與〈殺破狼〉格局，尤其是雙星殺破狼制煞為用的格局，才會有問鼎天下的霸氣與開創力道。但要有成果贏得選舉仍然須要有祿星的吉化。

庚辰大限事業宮甲申，申宮是紫微與天府南北斗主所夾輔的機陰〈探花格〉，雖因祿存而有羊陀夾煞夾忌的委屈作用，但畢竟旺宮見左輔，尤其申宮「甲」干形成廉破武三奇佳會吉化巳、酉、丑的〈雙星殺破狼〉強勢格局，因此在事業上的主導作用還是出現在巳、酉、丑的〈雙星殺破狼〉格局，一旦流年再來引動，其爆發力道就很強勁。

所以在庚辰大限，表面上是申、子、辰的機月同梁見忌煞格局，要守成都已很吃力了。但在重大事項及事業開拓方面的主導作用卻是出現在巳、酉、丑的〈雙星殺破狼〉格局。

戊子流年，表面上是走入子宮的〈官資清顯〉格。實則流年戊子與流年太歲宮干甲子，貪狼與廉貞雙化祿所吉化引動的是巳、酉、丑的〈雙星殺破狼〉強勢格局。尤其是居於主導作用的酉宮，受到祿星吉化展現出〈火貪〉〈鈴貪〉格的橫發力道。因此才能在事業上參與競爭激烈的選戰，承擔整個過程的壓力與攻擊，展現出問鼎天下的霸氣與開創力道，最後並獲得成果。

故二〇〇八年三月二十二日開票結果，以七百六十五萬四千零一四票，五八．四五％的得票率當選第十二任總統，是中華民國迄今得票率最高的公民直選總統。

3.民國一〇一年競選連任中華民國第十三任總統（一〇一年五月二十日至一〇五年五月二十日）。

二〇一二年一月十四日，第二次參與總統大選並贏得勝選，成功連任第十三任總統。

民國一〇一年一月十四日（農曆一〇〇年十二月二十一日），農曆仍在民國一〇〇年辛卯年年底，六十二歲在庚辰限。

流年卯宮空宮，文昌化忌坐守，因沒有主星，以酉宮主星照入為用。

酉宮是巳、酉、丑〈雙星殺破狼〉格局的主導作用宮位，不僅最強旺也是命造「出生日」的「日支」地支宮位，故也是命造內在性格特質。因為其所主導的是屬重大或開創性事項，不屬日常生活瑣事，又不在命宮及大限三方，平常較不會顯現其作用。但當大限化星來引動，流年再走到三方時，只要所面對的是屬事業上之重大事項，酉宮之主導作用便馬上展現。

酉宮有火鈴夾的〈火貪〉〈鈴貪〉格，爆發力十足，辛卯流年的祿存又坐入酉宮，雖形成羊陀夾煞（擎羊），但因為宮位強旺又本有太歲的貪狼化祿，故能制煞為用。流年的祿存反而讓酉宮的〈火貪〉〈鈴貪〉格有穩定的作用，穩紮穩打。此時尚在庚辰限，大限事業宮甲申的「甲」干所形成廉破武三奇佳會仍然吉化巳、酉、丑的〈雙星殺破狼〉強勢格局，使得流年文昌化忌所造成〈昌貪〉的〈離正位顛倒〉格局，在打選戰的策略上不致偏離常軌太遠，反而有種出人意表、出奇致勝的作用。

辛卯流年的事業宮在乙未，這流年的「辛」干與「乙」干巧妙的吉化命盤的紫微與天府南北斗主。命造先天與大限的太陽祿在午宮，這太陽祿與辛卯流年事業宮乙未的天機祿，形成雙祿夾未宮的天府南斗主。未宮除了是流年的事業宮外，也是命造先天「出生時」的「時支」地支宮位，是命造內在性格特質的一部分。六吉全會吉象畢至，能量十分穩定強旺。

流年「辛」干與流年事業「乙」干的巨門祿與天機祿，也雙祿夾酉宮的紫微北斗主。酉宮為流年的遷移宮也是流年空宮的主要作用宮位，更是命造先天的「日支」地支宮位，受此雙祿夾輔整個便展現出正面力道。

「北斗主攻，南斗主守」南北斗主被雙祿輔吉化後，攻守俱足。在前線開疆闢土的北斗有足夠的資源，可以執行其戰略目標，不會因糧草不足而後繼無力。後勤補給的南斗，倉儲豐足源源不絕的供應前線戰士所需之槍炮彈藥與糧餉。

紫微與天府南北斗主的二個地支宮位被強烈吉化後，所輔的機陰〈探花格〉又是庚辰限的事業宮，故讓申宮的〈探花格〉握有充分的資源及能量。

因此，辛卯流年空宮又坐文昌化忌，大限辰宮同樣是忌煞交沖的弱陷格局，讓命造起先的氣勢看似不強，但在最後的緊要關頭，酉宮〈火貪〉〈鈴貪〉的爆發力便展現出奇致勝的作用。最終以六百八十九萬一千一百三十九票，五一．六〇％的得票率成功連任第十三任總統。

庚辰大限雖在選戰上連戰皆捷。但〈吉歸吉論、凶歸凶論〉，庚辰限的弱陷當然也會出現負面。其凶象出現在親情、僕役、人際等層面。

（八）機月同梁的負面

1. 機月同梁格局主親情、人際

機月同梁格局主親情、人際，當格局形成忌煞交沖，又有天哭、喪門、白虎、天虛等煞曜干擾，會出現因親情、人際方面的干擾而產生的委屈、無奈、無力解決等負面作用。

庚辰限坐天同與地空，天同並有先天及大限「庚」干的雙忌。雖然地空對同宮的忌星有沖淡作用，但三方鈴星、火星再沖入，此時便不是沖淡，而是形成忌煞交沖的負面作用了。因此，庚辰大限在機月同梁格局方面的弱勢是十分明顯的。

2. 喪父之痛

命造父親為庚申年生人，太歲宮干戊申。

庚辰大限時辰宮除了有自身先後天的天同忌外，父親庚申年及太歲宮干戊申的天天同忌與機忌，更加深了庚辰大限在機月同梁格局在親情、人際方面的刑剋作用。

以星曜賦性言「太陽主父」，命造之太陽星在午宮，午宮之宮干為「壬」，武曲忌正巧化在庚辰大限的父母宮巳宮。巳宮之宮干「辛」文昌忌沖入火鈴夾的酉宮，酉宮在庚辰大限之中是在九四年之乙酉年走到。而乙酉年的流年羊、陀，偏偏不巧的使大限辰宮、先天父母宮子宮、父之太歲申宮等申、子、辰的「機月同梁」格局形成「機梁擎羊會，早見刑剋晚見孤」不利六親的凶格。

限運流年形成不利六親的凶格，相關資料又與父親有關，因此命造於94年乙酉年遭逢喪父之痛，其父於該年往生。

3.庚辰大限僕役事項造成「十惡」格局

辰宮除了在親情、人際方面有刑剋作用外，也是先天僕役宮。

庚辰大限走入先天僕役宮辰宮，有先天、大限的天同雙化忌，加重了命造在僕役事項的負面作用。辰宮坐天同忌與地空，三方鈴星、火星沖入又見左輔，是十分雜亂多變的格局，表示員工部屬成員的龐雜多元也變動頻繁。

先天僕役宮辰宮除生年與大限的天同忌外尚有太歲天機忌交會並沖煞星，也意味著命造在一般僕役事項的無力感與無心於此，不會將心力放在這事項上長期經營。身為領導人而不願花心思長期關注於基層部屬的培養以建立自己的人脈班底，怎可能會有長期得力的部屬可用？

庚辰大限之僕役宮酉宮，是格局強旺的紫貪雙星殺破狼，但酉宮宮干「乙」，太陰化忌與火星同宮在申宮形成「十惡」格局，並沖入先天僕役宮的大限辰宮。申宮的「十惡」格局正好在庚辰大限之事業宮，而此「十惡」格局是由大限之僕役宮之忌星所形成，故在庚辰大限不但部屬龐雜也變動頻繁，甚至將因用人不當而造成命造在事業方面的困擾與麻煩。

而僕役宮忌煞交沖在機月同梁格局，也意味著是由身邊周遭較基層的部屬所導致的麻煩困擾。

當先天與大限的格局已形成，就只待流年來引動。

4.流年引動大限僕役事項造成「十惡」、「巨鈴羊」格局

二〇〇六年農曆丙戌年，流年太歲宮干戊戌。

流年戌宮巨門與鈴星同宮，三方見空劫與右弼，流年的羊陀也由三方沖入，使戌宮暗藏「巨鈴羊」凶格。

戌宮在大限辰宮的對宮，表面上流年天干「丙」的天同祿使辰宮的天同由忌轉祿，似乎不錯，一般斗數的學習者可能也都會如此認為。但筆者以為就辰宮而言，流年祿星只是粉飾太平，讓命造根本發覺不到內藏的凶象，待事情爆發時都會覺得很錯愕突然。

因為辰宮的天同已有先天及大限的雙忌在，父親資料也天同化忌，又坐地空沖火、玲，流年陀羅再來增凶。辰宮的忌煞太多，它的負面已非單單一顆流年祿星所能化解。

流年祿星正好形成「忌祿沖」的引動，何況流年太歲宮干戊戌的天機化忌使申宮的「十惡」格局沖入辰宮，將僕役事項的凶象整個引爆出來。

二〇〇六年八月四日，執政之民進黨籍立委向高檢署查黑中心檢舉，指命造於台北市長任內

之首長特別費，疑遭挪用成命造生活費。查黑中心簽分案，由檢察官負責調查，查出市長辦公室秘書以大面額發票核銷多筆小面額的辦公室支出。而國民黨政治人物也開始告發民進黨籍首長、閣員等特別費使用失當，引起全國各機關首長特別費風暴。

二〇〇七年二月十三日（農曆年仍在九五丙戌年底），高檢署查黑中心偵結命造特別費案，認定命造構成貪污，台北地檢署依貪污治罪條例第五條第一款「利用職務機會詐取財物」將命造起訴，市長室秘書則因涉嫌搜集發票報銷，被依貪污及偽造文書罪起訴。

二〇〇八年四月二十四日最高法院三審判命造無罪定讞；市長室秘書判刑一年確定。

命造因市長特別費案遭檢察官以貪汙罪起訴，對標榜清廉自持的命造來說，是奇恥大辱。被起訴的同日，命造即發表「化悲憤為力量」的聲明，依承諾辭去國民黨主席一職，並正式宣布參選二〇〇八年中華民國總統選舉。

5.官非訴訟之重點宮位決定結果之吉凶

辰宮的先天僕役宮忌煞交沖雖凶，但筆者認為丙戌年會因部屬僕役之累而惹上官非的重點宮位並非辰宮。當然先天與大限的忌星本已對先天僕役辰宮形成負面作用，丙戌流年再來引爆申宮的「十惡」格局及戌宮的「巨鈴羊」凶格沖入辰宮，造成重大傷害，但引爆這二個凶格的重點宮位則是大限僕役宮酉宮。

前已提及丙戌年的流年羊陀由三方沖入戌宮，使戌宮暗藏「巨鈴羊」凶格。可是戌宮表面上並沒有巨門忌，應尚不至引動凶格。偏不巧丙戌流年的五虎遁遁干（丙年起庚寅），遁到大限僕

＊紫雲眉批：跟破軍有關，忌見火星或鈴星，皆有不得力的重要幹部。

役宮酉宮正好是「丁」干，這由大限僕役宮所化出的巨門忌，正巧坐入流年戌宮引爆「巨鈴羊」凶格沖入大限又是先天僕役的辰宮。

實則丙戌年的廉貞忌與天刑同宮沖入庚辰大限僕役宮之酉宮，就已多少帶有刑事是非糾紛性質。因為酉宮本有火鈴夾，在丙戌流年時酉宮之左右鄰宮又有形成凶格的雙忌來夾制（大限僕役乙酉陰忌使申宮「十惡」，流年五虎遁干丁酉巨忌使戌宮「巨鈴羊」），經帶有刑事是非糾紛性質的廉貞忌與天刑衝擊，整個凶象就此爆發。

本件由丙戌年引起的官非訴訟拖至二〇〇八年命造始獲無罪定讞。

二〇〇八年農曆甲子年，流年太歲宮干戊子。

甲子、戊子，廉貞祿與貪狼祿使丙戌年廉貞忌所在的丑宮與火鈴夾及雙忌夾的酉宮雙雙獲得吉化。流年的五虎遁遁干（甲年起丙寅），遁到大限僕役宮酉宮正好是「辛」干，巨門化祿化解了緣起丙戌年由酉宮所造成戌宮〈巨鈴羊〉的凶格。在引起刑事糾紛的重點宮位大限僕役酉宮獲得強烈吉化下，此官非終告一段落，命造獲判無罪定讞。

6. 僕役事項之用人不當＊

庚辰大限僕役事項所形成「十惡」格局造成的破壞力，除了市長特別費引起的風暴外，另一件因用人不當而轟動一時引起社會矚目的案件為林益世索賄案。

林益世（一九六八年八月十九日），連任四屆立法委員，一路獲命造提拔、扶搖直上，歷任國民黨副主席、國民黨青年團總團長、國民黨政策委員會執行長（俗稱大黨鞭）等多項重要黨職。二〇一二年一月十四日競選立法委員連任失敗後，於二〇一二年二月六日被命造拔擢出任行政院秘書長；二〇一二年六月二十九日因索賄嫌疑而辭職，七月三日遭中國國民黨開除黨籍；二〇一三年四月三〇日，台北地方法院一審判定貪污無罪，改依公務員假借職務恐嚇得利罪、財產來源不明罪判七年四個月。

一九六八年為民國五十七年次，農曆戊申年，太歲宮干庚申。其太歲宮位申宮，正好坐入命造庚辰大限之事業宮，也是「十惡」格局所在。

戊申年次人，貪狼化祿在酉宮，吉化命造巳、酉、丑雙星殺破狼的強勢格局。酉宮為命造「官祿主」的地支，也是命造庚辰大限僕役宮，巳宮又是「主僕役」的破軍，因此在事業上頗獲命造重用。

但「吉歸吉論、凶歸凶論」畢竟戊申年次人的太歲宮位申宮，有命造庚辰大限僕役事項所形成之「十惡」格局，戊申年的天機化忌與太歲宮干的天同化忌再來引動加重「十惡」的凶象，也同時使命造庚辰限事業申宮形成羊陀夾忌之委屈。當流年再來引動時便爆發出來。

照說戊申年次人的天機忌與太歲的天同忌，沖入命造之大限本宮，命造應該會對此人有所警覺，甚或心生反感排斥才對。但偏巧戊申年次人的五虎遁遁干（戊年起甲寅），遁到命造之大限辰宮正好是「丙」干，此天同祿如天際彩虹般的粉飾太平使命造失去警覺心，混然不覺內藏的凶象，待事情爆發時才覺得錯愕。

二〇一二年，民國一〇一年，農曆壬辰年，流年太歲宮干甲辰。

流年辰宮正好與庚辰大限歲運重疊，流年擎羊、陀羅由三方沖入，使申、子、辰的格局組合除了原有的「十惡」外，又多形成了「人離財散」、「機梁擎羊會」二組凶格。而戊申年次人的天機忌及羊、陀與太歲天同忌，正好呼應這些凶格。

加上壬辰年的武曲化忌與破軍同宮沖入庚辰大限僕役酉宮，在先、後天僕役宮及「主僕役」的破軍星都受到破壞下，僕役事項所造成的凶格就此引爆。

實則，命造除先天僕役宮辰宮忌煞交沖雜亂多變外，巳宮「主僕役」的破軍星也有空劫夾的波動不穩現象，使得命造在僕役事項方面形成盲點，造成所用部屬的素質良莠不齊並變動更換頻繁。對此命造無心也無力加以解決，這已是命造先天的性格，行限引動只是來增加或減輕這方面的吉凶。

破軍星所在巳宮的宮干「辛」文昌化忌又沖入庚辰大限之僕役宮酉宮，使酉宮形成「昌貪」的「離正位顛倒」格局。酉宮格局大不見左右，本就有「孤」的作用，又有火鈴夾擎羊，加重了僕役事項乾綱獨斷的負面作用。在用人做決策時主觀好惡心強烈，決策圈也較小，聽不進其他建言，造成部分的人事任命案跌破大家眼鏡。幸好酉宮畢竟格局強又有太歲的貪狼祿，因此庚辰限的用人並非都往負面發展。

領導人無法事必躬親，如無得力的部屬分憂解勞，再好的政策想法都無法落實執行。但員工部屬是否願意為公司領導人或負責人盡心盡力？好的人才是否願意為公司領導人或負責人所用？公司領導人或負責人仍是占決定性的影響力。

（九）限運交接前之變化徵兆

斗數命理上在二個限運交接前常有個現象：

當走到限運末期的一、二年，下個限運的作用常會提前作用，當下個限運強旺時，此限運末期會慢慢跟著往上發展，當下個限運弱陷時，此限運末期就會慢慢走下坡。

命造就任第二屆總統任期時已在庚辰限的最後二年，而下個限運的辛巳限走入「雙星殺破狼」看似強旺格局，因此命造在庚辰限最後一、二年，也跟著明顯表現出想要有一番作為的強烈企圖心，推行一連串改革方案，例如：油電雙漲、課證所稅（證券交易所得稅）、對軍教人員課稅（取消現役軍人薪餉及國民中、小學、私立初級中、小學、托兒所及幼稚園教職員薪資所得免納所得稅規定）、推出年金改革、削減軍公教退休人員年終慰問金、延長公務人員退休年齡、十二年國教（二〇一四年起施行的教育政策，將九年國教延長至十二年）……等。

但這些改革方案大都未能獲得民意支持，民眾反應不佳，甚至讓命造的支持度低落，二年中並連續發生重大社會事件，例如：廣大興案、洪仲丘事件、核四爭議、服貿爭議、二〇一三毒澱粉事件、二〇一三黑心油事件。（註43）

就已發生的事件與命造的施政改革結果來判斷，庚辰限最後二年的表現似乎是每況愈下，命造的整體氣勢是愈來愈弱，這便令人感到困惑質疑。

命造在己卯限與庚辰限這連續二個怎麼看都是弱勢的限運，辭官參選，連戰皆捷，不但當選首都市長，甚至登上總統大位。尤其在庚辰限參選了二次總統大選，還都高票當選。怎會在連任總統後的庚辰限最後二年開始反而逐步走下坡？

本文於前面的章節已交待己卯限、庚辰限，看似很弱的限運，卻因「身宮」的調整轉折及限運與相關事業事項的祿星、權星引動巳、酉、丑雙星殺破狼強勢的格局，尤其是命盤上重大事項主導格局的酉宮，紫貪爆發力十足，能把握機會快速做下決定，捷足先登展現出「火貪、鈴貪」的「橫發」格正面作用，故能邁向高峰。既是如此，那庚辰限的下個限運辛巳限正式走入到巳、酉、丑雙星殺破狼強勢的格局，應該更是意氣風發才對。怎會在強勢限運開始前二年表現出的結果即已有強弩之末，欲振乏力的現象？因此在庚辰限末，對下個限運的辛巳限即可合理懷疑其是否真如表面上看到的強旺。謹就命造庚辰限的最後二年份析如下——

1.二〇一二年（民國一〇一年）就任第二任總統任期之第一年：

二〇一二年（民國一〇一年），農曆壬辰年，六十三歲在庚辰限最後第二年，流年太歲宮干甲辰。

流年辰宮歲運重疊，坐先天與大限的天同忌沖火鈴，雖有流年天梁祿會入，但流年擎羊、陀羅也同時由三方沖入，使申、子、辰的機月同梁見忌煞格局，起了往負面發展的變化。因為流年擎羊、陀羅的沖入，使申、子、辰除了原有的「十惡」外，又多形成了「人離財散」、「機梁擎羊會」、「巨鈴羊」等不利人際的凶格組合。辰宮之弱陷自不待言，尤其在「人和」上是十分不利的。此時此等不利人際的凶格組合便反應在一般民眾對其施政的滿意度與支持率上。

因此命造雖在農曆前一年（辛卯年）競選連任成功，但於壬辰年就任第二任總統任期後的第一年，接連推出對軍教課稅、提出油電合理化方案使油電漲價公式化及制度化（油電雙漲）、重新課徵證券交易所得稅……等重大改革措施，導致民調的支持率猛往下掉。

讀者應該提出質疑？既然命造走到這麼弱又形成諸多不利人際凶格的限運流年中，又怎會有強烈的改革企圖心？推出明知會得罪廣大民意的多項爭議性重大改革方案呢？答案仍然在巳、酉、丑的「雙星殺破狼」格局，命造在事業上開創的主導作用始終就是出現在巳、酉、丑。

壬辰流年，除紫微化權引動先天及大限的武曲權，形成三代權星的集中交會外，流年太歲宮干甲辰，也三奇佳會吉化巳、酉、丑，尤其酉宮紫微帝座坐權星。因此，雖然民調的支持率低迷卻不畏各方批評聲浪，陸續推出爭議頗大的重大改革方案。

惟流年武曲忌、流年太歲宮干的太陽忌、大限及先天的天同忌，使巳宮形成雙忌夾忌，而巳宮正好為下個限運辛巳限的宮位。巳宮也坐武曲權、破軍權會紫微權，形成權忌交沖，因此在此年所推行之改革方案都屬阻力頗大，牽涉範圍廣泛，且吃力不討好性質，推行之初都鬧的沸沸揚揚，但到辛巳限時都因遭遇層層困難而停滯。

2.二〇一三年（民國一〇二年）重大社會事件及「馬王政爭」

二〇一三年（民國一〇二年），農曆癸巳年，六十四歲在庚辰限最後一年，流年太歲宮干丁巳。

流年巳宮為下個限運辛巳限的宮位，又巳是庚辰限最後一年，因此巳悄然隱含辛巳限的作用。巳宮自坐先天、大限之武曲權及流年破軍祿，自信滿滿，看似不錯。

但巳宮在巳、酉、丑〈雙星殺破狼〉格局當中，其實是最不穩定也最弱的宮位，因為被空劫夾制擎羊來沖，當其負面時，很易導致因空劫夾使資訊被侷限或考慮不周詳又衝動行事之結果。

癸巳年的流年羊陀又沖入巳宮，除了加強巳宮的行動力外也是干擾，加上自坐祿星與權星導致過於自信，認為對的就不顧一切堅持去做，而誤判情勢。

癸巳年巳宮會做負面論斷，除了因巳宮被空劫夾制、羊陀來沖外，尚須加上其他條件整體判斷，並不能因巳宮有空劫夾、擎羊沖就做負面論斷，否則豈不就有負雙星殺破狼強旺格局之美名？

其實巳宮雖有空劫夾，如受到吉化往正面發展時，也會有令人意外的勃然興起發展。因此，巳宮整體言雖較不穩定，但如大限相關資料能有巧妙的吉化，在個別的流年也能讓人有驚奇的表現。可惜巳宮在庚辰限時是受到制肘較為負面。

就癸巳流年言，流年太歲宮干丁巳巨門化忌與鈴星同宮在戌沖入大限辰宮，辰、戌二宮形成權忌交沖見火鈴，使大限宮位受傷。

流年巳宮也被庚辰限的天同忌與庚辰限事業宮甲申的太陽忌，雙忌夾制。表面上巳宮坐祿權並有庚辰限事業宮甲申的三奇佳會，實則巳宮被空劫併雙忌夾制後已受制肘，無從施展。表面上的祿權與三奇佳會，反而是讓命造頗為自負一廂情願的看好。

在大限及流年宮位都受創的條件下，癸巳年的巳宮自然就較為負面。但會造成事業上較大的傷害，關鍵點仍在重點宮位的酉宮。

癸巳流年的貪狼化忌使命造重點宮位的酉宮形成火鈴夾忌煞的敗局，癸年的五虎遁干（癸年起甲寅）遁到酉宮又是辛干文昌化忌，酉宮更形成「昌貪」、「離正位顛倒」的粉身碎骨凶格，流年擎羊在丑沖入酉宮更加重其破壞力道。

因此，二〇一三年相繼發生重大社會事件，廣大興案、洪仲丘事件、毒澱粉事件、食用油風暴等，這些事件後續引發的政治影響層面都是最初始料未及的。

甚至連命造自信滿滿、師出有名，召開記者會公開指責立法院長涉及「司法關說」一案，最後竟演變為「馬王政爭」，且讓自己陷入涉及刑事泄密罪的漩渦，於總統任期卸任後都不免訴訟纏身。（註44）

（十）強勢限運下的陷阱

辛巳限走入巳、酉、丑「雙星殺破狼」的強旺格局，揮別己卯限、庚辰限連續二限運的弱陷格局。在命宮、身宮及大限宮位都強旺甚至大限祿星也會入太歲寅宮的情況下，相較於前二個弱陷大限而言，照說是揮別陰霾、漸入佳境，並可揚眉吐氣、大展雄風時期，何況身居大位，又是連任的第二屆任期，已無選舉的顧慮包袱，施政應該是毫無阻礙，一帆風順。

在命宮強、身宮強，大限又走入強旺格局的情況，心態上會轉為強勢且很明顯的表露出來，毫不掩飾內在的企圖心，想要有一番作為。如果格局好又沒有重大瑕疵的話，自然成果斐然。更何況命造在己卯限、庚辰限的弱勢限運中，都能克服重重艱辛的選戰洗禮登上巔峰；辛巳限邁入強旺限運，所獲得的成果應該會比前二個弱勢限運還來得好，才符合強旺限運的格局？但實際的情況卻並非如此。

二〇一四年一進入辛巳限便遭逢「二〇一四年黑心油事件」、「太陽花學運」、「二〇一四年高雄氣爆事故」（註45），導致「二〇一三年九合一地方選舉」（註46）之慘敗。此次敗選是命造從政以來首次嚐到失敗的戰役，雖非自身親自參選的選戰，但身為領導人自應負責，命造因此於二〇一四年十二月三日，宣布辭去國民黨黨主席一職。

照說邁入強旺限運，成果應該會比弱勢限運還來得好？怎會反而讓人有運勢蹇滯之感呢？這表示辛巳限僅是看似強旺，實質上並不扎實，甚至是「弱陷，發也虛花」的限運？但它明明看似很強旺啊？

這是學習斗數命理過程中常讓人感到困惑，並犯有的慣性思考毛病。

在學習過程中我們一再強調星曜「弱陷」則「發也虛花」，星曜「強旺」就「旺宮不怕忌」，這些觀念都正確無誤。但在這必須特別加以釐清，所謂的星曜「弱陷，發也虛花」與星曜「旺宮，不怕忌」等，是指單一星曜格局而言。在臨盤判斷時卻是要先天、大限、流年、重點宮位、整張盤綜合看，不能只單看一、二個宮位的星曜格局，否則很容易失之毫釐，差之千里。

1.「弱陷，發也虛花」之限運？反鴻圖大展之命理因素

命造的寅宮、卯宮、辰宮，就單一星曜格局本身而言，都屬「弱陷，發也虛花」格局，因此戊寅限、己卯限、庚辰限均屬弱陷限運，這無庸懷疑。但戊寅限、己卯限、庚辰限連續限運的大限宮位雖弱，大限四化之祿星及權星所吉化引動的卻是巳、酉、丑「雙星殺破狼」的強旺格局。因巳宮、酉宮、丑宮本身都夠強旺，酉宮是「出生日」的「日支」地支宮位、丑宮又是身宮，只要大限的祿星及權星稍稍吉化引動自然就有其爆發力。且酉宮、丑宮相對於寅宮、卯宮、辰宮的

弱陷格局，酉宮、丑宮在重要事項上的主導作用便相對更加強旺凸顯。不過畢竟大限宮位弱，酉宮、丑宮的主導作用也僅能在重要事項的最後關頭上才會凸顯冒出展現出來。

因此在戊寅限、己卯限、庚辰限連續弱陷限運，酉宮、丑宮對命造而言是屬較「裡層」的特質，命造平常並不會特別的表現出雙星殺破狼的企圖心與開創力道，一般人也感受不到命造有這方面的特質。它的展現方式，往往都要到事情的最後關頭，因此給人的感覺都是很突然，明明說不選？最後卻捨我其誰？或明明剛開始沒那麼強勢？或不被看好？最後卻贏得選戰。

在這裡要特別強調的是，命造在連續弱陷限運，之所以沒有「發也虛花」，反而一路順遂登上頂峰。讓人有怎會這麼好運？反對及不喜命造之人甚至懷疑其能力，而對命造有「無能」或「腦筋有問題」之譏。撇開主觀上好惡，就算命造好運如蘇東坡〈洗兒戲作〉之「惟願孩兒愚且魯，無災無難到公卿」，那也僅是指上班族的高階管理階層，如命造上半生之部會首長等。但中年後的辭官參與競爭激烈的選戰，可就不是愚且魯的「公卿」所能辦到，否則在歷次選舉被命造擊敗之競爭對手們豈不是無能外加笨蛋三級?!就命理角度言，或許可以說類似此命盤結構的命造自私（酉宮，雙星殺破狼格局目的性強烈），想到的都是自己，對身邊的人並不好（太歲機月同梁弱又忌煞沖），也沒有類似蔣經國格局的民胞物與胸懷（蔣的機月同梁格見吉不見煞又是太歲宮位及地支特質宮位集中處），卻絕非「無能」。筆者不想介入政治口水，只想強調命理的論斷不能與事實脫節，甚至要盡可能地拋開個人主觀上之好惡，才能客觀持平的論斷，避免差之毫釐，謬以千里。

就斗數命理來分析，命造在連續弱限，所以沒有「發也虛花」，參與選戰卻能連戰皆捷脫穎而出登上總統大位。是因為命造本身「雙星殺破狼」、「府相格」、「巨日格」的格局強旺見吉並往正面發展，且這些格局又在命造的命、身宮及「出生的月、日、時」的地支宮位，代表命造內在本就具有這些特質，才能在弱陷限運的祿星及權星稍稍吉化下就爆發其作用，而不是「發也虛花」。換個角度舉例說——

(1)如今天限運的祿星及權星吉化的是命造機月同梁的弱陷格局，即便限運自坐祿星，其結果可能就是「發也虛花」。

(2)或「雙星殺破狼」、「府相格」、「巨日格」的強旺格局，並非命造內在特質，則其吉象的作用力道都不會這麼強大。

(3)或限運走到看似強旺的「雙星殺破狼」，限運的忌星卻讓內在特質的強旺格局受傷且暗藏凶格，也會是「發也虛花」。

2.「旺宮，不怕忌」——危機與暗礁

強旺格局雖因星曜「旺宮，不怕忌」，對忌煞較有抵抗力，前提必須是煞星不能過多，還有不能暗藏負面的凶格。

星曜在旺宮還是要有適當的煞星來刺激，否則雖廟旺也會因不見煞星而過於安逸。這時有忌星來沖，反而會讓星曜較有警覺性及危機意識，對星曜格局言未必是壞事，正所謂「不沖不動」。

但僅有忌星來沖，而不見任何煞星，則行動力仍嫌不足，尤其愈大的格局，要有開創力及行動力，就必須有適當並能制煞為用的煞星來刺激。

當然有忌煞來都會是干擾，都會比較辛苦，但在現實人生的各行各業競爭中，想要脫穎而出，有所成就的，哪個不是歷經千辛萬苦方有所成？俗話說：「不經一番寒澈骨，哪得梅花撲鼻香？」、「吃得苦中苦，方為人上人」，這道理大家都知道，而它在斗數上呈現出來的格局態樣，就是剛星制煞為用的強旺格局。

煞星不多的制煞為用都已經是辛苦中獲得成果，如煞星過多，整個格局就會扭曲而質變，很難有所成果。煞星過多的格局，它的負面干擾、阻礙，是很明顯直接的，不會讓人察覺不到。凡意識得到的危機，它所帶來的破壞力與傷害，較能預期，也較能防範，一般的企業都會建立完備的預防機制，此即所謂「明槍易躲」。但如已明知山有虎，卻仍偏向虎山行，只能說是「性格決定命運」，是性格上的盲點所導致。因為格局強旺見煞星多的人，常常會有過度的自信心，較喜挑戰危險、困難，負冒險精神，自認已警覺並充分掌握了解困難所在，且自信能征服難關。當然是否能成功？就要再看吉曜的分布並綜合整體來判斷。

現在的企業管理理論都會強調：「危機永遠會發生，問題只在於如何預防。建立完備的危機預防制度，是企業成功的基石。每一個危機都是可以預防的，有先見之明的經營者會意識到危機永遠會發生，問題只在於如何預防。」講理論、講道理永遠是說的比唱的好聽，當看不到危機可能會從哪裡來，無法先行防範時呢？企業管理專家會告訴你：「建立監控預防機制。讓原本應該是安全的地方，即使其中存在一些看不到的隱形危機，也能事先偵測監控預防。」就好像是標準作業流程的標準答案一般。

然而，現實人生常常是「人算不如天算，計畫永遠趕不上變化」，每個人或多或少都有計畫

——計畫人生、計畫未來、計畫結婚、計畫生子、計畫出國、計畫旅遊……，但再多再美好的計畫，都比不上一個變化，偶然隨機的一個變化就能讓所有的計畫都變成了笑話。

變化既然是人生的常態，倒也沒什麼可怕的，怕的是當你自信滿滿並把規模搞得很大，一旦出現無法預期的變化時，就造成無法承受的損失。而這類型的變化，它在斗數上呈現出來的格局態樣，就是剛星強旺見煞也見吉，並能制煞為用，卻隱藏「凶格」，尤其是由吉星所構成的「凶格」格局，例如：「昌貪、曲貪」的「粉身碎骨」、「鈴昌陀武」的「限至投河」等格局。

這類型的格局最是讓人難以防備，因為星曜強旺能制煞為用，故能具開創力道克服艱難，因為見吉耀所以會有成果，又因格局大，所以成果也豐碩。但凶格的瑕疵，因被制煞導致隱而不顯，並非不存在，在限運當中一旦被引爆，所造成的破壞力道都是相當強烈具殺傷力的，此即所謂「暗礁」；這裡的「暗」指的是「意識不到」，不見得是他人的暗中算計，反而常常是自己行為所導致的結果。

3. 辛巳限之暗礁

辛巳限走入看似強旺的「雙星殺破狼」格局，卻暗藏不穩定的因子，因為巳宮被空劫夾制及擎羊來沖，但畢竟格局廟旺能制煞為用，應不至於出現太負面的傷害，頂多是因急於想要有所做為，在配套措施不完備下匆忙推出政策，碰到阻礙又反覆遲滯延宕，最後回到原點。

但筆者不認為僅僅憑巳宮被空劫夾制就會導致如此結果，決定成敗的關鍵點仍在酉宮格局。

辛巳限文昌化忌不在大限三方，看似不為惡，但文昌化忌卻沖入酉宮，使酉宮的貪狼形成

「昌貪」格局，此「昌貪」格局由大限辛干所形成的文昌化忌，與流年所造成的文昌化忌，意義是不一樣的。

大限宮干只有四化，沒有祿存。流年則除四化外尚有祿存，辛年（例如：二〇一一年的辛卯年）的祿存在酉宮，有穩定酉宮「昌貪」的作用，讓文昌化忌的「昌貪」不致偏離常軌太遠。辛巳大限時酉宮就沒有祿存，反而卯宮有文昌化忌來沖，使酉宮暗藏「昌貪」格局，於此大限十年當中如流年的相關資料（不限於表面上看得到的流年四化），一旦再來讓貪狼化忌或讓酉宮形成雙忌夾等負面情況，來引動「昌貪」、「離正位顛倒」的粉身碎骨格局，就會產生強烈的破壞作用。且就命造而言，因「昌貪」格局不在命、身、大限三方，是事先預料不到，無法預防，一旦「昌貪」產生作用後，甚至會讓命造感到很錯愕，事情的發展趨勢跟原本鎖定的重點完全不同，偏離了命造原本認定的重點。

4.二〇一四年（民國一〇三年）九合一地方選舉慘敗

二〇一四年（民國一〇三年），農曆甲午年，六十五歲在辛巳限的第一年，流年太歲宮干庚午。流年使大限巳宮有權星集中及三奇佳會，看似不錯。但流年資料的太陽化忌與天同化忌，也使大限巳宮形成雙忌夾制而施展不開。大限巳宮本就有空劫夾制而受限不穩了，再經雙忌夾更加重破壞力而無法掙脫。何況流年午宮太陽雖旺，但坐地劫沖鈴星，甲午年時更是形成忌祿沖，此時午宮已屬躁動不穩，加上接收的大限巳宮也因雙忌及空劫夾制而受制肘。

在流年與大限都同受忌星與空劫之干擾破壞下，其祿星已有「弱陷，發也虛花」的味道，甲

＊紫雲眉批：見忌更凶。

午年所化出去的廉破武三奇佳會便似天邊的彩虹，虛而不實，無法發揮吉象原有的力道。因此看似不錯的流年與大限，卻是外強中乾的表面。

重要的關鍵仍然在酉宮，酉宮三方除了原本暗藏「昌貪」、「離正位顛倒」的粉身碎骨格局外，流年羊陀沖入酉宮，又形成「鈴昌陀武」（按：**酉宮的紫貪有火鈴夾制**＊，就酉宮而言是暗藏火鈴的味道，故吉象方面可以成立「火貪」、「鈴貪」，當有流年羊陀沖入時，凶象方面也可以成立「鈴昌陀武」的敗格）。卯宮有辛巳限的文昌化忌及甲午年的擎羊坐入增加殺傷力並沖入酉宮，流年五虎遁干（甲年起丙寅）遁到酉宮，正好是「癸」干貪狼化忌，這貪狼忌就像火藥的信引，點燃引動「昌貪」、「離正位顛倒」及「鈴昌陀武」等凶格的破壞力。

因此命造在邁入看似強旺的辛巳限第一年，便嚐到從政以來首次敗選的滋味，二〇一四年九合一地方選舉國民黨慘敗，命造更因而辭去國民黨黨主席一職。

此次選舉雖非命造親自披掛上陣，但就命理上舉凡在特定時間點之團體的對決，包括：運動競賽（棒球賽、足球賽……）、選舉政黨對決、公司競標……等。決定成敗勝負關鍵的都是該團體的領導人或負責人，就政黨而言就是黨主席。命造於二〇一四年（民國一〇三年）九合一地方選舉時任國民黨黨主席，就命造之命盤上來看，已如上述，流年與大限均不穩，並引動酉宮凶格朝負面作用，因此嚐到敗績。

如無當事人之命盤，類似此有特定時間點的對決，就斗數命理方面尚可取「時間卦象」再輸入相關資料以為判斷，這部分並非本文討論的重點故就略過不加深論。

5. 二〇一五年（民國一〇四年）兩岸領導人會面

二〇一五年（民國一〇四年），農曆乙未年，六十六歲在辛巳限，流年太歲宮干癸未。

二〇一五年年底總統任期剩餘半年，甫經二〇一四年九合一地方慘敗，命造更因此辭去國民黨黨主席，民調聲望低迷，就在各界都認為已屬「看守」總統，應沒什麼作為之時，突然石破天驚的宣布將進行兩岸領導人會面（註47），並於二〇一五年十一月七日正式於新加坡舉行。

辛巳限「雙星殺破狼」格局，即使有空劫夾及酉宮暗藏「昌貪」不穩定的因子，但它本質上仍是「雙星殺破狼」，這種格局不會甘於無所作為的安逸平淡。會想要突破現狀，有所改變，致於成果好壞是一回事，但絕不會跛腳不前。

流年未宮天府坐守，左右輔、坐貴向貴、昌曲來會，六吉全見，煞星僅有陀羅沖大限文昌化忌，尤其又有先天太陽祿與祿存雙祿輔，會流年祿存。

「府相格」有左右輔、雙祿輔並見魁鉞，較易獲得環境資源及來自官方或大機構的善意。在這種吉象畢至的強旺流年（未宮），化出去的祿星力道就很扎實，相對化出去的忌星破壞力道就降低許多，有時僅是刺激作用。

大限「雙星殺破狼」格局受空劫夾制，但如受到吉化反而有種突然的爆發力。

乙未年，強旺見吉多，流年太歲宮干癸未，破軍化祿吉化大限巳宮的「雙星殺破狼」格局，也吉化命宮及身宮。貪狼化忌雖傷命造重點宮位的酉宮，但乙未年天機化祿與大限巨門化祿也使酉宮有雙祿輔，貪狼忌經此雙祿輔後，會將其凶象降低至可控制的範圍，雙祿輔也引動酉宮原本生年太歲貪狼化祿的作用，使酉宮形成有先天、大限、流年的雙祿輔祿，且流年祿存在卯也有穩定酉宮的作用。

巧合是決定此次會面能否成局的另一位關鍵主角之相關資料輸入命造命盤後，竟也有類似命造限運吉凶的引動。分析如下——

習近平，一九五三年六月十五日生，農曆癸巳年生，太歲宮干丁巳。

中國共產黨第五代領導人，現任中共中央總書記、國家主席、中央軍委主席。

癸巳年生人的太歲宮位正好坐入命造辛巳限的大限本宮，這會加重與命造在這段期間彼此間的吉凶互動作用。癸巳年生人的破軍化祿吉化命造大限巳宮的「雙星殺破狼」格局，也吉化命造命宮及身宮。因此能同意促成此次會面。

癸巳年生人的貪狼化忌卻傷到命造重點宮位的酉宮，酉宮的貪狼忌有火鈴夾沖癸巳年的擎羊，命造辛巳限的文昌化忌也來增凶。酉宮其實已有「昌貪」、「離正位顛倒」的粉身碎骨凶格，因此相互間有很大的歧見及差異，互信基礎薄弱。若非癸巳年生人的五虎遁干（癸年起甲寅）遁到酉宮是「辛」干，巨門祿與癸巳年之太歲宮干丁巳的太陰祿，讓酉宮有雙祿輔，使粉身碎骨的凶格尚能控制在彼此能容忍的範圍，沒真造成凶格的傷害。否則若無雙祿輔一旦引爆凶格，別說會面談判，兵戎相見都不無可能。但「昌貪」的差異性，也造成酉宮無實質的成果，僅有巳宮破軍祿的表面象徵性意義。

二〇一五年在命宮、身宮、大限及流年都受到吉化，各種客觀條件及環境促成下，兩岸領導人的歷史性會面，才能順勢舉行。

但重點宮位的酉宮畢竟有命造流年的貪狼化忌與大限文昌化忌及對造之貪狼忌所形成的「昌

貪」、「離正位顛倒」格局，顯示彼此間存在的差異性甚大，雖經雙祿輔及流年祿存來降低其凶象，異中求同不致失控，但成效仍然是大打折扣，雙方各有堅持，各表已見，沒有簽署協議及發表共同聲明。

6.二〇一六年（民國一〇五年）總統任期屆滿 訴訟「官非」纏身

二〇一六年（民國一〇五年），農曆丙申年，六十七歲在辛巳限，流年太歲宮干丙申。

流年申宮為紫府夾的探花格，但有生年太歲宮干的天機忌坐火星，形成羊陀夾忌、羊陀夾煞的委屈格局。太歲宮位寅宮被大限文昌化忌與流年廉貞化忌的雙忌夾制，更加重委屈感。

流年祿存在大限巳宮，也是空劫夾、羊陀夾，形成太歲、大限、流年都有因周遭環境的夾制而施展不開的委屈現象。

當然，客觀的事實是總統任期將於一〇五年五月二十日卸任。筆者認為丙申年的委屈現象，似乎也出現在健康疾病方面。但因沒有客觀事實的佐證，就略過不談。

丙申流年吉象方面也有祿權會入申宮，天同祿也讓大限巳宮有雙祿夾權。巳宮有受到祿權吉化，因此雖卸任總統，企圖心仍強，不會因卸任便不涉政治安於平淡，只要有機會仍會想要有所發揮，可惜的是大限巳宮有空劫夾制已受侷限，加上重點宮位的酉宮在辛巳大限時受到昌忌沖擊並不穩定，已非如戊寅限、己卯限、庚辰限等限運只吉不凶的吉旺。

丙申流年廉貞化忌在身宮的丑宮。

丑宮有代表〈是非糾紛〉的〈天刑〉沖羊陀，就丑宮的格局言，卸任後可能如同前總統李總統一般，因為訴訟案件而跑法院，僅二〇一三年公開譴責王金平涉及司法關說案而牽扯出的洩密罪一案，就不免訴訟纏身（註48）。

◎按：李登輝的命盤格局並沒有形成嚴重殺傷力的凶格，即使丙午限廉貞化忌，也僅是糾紛困擾，不會造成傷害。

筆者認為命造「官非」大小與嚴重程度的關鍵點仍在於「酉宮」格局，丑宮格局尚不致於嚴重到淪為階下囚，但牽涉到「官非」之是非糾紛，很難掉以輕心。如酉宮受傷，就很難全身而退，否則就僅是糾紛困擾，因為辛巳大限時文昌化忌沖入酉宮，使酉宮已暗藏「昌貪」、「離正位顛倒」的粉身碎骨格局，但巨門化祿也使酉宮有雙祿輔，只要酉宮未受直接破壞，表面上仍能穩住局面不致失控。

判斷「官非」之吉凶嚴重程度時，讀者們可參考依循下列原則——

1. 找出關鍵的「重點宮位」：

通常此宮位都相當強悍而有主導作用，甚或隱藏凶格。以命造而言，就是「酉宮」格局。

在判斷「重點宮位」之吉凶時，除了流年的天干四化及羊陀外，流年的太歲宮干及流年五虎遁遁到「重點宮位」之遁干更具有重要的影響。

2. 引發「官非」事件之緣起年份：

以命造所涉之泄密罪一案而言，就是二〇一三年九月（九月政爭）公開譴責王金平涉及司法關說案的癸巳年，流年太歲宮干丁巳。

往後之流年天干四化、太歲宮干、羊陀、五虎遁遁到緣起年份之遁干等，都多少會對這緣起事件後續的發展造成影響。

3. 有無流年祿馬來吉化解厄？

天馬的排盤法則，本書上卷之「星曜格局類型篇」中已有介紹。

天馬為丙級星曜，其作用力道還是要看同宮的甲級星曜之旺弱而定。筆者平常忽略不用，但天馬如與化祿或祿存交會在強旺宮位時，便形成「祿馬交馳」之特殊格局。

「祿馬交馳」格一般可以解釋成事情很順利、順暢，而事情如能順利、順暢，結果自然就很好，不順利則結果當然易灰頭土臉。除此之外，「祿馬交馳」格尚有一特殊的作用，就是「制凶解厄」的作用力道非常的強烈。

傳統上常提到「凶象」惟「祿馬」可解，事情看起來好像很凶，但碰到「祿馬」以後，大概都可以化解，當然前提是「祿馬」所在的甲級星曜是旺宮的情況才有「制凶解厄」的作用。

相反的，如天馬所在之甲級星曜是弱陷的宮位，則即使與化祿或祿存交會其「制凶解厄」的力道也不大，甚或是不但沒祿星反而與陀羅或火星交會，形成所謂的「折足馬」或「戰馬」，事情就更加麻煩不順，當然只要有耐心善加處理，麻煩不順未必不能獲得解決，畢竟天馬僅是丙級星曜，其作用力道的影響不需太過重視，除非同宮的甲級星曜十分強悍並形成凶格，才有增凶作用。一般而言對所謂的「折足馬」或「戰馬」不須在意，因為生活中麻煩事是常態，花點時間，用點心力，都能解決，頂多就是辛勞些而已。

※關於第3.點，本書僅是提出讓讀者知曉傳統上有此一說，僅供參考。

本書就以命造所涉之泄密罪一案為例，依上述三點原則分別解說為何二〇一七年與二〇一八年一、二審判決在命理上有所差異。

(1)二〇一七年八月二十五日，一審宣判無罪。

二〇一七年丁酉年，流年的太歲宮干己酉，流年正好走到酉宮。

本案之「重點宮位」筆者將其定位在酉宮，除了因酉宮格局是被火鈴夾之雙星殺破狼沖文昌的

「昌貪」格對重大事項具有強烈主導作用外，另事件之緣起年份二〇一三年癸巳年的貪狼化忌就坐入酉宮。「重點宮位」之酉宮雖沖辛巳大限的文昌忌，但二〇一七年丁酉年時，大限的巨門祿與流年的太陰化祿讓酉宮因雙祿輔而穩定住，加上流年太歲宮干己酉的貪狼權、武曲祿再吉化酉宮，因此吉化力道大於忌的作用，故能將〈昌貪〉格穩住並未引爆，此其一。

事件之緣起年份二〇一三年癸巳年，流年太歲宮干丁巳。巳宮在二〇一七年時受到丁酉流年的太歲宮干己酉之武曲化祿的直接吉化，此其二。

甚至巳宮在丁酉年時的五虎遁干為乙巳機祿，與大限辛巳巨祿，這由巳宮所化出的雙祿，也讓酉宮再度加強雙祿輔之吉化作用，此其三。

再以有無形成「制凶解厄」的「祿馬」來分析。

二〇一七年丁酉年的流年天馬在亥宮（地支巳、酉、丑年份之天馬在亥宮）。

二〇一七年的流年太歲宮干己酉，武曲祿在巳宮照入亥宮，巳、亥二宮正好有形成「祿馬交馳」，但文曲忌也坐入亥宮，沖流年羊陀，豈不是也有所謂的「折足馬」？類似此吉凶混雜交錯的情形是人生常態，觀盤時更是如此，卻每每令學習者傻眼不知如何判斷。

其實，此時化繁為簡回歸基本的星曜廟旺利陷來分辨吉凶即能判斷，以武破在巳及天相在亥二宮，在地支宮位上本都屬旺宮，也未暗藏凶格，三方的吉星比煞星多，更加強其旺宮體質。星曜在旺宮的狀態下對祿星的感受力較強，對忌星也較有抵抗力。因此巳、亥二宮在二〇一七年的「祿馬交馳」作用是強過「折足馬」，但並非「折足馬」就沒作用，吉歸吉、凶歸凶，本案就是在二〇一七年三月十四日，被台北地檢署將命造於「九月政爭」所衍生涉及洩漏偵查秘密及個人資料之嫌，依違反通訊保障及監察法等罪起訴。只不過起訴後「祿馬交馳」發揮「制凶解厄」的作用，於二〇一七年八月廿五日，一審宣判無罪。

如讀者對巳、亥二宮的吉凶混雜仍有疑慮，不妨回頭再看先天之生年天馬，命造為庚寅年次人，其生年之天馬在申宮（地支寅、午、戌年份之天馬在申宮），申宮為紫府所輔的機陰「探花格」，於二〇一七年丁酉年時正好受到流年「丁」干陰同機三奇佳會的吉化，在先後天的天馬於二〇一七流年都形成「祿馬交馳」的情況下，多少會發揮「制凶解厄」的作用。

(2)二〇一八年五月十五日，二審的高等法院改判有罪，判刑四月。

二〇一八年戊戌年，流年的太歲宮干壬戌。

本案之「重點宮位」酉宮，在流年之五虎遁干為辛酉。

表面上酉宮受到戊戌流年天干貪狼祿的吉化，應該平安無事？但因為流年太歲宮干壬戌的武曲忌坐入大限巳宮，與酉宮的流年五虎遁干辛酉之昌忌，雙雙沖入酉宮，讓酉宮形成「祿忌沖」的吉處藏凶，而引動大限昌忌的「昌貪」格，此其一。

事件之緣起年份二〇一三年癸巳年，流年太歲宮干丁巳。巳宮在二〇一八年時受到戊戌流年的太歲宮干壬戌之武曲化忌的直接破壞，此其二。

甚至事件緣起年份之流年太歲宮干丁巳的巨門化忌正巧也坐入二〇一八流年的戌宮，加上二〇一八年戊戌流年的羊陀也沖入戌宮，形成「巨鈴羊」凶格，巳宮在戊戌流年時的五虎遁干為丁巳巨門再化忌一次，加重對戌宮「巨鈴羊」的破壞力道，此其三。

再以有無形成「制囚解厄」的「祿馬」來分析。

二〇一八年戊戌年的流年天馬在申宮（地支寅、午、戌年份之天馬在申宮）。生年天馬與流年天馬都在申宮，會加重其作用力道。

申宮在二〇一八年戊戌流年時，正好受到流年戊干的天機忌與流年陀羅的沖擊，形成所謂的「戰馬」與「折足馬」雙重破壞。不但沒有「制囚解厄」的作用，事情還更加麻煩不順。

故於這一年不但泄密罪被改判有罪，另被台北地檢署以涉及賤賣國民黨黨產「三中」與舊黨部大樓，依證券交易法特別背信等罪嫌起訴。相信這對命造而言都會感到相當突然而始料未及（流年天干的貪狼祿，讓命造自信滿滿），萬萬不會想到會被自認不是重點的細節或不是正常道理的轉折處或反面拿來當定罪的理由，命造會頗感受到被曲解與打壓。其實這正是「昌貪」格呈現負面時的作用。

當然因酉宮本身並未受直接破壞，所以尚不致嚴重到身陷囹圄。

往後的「官非」發展，讀者們可遵循以上之原則方向自行研判，筆者不便在此鐵口直斷。

（十一）由現任領導人命盤推測誰是下一任接班人？

二〇一六年中華民國總統大選（註49），是歷次總統大選活動選情最冷的一次，因為在選前各項民意調查及各界看法，幾乎一致的認定在三組候選人（丙申年的蔡英文、辛丑年的朱立倫、壬午年的宋楚瑜）當中由丙申年的蔡英文勝出，差別僅是在贏多贏少而已，最後，二〇一六年中華民國總統大選結果也如選前各方的預期，由民進黨總統候選人蔡英文贏得勝選，其領導的民主進步黨在立法院也掌握絕對多數席次。

因此，對此次大選的預測可說是庶民皆知，不需高明的命理研究者或選情機構分析，其結果就已昭然若揭了。但站在研究斗數命理的角度，此次大選仍具有研究參考的價值。即以命造（現任領導人）命盤來看，在不同人選（幾組候選人）競爭當中，是誰勝出？誰為接班人？筆者嘗試尋找當中的蛛絲馬跡。

二〇一六年中華民國總統大選，因是直接民選，不具有上下隸屬關係，非誰可片面決定人選。但以命造（現任領導人）命盤來看誰是下一任接班人？應該仍是有跡可尋。

本文在前文「李登輝」的命盤時曾嘗試用「蔭星」的天梁及「帝座」的紫微星來推論下一任總統的接班人。筆者延續前文同樣試著找出其中的脈絡，不過此次更加簡化，捨棄天梁「蔭星」不用，直接用選舉流年資料對個別候選人太歲宮位的影響及「帝座」紫微星的化星引動來推論：

命造的「帝座」的紫微星在乙酉，機祿陰忌紫科。但因是直接民選，不是有上下隸屬關係，非可由命造片面決定，故西宮命造原本的「乙」干就暫不使用。

◎按：並非代表命造原本的「乙」干就沒作用，至少在他個人主觀意識可以決定主導的範疇內是有影響力的。但因為是民主選舉，非單一某人能片面影響選舉的結果，故捨棄不用。

僅以各候選人的五虎遁遁到酉宮紫微「帝座」及選舉流年宮干之引動來分辨吉凶。

1.宋楚瑜——

一九四二年（民國三十一年）壬午年次，太歲宮位在午宮，宮干丙午。

壬午年次的五虎遁（壬年起壬寅）遁到酉宮「帝座」的紫微星是己酉。

太歲宮位午宮坐太陽化祿照自身的天梁化祿，看似形勢大好。

選舉的民國一〇五年丙申流年的祿星及忌星分布都與午宮無關，惟流年的擎羊坐入午宮，流年的五虎遁干（丙年起庚寅）遁到午宮是「甲」干太陽化忌，這太陽化忌與擎羊的「破格」便使午宮原本的吉象整個破壞掉，故午宮在民國一〇五的選舉流年是呈現負面發展作用。

酉宮「帝座」紫微星，有民國卅一年壬午年次的武曲忌與廉貞忌雙忌沖入，已造成瑕疵。

雖壬午年的五虎遁遁到酉宮是「己」干，武曲化祿會入紫微星，但這武曲祿星並未吉化午宮的太歲宮位，因此午宮並未感受到紫微星的正面作用。反而是文曲化忌與廉貞忌形成雙忌制夾午宮的遷移宮子宮，造成午宮三方遷移的負面作用。

2.朱立倫——

一九六一年（民國五十年）辛丑年，太歲宮位丑宮，太歲宮干也是辛丑。

辛丑年次的五虎遁（辛年起庚寅）遁到酉宮「帝座」的紫微星是丁酉。

太歲宮位丑宮是廉貞、七殺，三方見羊陀不見忌星，屬有行動力的雙星殺破狼開創格局。

丑宮也是命造的身宮，丑宮原有的宮干是「己」干，武曲祿來吉化丑宮，命造的魁鉞也會入丑宮，這表示命造主觀意願是認同並支持這位太歲宮位在丑宮的候選人，但因為是民主選舉，命造的主觀意願對選舉結果是不起作用的。

丑宮看似強勁的格局。可惜選舉的民國一〇五年丙申年，流年的忌星就直接坐入丑宮，廉貞一化忌便形成忌煞交沖的干擾，雖說丑宮強旺尚能制煞，但關鍵的選舉年讓丑宮化忌，對太歲宮位在丑宮的候選人而言，並非好的時間點。使原本強旺的格局形成瑕疵。

再以酉宮「帝座」的紫微星來觀察，辛丑年的五虎遁遁到酉宮是「丁」干太陰化祿、巨門化忌，紫微星的忌星與祿星都不在丑宮的三方。但辛丑年的文昌化忌卻沖入酉宮形成〈昌貪〉格造成紫微星的傷害。

3. 蔡英文——

一九五六年（民國四十五年）丙申年次，太歲宮位機陰在申宮，太歲宮干也是丙申。

丙申年次的五虎遁（丙年起庚寅）遁到酉宮「帝座」的紫微星是丁酉。

選舉的民國一〇五年丙申流年坐入申宮，正好是民國四十五年丙申年次的太歲宮位，因此會加重申宮的吉凶作用。

申宮的機陰是「探花格」，左右鄰宮不但有主星，還是南、北斗主的紫微、天府，因此是有組織團隊而非單打獨鬥的類型，並較易得到環境及周遭團隊資源的強力支援。

民國四十五年丙申年次之天干及宮干都是「丙」，本就有雙重天同祿、天機權吉化太歲申宮，加上關鍵的選舉流年（民國一〇五年丙申年）之天干及宮干又都是「丙」干，再度吉化申宮，對太歲宮位在申宮的候選人而言，這一年的選舉年是非常好的時間點，使原本便吉象集中的「探花格」格局，更加廟旺，朝正面發展。

再以酉宮「帝座」的紫微星來觀察，酉宮雖有丙申年次的廉貞化忌來沖，但未形成凶格，單一顆忌星對強旺的酉宮而言僅是刺激作用，且真正的關鍵在紫微星所化出去的祿、忌作用。丙申年次，在酉宮紫微星的遁干是「丁」太陰化祿坐入申宮。這「丁」干的三奇佳會直接吉化丙申年的太歲宮位申宮，吉象十分明顯直接。而巨門化忌不在申宮三方，對申宮不構成傷害。

太歲宮位申宮在選舉流年時吉象集中，紫微星所化出去的祿星又直接由申宮呈現出來，在三組候選人當中的吉象是最明顯直接，因此脫穎而出獲得勝選。

簡單的用選舉流年資料對個別候選人太歲宮位的影響及「帝座」紫微星的化星引動現象，似乎也可分辨出三組候選人選舉結果之吉凶高下。

註釋：

註33：維基百科李登輝求學歷程及紀：http://zh.wikipedia.org/wiki/%E7%BB%B4%E5%9F%BA%E7%99%BE%E7%A7%91

註34：《新台灣的主張》：李登輝，頁五五。

「血旗揚帆——台灣海軍特別志願兵的從軍始末（1943-1945）」（PDF）：陳柏棕，碩士 thesis，國立政治大學台灣史研究所，頁四一，二〇一一（二〇一七．〇二．〇五）。

註35：蛻變中的台灣：近代台灣政經發展史講義，第八單元，自編電子書，編擬者：許鼎彥。

註36：《憤怒的野百合：三一六中正堂學生靜坐抗議記實》：林美挪，一九九〇。

註37：《如果中共跨過台灣海峽》：一九九五年四月，張旭成，允晨文化，ISBN 978-957-8983-49-6

註38：第三屆全國經營者大會演講全文。

註39：《傳略蘇志誠》：鄒景雯著，台北：四方書城。二〇〇二年四月初版。

註40：馬英九總統傳略：總統府網站。

註41：今週刊：二〇〇五年風雲人物馬英九。

註42：蘋果日報：李馬恩仇 力挺到逼宮，二〇〇八年三月二十三日。

註43：廣大興案，指二〇一三年五月九日在巴林坦海峽的中華民國（台灣）及菲律賓 兩國主張之專屬經濟海域重疊區域上，菲律賓海巡署公務船與台灣屏東縣琉球鄉籍的漁船「廣大興二十八號」的衝突事件，造成廣大興廿八號船上漁民洪石成死亡。由於事後菲律賓政府對於該事件處理不當，造成中華民國與菲律賓之間的外交關係緊張。

洪仲丘事件，指二〇一三年七月發生在中華民國陸軍的死亡案件——義務役士官洪仲丘原預定於二〇一三年七月六日退伍，卻在七月四日死亡，由於死者生前疑似遭欺凌、虐待或其他軍事醜聞而引起台灣社會輿論高度關注，最後促成軍審法於三日內修法，在承平時期，將軍人審判從軍法體系全面移至民間司法單位。

「海峽兩岸服務貿易協議（Cross-Strait Service Trade Agreement 或 Cross-strait agreement on trade in services，簡稱CSSTA）」，是海峽兩岸依據「海峽兩岸經濟合作架構協議」（簡稱ECFA）第四條所簽署的服務貿易協定。二〇一一年三月，兩岸的經貿業務主管部門開始展開服務貿易磋商並達成共識。二〇一二年八月九日舉行的兩岸兩會第八次高層會談上，雙方同意在達成關於該協議文本和市場開放項目的共識後正式簽署。二〇一三年六月廿一日，兩岸兩會在中國上海市舉行第九次高層會談並簽署該協議，也向外界公布了開放清單。在台灣，由於部分民眾擔憂該協議可能使台灣在經濟與政治上更容易被相對缺乏自由的中國大陸影響，加上官方在該協議簽訂前對民間溝通不足（例如未公布受損產業的評估報告），因而導致兩岸服務貿易協議存查爭議與太陽花學運的發生，也使該協議在台灣社會造成廣泛的爭議和討論。

二〇一三年台灣毒澱粉事件，指台灣二〇一三年五月食品安全主管單位檢驗發現，有不肖業者使用未經核准之順丁烯二酸酐化製澱粉等添加物於常用食品，引起社會高度關注的事件。影響所及市售澱粉類食材（含地瓜粉、番薯粉、酥炸粉、黑輪粉、清粉、澄粉及粗粉……等）與可能含毒澱粉的市售食物（粉圓、芋圓類、板條、肉圓、豆花、粉粿及關東煮、天婦羅……等魚肉煉製品）。

二〇一三年台灣食用油油品事件（又稱食用油風暴、黑心油事件），是台灣自二〇一三年十月起發生的一系列食品業者被查獲以造假方式生產食用油的事件，因牽連大統長基、富味鄉、頂新製油、興霖食品……等多家台灣食品大廠而引發台灣社會大眾關注。

註44：二〇一三年九月馬王政爭（九月政爭）：起因於檢察總長黃世銘兩度至總統官邸報告立法院長王金平幫立法委員柯建銘的全民電通背信案關說法務部長。二〇一三年九月八日，馬英九於王金平出國時召開總統府記者會，公開譴責王金平，表示「這不是關說關說，什麼才是關說」？法務部長被迫辭職，馬英九強勢主導國民黨考紀會開除王金平黨籍。關說疑雲爆發後，特偵組 被立委揭發監聽國會總機，特偵組也監聽承辦檢察官等人。王金平關説案由台北地檢署調查後，查無事證結案，相關人等皆未起訴。檢察總長黃世銘因向總統馬英九報告關説案及監聽內容，被告發涉嫌妨礙司法、以泄密罪起訴。二〇一四年三月廿一日，台北地院一審判決黃世銘泄密案有罪、徒刑一年二個月，黃世銘宣布請辭。王金平黨籍訴訟案高等法院二審宣判，王金平勝訴。二〇一五年一月六日，黃世銘退休。二〇一五年二月十二日，台灣高等法院判決黃世銘一年三個月徒刑，可易科罰金定讞。

註45：二〇一四年台灣劣質油品事件，是指二〇一四年於台灣發現的食用油諸多廠商各式違法事件，引起社會輿論對食品安全 問題普遍關注。包括查出數起劣質油品事件。強冠公司、北海油脂、頂新集團上游鑫好企業等廠商購進越南飼料油以「飼料用油」混充「食用豬油」，再製成精緻油品銷售。

太陽花學運，又稱三一八學運、太陽花運動、佔領國會事件等。是指二〇一四年三月十八日至四月十日間，大學生與公民團體共同發起佔領立法院的社會運動事件。起因於三月十七日下午立法院內政委員會未經充分討論以極短時間宣布完成「海峽兩岸服務貿易協議」的委員會審查，引發一群大學與研究所學生以及社會人士的反對，並於十八日十八時在立法院外舉行「守護民主之夜」晚會，抗議草率的審查程序。之後有四百多名學生趁著警員不備，而進入立法院內靜坐抗議，接著於晚間九時突破警方的封鎖線佔領立法院議場。有以學生為主的一萬多名民眾，聚集在立法院外表達支持。太陽花學運使服貿協定與貨貿協定因而延期停擺。

二〇一四年高雄氣爆事故又稱「高雄石化氣爆事件」、「高雄燃氣爆炸事件」、「高雄前鎮苓雅氣爆事件」、「七三一氣爆事件」、「八一氣爆事件」等。

是二〇一四年七月三十一日廿三時五十五分以後至八月一日凌晨間，發生在高雄市前鎮區與苓雅區的多起石化氣爆炸事件。七月三十一日約廿一時，民眾通報疑似有瓦斯洩漏。幾個小時後該區域發生連環爆炸，造成卅二人死亡、三二一人受傷，並造成至少包括三多一、二路、凱旋三路、一心一路……等多條重要道路嚴重損壞，周邊店家也因為爆炸破壞而造成重大經濟損失。事後經調查認定為四吋丙烯管線遭不當包覆於排水箱涵內，致管壁由外向內腐蝕並日漸減薄，而無法負荷輸送管內之壓力而破損，致運送中液態丙烯外洩，引起本件爆炸事故。二〇一五年七月十七日高雄市政府、李長榮化工、華運倉儲達成三方協議，決議由榮化墊付三十二名罹難者的賠償金額為一千兩百萬元，最遲分四年給付，待法律判決確定後，再由高雄市府、榮化、華運共同負擔或有責任方依照法律判決比例分擔。

註46：二〇一四年中華民國地方公職人員選舉，俗稱一〇三年中華民國九合一選舉，於二〇一四年（民國一〇三年）十一月二十九日舉行。是命造在二〇一二年連任總統後的首場全國性選舉。

此次選舉由中華民國自由地區之直轄市（六都）選出新一屆的直轄市長、直轄市議員及里長，另加首屆山地原住民區長及區民代表。並由台灣省（十一縣三市）及福建省（二縣）中，選出新一屆的縣市長、縣市議員、鄉鎮市長、鄉鎮市民代表及村里長。是中華民國政治史上最大規模的地方層級選舉，應選名額共計一萬一千一百三十名，更有高達一萬九千七百六十二位候選人登記參選。選舉結果，國內地方執政版圖巨幅震盪，執政的中國國民黨遭遇極大挫敗，由選前四都十一縣市萎縮至一都五縣，在野的民主進步黨則由選前的二都四縣擴張為四都九縣市。此次選舉與往常不同之處，是經由部分項目選舉延後一年，將所有地方公職人員選舉合併舉行，以減少選務經費。從此屆開始，只有「地方」和「中央」（總統及立法院）兩個層級的選舉，每隔兩年輪替舉行。

註47：兩岸領導人會面，常稱「馬習會」或「習馬會」，是中華民國總統馬英九與中國共產黨領導人、中共中央總書記、中華人民共和國國家主席習近平於二〇一五年十一月七日在新加坡舉行的會面，也是海峽兩岸（即台灣與中國大陸）自一九四九年政治分立以來（六十六年），雙方最高領導人的首次會晤，象徵兩岸史上最大突破。會中主要就推進兩岸關係和平發展交換意見，但雙方沒有簽署協議或發布共同聲明。

註48：二〇一六年四月十九日，立委柯建銘自訴命造涉教唆洩密及加重誹謗罪，聲請對命造限制出境，台北地院開調查庭。二〇一七年三月二十八日，立委柯建銘自訴命造涉犯教唆洩密罪、誹謗罪，一審宣判無罪。二〇一七年十月十一日，立委柯建銘自訴命造涉犯教唆洩密罪、誹謗罪，二審宣判無罪定讞。

二〇一六年五月廿日，命造於卸任總統任期後，二〇一七年三月十四日，被台北地檢署將命造於「九月政爭」所衍生涉及洩漏偵查祕密及個人資料之嫌，依違反通訊保障及監察法等罪起訴。二〇一七年八月廿五日，一審宣判無罪。二〇一八年五月十五日，高等法院改判有罪，判刑四月，命造上訴最高法院。

另據媒體報導，稱台北地檢署指出，命造被控上百起刑事案件，二〇一六年七月以來，已陸續簽結一六〇件、不起訴四案，包括：納莉風災期間被控涉及廢弛職務釀災案、特別費養流浪犬馬小九涉瀆職案、貓空纜車驗收涉圖利案、東吳大學演講涉洩馬習會機密等案，皆不起訴；總統任內涉及財產來源不明案，則予簽結。所涉賤賣國民黨黨產「三中」與舊黨部大樓，二〇一八年月十日被依證券交易法特別背信等罪嫌起訴。命造還有國家發展研究院土地案、富邦併北銀案、遠雄大巨蛋案等三大案未偵結，尚在偵辦中。

註49：二〇一六年中華民國總統大選是中華民國歷屆全民直選總統大選投票率最低的一次。民主進步黨推薦的候選人蔡英文最終以六八九萬四七四四票當選為第十四任總統，得票率五六．一二%，創下該黨歷年最高得票；中國國民黨推薦的候選人朱立倫獲得三八一萬三三六五票次之，得票率僅三一．〇四%；親民黨推薦的候選人宋楚瑜則以一五七萬六八六一票墊後，但比上屆多獲得超過一二〇萬票，得票率大幅上升一〇．〇七%至一二．八四%。

結語

下卷所列的三位領導人，人格特質如何？撇開意識型態，客觀上自有評價。以紫微斗數而言：

一位「年、月、日、時」的地支宮位都集中在「機月同梁」見吉不見煞的宮位，也是命身同宮所在，這無疑是其人格的重要特質。此特質具有崇高人文關懷理念，是真正有「民之所欲常在我心」的理想性格，而非口號講稿。但因屬深層特質的「雙星殺破狼」格局見煞多，行事手段較為霹靂，可以為達成造福多數基層百姓之初衷，寧犧牲少部分人士或既得利益者，故是屬以造福廣大基層民眾為目的以建立功業類型。

一位「年、月、日、時」的地支宮位分別集中在「紫府廉武相」與「殺破狼」格局，全不在毫無私心，主人文關懷的「機月同梁」格，因此講究現實利益與利害關係的事業心占據其人格特質的大半部；是屬以建立自己的功業為目的，進而造福百姓類型。

另一位「年、月、日、時」的地支宮位，雖太歲算「機月同梁」，卻空宮忌煞沖而弱化，失去主導力道，但其餘重視現實，講究利害的「雙星殺破狼」、「府相」、「巨日」等格局卻很好，因此會取代太歲成為主導。

因為原本的理想性失去主導力，也是屬建立自己的功業，進而造福百姓類型。

出發點不一樣，建立功業的施政重點也會不一樣，對人民生計的好壞影響自是不同。「機月同梁」在政策的制定較有長遠的規劃，「紫府廉武相」與「雙星殺破狼」則較講求利益分配與短期速效；這些全都是企業領導或經營者在面對挑戰風險時所必須具備的特質，而各類格局於其人格特質所占比重與強弱，會主導其行事風格展現不同樣貌，影響深遠。因此，本文一再強調命造之「人格特質」才是命理研究之根本基礎。

後記

本文於下卷中有運用到以事件取卦「卦象」及「太歲入卦」等技巧，惟都是以原盤為基礎，再輸入相關個別資料，以盡量簡化的方式試圖讓讀者能理解，並未介紹複雜多變之「變盤」取卦技巧。

「隨機（緣）取卦」是相當靈活並實用的紫微斗數技巧，是紫雲老師頗為自豪之創見，並一再強調其實用性，其近年之著作也都採「變盤」取卦之方式解說。這也是紫雲老師令人敬佩之處，就宛如國畫大師張大千晚年開創「潑墨山水」的國畫技巧一般，隨手幾筆便能化為神奇的意境，紫雲老師隨機取個「卦」便能描述事件情境。

惟筆者在此仍是要提醒基本功的重要性，沒有如張大千的繪畫實力，一般畫家是畫不出「潑墨山水」。「隨機（緣）取卦」固然靈活實用，但前提是建立在使用者對紫微斗數基本的星曜賦性及廟旺利陷等實力均已相當嫻熟的條件下方能成立。因為「變盤」取卦對有實力之斗數愛好者而言，雖很簡便，但其取卦的過程轉折其實相當繁複，有一整套理論，而紫雲老師在其著作中並未詳細解說「變盤」之卦究係如何取得。一般學習者如只是覺得變盤取卦新奇，拿起命盤不待細看便取卦變盤，或實力不夠，由原盤看不出所以然，就以變盤取卦來自圓其說，不但無法增進斗數實力，還常會墜入五里迷霧走不出來，淪為猜謎遊戲或事後諸葛各說各話。因此筆者不厭其煩的強調基礎功夫的重要，當基礎功夫有一定實力時，不須繁複的變盤取卦技巧，也可在輸入相關資料後，把原盤當「卦象」看出端倪，有此實力程度後如欲深入分析，再以變盤取卦方式精進。

所有的命理術數都有一個很根本，很難快速學習之處，就是「人生經歷」。以紫微斗數來講，同樣一個基本的格局，會因為解盤者的人生經歷與看法不同，而給予不同的詮釋，通常能詮釋的深入又符合情境及貼近當事人心態感受的，往往是詮釋者本身也有過類似的人生經歷，或至少對那個環境或領域不陌生。因此研習紫微斗數如只停留在理論技巧的角度與層次，其實能看得到的東西很有限。關於此點筆者也尚在努力學習，本書能提供讀者的僅是正確的觀念與能經由學習而成的理論技巧，除此之外也期許讀者能擴大自己的學習領域與視野，相信必能對紫微斗數的研習有莫大助益。

本書緣起於好友吳威憲君之激勵；完槁後又蒙馬來西亞僑商萬雨崗先生於百忙中為筆者校對，萬先生於移民馬來西亞前與紫雲老師即為舊識，為人懇切真誠，本書經其校稿乃能減少錯誤；另方外友人鄭棨元君，提供不同思考方向與問題，讓本書之理論邏輯更加嚴謹，並為本文作序，在此一併致謝。

國家圖書館出版品預行編目資料

問鼎天下 / 弘雲著. -- 初版. -- 臺北市 : 商訊文化, 2018.12
面; 公分. --（生活系列 ; YS02122）
ISBN 978-986-5812-78-2（平裝）
1.紫微斗數
293.11 107018269

商訊文化
生活系列 | YS02122

問鼎天下

作　　者／弘　雲
出版總監／張慧玲
編製統籌／翁雅蓁
責任編輯／翁雅蓁
封面設計／邱欽男
內頁設計／唯翔工作室
校　　對／羅正業、吳錦珠

出 版 者／商訊文化事業股份有限公司
董 事 長／李玉生
總 經 理／李振華
發行行銷／胡元玉
地　　址／台北市萬華區艋舺大道 303 號 5 樓
發行專線／ 02-2308-7111#5722
傳　　真／ 02-2308-4608

總 經 銷／時報文化出版企業股份有限公司
地　　址／桃園縣龜山鄉萬壽路二段 351 號
電　　話／ 02-2306-6842
讀者服務專線／ 0800-231-705
時報悅讀網／ http://www.readingtimes.com.tw
印　　刷／宗祐印刷有限公司

出版日期／ 2018 年 12 月　初版一刷
定價：380 元

版權所有 · 翻印必究
本書如有缺頁、破損、裝訂錯誤，請寄回本公司調換